Wirtschafts-Kommunikation Deutsch

von Volker Eismann
vormals Professeur associé à l'ESCP-EAP, Paris

Herausgegeben vom

GOETHE-INSTITUT

zur Pflege der deutschen Sprache im Ausland und zur Förderung
der internationalen kulturellen Zusammenarbeit e. V.
und vom

DIHT

Deutschen Industrie- und Handelstag

Mit Unterstützung der Europäischen Gemeinschaft
im Rahmen des Lingua-Programms
und
gefördert mit Mitteln der Otto-Wolff-Stiftung

Langenscheidt

Berlin · München · Wien · Zürich · New York

Autor: Volker Eismann
(vormals Professeur associé à l´ESCP-EAP, Chambre de Commerce et d´Industrie de Paris)
Konzeption: Konrad Wille, Volker Eismann und Dr. Werner Schmitz
Gestaltungskonzept und Umschlagentwurf: Prof. Peter Andermatt
Layout und Satz: Franzis print & media, München
Redaktion: Carsten Schmidt, München und Helen Schmitz, München

Lingua-Partner: Goethe-Institut (Konrad Wille), DIHT (Dieter Klause), Universität Utrecht (Prof. Dr. Wolfgang Herrlitz), Universität Gesamthochschule Kassel (Dr. Hermann Funk), EFACI Paris (M. Roland Adelheim)
Projektgruppe Düsseldorf: Brunhilde Alflen, Margareta Barasch, Norbert Yzermann
Mitarbeit: Prof. Anneliese Fearns, Dr. Michaela Perlmann-Balme, Jochen Neuberger, Dr. Germano Re, Dr. Dieter Wessels
Fachliche Durchsicht: Prof. Dr. Dietmar Krafft

Die Herausgeber danken überdies zahlreichen Vertretern aus Unternehmen und Institutionen der Wirtschaft sowie Lehrerinnen und Lehrern an Goethe-Instituten, die in Werkstattgesprächen zur Bedarfsfestlegung wichtige Anregungen beigetragen haben.

Wirtschaftskommunikation Deutsch – Materialien

Lehrbuch	978-3-468-90465-3
Lehrerhandreichungen	978-3-468-90466-0
Audio CDs 2	978-3-468-90467-7
DVD 1	978-3-468-90468-4

Umwelthinweis: gedruckt auf chlorfrei gebleichtem Papier

Druck: Vorarlberger Verlagsanstalt, Dornbirn
Printed in Austria
ISBN 978-3-468-90465-3

1. 2. 3. 4. 5. * 12 11 10 09 08

Wirtschaftskommunikation Deutsch – neu

Mit **Wirtschaftskommunikation Deutsch** verfolgte das Goethe-Institut das Ziel, ein für die berufliche Kommunikation bedarfsgerechtes Kursangebot und -material anzubieten. Die vorliegende neue Ausgabe von **Wirtschaftskommunikation Deutsch** fasst den Lernstoff **in einem Band** für ein kompakteres Kursformat zusammen; dabei wurde vieles aktualisiert und überarbeitet.
Für die Realisierung der Neubearbeitung gehört dem Autor sowie dem Verlag der Dank der Projektleitung.

Dr. Werner Schmitz
Goethe-Institut, Abt. Sprache – Bildungskooperation Deutsch / Berufs- und Fachsprachen

Danksagung

Herausgeber und Verlag danken allen Unternehmen, die für das Lehrwerk Wirtschaftskommunikation Deutsch Recherchen in ihrem Haus ermöglicht und/oder Materialien zur Verfügung gestellt haben:

3M Deutschland GmbH, Neuss
adidas-Salomon AG, Herzogenaurach
Alfred Ritter GmbH & Co. KG, Waldenbuch
Alte Wache, Haus der Badischen Weine, Freiburg
AUMA, Ausstellungs- und Messe-Ausschuss der deutschen Wirtschaft e. V., Berlin
Avery Dennison, USA
Badische Beamtenbank eG, Karlsruhe
BMW AG, München
Bundesagentur für Arbeit, Nürnberg
Bürgel Wirtschaftsinformationen GmbH & Co. KG, Hamburg
Bürgermeisteramt Bad Krozingen
Cressi-sub S. p. A., Genua, Italien
Derschka Wirtschaftspublizistik GmbH, München
Deutsch-Niederländische Handelskammer, Düsseldorf
FARO viaggi e turismo, Genua, Italien
Fortschritt GmbH, Freiburg
Friedrich Kolb GmbH & Co. KG, Korntal-Münchingen
Gebr. Märklin & Cie. GmbH, Göppingen
GHM Gesellschaft für Handwerksmessen mbH, München
GKN Automotive AG, Lohmar
Heitzmann Backwaren GmbH, Biengen
Henkel KgaA, Düsseldorf
HKM, Hüttenwerke Krupp Mannesmann GmbH, Duisburg-Huckingen
Jackstädt AG, Wuppertal
Köln Messe GmbH, Köln
Krombacher Brauerei Bernhard Schadeberg GmbH & Co., Krombach
Kur- und Bäderverwaltung Bad Krozingen GmbH
Leopold Kostal GmbH & Co. KG, Lüdenscheid
Linde Group AG, Wiesbaden
MAN AG
MEG Mitteldeutsche Erfrischungsgetränke GmbH & Co. KG
Messe Düsseldorf GmbH
Messe München International
Messe- und Ausstellungs-Gesellschaft mbH, Köln
Meubelmakerij Bert Veerkamp, Purmerend, Niederlande
Miele & Cie. GmbH & Co., Gütersloh
NFB Getriebe- und Tortechnik GmbH, Viersen
Optik Sommerhalter GmbH, Emmendingen
SAP AG, Walldorf
Schinner GmbH, München
Star Satz Company GmbH, München
Thyssen Krupp Stahl AG, Duisburg

Zum Buch

Zielgruppe

Wirtschaftskommunikation Deutsch richtet sich an Kursteilnehmer ab B2-Niveau, die im Rahmen ihrer Berufstätigkeit mit Gesprächspartnern in deutschen Unternehmen oder mit deutschsprachigen Kollegen und Vorgesetzten zu tun haben oder sich auf eine solche berufliche Tätigkeit vorbereiten.

Mit **Wirtschaftskommunikation Deutsch** erarbeiten, trainieren und festigen Sie die sprachlichen Kompetenzen und Strategien, die Sie im beruflichen Alltag benötigen. Das Erreichen dieses Lernziels kann mit der Prüfung Wirtschaftsdeutsch International (PWD International) zertifiziert werden.

Konzeption des Lehrwerkes

Die Inhalte und Aufgaben von **Wirtschaftskommunikation Deutsch** orientieren sich an konkreten Handlungssituationen im Unternehmen und an den sprachlichen Anforderungen, die sich dort stellen. Alle Lernschritte haben die erfolgreiche Bewältigung der beruflichen Aufgaben zum Ziel.

Betrieblich Vorgänge setzen sich aus einer Vielzahl von Einzelhandlunen, digen zusamme sich aufeinander beziehen und gegenseitig bedingen. Die Verkettung dieser Einzelhandlungen zu ganzheitlichen Abläufen lässt sich in so genannten **Handlungsketten** darstellen.
So lässt sich z. B. der Vorgang «Auftragsbearbeitung» in die hier gezeigte Handlungskette aufgliedern.

In der Darstellung werden
• ausführende Handlungen > als Rechteck
• Entscheidungen > als Raute
abgebildet.

In **Wirtschaftskommunikation Deutsch** gibt es sieben Handlungsketten, die häufige und leicht übertragbare Handlungsabläufe darstellen.
Die einzelnen Schritte der Handlungsketten werden mit Originalunterlagen und Gesprächsaufzeichnungen aus realen betrieblichen Vorgängen dokumentiert.
Jede Handlungskette wird in einer eigenen Einheit (bestehend aus zwei oder drei Kapiteln) behandelt.

Zum Buch

Aufbau einer Einheit

Jede Einheit enthält ein «grünes» Kapitel und ein oder zwei «blaue» Kapitel.

In den «grünen Kapiteln» (**Hintergrund-Kapitel**) werden die fachlichen Hintergrundinformationen behandelt, die zum Verständnis der Abläufe in einer Handlungskette hilfreich sind oder diese sinnvoll ergänzen.
So geht es z. B. im Kapitel 8 «Auftragsabwicklung» um wichtige Hintergrundinformationen zu den Themen «Geschäftsbeziehungen», «Lieferbedingungen», «Anfragen», «Angebote» usw.

In den «blauen Kapiteln» (**Unternehmenspraxis-Kapitel**) werden die einzelnen Schritte einer Handlungskette nachgezeichnet. Dabei werden die wichtigsten sprachlichen Fertigkeiten, die für die Abwicklung der jeweiligen Vorgänge relevant sind, aufgebaut und trainiert.
So geht es z. B. in Kapitel 9 «Ein Angebot erstellen» um kommunikative Fertigkeiten, die erforderlich sind, um «eine Anfrage zu bearbeiten», «die Lieferfähigkeit zu prüfen» und «ein Angebot zu erstellen».

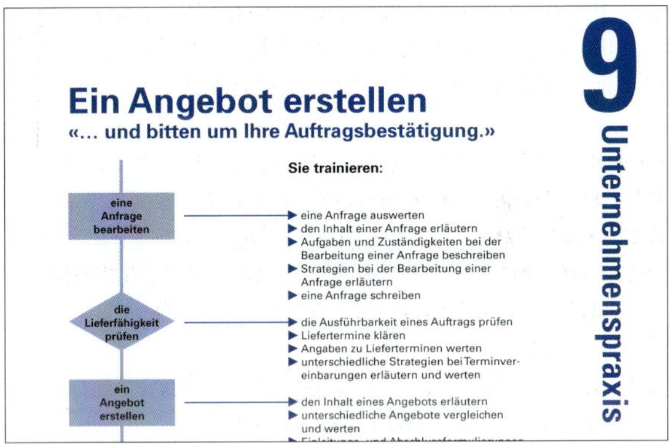

Orientierung in den Kapiteln

Die auf den Titelseiten der Kapitel verwendeten Symbole gliedern auch die Aufgabensequenzen innerhalb der Kapitel:

- Überschriften im grünen Feld in den Hintergrund-Kapiteln

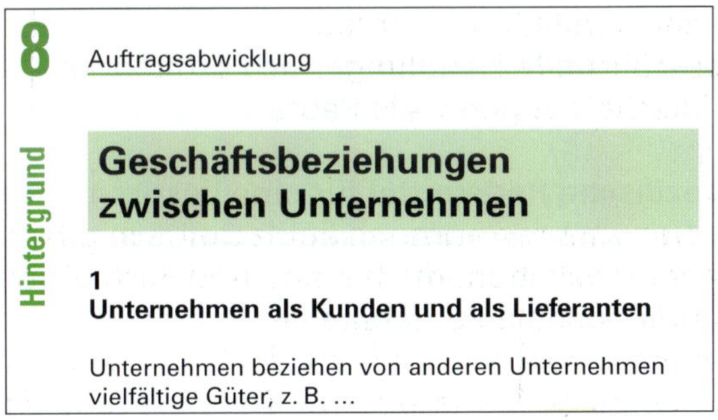

- blaue Handlungsketten-Symbole in den Unternehmenspraxis-Kapiteln

Zum Buch

Seitenaufbau

Der Arbeitsplatz im Unternehmen ist meistens ein Schreibtisch mit Unterlagen, Notizen und Arbeitsinstrumenten wie Telefon und Computer.
Wenn Sie in die Kapitel hineinblättern, werden Sie auf jeder **Doppelseite** diesen «Arbeitsplatz» vorfinden: in der Mitte die Arbeitsunterlagen (authentische Dokumente wie z. B. Briefe, Diagramme usw.) und rechts und links in den Randspalten die Arbeitsanweisungen und Aufgaben.
Welche Arbeitsunterlage für welche Aufgabe von Interesse ist, zeigen die «Andocklinien», die vom Aufgabentext zum jeweiligen Dokument führen.

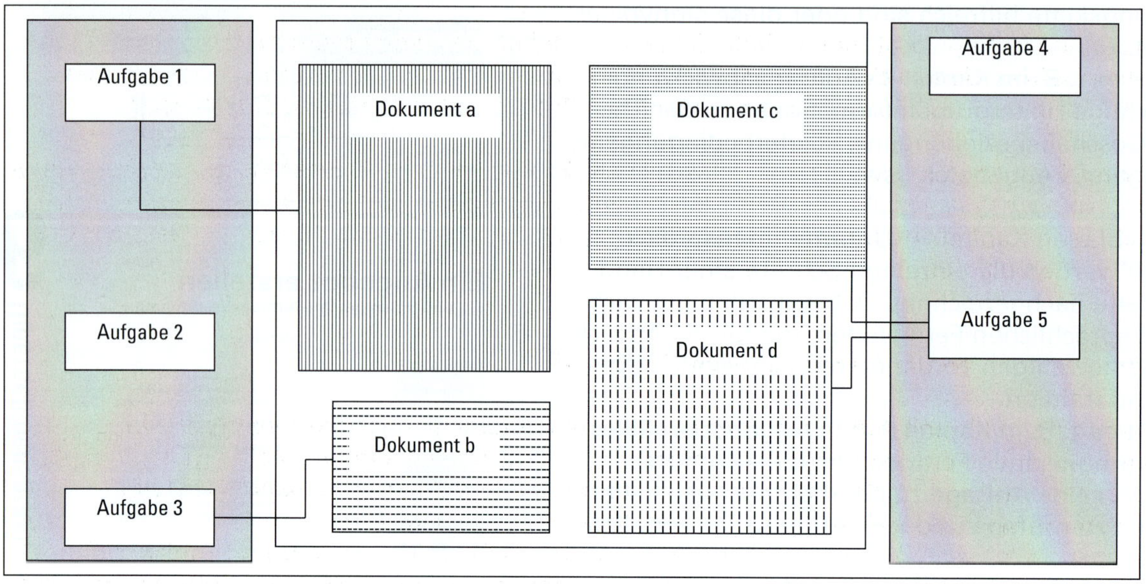

Sprachliche Mittel, die für die Formulierung bestimmter Äußerungen nützlich sein können, stehen in roten Sprechblasen.

Sie/Er …
*… **hat gelernt**, …*
*… **weiß**, wie …*
*… **ist fähig**, …*
*… **ist in der Lage**, …*

Spezifische Redemittel für eine bestimmte Kommunikationssituation stehen in blauen Feldern.
Im Anhang sind darüber hinaus noch einmal wichtige Redemittel zusammengestellt (***Kleines Lexikon Gesprächsstrategien***).

korrigieren, richtig stellen
«Das war etwas anders gemeint: …»
«Genauer gesagt: …»
«Was ich eigentlich sagen wollte, war: …»

Weitere Komponenten

Hörtexte
Zu jeder Handlungskette gibt es Gesprächsaufnahmen, z. B. von Verhandlungen, Besprechungen oder Telefongesprächen zu bestimmten Arbeitsabläufen. Sie sind durch das nebenstehende Symbol gekennzeichnet.

CD 1: 02

Filme
Bei den Videos handelt es sich durchweg um Unternehmensfilme. Sie sind inhaltlich an das in einem Kapitel behandelte Thema angebunden oder illustrieren eines der in dem Kapitel genannten Unternehmen.
Unabhängig von diesem inhaltlichen Bezug erlauben sie, immer aufs Neue das zu trainieren, was sicherlich zu einer der häufigsten Anforderungen der beruflichen Alltagskommunikation gehört: ein Unternehmen vorzustellen sowie Kenndaten, Tätigkeitsbereiche, Produkte, Leistungen und Ziele eines Unternehmens zu beschreiben.

DVD

Zum Buch

Hauptlernziel

Das **Hauptlernziel** des Lehrwerks, die Verbesserung der kommunikativen Handlungsfähigkeit in Routinesituationen des beruflichen Alltags, wird in den «blauen» **Unternehmenspraxis-Kapiteln** erarbeitet. Das fachliche Anforderungsniveau der Handlungsketten erfordert keine besonderen Vorkenntnisse und ist in der Regel auch über das «Weltwissen» zugänglich.

Die «grünen» **Hintergrund-Kapitel** mit ihrem fachlichen und fachsprachlichen Fokus haben «dienende» Funktion im Hinblick auf dieses Hauptlernziel.

Sie werden in der Regel mit einem Fallbeispiel eingeleitet, das einen thematischen Einstieg und einen allgemeinen Überblick erlaubt. Ob und in welchem Umfang die verschiedenen Themen bearbeitet werden, ist im Einzelfall je nach Niveau, Bedarf und Interesse zu entscheiden.

Die **Schriftliche Kommunikation** wird in **Wirtschaftskommunikation Deutsch** gezielt aufgebaut und geübt. Hierbei werden vor allem die im Berufsalltag wichtigen Textsorten, wie z. B. schriftliche Unternehmens- und Produktpräsentation, Anfrage, Auftrag, Kurzbericht, Ergebnis- und Verlaufsprotokoll berücksichtigt.

Aufgaben zu Aspekten der Interkulturellen Kommunikation

In mehreren Kapiteln und Aufgaben wird das Thema «unterschiedliche Konventionen in verschiedenen Kulturen» (Kommunikationsstil, Verhaltensweisen, Wertvorstellungen, ...) explizit angesprochen und in allen Kapiteln gibt es weitere zahlreiche Anknüpfungspunkte dafür.
Bei der Behandlung dieser Themen sind zwei Dinge besonders wichtig:
1. Wertungen (z. B.: «Die Deutschen / Die ... sind so oder so») sollten immer im Hinblick auf Beobachtungen von konkreten Verhaltensweisen hinterfragt werden (Welche Beobachtung hat zu dieser oder jener Wertung geführt?).
2. Die «Beobachter-Perspektiven» sollten immer auch «umgedreht» werden (Wir ... haben dies und das bei den Anderen beobachtet und finden sie deshalb unhöflich/aufdringlich/unverständlich ... Was beobachten sie wohl bei uns und wie wirken wir wohl auf sie?).

Inhalt

Inhalt

Wichtige Zielaktivitäten
- eine Auftragsabwicklung erläutern
- eine Anfrage auswerten
- ein Angebot erstellen
- über Verkaufs-, Liefer- und Zahlungsbedingungen verhandeln
- eine Kundenbeschwerde behandeln
- schriftliche Kommunikation: Anfrage und Angebote verfassen

Fachwortschatz
- Anfrage, Angebot, Auftrag
- Auftragsabwicklung
- Verkaufs-, Liefer- und Zahlungsbedingungen
- Kaufverträge

Gespräche und Besprechungen
- Planungsbesprechung
- Verhandlungsgespräch

Texte und Grafiken
- Fallbeispiel
- Unternehmensporträt
- Anfrage, Angebot, Rechnung, Reklamation
- Verkaufs-, Liefer- und Zahlungsbedingungen
- allgemeine Geschäftsbedingungen

Filme
- *HKM:* «Wir über uns»

Aufträge

Wichtige Zielaktivitäten
- Absatzwege beschreiben und vergleichen
- Vertriebsstrategien erläutern und werten
- über den Eintritt in einen neuen Markt entscheiden
- ein Beratungsangebot nutzen
- ein Gespräch mit einem Vertriebspartner vorbereiten und führen
- einen Vertriebspartner auswählen
- schriftliche Kommunikation: Gesprächsergebnisse festhalten

Fachwortschatz
- Absatz-, Vertriebswege
- Absatzmittler, Vertriebspartner
- Kenndaten von Unternehmen
- Auswahlkriterien für Vertriebspartner
- vertragliche Regelungen (Handelsvertretung)

Gespräche und Besprechungen
- Gespräch über Geschäftsanbahnung

Texte und Grafiken
- Fallbeispiel
- Schema, Tabelle
- Fachliteratur
- Auskunft (Auskunftei, Bank)
- Handelsvertretungsvertrag
- Geschäftskorrespondenz

Vertrieb

Wichtige Zielaktivitäten
- Charakteristika von Produkten beschreiben
- eine Marktstudie auswerten: Marktpositionen beschreiben, Marktdaten erläutern
- eine Produktidee werten
- Schritte einer Produktinnovation darstellen
- Fristen und Termine absprechen
- eine Projektpräsentation vorbereiten und durchführen
- schriftliche Kommunikation: einen Kurzbericht verfassen ein Besprechungsprotokoll schreiben

Fachwortschatz
- Charakteristika von Produkten
- Produktinnovation
- Produkteinführung
- Produktlebenszyklus
- Aufgaben des Produktmanagers
- Marketingziele
- Markt und Marktanteile
- Markenpolitik
- Qualitätssicherung

Gespräche und Besprechungen
- Planungsbesprechung zu einer Produktentwicklung
- Bericht über eine Produkteinführung

Texte und Grafiken
- Fallbeispiel
- Unternehmensporträt
- Fachliteratur
- Checkliste
- Marktstudie
- Produkthistorie
- Produktbriefing
- Gesprächsprotokoll

Filme
- *SAP:* Image-Film
- *HENKEL KGaA:* «A brand like a friend»

Produktstrategien

Inhalt

Wichtige Zielaktivitäten
- Strategien, Instrumente und Ergebnisse einer Markterschließung beschreiben
- marketingpolitische Instrumente erläutern, werten und auswählen
- Zielkonflikte zwischen Hersteller und Handel erläutern
- Kundenprofile erstellen und auswerten
- geeignete Vertriebspartner auswählen
- ein neues Produkt präsentieren
- ein Gespräch über eine Verkaufsförderungsaktion mit dem Vertriebspartner führen

Fachwortschatz
- Marketingmix
- Marketingplan
- Marktanalyse, Marktdaten
- Informationsquellen
- Instrumente zur Absatzförderung
- Handel
- Leistung und Nutzen von Produkten
- Kundenprofile

Gespräche und Besprechungen
- Gespräch über eine Verkaufsförderungsaktion

Texte und Grafiken
- Fallbeispiel
- Unternehmensporträt
- Fachliteratur
- Fachzeitschrift
- Produktprospekt
- EU-Richtlinien
- Kundenportfolio

Filme
- *3M Deutschland GmbH:* «3M Innovation»

Marketingstrategien

Aus Gründen der Lesbarkeit und der Übersichtlichkeit haben wir es vorgezogen, statt «Mitarbeiter und Mitarbeiterinnen» oder «Partner und Partnerinnen» usw., die kürzere Variante «MitarbeiterInnen» oder «PartnerInnen» zu verwenden.

Das Lehrerhandbuch und einen Modelltest zur Prüfung Wirtschaftsdeutsch (PWD) finden Sie unter: www.langenscheidt.de/wirtschaftskommunikation.

Leute, Berufe, Tätigkeiten

Das Lernangebot in diesem Kapitel:

Auskünfte zur Person: privat und beruflich

- ▶ Fragen zur privaten und beruflichen Situation stellen und beantworten

Zuständigkeits- und Aufgabenbreiche im Unternehmen

- ▶ Funktionen im Unternehmen beschreiben
- ▶ sich vorstellen

BB Bank

BBBank eG
Hauptfiliale Freiburg

Kartoffelmarkt 2
79098 Freiburg

Gerhard Schopp
Hauptfilialleiter
Marketing Bereich

Telefon	(07 61) 3 19 19 – 0
Telefax	(07 61) 3 19 19 – 166
E-Mail	direkt@bbbank.de
Internet	www.bbbank.de

Berufliche Tätigkeiten

- ▶ Anforderungs- und Tätigkeitsprofile auswerten
- ▶ berufliche Tätigkeiten beschreiben

Deutsch in der Berufspraxis

- ▶ den Stellenwert von Deutsch (als Fremdsprache) in beruflichen Tätigkeiten erläutern
- ▶ Fertigkeiten, Kenntnisse, Anforderungen beschreiben
- ▶ (Lern-)Ziele bestimmen

Ausbildungswege

- ▶ Ausbildungsinhalte und Ausbildungsabschlüsse skizzieren
- ▶ den beruflichen Werdegang beschreiben

Hintergrund

Auskünfte zur Person: privat und beruflich

1 Über die berufliche Situation informieren

Die Visitenkarte gibt eine erste Auskunft über Unternehmen und Mitarbeiter.

1.1 Erläutern Sie, welche Angaben Sie über diesen Mitarbeiter anhand der Visitenkarte bekommen.
z. B.
Herr Schopp ist Mitarbeiter der BB Bank.
...

1.2 Welche weiteren Informationen gehören zur Beschreibung seiner beruflichen Situation?
Formulieren Sie entsprechende Fragen.
z. B.
Wie lange arbeitet er schon bei dieser Bank?
Welche weiteren Berufserfahrungen hat er?
...?

Unternehmen: Branche, Tätigkeit

Akademischer Grad

Ausbildung

beruflicher Werdegang Berufserfahrung

Geschäftsadresse mit Telefon, Fax, E-Mail und Internetadresse

Vorname, Name, Titel

c

Herr Robert Stumreiter
USA
CATERPILLAR
Manager

a

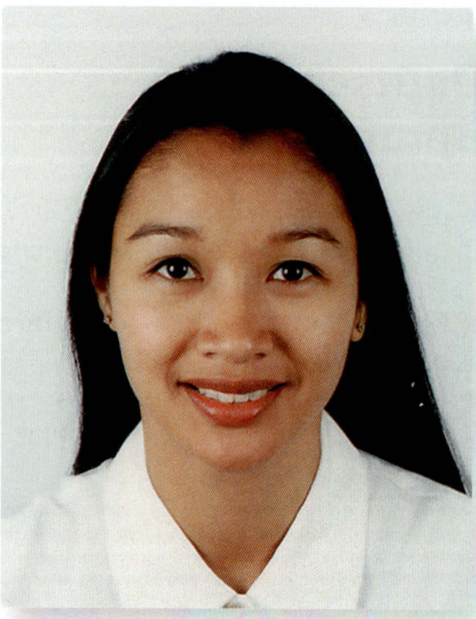

Jade Esmundo
Philippinen
DEUTSCHE BOTSCHAFT
BMZ-Stipendien

Hamza Choufani
Marokko
Bierimport
LÖWENBRÄU
Restaurantbesitzer, Honorarkonsul AGADIR

b

Firmen-Logo

Unternehmen: Aufbauorganisation

Bedeutung von Fremdsprachen (Deutsch)

Tätigkeiten, Aufgaben

hierarchische Position, Zuständigkeit

Funktion, Abteilung, Bereich

berufliche Zukunftspläne

Privatadresse

privater Bereich: Familienstand, Alter …

BB Bank

BBank eG
Hauptfiliale Freiburg

Kartoffelmarkt 2
79098 Freiburg

hard Schopp

Hauptfilialleiter
Marketing Bereich

Telefon (07 61) 3 19 19 – 0
Telefax (07 61) 3 19 19 – 166
E-Mail direkt@bbbank.de
Internet www.bbbank.de

Hintergrund

2 Berufstätige aus verschiedenen Ländern stellen sich vor

CD 1: 02

2.1 Hören Sie, wie Berufstätige aus verschiedenen Ländern (a–f) sich vorstellen.
Wovon sprechen Sie?
Kreuzen Sie an.

Porträt:	a	b	c	d	e	f
Unternehmen:						
• Name						
• Tätigkeit						
• Standort						
Person:						
• Titel						
• Diplome, Ausbildung						
• beruflicher Werdegang						
• Funktion im Unternehmen						
• Tätigkeitsfeld						
• Bedeutung von Fremdsprachen						
• privater Bereich						

d

Satoko
Akasaka
Japan
Patentanmeldungs-
büro
Verwaltung

2.2 Gibt es Gemeinsamkeiten zwischen diesen Personen und Ihrer eigenen Situation im Hinblick auf …
- Herkunft
- Ausbildung
- Tätigkeiten
- …?

Erläutern Sie.

f

Christian
Garbrecht
Argentinien
Versicherung /
MÜNCHENER RÜCK
DE ARGENTINA
Bereichsleiter

Elizabeth F.
Pienaar
Australien
Universität
Studentin

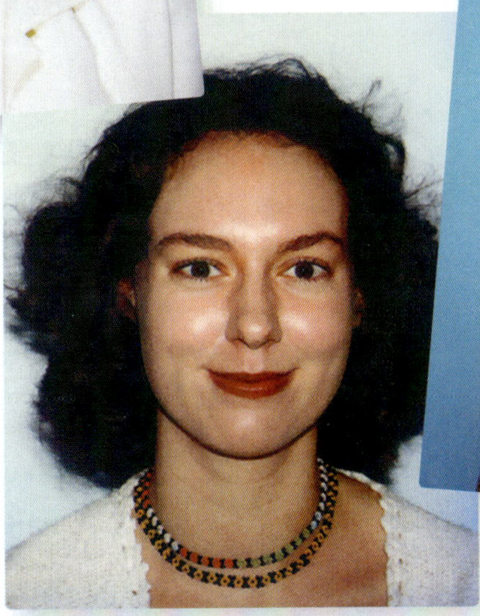

e

3
Fragen zum privaten und beruflichen Bereich stellen

A	B	C
Sich privat vorstellen	Sich beruflich vorstellen	Sich formell beruflich vorstellen

3.1 In welchen der drei genannten Situationen (A, B, C) würden Sie diese Fragen erwarten? Kreuzen Sie an.

Situation	A	B	C
1. «Darf ich Sie fragen, wie alt Sie sind?»			
2. «Woher kommt dieser interessante Schmuck, den Sie tragen?»			
3. «Wie hoch ist Ihr derzeitiges Einkommen?»			
4. «Arbeiten Sie schon lange in dieser Abteilung?»			
5. «Worin besteht eigentlich genau Ihre Tätigkeit?»			
6. «Wie finden Sie denn Ihre Vorgesetzten?»			
7. «Sind Sie Mitglied einer Religionsgemeinschaft?»			
8. «Sind Sie nicht mit Frau/Herrn X befreundet?»			
9. «Hatten Sie schon einmal eine schwere Krankheit?»			
10. «Wohin fahren Sie denn im nächsten Urlaub?»			

3.2 Ergänzen Sie weitere Fragen, die in diesen Situationen (A, B, C) üblich sind.

Situation C …?

Situation B …?

Situation A
z. B.: Gefällt es Ihnen hier im Rheinland?
…?

3.3 Welche Fragen oder Themen erscheinen Ihnen in diesen Situationen (A, B, C) unangemessen? Nennen Sie Beispiele.

Situation A …?

Situation B …?

Situation C …?

Informationen zur Person

Name
Ausbildung
Titel
Einkommen
Tätigkeitsbereich
berufliche Erfahrung
Mitgliedschaft in einer politischen Organisation
Familienstand
Herkunft
Staatsangehörigkeit
hierarchische Position
Sprachkenntnisse
Freunde
Wohnort
Hobbys
Arbeitgeber/Firma
Gesundheitszustand
politische Überzeugung
Religionszugehörigkeit
besondere Interessen
augenblickliches Befinden
Alter
Lebensgewohnheiten
Vorlieben
…
…
…

Aspekte interkultureller Kommunikationssituationen zwischen Deutschen und ChinesInnen

Einstieg in ein Gespräch: Etablierung von Vertrautheit

In China wird Vertrautheit bei ersten Begegnungen häufig durch Interessekundgaben an »privaten« Verhältnissen etabliert. Fragen wie »Woher kommen Sie?«; »Sind Sie verheiratet?«; »Haben Sie Kinder«; »Wie viel verdienen Sie?« gelten als Ausdruck der Höflichkeit, da sie Anteilnahme am Gegenüber signalisieren. Deutsche GesprächsteilnehmerInnen reagieren in solchen Fällen nicht selten mit Verwirrung oder gar Empörung, da diese Fragen in unsere »geheiligte« Privatsphäre eindringen und in unseren Augen eine Missachtung sozialer Distanz signalisieren. So berichtete mir beispielsweise ein Schweizer Computerfachmann von seiner Begegnung mit chinesischen Computerfachleuten an einer chinesischen Universität. Er war eingeladen, Fragen der chinesischen KollegInnen zum Thema »Computer-Einsatz im Westen« zu beantworten. Verwirrt reagierte er, als die ersten 20 Minuten mit Fragen verbracht wurden, die sich fast ausschließlich auf sein Privatleben bezogen: »Sind Sie verheiratet?«; »Warum nicht?«; »Wollen Sie Kinder?«; »Wie viel verdienen Sie?« etc., bis schließlich fachspezifische Themenstellungen aufkamen.
Gesprächsthemen, die in einer Kultur als »sichere Themen« gelten, können in einer anderen Kultur unpassend sein, bzw. zu sehr in die Privatsphäre des Individuums eindringen. Das Wissen um »sichere Themen« sowie »Tabubereiche« in der Kultur der GesprächspartnerInnen stellt eine wesentliche Voraussetzung dar, um unbequeme Momente und Peinlichkeiten in IK-Situationen zu vermeiden.

B.-D. Müller (Hrsg.), «Interkulturelle Wirtschaftskommunikation»

3.4 Lesen Sie den Text über unterschiedliche Verhaltensweisen bei ersten Begegnungen.

Erläutern Sie das Missverständnis, das zwischen den Gesprächspartnern (Schweizer Computerfachmann und chinesischen Kollegen) entstehen könnte:

Chinesische Gesprächspartner	Schweizer Computerfachmann
1. Absicht in der ersten Gesprächsphase: • Was wollen sie zeigen? • Wie tun sie das?	
	2. mögliche Interpretation: • Welchen Eindruck könnte er haben? • Wodurch entsteht dieser Eindruck?
	3. mögliche Reaktionen: • Welche Reaktionen wären aus europäischer Sicht verständlich?
4. mögliche Reaktionen: • Welchen Eindruck könnten sie ihrerseits bekommen? • Welche Reaktionen wären verständlich?	

3.5 «Themen, die man (nicht) anspricht – Fragen, die man (nicht) stellt»:
Haben Sie dazu im privaten oder im beruflichen Bereich Beobachtungen in Deutschland oder in anderen Ländern gemacht?
- Familie
- Religion
- Einkommen
- Gesundheit
- Politik
- ...

Berichten Sie.

Zuständigkeits- und Aufgabenbereiche im Unternehmen

4 Funktionen im Unternehmen beschreiben

4.1 Welche Aufgaben haben die hier vorgestellten MitarbeiterInnen?
Ordnen Sie die Beschreibungen zu und stellen Sie dann die Person und ihre Funktionen vor.

1. Besuch von Fachmessen im In- und Ausland
2. Pflegen von Kundenkontakten
3. Akquisition neuer Kunden im Ausland

1. Geschäftsbriefe nach Angaben des Exportleiters schreiben
2. Geschäftsreisen organisieren
3. Betreuung der Auslandskunden

1. Suche nach neuen Kunden
2. Führen von Verkaufsgesprächen
3. Abschließen von Verträgen

1. Vermittlung von Kontakten zwischen Unternehmen seines Landes und deutschen Unternehmen
2. Beratung der Unternehmen, die nach Deutschland exportieren wollen
3. Beobachtung des deutschen Marktes

1. Suche nach neuen Produktideen
2. Einführung von neuen Produkten auf dem Markt
3. Überwachung der eingeführten Produkte auf dem Markt

z. B.: Frau Steyer ist Vertriebsbeauftragte bei …, d. h. sie ist **verantwortlich für** Verkauf und Vertrieb der Produkte. Ihre **Aufgabe besteht darin,** neue Kunden **zu** …

4.2 Ergänzen Sie die Bezeichnungen von Funktionen in Unternehmen anderer Länder.

Salesmanager (USA)
Chairman (GB)
Gérant (FR)
Head of division (USA)

_____: **Das ist so etwas Ähnliches wie** der «Vorstandsvorsitzende».
_____: Den **würde man in** Deutschland «Leiter der Verkaufsabteilung» **nennen.**
_____: Das **entspricht (in etwa) dem** deutschen «Hauptabteilungsleiter».
_____: Das **würde man mit** «Geschäftsführer» **übersetzen.**

Nennen Sie weitere Beispiele von nichtdeutschen Funktionsbezeichnungen und erläutern Sie sie.

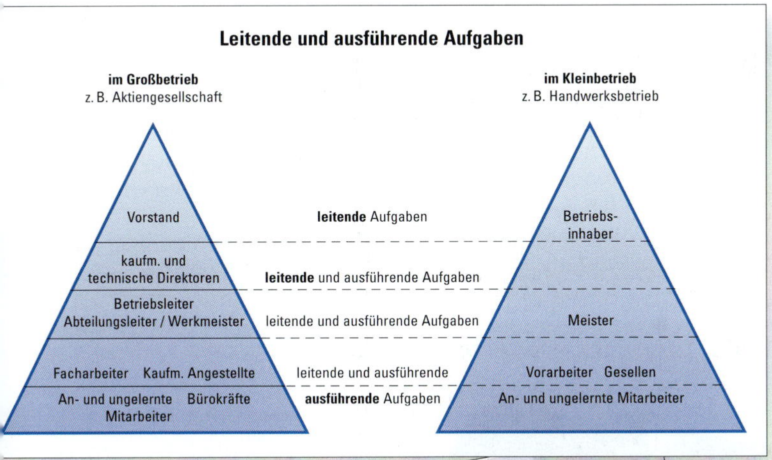

uelle: Gönner/Lind, «Spezielle etriebswirtschaftslehre – dustriekaufmann»

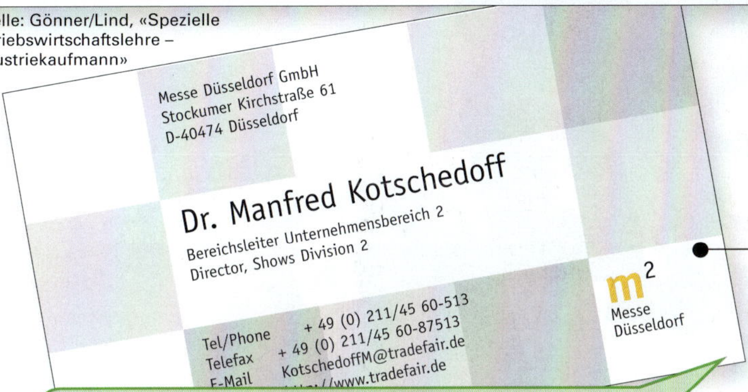

sich vorstellen

a) «Ich bin Manfred Kotschedoff, zuständig für Bereich 2.»
b) «Düsseldorfer Messegesellschaft, mein Name ist / Sie sprechen mit Manfred Kotschedoff, guten Tag. ...»
c) «Mein Name ist Manfred Kotschedoff, Düsseldorfer Messegesellschaft.»
d) «Guten Tag, mein Name ist Manfred Kotschedoff von der Düsseldorfer Messegesellschaft. Ich ...»
e) «Dr. Kotschedoff vom Bereich 2 ...»
f) «Ich stelle Ihnen Dr. Manfred Kotschedoff vor, der ...»
g) «Herr Dr. Kotschedoff von der Düsseldorfer Messegesellschaft.»

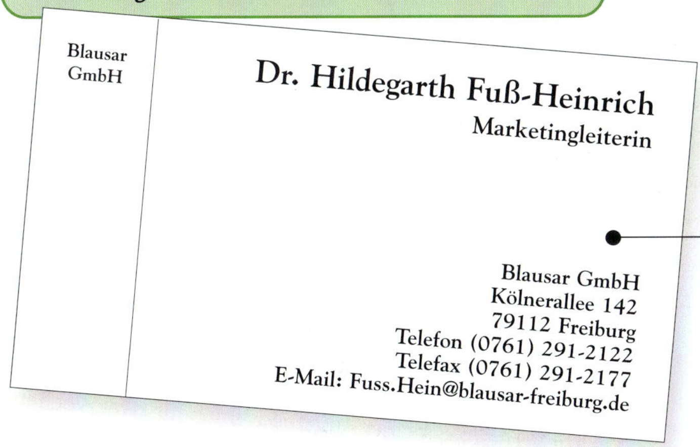

5
Sich vorstellen

Hintergrund

Verantwortungs- und Zuständigkeitsbereiche von MitarbeiterInnen werden bei der Vorstellung genannt.

CD 1: 08

5.1 Hören Sie die Vorstellung von mehreren MitarbeiterInnen. Notieren Sie ihre Funktionen.

Gespräch:	Name:	Funktion:
1	Fr. Paul	________
2	H. Weber	________
	H. Friedrichs	________
3	H. Feller	________
4	H. Hilgers	________

5.2 Beschreiben Sie die Personen.
*z. B.: Frau Paul, das ist **die Dame, die** ...*
*Herr Weber, das ist **der Herr, der** ...*

5.3 Ein Mitarbeiter der Messegesellschaft Düsseldorf, Herr Kotschedoff, stellt sich vor oder wird vorgestellt.
Welche Form der Vorstellung (a–g) wäre in den folgenden Situationen jeweils angemessen? Notieren Sie.

Situationen:

1. Er meldet sich am Telefon. ____
2. Er stellt sich am Telefon vor. ____
3. Er meldet sich als Besucher in einer anderen Firma an. ____
4. Er stellt sich einem Kollegen vor. ____
5. Er wird von einem Vorgesetzten seinen Kollegen als neuer Mitarbeiter vorgestellt. ____
6. Er wird bei einem Gesprächspartner von dessen Sekretärin angemeldet. ____
7. Ein Kollege stellt ihn einem anderen Kollegen vor. ____

Erläutern Sie, worin sich die verschiedenen Formen der Vorstellung unterscheiden.

5.4 Wie würde die Mitarbeiterin der *BLAUSAR GmbH* sich (in den Situationen 1–7) vorstellen oder vorgestellt werden?

Hintergrund

Berufliche Tätigkeiten

6
Berufstätige aus verschiedenen Ländern beschreiben Tätigkeitsbereiche, in denen sie Deutsch als Arbeitssprache benötigen.

6.1 Welche Mitarbeiter (a–e) beschreiben hier ihre Berufstätigkeit?

a

Hans Henkes
USA / Holland
FOCUS Enhancement B.V.
Verkauf u. Marketing

b
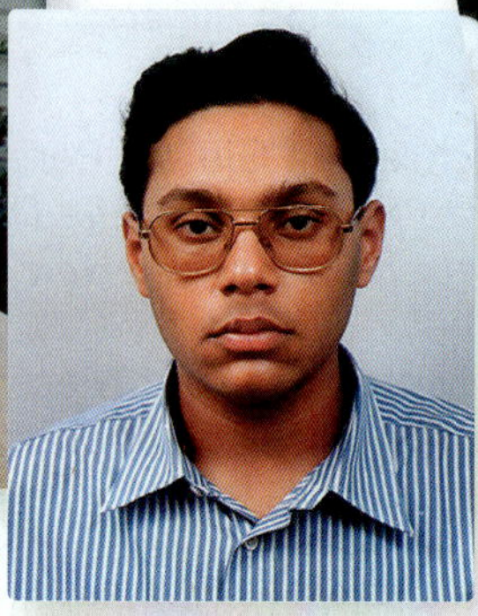
Prakash Kejriwal
Indien
Exportfirma KEJRIWAL ENTERPRISES
Export nach Deutschland u. Finanzierung

c

Burcu Dalgic
Türkei
zur Zeit bei MAN
Chefsekretärin

d
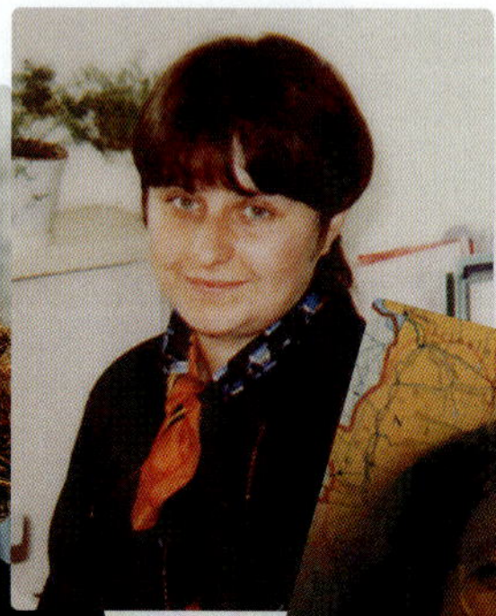
Tamara Dubowzowa
Weißrussland, Minsk
ZEISS-BELOMO
Chefsekretärin

e

Elisabetta Lovisa
Italien
Handelsfirma
Bezirksleiterin

Markieren Sie entsprechende Hinweise in den Darstellungen und ordnen Sie zu:

Mitarbeiter:	**a**	**b**	**c**	**d**	**e**
Darstellung:					

6.2 Notieren Sie aus den Darstellungen Wendungen, mit denen Auskünfte zu den folgenden Punkten gegeben werden:

1. Beruf	*... von Beruf sein; ...*
2. Ausbildung	*... gelernt haben; ...*
3. Arbeitgeber	*für/bei ... arbeiten; ...*
4. Tätigkeitsbereich	*...*

Erläutern Sie, was Sie über diese fünf MitarbeiterInnen (1–5) erfahren:
z. B.
Frau Lovisa ***arbeitet bei*** *einer Handelsfirma.*
Sie ***ist zuständig für*** *...*

1

... seit ungefähr vier Jahren arbeite ich bei einer Handelsfirma, die industrielle Maschinen verkauft. Die Maschinen, die wir handeln ... sind Profiliermaschinen, Exzentermaschinen und Maschinen für die Innen- und Außenbearbeitung von Metallrohren ...
Ich bin zuständig für die Verkäufe unserer Fertigung in Deutschland, in der Schweiz, in Österreich, Belgien und Holland.

2

... Ich arbeite für eine amerikanische Computerfirma. Und diese Firma entwickelt ihre eigene Technologie ... stellt eigene Konsumprodukte her mit dieser Technologie. Ich bin im Verkauf und Marketing tätig und bin jetzt zuständig für ganz Europa. ...
Wir haben – also ... in meinem Beruf ... und Day-to-Day-Business ... ziemlich viel Kontakt mit deutschen Kunden in beiden ... beiden Kanälen, also Verkaufskanälen, haben unser OEM-Business, das bedeutet, wir verkaufen unsere eigene Technologie an Hersteller wie Philips und Grundig und ... ja, andere große Hersteller im Fernseh- und auch im Computerbereich ...

3

... Meine jetzigen Aufgaben sind Übersetzen, Dolmetschen, Hotelreservierung, Telefonate mit Deutschland und mit Weißrussland führen. Aber die Schwerpunkte meiner Arbeit sind Übersetzen und Dolmetschen. Ich dolmetsche bei Besprechungen, bei Sitzungen auf Geschäftsleitungsebene, bei Gesprächen über Qualitätskontrolle. Und ich übersetze viele technische Vorlagen, die technische Dokumentation, Anweisungen zur Qualitätskontrolle, Verfahrensanweisungen, Briefe und Faxe. Ich führe auch die Statistiken für Personal und Produktion.
Zur Vertiefung meiner Aufgabe war ich für zwei Wochen in der Firma Carl-Zeiss, Jena ...

4

... In den letzten vier Jahren bin ich mehrmals nach Europa und insbesondere nach Deutschland gefahren. Ich habe persönlich Kontakt mit den wichtigsten Käufern geknüpft. Deutschland ist heute unser Hauptgeschäftspartner. ... Wir handeln mit einer großen Auswahl von Produkten, insbesondere mit Lebensmitteln, z. B. Honig, aber auch Lederbekleidung, Baumwolle, Marmor und Teppiche. Hauptsächlich haben wir Geschäftsbeziehungen mit Europa und den USA. In Europa sind es vor allem England, Deutschland, Frankreich und Russland.

5

... ich war dort Geschäftsführersekretärin und Übersetzerin zugleich, simultan und schriftlich. Wir hatten Kontakte, ständig Kontakte mit der deutschen Gesellschaft für technische Zusammenarbeit, weil wir finanziell und auch technisch unterstützt wurden. Wir mussten jeden Monat finanzielle Unterlagen nach Deutschland schicken, die auch dort kontrolliert wurden. Ich hatte dort die Aufgabe, meinem Geschäftsführer, weil er nicht deutschsprachig war, das Deutsche ins Türkische zu übersetzen, Kontakte mit der GTZ zu halten, um ihm alles Mögliche weiterzuleiten. Deswegen musste ich auch viel schriftlich und mündlich übersetzen.

Ich bin zurzeit Chefsekretärin bei einer privaten Firma.

Ich bin zuständig für die Verkäufe unserer Fertigung in Deutschland.

Ich habe meine Ausbildung ... mein Hochschulstudium in Boston gemacht.

Dort habe ich auch eine Diplomarbeit geschrieben.

Während dieser Zeit wurde ich für drei Monate in jeder Abteilung ausgebildet.

Ich habe als Praktikantin in Deutschland gearbeitet, und zwar für die Landeszentralbank in Rheinland-Pfalz.

Dort habe ich ein Jahr als Anwalt gearbeitet und war bei verschiedenen Fällen tätig.

... und habe mich deswegen bei einigen deutschen Firmen um eine Stelle beworben.

Ich bin in Deutschland zur Schule gegangen und habe dort mein Abitur gemacht.

Ich bin promovierte Germanistin.

Nach 10 Jahren habe ich die Apotheke verkauft und den Beruf gewechselt.

Ein wichtiger Teil meiner Arbeit ist der Diamantenhandel.

Außerdem besorge ich die Finanzierung.

... wo ich mein Studium abgeschlossen habe. Mein Hauptfach war amerikanisches Ingenieurwesen.

Ich bin verantwortlich für Dampf- und Druckluftproduktion, Recycling ...

Im Rahmen des Geschäfts habe ich zahlreiche Korrespondenz und Verhandlungen in Deutschland zu erledigen, beziehungsweise mit Deutschland ...

Hintergrund

6.3 Hören Sie, wie drei dieser MitarbeiterInnen sich vorstellen.
Zu welchen der folgenden Punkte geben sie Auskunft? Kreuzen Sie an.

CD 1: 12

MitarbeiterIn	**a**	**d**	**b**
• Name	☐	☐	☐
• Herkunft	☐	☐	☐
• Beruf	☐	☐	☐
• Ausbildung	☐	☐	☐
• Arbeitgeber	☐	☐	☐
• Tätigkeitsbereich	☐	☐	☐
• Verwendung der deutschen Sprache	☐	☐	☐
• berufliche Zukunftsperspektiven	☐	☐	☐
• Persönliches	☐	☐	☐

6.4 Notieren Sie weitere Redemittel aus den Gesprächstranskripten von Vorstellungen anderer Mitarbeiter.

1. Beruf	...
2. Ausbildung	...
3. Arbeitgeber	...
4. Tätigkeitsbereich	...

6.5 Stellen Sie die drei MitarbeiterInnen kurz vor.
z. B.
Das ist Herr Henkes. Er ist ...
Er kommt aus ... und lebt in ...
Er hat Betriebswirtschaft studiert und ...
...

7
Sich kennen lernen

7.1 Unterhalten Sie sich mit anderen KursteilnehmerInnen. Stellen Sie sie anschließend der Gruppe vor.

7.2 Fassen Sie die Aussagen in einem Gruppenprofil zusammen.

	KursteilnehmerInnen			
Herkunft	...	...	...	...
Muttersprachen	...	...	...	...
Berufe/Tätigkeiten	...	...	...	...

Hintergrund

Deutsch in der Berufspraxis

8
Umfrage zum Gebrauch der deutschen Sprache auswerten

Die Niederlassung eines deutschen Unternehmens im Ausland hat bei ihren Mitarbeitern eine Umfrage zur Bedeutung der deutschen Sprache in ihrer beruflichen Tätigkeit durchgeführt.

8.1 Welche Aufgaben führt die Mitarbeiterin (auch) auf deutsch aus?
Kreuzen Sie an.

1. Eine ihrer Hauptaufgaben besteht darin, die Geschäftskorrespondenz in deutscher Sprache zu erledigen. ☐
2. Sie hat manchmal auch Verkaufsgespräche zu führen. ☐
3. Sie hat häufig mit der Formulierung von Vertragstexten zu tun. ☐
4. Sie kümmert sich um die Besucher, die aus Deutschland kommen. ☐
5. Die Auswertung von Grafiken gehört nicht zu ihren Aufgaben. ☐
6. Sie ist für die Übersetzung von Verträgen zuständig. ☐
7. Ihr Aufgabenbereich umfasst überwiegend die Auswertung von Texten in deutscher Sprache. ☐

Deutsch in Ihrer beruflichen Tätigkeit

Wie wichtig ist die deutsche Sprache für Sie bei den folgenden Tätigkeiten?

- (a) Briefe schreiben
- (b) Briefe auf Richtigkeit überprüfen
- (c) telefonieren
- (d) Termine vereinbaren
- (e) Geschäftsreisen organisieren
- (f) Besucher betreuen
- (g) Messen besuchen
- (h) Firma/Produkte präsentieren
- (i) Verkaufsgespräche führen
- (j) Berichte und Protokolle schreiben
- (k) Grafiken und Statistiken auswerten/erstellen
- (l) Preise und Konditionen aushandeln
- (m) Vertragstexte formulieren
- (n) Vertragstexte übersetzen
- (o) Presse und Branchenberichte auswerten
- (p) Informationen über den deutschen Markt sammeln und analysieren
- (q) Informationen über deutsche Unternehmen auswerten
- (r) Informationen mit der Mutter- bzw. Tochtergesellschaft in Deutschland austauschen
- (s) ....

Erläutern Sie Ihre Antworten.

8.2 Nennen Sie weitere Aufgaben, die zum Tätigkeitsbereich dieser Mitarbeiterin gehören bzw. nicht dazugehören.

*Es **gehört zu ihren Aufgaben,** Telefongespräche anzunehmen und **zu** führen.*
***Sie ist** aber nicht **zuständig für** …*

8.3 Bei welchen anderen Aufgaben kann die deutsche Sprache notwendig sein?
Denken Sie dabei auch an die Tätigkeiten von MitarbeiterInnen und KollegInnen in Ihrem eigenen Unternehmen.
Ergänzen Sie den Fragebogen entsprechend.

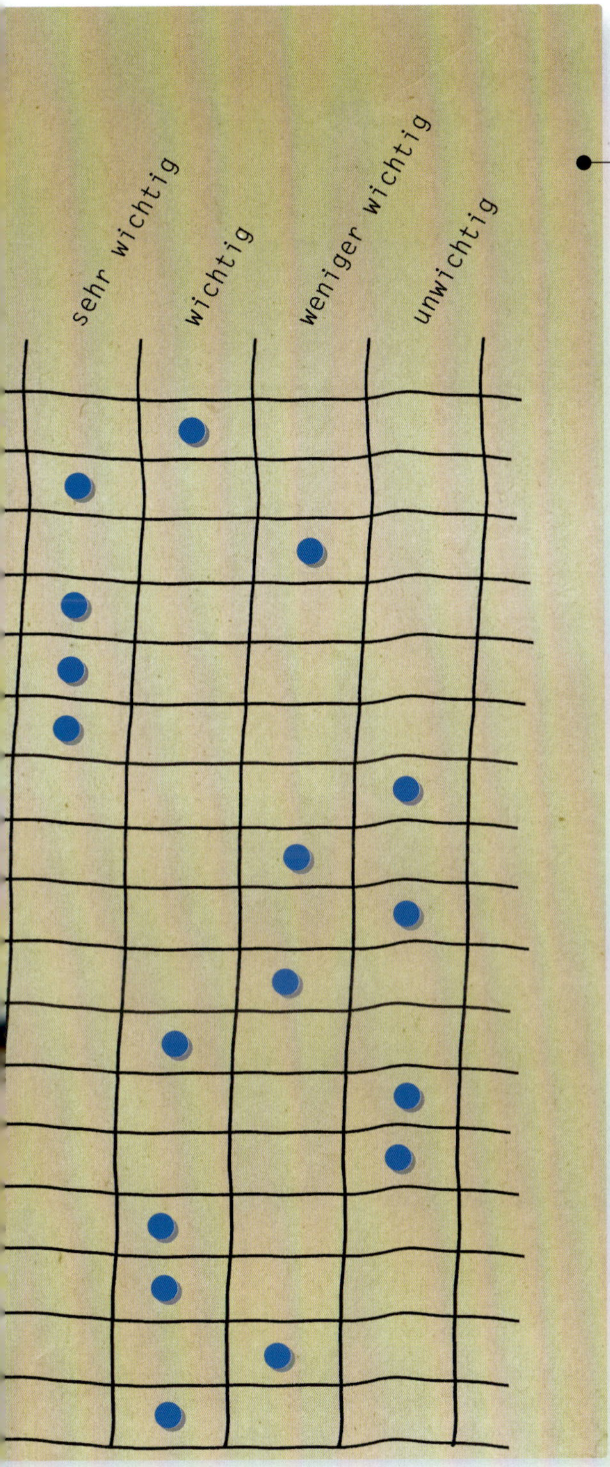

9
Deutsch als „Arbeitssprache"

9.1 Verwenden Sie den Fragebogen und machen Sie eine Umfrage im Kurs.

***Haben Sie** Briefe auf Deutsch **zu** schreiben?*
Gehört es zu Ihren Aufgaben, …?
Sind Sie zuständig dafür, …?

9.2 Werten Sie gemeinsam die Antworten aus:
Ermitteln Sie die Tätigkeiten, bei denen Deutsch für die Mehrzahl von Ihnen sehr wichtig (1) oder wichtig (2) ist.

Wichtigkeit der deutschen Sprache

Tätigkeiten	**sehr wichtig/wichtig** **Anzahl der Antworten:**	
• Briefe schreiben	___	___
• …	___	___

9.3 Erläutern Sie Fertigkeiten und Kenntnisse, die für die Mehrzahl der Kursteilnehmer von Bedeutung sind.

schriftliche Kommunikation: **mündliche Kommunikation:**

- ***in der Lage sein, …***
- ***fähig sein, …***
- ***… können.***
- ***… ausreichende Kenntnisse haben, um … zu …***
- ***… über ausreichende Kenntnisse verfügen, um … zu …***

9.4 Haben Sie weitere (Lern-)Ziele, die für Sie persönlich besonders wichtig sind? Erläutern Sie.

Hintergrund

Ausbildungswege

10
Auskünfte zur Ausbildung geben

10.1 Beschreiben Sie wichtige Aspekte des deutschen Ausbildungssysstems im Vergleich zum Ausbildungssystem Ihres eigenen Landes.
Erläutern Sie dabei Entsprechungen, Ähnlichkeiten und Unterschiede zwischen den beiden Ausbildungssystemen.

Bildungswesen – Grundstruktur

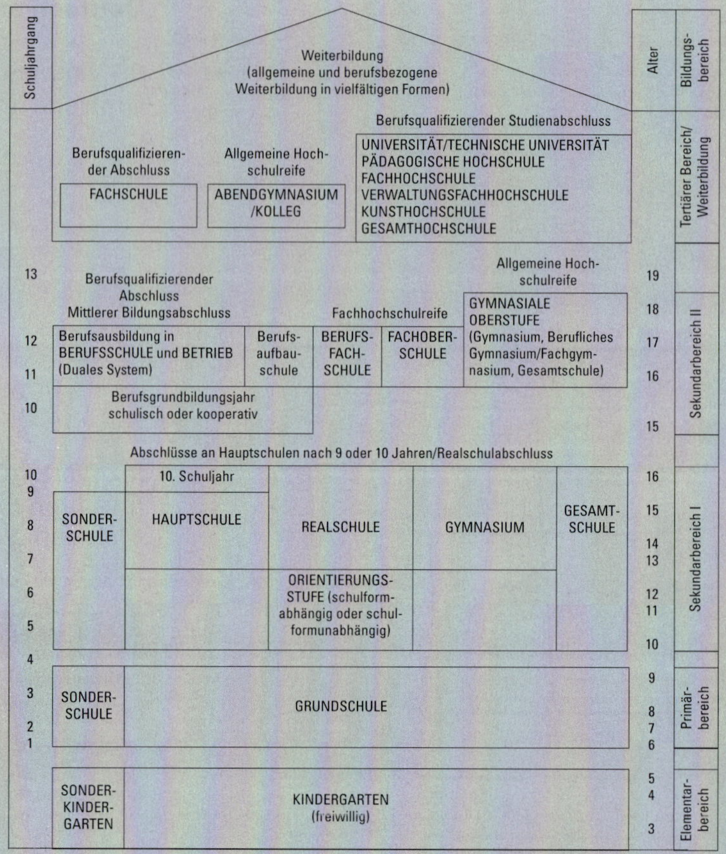

GABLER, «Kompaktlexikon Wirtschaft»

Wege der Berufsbildung

Es gibt viele Möglichkeiten, in der Bundesrepublik Deutschland einen qualifizierten Beruf zu erlernen. Grundsätzlich führt der Weg bis zum 9. oder 10. Schuljahr – das entspricht der gesetzlich vorgeschriebenen Vollzeitschulpflicht – zunächst über allgemein bildende Schulen (Grundschulen, Hauptschulen, Realschulen, Gymnasien, Gesamtschulen).
Danach trennen sich die Wege. Der eine führt über die Gymnasien oder die Gesamtschulen zur Fachhoch- oder Hochschulreife. Die Mehrzahl der Jugendlichen betritt den anderen Weg direkt in die Berufsausbildung.

Ihre Ausbildung

Welchen Ausbildungsabschluss besitzen Sie?

- Promotion
- Hochschulabschluss
- Fachhochschul-, Berufs-, Verwaltungs- oder Wirtschaftsakademieabschluss (früher Ingenieurschul-, Graduiertenabschluss)
- Abitur
- Meister, Fach- oder Technikerschulabschluss
- Lehre mit Abschluss
- Mittlere Reife
- Anderer Abschluss

- *in etwa / ungefähr / genau entsprechen*
- *so etwas (Ähnliches) sein wie ...*
- *dem entsprechen, was man auf ... (in der Muttersprache) ... nennt.*

z. B.
Das deutsche Abitur ***entspricht in etwa*** *dem «Baccalauréat» bei uns in Frankreich.*

So etwas wie den/die/das *... in Deutschland gibt es auch/nicht bei uns. Dagegen haben wir ...*

Wer bei uns ... machen will, besucht/absolviert ...

10.2 Erklären Sie einem Partner oder einer Partnerin Ihren eigenen Ausbildungsweg.

INFO

Deutsches Ausbildungssystem
Sekretariat der Ständigen Konferenz der Kultusminister der Länder in der Bundesrepublik Deutschland
Postfach 2240
D-53012 BONN
Telefon 0228/501-0 Telefax 0228/501 777
www.kmk.org
Diplome
Zentralstelle für ausländisches Bildungswesen
(dieselbe Adresse)

Eine Tätigkeit beschreiben

«Wäre das so etwas wie ein Sachbearbeiter?»

Sie trainieren:

- das Tätigkeitsprofil eines Bürokaufmanns / einer Bürokauffrau erläutern

einen Stellenwechsel erwägen

- Gründe für Zufriedenheit oder Unzufriedenheit mit dem Arbeitsplatz nennen
- Erwartungen an eine (neue) Stelle erläutern

ein Informationsgespräch vorbereiten

- Angaben zur eigenen Ausbildung und Qualifikation vorbereiten
- Fragen zu Aufgaben und Tätigkeiten vorbereiten
- Umgangsformen kritisch werten

das Gespräch führen

- Tätigkeiten, Aufgaben, Anforderungen beschreiben und klären
- das Gespräch einleiten
- Gesprächsziele benennen
- Gesprächsergebnisse zusammenfassen
- Rückfragen zur Verständnissicherung stellen
- das Gespräch abschließen
- die Gesprächsführung beurteilen

eine Entscheidung treffen

- Gesprächsergebnisse auswerten
- Argumente für oder gegen einen Stellenwechsel abwägen

die Entscheidung mitteilen

- die angemessene Form der schriftlichen Mitteilung wählen

- Erfolg und Misserfolg bei Vorstellungsgesprächen erklären
- über eigene Erfahrungen berichten

1 Ausbildung und berufliche Qualifikation beschreiben

Die *Bundesagentur für Arbeit* veröffentlicht Beschreibungen von Ausbildungsinhalten und Berufstätigkeiten.
Die Texte auf dieser Seite geben Auskunft über Ausbildungsinhalte und Merkmale der Berufsausübung eines Bürokaufmanns / einer Bürokauffrau.

1.1 Notieren Sie die passenden Beschreibungen (a–h) zu den Ausbildungsinhalten im Schema?
Markieren Sie Hinweise in den Texten.

Erläutern Sie Ihre Antworten.

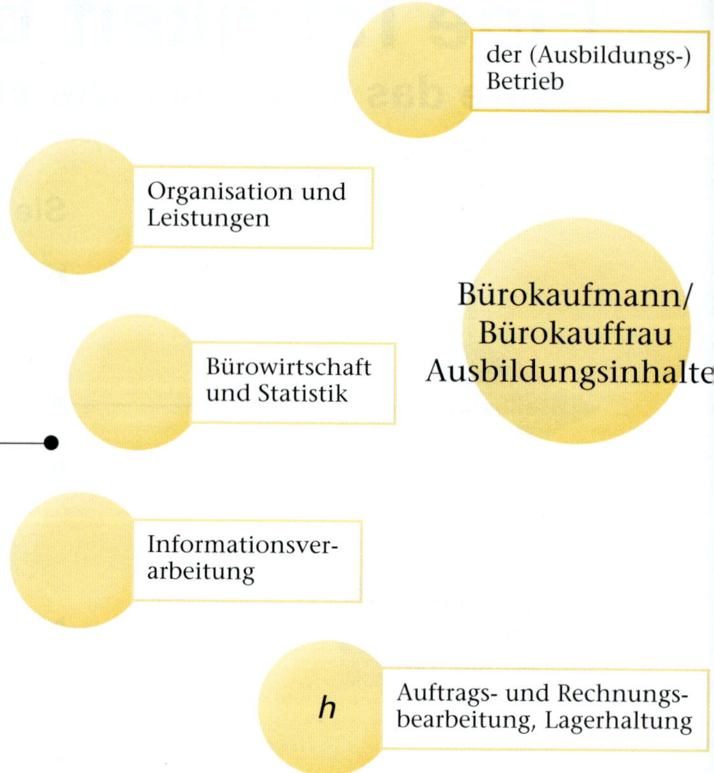

a

Die Auszubildenden sollen wissen, wie sich der Ausbildungsbetrieb in die Wirtschaft einordnet. Sie werden über ihre Rechte und Pflichten informiert, und darüber, wie sie sich später weiterqualifizieren können. Sie lernen, Unfälle am Arbeitsplatz zu vermeiden, und was man im Bürobereich für den Umweltschutz tun kann.

b

Um sich in einem Unternehmen zurechtzufinden, muss man wissen: Was wird auf welche Art hergestellt? Wie ist der Betrieb organisiert? Wen muss ich bei welchen Arbeiten ansprechen?

c

In der Verwaltung eines Betriebs werden Arbeiten mit anderen Abteilungen abgestimmt. Es ist wichtig zu wissen: Wer ist wofür zuständig? Welche Informationen leite ich an wen weiter? Wie führe ich einen Vorgang aus, damit ihn die zuständige Stelle weiterbearbeiten kann? In der modernen Verwaltung werden Daten festgehalten und ausgewertet. Das erfordert Kenntnisse in Statistik.

d

Ein- und ausgehende Post, Aktenvermerke, Telefonanrufe, Gesprächsnotizen – solche Informationen müssen sortiert, aufbereitet und an die zuständigen Stellen weitergeleitet werden. Dazu muss man Texte verarbeiten können und mit den modernen Kommunikationsmitteln wie Schreibcomputer und Telekopierer vertraut sein. Auch Zahlen und Fakten aus Buchhaltung oder Rechnungswesen sind Informationen, die gebucht, gegliedert und ausgewertet werden, um Entscheidungen zu ermöglichen. Dazu braucht man Kenntnisse in der Datenverarbeitung.

e

Jeder Betrieb muss stets überprüfen, ob er wirtschaftlich arbeitet: damit hohe Kosten oder Lagerbestände rechtzeitig abgebaut und Aufträge kalkuliert werden können. Die dafür notwendigen Informationen und Daten werden in der Buchhaltung und in der Abteilung für Kostenrechnung aufbereitet und oft auch ausgewertet.

Quelle: Bundesanstalt für Arbeit, «Informationszeitung der Berufsberatung zur Berufswahl»

f

Hier werden Löhne und Gehälter abgerechnet oder auch Personalentscheidungen vorbereitet. Dazu braucht man Kenntnisse im Steuerrecht, über die gesetzlichen Regelungen bei Arbeitsverhältnissen, über Tarifverträge und die Bestimmungen zum Arbeitsschutz.

g

Die Arbeiten innerhalb eines Betriebs müssen aufeinander abgestimmt, Arbeitsabläufe geplant werden. Das heißt zum Beispiel: Unterlagen für Besprechungen aufbereiten und zusammenstellen, Termine vereinbaren und kontrollieren, ein- und ausgehende Post sortieren, weiterleiten oder ablegen.

h

Jedes Unternehmen verkauft Waren oder Dienstleistungen. Dabei werden Aufträge von Kunden bearbeitet oder auch an andere Unternehmen erteilt. Rechnungen müssen korrekt ausgestellt, kontrolliert und bezahlt werden. Damit der Betrieb seine Kunden termingerecht beliefern kann, muss er seine Lagerbestände ständig kontrollieren. Eine entsprechende Lagerbuchhaltung gehört deshalb oft zu den Aufgaben in diesem Beruf.

1.2 Notieren Sie für die folgenden Fähigkeiten und Kenntnisse die jeweils geeigneten Ausbildungsinhalte (a–h):

Betriebliches Rechnungswesen

Personalwesen

Büroorganisation

1. Kosten erfassen können ___
2. wissen, wie Büromaterial verwaltet wird ___
3. fähig sein, Rechnungen zu kontieren ___
4. in der Lage sein, ein- und ausgehende Aufträge abzuwickeln ___
5. wissen, wie Unterlagen gesammelt, aufbereitet und ausgewertet werden ___
6. gelernt haben, Statistiken auszuwerten und entscheidungsorientiert zu bewerten ___
7. Fachliteratur, Dokumentationen und andere Hilfsmittel nutzen können ___
8. Kostenstruktur des Unternehmens kennen und darstellen können ___
9. in der Lage sein, Grundfunktionen und Leistungen des Unternehmens zu beschreiben ___
10. wissen, wie Termine geplant und überwacht werden; bei Terminabweichungen die erforderlichen Maßnahmen treffen können ___

Bürokaufmann / Bürokauffrau

Berufskundliche KURZ Beschreibungen

Berufsausübung (ausgewählte Merkmale)

Nach abgeschlossener Berufsausbildung bieten sich u. a. Ausübungsmöglichkeiten in den Bereichen Buchführung, Kostenrechnung, Personalverwaltung und Entgeltabrechnung sowie Auftrags- und Rechnungsbearbeitung und Lagerhaltung in Betrieben verschiedener Wirtschaftszweige und Branchen.

Tätigkeiten	– Auftrags- und Rechnungsbearbeitung – Kontrollieren der Lagerbestände – Abwickeln der Lohn- und Gehaltsabrechnung – Durchführen der Kostenrechnung – Planen der Büroorganisation – Erledigen des Schriftwechsels – Anwenden der elektronischen Datenverarbeitung – Terminplanung und -überwachung – Informationsverarbeitung
Arbeitsmittel / Werkzeug Material	– Geräte der Bürokommunikation, z.B. Telefon, Schreibmaschinen, Telefax-Geräte, Kopierer – EDV-Anlagen, Softwareprogramme – Statistiken, rechtliche Bestimmungen, Tarifverträge – Quittungen, Lagerbücher, Belege, Post, Unterlagen – Büromaterial, Papier – Terminkalender, Karteien – Personalakten
Umgang mit	– Kollegen, Vorgesetzten, Betriebsleitern – Kunden, Auftraggebern – Lieferanten

1.3 Lesen Sie die Darstellung ausgewählter Merkmale der Berufsausübung eines Bürokaufmanns / einer Bürokauffrau.

Beschreiben Sie das Anforderungsprofil für einen/eine kompetente/n MitarbeiterIn.

Sie/Er …
*… **hat gelernt,** …*
*… **weiß,** wie …*
*… **ist fähig,** …*
*… **ist in der Lage,** …*

z. B.
Sie/Er hat gelernt, sich in einem Unternehmen zurechtzufinden.
…

INFO

Arbeitsamt
www.arbeitsagentur.de
Alle freien Stellen

Süddeutsche Zeitung
www.sueddeutsche.de
Der komplette Stellenmarkt der «Süddeutschen» zeitgleich mit der gedruckten Version

Unternehmenspraxis

Einen Stellenwechsel erwägen

Kurt Baranovski ist gelernter Bürokaufmann. Er beschäftigt sich mit dem Gedanken, seine derzeitige Firma zu verlassen und eine andere Stelle zu suchen.

2
Zufriedenheit und Unzufriedenheit mit einer Stelle begründen

Die Liste nennt eine Reihe von Faktoren, die Zufriedenheit bzw. Unzufriedenheit mit einer Stelle beeinflussen.

Zufriedenheit am Arbeitsplatz

a Betriebsklima
b Leistung
c Anerkennung
d die Tätigkeit selbst
e Karriere, Beförderung
f Verantwortung
g Unternehmenspolitik
h Führungsstil
i Kontrolle
j Beziehung zu Vorgesetzten
k Beziehung zu Kollegen
l Bezahlung
m Arbeitsbedingungen
n Prestige/Status
o Sicherheit
p Privatleben

2.1 Welche Faktoren spielen bei den folgenden Beispielen eine Rolle? Notieren Sie.

MitarbeiterInnen haben z. B. den Eindruck, ...	
1. dass sie nicht genügend über Ziele und Probleme der Firma informiert werden.	*g, h*
2. dass ihre Tätigkeit innerhalb und außerhalb des Unternehmens hohes Ansehen genießt.	___
3. dass es ihnen an Erfolgserlebnissen in ihrer Arbeit mangelt.	___
4. dass sie eigenständig entscheiden und eigenverantwortlich handeln können.	___
5. über jede Handlung und Entscheidung Rechenschaft ablegen zu müssen.	___
6. in ihrer Aufgabe ihre Leistungsfähigkeit unter Beweis stellen zu können.	___
7. für ihre Tätigkeit überqualifiziert zu sein.	___
8. dass die meisten MitarbeiterInnen ihrer Abteilung unfähig sind.	___

2.2 Beschreiben Sie den Einfluss dieser Faktoren durch weitere Beispiele:

- *den Eindruck haben, (dass) ...*
- *das Gefühl haben, (dass) ...*
- *die Erfahrung gemacht haben, (dass) ...*
- *finden, (dass) ...*

Faktor: **Leistung** *z. B.*
*MitarbeiterInnen **haben das Gefühl,** ...*
Zufriedenheit: → • *in ihrer Arbeit ihr Bestes zeigen **zu** können.*
Unzufriedenheit: → • ***dass** gute Leistungen nicht genügend anerkannt werden.*

2.3 Ergänzen Sie andere berufliche oder private Gründe, die für oder gegen einen Stellenwechsel sprechen können.

für Stellenwechsel	gegen Stellenwechsel
• *schlechte Verkehrsverbindungen zwischen Wohnort und Arbeitsplatz* • ...	• *gute Sozialleistungen der Firma* • ...

Formulierungen aus Stellengesuchen

(Ein/e MitarbeiterIn sucht …)

1. herausfordernde Aufgabe
2. leitende Führungsposition
3. neuen Wirkungskreis
4. verantwortungsvolle Aufgabe
5. dauerhafte Position mit anspruchsvoller Führungsverantwortung
6. interessante Aufgabenstellung
7. besser geeignete Aufgabe in ausbaufähiger Position
8. selbstständigen Tätigkeitsbereich
9. größeren Verantwortungsbereich mit Entwicklungsmöglichkeit
10. zukunftsorientiertes Unternehmen, dem er seine vielseitigen Erfahrungen zur Verfügung stellen kann
11. dauerhafte Position mit anspruchsvoller Führungsaufgabe

3
Erwartungen an eine neue Stelle formulieren

Die Formulierungen stammen aus Anzeigen von MitarbeiterInnen, die eine neue Stelle suchen.

3.1 Welche Erwartungen an die neue Stelle werden darin deutlich? Notieren Sie entsprechend (1–11).

Die MitarbeiterInnen wünschen …

- mehr Verantwortung: ______
- mehr Anerkennung: ______
- neue Aufgaben: ______
- bessere Karrieremöglichkeiten: ______

Mein Vorgesetzter
Gemeint ist Ihr *unmittelbarer* Vorgesetzter (der eine Stufe höher steht als Sie, der Ihnen Anweisungen geben und Sie kontrollieren kann).

	eher ja	eher nein
1. ungerecht	✘	❑
2. aktiv	✘	❑
3. rücksichtsvoll	❑	✘
4. unhöflich	✘	❑
5. versteht was von seiner Arbeit	✘	❑
6. setzt sich für uns ein	✘	❑
7. fair	✘	❑
8. unbeliebt	❑	✘
9. vertraue ihm	✘	❑
10. informiert schlecht	✘	❑
11. lässt uns mitreden	❑	✘
12. nörglerisch	❑	✘

Alles in allem: Wie zufrieden sind Sie mit Ihrem Vorgesetzten?

Meine Tätigkeit
Gemeint ist der *Inhalt* Ihrer Tätigkeit, die Art Ihrer Arbeitsaufgaben

	eher ja	eher nein
1. gefällt mir	✘	❑
2. langweilig	✘	❑
3. unselbstständig	✘	❑
4. angesehen	❑	✘
5. enttäuschend	✘	❑
6. unterfordert mich	✘	❑
7. sehe Ergebnisse	❑	✘
8. kann meine Fähigkeiten einsetzen	❑	✘
9. kann eigene Ideen verwirklichen	❑	✘
10. verantwortungsvoll	❑	✘

Alles in allem: Wie zufrieden sind Sie mit Ihrer Tätigkeit?

Meine Entwicklung
Gemeint ist Ihr persönliches Vorwärtskommen (Ihre bisherigen und zukünftigen Möglichkeiten zum Aufstieg, zur Weiterbildung und zur Übernahme von verantwortungsvolleren Aufgaben).

	eher ja	eher nein
1. gut	❑	✘
2. sicher	✘	❑
3. angemessen	✘	❑
4. kaum Möglichkeiten	❑	❑
5. leistungsgerecht	❑	❑
6. enttäuschend	✘	❑
7. gibt mir Auftrieb	❑	✘

Alles in allem: Wie zufrieden sind Sie mit Ihren Entwicklungsmöglichkeiten?

Quelle: S. Koczkas, «Betriebspsychologisches Taschenbuch»

3.2 Die Antworten im Fragebogen zeigen Kurt Baranovskis Wertung seiner derzeitigen Stelle.
Wie wird er auf die jeweils letzte, zusammenfassende Frage antworten?
z. B.
Alles in allem bin ich …
…

3.3 Erläutern Sie seine Wertungen:
z. B.
der Vorgesetzte
Er findet seinen Vorgesetzten (sehr) aktiv.
Aber er hält ihn für ziemlich ungerecht.
…

3.4 Welche Erwartungen hätte Kurt Baranovski an eine neue Stelle?
z. B.
Es sollte eine Stelle sein, in der er seine Fähigkeiten besser einsetzen kann.
Er möchte eine Stelle mit …

3.5 Welche der obigen Formulierungen aus den Stellengesuchen passen zu den Erwartungen von Kurt Baranovski?

Kurt Baranovski hat in einer deutschen Tageszeitung ein Stellenangebot der Firma *ORIND* gefunden, in dem es um die Stelle eines «office assistant» in der Düsseldorfer Niederlassung der indischen Firma geht.

gagiert in einem kleinen, schlagkräftigen Team arbeiten wollen und auch in Stresssituationen den Überblick behalten, freuen wir uns auf Sie.
Bitte schriftliche Bewerbung mit Gehaltsvorstellung an:

Holz GmbH, Postfach 104, 84203 Putzlach

ORIND

sucht für ihre Niederlassung in Düsseldorf zum baldmöglichsten Zeitpunkt

OFFICE ASSISTANT

Bewerbungen und Anfragen richten Sie bitte an Orind

Ein Informationsgespräch vorbereiten

Kurt Baranovski hat mit Herrn Misra, dem Verantwortlichen der Firma *ORIND*, telefonisch einen Gesprächstermin vereinbart. Er bereitet sich auf dieses Gespräch vor.

4
Sich über eine Tätigkeit informieren

Kurt Baranovski möchte bei diesem Gespräch klären, ob der gesuchte «office assistant» seiner Qualifikation und seinen Erwartungen an eine neue Stelle entspricht.

4.1 Orientieren Sie sich am Tätigkeitsprofil des/der Bürokaufmanns/kauffrau und formulieren Sie Fragen, die er zu Tätigkeit und Aufgaben stellen wird.

Tätigkeiten	– Auftrags- und Rechnungsbearbeitung – Kontrollieren der Lagerbestände – Abwickeln der Lohn- und Gehaltsabrechnung – Durchführen der Kostenrechnung – Planen der Büroorganisation – Erledigen des Schriftwechsels – Anwenden der elektronischen Datenverarbeitung – Terminplanung und -überwachung – Informationsverarbeitung
Arbeitsmittel / Werkzeug Material	– Geräte der Bürokommunikation, z.B. Telefon, Schreibmaschinen, Telefax-Geräte, Kopierer – EDV-Anlagen, Softwareprogramme – Statistiken, rechtliche Bestimmungen, Tarifvertr – Quittungen, Lagerbücher, Belege, Post, Unterla – Büromaterial, Papier – Terminkalender, Karteien – Personalakten
Umgang mit	– Kollegen, Vorgesetzten, Betriebsleitern – Kunden, Auftraggeber

*Würde es **zu meinen Aufgaben gehören,** … zu …?*
*Wäre ich **für** … **zuständig?***
*Hätte ich **mich um** … **zu kümmern?***

z. B.
*Würde es zu **meinen Aufgaben gehören Texte zu bearbeiten?***
…

4.2 Welche weiteren Fragen wird jemand haben, der an dieser Stelle interessiert ist?
z. B.
Wie lange würde die Probezeit dauern?
…

Bei der Frage «Was ist Ihnen an Ihrem Arbeitsplatz am wichtigsten?» machten die Führungskräfte und Mitarbeiter folgende Aussagen:

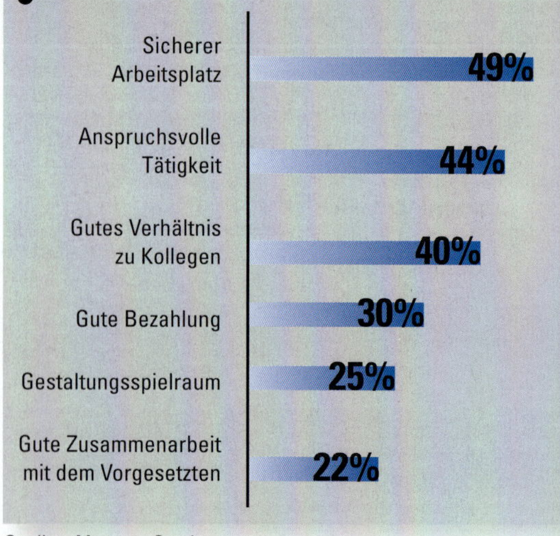

Quelle: «Manager Seminare»

5
Über Ausbildung und beruflichen Werdegang informieren

Auf welche Fragen zu seiner Ausbildung und Berufserfahrung wird sich Kurt Baranovski sicher vorbereiten? Nennen Sie Beispiele.

mögliche Fragen an Kurt Baranovski:	mögliche Antworten von Kurt Baranovski:
• *«Welche berufliche Qualifikation haben Sie?»* →	*«Ich bin gelernter Bürokaufmann. …»*
• *«Warum …?»* →	*«…»*
• *«…»* →	*«…»*

1. Kurt Baranovski meldet sich 30 Minuten vor dem vereinbarten Termin bei der Sekretärin an.

2. Bei der Begrüßung gibt er Herrn Misra die Hand.

3. Er erwähnt eine frühere Ferienreise nach Indien und fragt nach der Herkunft von Herrn Misra.

4. Den Kaffee, den Herr Misra ihm anbietet, lehnt er höflich ab, mit der Begründung, dass er nie Kaffee trinke.

5. Er bittet dagegen z. B. um ein Mineralwasser

6. Während des Gespräches macht er sich Notizen.

7. Als Herr Misra sich eine Zigarette anzünden will, gibt Kurt Baranovski ihm Feuer.

8. Er zündet sich ebenfalls eine Zigarette an.

9. Als er keine Fragen mehr hat, dankt er Herrn Misra für die Auskünfte und beendet das Gespräch.

6
Angemessenheit von Verhaltensweisen werten

6.1 Welche der folgenden Verhaltensweisen erscheinen Ihnen in diesem Kontext …
- angemessen?
- nicht angemessen?

6.2 Wie könnten diese Verhaltensweisen interpretiert werden.

*Das **könnte bedeuten,** dass …*
*Das **würde vielleicht verraten,** dass …*
*Das **kann den Eindruck erwecken,** dass …*
*Das **beweist/zeigt,** dass …*

z. B.
30 Minuten vor dem vereinbarten Termin ankommen könnte bedeuten, dass …

6.3 Geben Sie entsprechende Empfehlungen.
z. B.
Es wäre richtig/besser, wenn er …

6.4 Welche Begrüßungs- und Vorstellungsformeln erscheinen Ihnen in der gegebenen Situation passend oder unpassend?

	passend	unpassend
Kurt Baranovski:	«…»	«…»
Herr Misra:	«…»	«…»

Erläutern Sie Ihre Antworten.

begrüßen, sich vorstellen (1)
- *«Guten Tag. Mein Name ist … Ich hatte mit Ihnen …»*
- *«Einen schönen guten Tag. Ich bin … Wir hatten schon am Telefon …»*
- *«Guten Tag. Erlauben Sie, dass ich mich vorstelle? Mein Name ist … Ich …»*

begrüßen, sich vorstellen (2)
- *«Herzlich willkommen, Herr/Frau …! Mein Name ist … Ich freue mich, Sie endlich persönlich kennen zu lernen. …»*
- *«Guten Tag, Herr … Freut mich, Sie kennen zu lernen. Nehmen Sie doch Platz!»*
- *«Freut mich, Sie kennen zu lernen. Nehmen Sie doch …»*
- *«Nett, dass Sie uns besuchen, Herr/Frau … Kommen Sie doch rein. …»*
- *«Hallo, Herr/Frau …, kommen Sie rein. …»*

6.5 Es ist üblich, ein Gespräch mit einem kurzen «Small Talk» einzuleiten, z. B. zu folgenden Punkten:
- Anreise des Besuchers, Wetter, Hotel …
- Ort (Stadt/Lage/Umwelt) des Gesprächs; …

Nennen Sie Beispiele von entsprechenden Fragen, Kommentaren.
z. B.
«Hatten Sie einen angenehmen Flug?»
«…?»

6.6 Was haben Sie bei Ihren Gesprächspartnern aus deutschsprachigen Ländern beobachtet?
- Lässt man sich Zeit, um sich besser kennenzulernen?
- Kommt man ziemlich schnell zur Sache?
- Beschränkt man sich auf einige Höflichkeitsformeln?
- Gibt es Themen, die oft/nie angesprochen werden?

Berichten Sie.

Das Gespräch führen

Kurt Baranovski kommt zum vereinbarten Termin nach Düsseldorf.

7
Ein Gespräch einleiten

7.1 Führen Sie diesen ersten Teil des Gesprächs zwischen Herrn Misra und Kurt Baranovski:
1. Begrüßung
2. Small Talk
3. Kurt Baranovskis berufliche Situation

CD 1: 15

7.2 Hören Sie das Gespräch (Teil 1) zwischen Herrn Misra und Kurt Baranovski.
Notieren Sie die «Small Talk»-Themen, die angesprochen werden:
1. ______________
2. ______________
... ______________

7.3 Welche Erklärungen gibt Herr Misra? Kreuzen Sie an.

Firma *ORIND* ...	
1. stellt feuerfeste Produkte her.	☐
2. produziert in 48 Ländern der Welt.	☐
3. arbeitet beim Export mit einheimischen Vertretern der Länder, in die exportiert wird.	☐
Herr Misra ...	
4. vermittelt zwischen der indischen Mutterfirma und den Vertretern oder den Kunden.	☐
5. ... ist für den gesamten, nichtasiatischen Markt zuständig.	☐

Fassen Sie die Informationen kurz zusammen.
z. B.: Es handelt sich um eine indische Firma, die ...

8
Tätigkeiten und Aufgaben beschreiben

CD 1: 16

8.1 Hören Sie das Gespräch (Teil 2). Entspricht das Profil des gesuchten «office assistant» in etwa dem eines Bürokaufmanns? Erläutern Sie Ihre Antwort.

8.2 Markieren Sie im Gesprächstranskript Textpassagen, in denen Aufgaben und Tätigkeiten beschrieben werden.

8.3 Geben Sie eine kurze Beschreibung der Tätigkeiten und Aufgaben des «office assistant».

*Er **soll** ...*
*Er **ist zuständig für** ...*
*Er **hat** ... **zu** ...*
***Es wird von ihm erwartet,** dass er ...*

Misra: Wir sind eine indische Firma, wir stellen feuerfeste Produkte her – wir sind eine der größten Firmen in Indien. Wir liefern zurzeit 48 Ländern, in der ganzen Welt, feuerfeste Produkte. Hochwertige feuerfeste Produkte.
Baranovski: Das heißt also – das ist ein weltweites Netz.
M: Ja, ich bin hier zuständig für Westeuropa.
B: Nur Westeuropa?
M: Ja, ganz richtig. Das ist mein Zuständigkeitsbereich.

B: Gut. Was wäre dann meine Aufgabe? Hier in der Anzeige stand «office assistant» – was würde das für mich heißen? Was ist genau damit gemeint? Wäre das vergleichbar mit einem Sachbearbeiter oder mit einem Sekretär hier in Deutschland?
M: Ja, ja, genau. So etwas Ähnliches. Sie werden schon ein bisschen von allem machen. Aber in erster Linie machen Sie viel Korrespondenz. Unser Geschäft läuft sehr stark über Korrespondenz. Wir korrespondieren sehr viel mit Geschäftspartnern und Kunden in der ganzen Welt.
B: Aber – wenn ich Sie richtig verstehe, ist das wohl vorwiegend auf Englisch?
M: Ja. Wobei innerhalb Deutschlands die Briefe natürlich in Deutsch geschrieben werden.

M: ... Und dann, wenn die Leute von uns, von der Hauptfirma, von Indien aus anrufen, dann können Sie sich auf Englisch verständigen. Das ist sehr gut.
B: Okay. Ich hätte da noch eine Frage: Sind Sie oft auf Reisen?
M: Ja, genau! Es geht nämlich auch darum, dass Sie mich vertreten, wenn ich nicht da bin.
B: Das heißt ...?
M: Na, dass Sie die Telefonate abnehmen, mit den Leuten sprechen und bei Problemen mich anrufen. Denn mit der Lieferung der Ware ist die Sache nicht erledigt. Wir sind auch dafür verantwortlich, dass alles ordentlich läuft. Dass die Kunden keine Pannen erleben.
B: Gut. Gut.
M: Und überhaupt – Sie vereinbaren die Termine und gelegentlich mal – es kann auch sein, dass Sie Gäste vom Flughafen abholen und sie hier über die Zeit betreuen. Wir sind dann sicher auch mal zusammen bei Terminen, denn es wird dabei viel zu organisieren und zu besprechen sein und dann ...

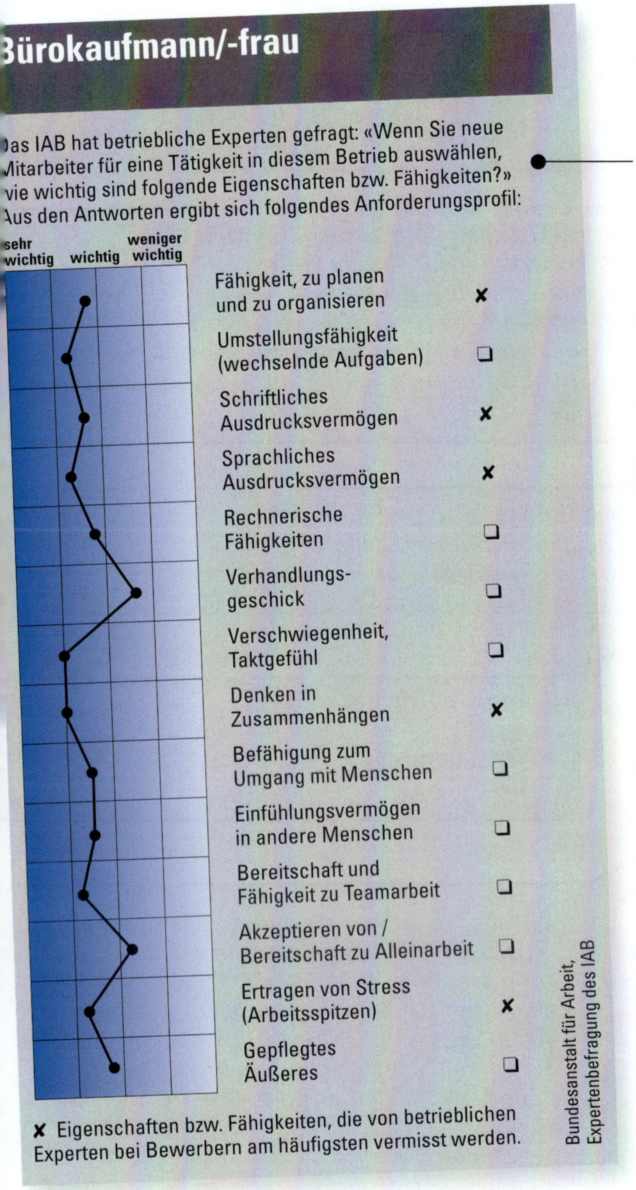

9
Aufgaben und Anforderungen klären

Das Anforderungsprofil zeigt für einen repräsentativen Querschnitt von Unternehmen die Wertung bestimmter Eigenschaften und Fähigkeiten eines Bürokaufmanns / einer Bürokauffrau.

9.1 Nennen Sie mögliche Gründe für diese Wertungen:

besonders wichtig	mögliche Gründe:
Verschwiegenheit:	*Sie erfahren viele Informationen, die zum Teil vertraulich sind. …*
weniger wichtig	
Verhandlungsgeschick:	*Es gehört nicht zu Ihren Aufgaben, Verhandlungen zu führen.* …

9.2 Welche Eigenschaften oder Fähigkeiten des gesuchten Mitarbeiters sind für Herrn Misra …

besonders wichtig	weniger wichtig
…	…
…	…

Wie wird dies im Gespräch deutlich?

9.3 Vergleichen Sie die Informationen zum «office assistant» mit dem Tätigkeitsprofil eines Bürokaufmanns / einer Bürokauffrau (Seite 25): Welche Aufgaben wurden …
- bereits angesprochen?
- bisher noch nicht erwähnt?

Formulieren Sie Fragen, die Kurt Baranovski stellen wird:

> ***Hätte** ich auch … **zu** …?*
> ***Wäre es auch meine Aufgabe,** …?*
> ***Würde** ich …?*

*z. B.: «**Hätte ich** auch die Fachpresse aus**zu**werten?»*

10
Gesprächsführung werten

Werten Sie das Gespräch zwischen Herrn Baranowski und Herrn Misra:
- Verläuft das Gespräch so, wie Sie es erwartet haben?
- Streben beide Partner einen guten, persönlichen Kontakt an?
- Klären sie alle angesprochenen Punkte?
- Erreichen sie ihre Gesprächsziele?

11
Ein informatives Gespräch führen und abschließen

Führen Sie das Gespräch in den Rollen von Herrn Misra und Herrn Baranowski.
Beide Gesprächspartner stellen dabei ergänzende Fragen, überprüfen ihr Verständnis, bestätigen oder korrigieren Informationen.

Wählen Sie entsprechend Ihrer Rolle einen Gesprächsabschluss.

Verständnis überprüfen
«Wenn ich Sie richtig verstanden habe, ...?»
« ... wäre also so etwas Ähnliches wie ...»
«Das heißt also, dass ...»
«Mit anderen Worten: ...»

zusätzliche Informationen erbitten
«Ich hätte da noch eine Frage: ...?»
«Mir ist nicht ganz klar, ...»
«Was meinen Sie genau mit ...?»
«Es würde mich noch interessieren, ob ...»
«Ich möchte noch einmal auf ... zurückkommen: ...?»

bestätigen
«Ja, ganz richtig, wir beliefern ...»
«Genau, es geht darum, ...»

korrigieren, richtig stellen
«Das war etwas anders gemeint: ...»
«Genauer gesagt: ...»
«Was ich eigentlich sagen wollte, war: ...»

mögliche Gesprächsabschlüsse (Herr Misra)
- *Ich glaube, Sie haben jetzt alle wichtigen Informationen.*
- *Wenn Sie jetzt keine weiteren Fragen mehr haben ...*
- *Sie wissen, es gibt schon mehrere Bewerber ... und wir melden uns dann bei Ihnen.*
- *Sicher wollen Sie sich das nochmal überlegen. Rufen Sie mich einfach (nächste Woche) an ...*
- *Und ... interessiert Sie die Stelle?*

mögliche Gesprächsabschlüsse (Herr Baranowski)
- *Vielen Dank für die Auskünfte ...*
- *Ich möchte mir das alles noch mal in Ruhe überlegen. Ich rufe Sie dann ... an.*
- *Also, die Stelle würde mich wirklich sehr interessieren. Wissen Sie schon, wann Sie Ihre Entscheidung treffen werden?*
- *Sie verstehen sicher, wenn ich noch etwas Bedenkzeit brauche.*
- *Ja, also ... ich fand das alles sehr interessant, und ... / aber ...*

Eine Entscheidung treffen

12
Argumente für und gegen einen Stellenwechsel abwägen

12.1 Welche Argumente könnten aufgrund der jetzt bekannten Informationen für oder gegen die Annahme dieser Stelle sprechen?

Nennen Sie Beispiele.

Das spricht dafür:	Das spricht dagegen:
1. ...	1. ...
2. ...	2. ...
3. ...	3. ...

12.2 Welche zusätzlichen Informationen und Kriterien wären bei einer endgültigen Entscheidung für/gegen diese Stelle zu berücksichtigen?
Nennen Sie Beispiele.

Sehr geehrter Herr Misra,

1 Bezug nehmend auf unser Gespräch vom ..., teile ich Ihnen mit, dass ich nicht weiter an der von Ihnen ausgeschriebenen Stelle interessiert bin.

2 da ich zwischenzeitlich einen neuen Arbeitsplatz angetreten habe, ziehe ich meine Bewerbung für die von Ihnen ausgeschriebene Stelle zurück. Für das Interesse, das Sie meiner Bewerbung entgegengebracht haben, bedanke ich mich herzlich.

3 vielen Dank für das anregende Gespräch am .... Die Aufgaben, die die von Ihnen angebotene Stelle beinhaltet, haben mich sehr interessiert. Doch habe ich mich nach Abwägung aller Gesichtspunkte entschieden, auf eine Bewerbung zu verzichten.
Ich hoffe auf Ihr Verständnis und verbleibe

mit freundlichen Grüßen

Sehr geehrter Herr Misra,

4 die von Ihnen während des Gesprächs am ... gegebenen Informationen haben mein Interesse an der ausgeschriebenen Stelle bestätigt und verstärkt. Ich denke, dass ich die Anforderungen zu Ihrer Zufriedenheit erfüllen werde.
In der Anlage übersende ich Ihnen die Bewerbungsunterlagen

5 ich danke Ihnen für das Gespräch am ...
Aufgaben und Arbeitsbedingungen der angebotenen Stelle entsprechen meinen Erwartungen und meiner Qualifikation.
Gerne würde ich bereits zum nächstmöglichen Termin mit meiner Tätigkeit bei Ihnen beginnen.
Ich würde mich über eine baldige, positive Nachricht freuen.

6 vielen Dank für das Gespräch. Ich finde die Tätigkeit sehr interessant und würde mich gerne bewerben.
Im Nachhinein habe ich mir noch ein paar Fragen gestellt und ich möchte deshalb um ein weiteres Gespräch bitten.

Mit freundlichen Grüßen

Die Entscheidung mitteilen

Wenige Tage später teilt Kurt Baranovski Herrn Misra brieflich seine Entscheidung mit.

13
Schriftliche Kommunikation: die angemessene Form wählen

13.1 Situation A:
Kurt Baranovski hat sich entschlossen, von einer Bewerbung um diese Stelle abzusehen.
Welche der Brieffassungen (1, 2, 3) erscheint/en Ihnen passend?

Erläutern Sie Ihre Antwort.

13.2 Situation B:
Er hat entschieden, sich um die Stelle zu bewerben.
Welche Angaben sollte das Bewerbungsschreiben enthalten? Welche Unterlagen wären beizufügen?
Markieren Sie in der Checkliste.

Unterlagen:
- Lebenslauf ✔
- Lichtbild
- Geburtsurkunde
- Kopien: Zeugnisse, Diplome
- polizeiliches Führungszeugnis
- Referenzen

Angaben:
- Bezugnahme auf die Anzeige
- derzeitiger Arbeitgeber
- derzeitiges Einkommen
- Krankheiten
- Motive für den Stellenwechsel
- frühester Eintrittstermin

Lebenslauf:
1. persönliche Daten
   - Name
   - geboren:
   - Nationalität
   - Eltern (mit Beruf)
   - Geschwister
   - Familienstand
   - Konfession
   - Hobbys
2. Schulausbildung
3. Berufsausbildung
4. Werdegang nach der Ausbildung

Welche der Brieffassungen (4, 5, 6) erscheint/en Ihnen passend?

Erläutern Sie Ihre Antwort.

Hintergrund

Projekt

Ein Image-Film der *LINDE GROUP*

THE LINDE GROUP

Große Unternehmen verfolgen mit ihren Image-Filmen mehrere Ziele:

- ihre Attraktivität für Investoren und Geschäftspartner herausstellen
- ihre Bekanntheit und ihren guten Ruf in der Öffentlichkeit pflegen
- die Identifikation der Mitarbeiter mit dem Unternehmen verstärken
- qualifizierte Mitarbeiter für das Unternehmen gewinnen

LINDE GROUP

Die Linde Group ist ein weltweit führendes Unternehmen im Bereich Gas und Engineering mit mehr als 53.000 Mitarbeitern in über 70 Ländern.

Linde Gas gehört zu den weltweit führenden Anbietern von Industriegasen. Darüber hinaus konzentrieren wir uns auf den Ausbau unseres wachstumsstarken Geschäfts mit medizinischen und therapeutischen Gasen. Zudem sind wir in der Weiterentwicklung der umweltfreundlichen Wasserstoff-Technologie weltweit führend.

14
Unternehmen und ihre Mitarbeiter

DVD

14.1 Sehen Sie sich den Image-Film der *LINDE GROUP* in der Rolle eines potenziellen Mitarbeiters an.
Wie stellt sich das Unternehmen als attraktiver Arbeitgeber dar? Notieren Sie zu den genannten Punkten Beispiele aus dem Film. Besprechen Sie Ihre Antworten im Kurs.

***LINDE* ...**

- akzeptiert Fehler, um aus Fehlern zu lernen.
- baut Vertrauen auf.
- fördert Teamarbeit.
- ist sich der sozialen Probleme im Unternehmen und außerhalb des Unternehmens bewusst.
- stellt hohe Anforderungen an seine Mitarbeiter.
- trägt mit seinen Erzeugnissen zur Nachhaltigkeit und zum Schutz der Umwelt bei.
- unterstützt Kreativität und Initiative seiner Mitarbeiter.
- vermittelt seinen Mitarbeitern das Gefühl von Anerkennung und Stolz.
- zeigt sich verantwortungsbewusst.
- erwartet hohe Leistungen und vollen Einsatz seiner Mitarbeiter.

Beispiele aus dem Film

____

____

____

____

____

____

____

____

____

____

14.2 Auf Deutsch würde der Titel des Films lauten: «Das Geheimnis dahinter». Was ist damit gemeint? Welche Antworten gibt es im Film?

Unternehmenspräsentation

3 Hintergrund

Das Lernangebot in diesem Kapitel:

Unternehmensporträt: *Die BMW-GROUP*

- ▶ Ein Unternehmensporträt erläutern
- ▶ Entwicklungen eines Unternehmens beschreiben
- ▶ Unternehmensdaten aktualisieren
- ▶ Etappen der Unternehmensgeschichte erläutern

Aufbauorganisationen von Unternehmen

- ▶ Bereiche und Abteilungen beschreiben
- ▶ Zuständigkeiten erläutern

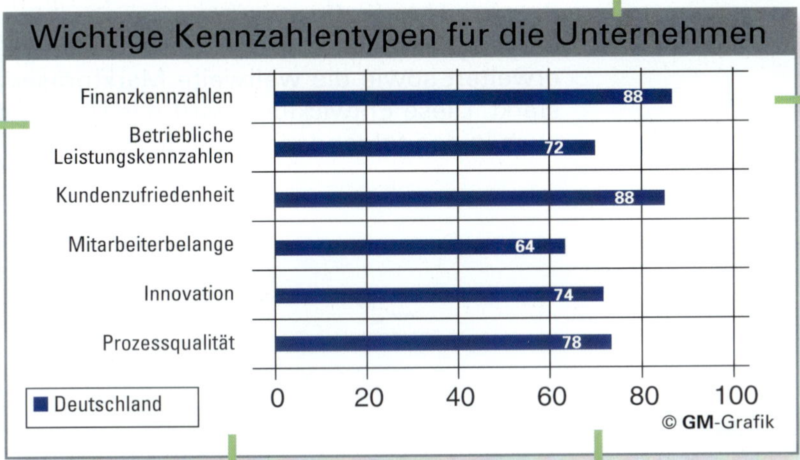

Unternehmenstypen

- ▶ Merkmale von Unternehmen erläutern

Kenndaten von Unternehmen

- ▶ Kenndaten erläutern und werten
- ▶ Grafiken und Übersichten beschreiben und auswerten
- ▶ Entwicklungen beschreiben und werten
- ▶ **Schriftliche Kommunikation:**
  - Ein Unternehmensporträt verfassen
  - Ein Unternehmen präsentieren (Brief)

Rechtsformen

- ▶ Rechtsformen von Unternehmen erläutern
- ▶ Rechtsformen von Unternehmen in verschiedenen Ländern vergleichen

Hintergrund

Die *BMW GROUP*

1 Ein Unternehmensporträt erläutern

1.1 Lesen Sie das Konzernporträt. Notieren Sie Stichworte zu den folgenden Punkten und erläutern Sie zusammenfassend:
- Tätigkeitsbereiche
- Unternehmensziele
- Strategien

Konzernporträt

Gegründet als «Bayerische Flugzeugwerke AG» (BFW) im Jahr 1916, entstand 1917 die «Bayerische Motoren Werke G.m.b.H.», die 1918 schließlich in eine Aktiengesellschaft umgewandelt wurde.
Heute gehört die BMW Group zu den zehn größten Automobilherstellern weltweit und verfügt mit ihren Marken BMW, MINI und Rolls-Royce über drei der wohl stärksten Premiummarken in der Automobilbranche. Zudem hat das Unternehmen eine starke Marktposition im Motorradgeschäft und ist auch im Geschäft mit Finanzdienstleistungen erfolgreich.
Ziel der BMW Group ist es, mit der Konzentration auf die Premiumsegmente der internationalen Automobilmarken ein profitables Wachstum zu erzielen und eine überdurchschnittliche Rendite zu erwirtschaften. Dazu hat das Unternehmen im Jahr 2001 mit der Umsetzung einer breit angelegten Produkt- und Marktoffensive begonnen und so in den vergangenen Jahren seine Produktpalette deutlich erweitert sowie die weltweite Marktpräsenz verstärkt. Diese Entwicklung wird das Unternehmen auch in den folgenden Jahren fortführen.

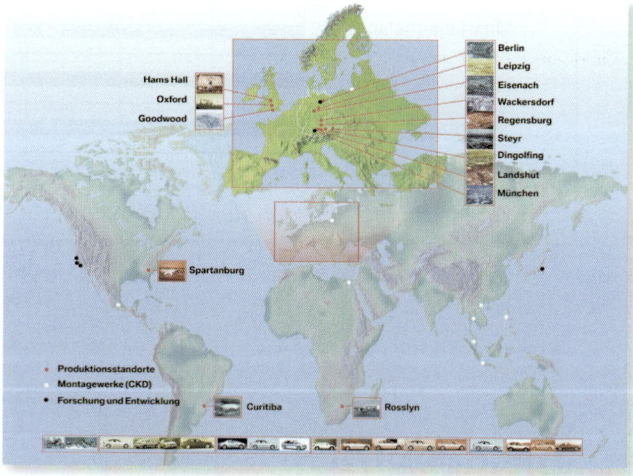

1.2 In welchen Grafiken (a–h) zum Geschäftsjahr 2005 finden Sie die folgenden Informationen? Notieren Sie a–h und erläutern Sie dann Ihre Antworten.

	Grafik
1. Gewinne oder Verluste des Unternehmens	___
2. wichtigste Absatzmärkte	___
3. Entwicklung des Börsenwerts	___
4. Anzahl der beschäftigten Mitarbeiter	___
5. Investitionen im Vergleich zu den Vorjahren	___

z. B.: Grafik a ...
- *zeigt ... / stellt ... dar.*
- *gibt Auskunft über ... / darüber, wie viel ...*
- *enthält Angaben über ... / darüber, ...*

1.3 Treffen die folgenden Aussagen für das Geschäftsjahr 2005 zu? Kreuzen Sie an.

	Ja	Nein
1. Der Gesamtumsatz betrug **fast** 46 Milliarden €.	[ ]	[ ]
2. **Knapp** ein Viertel des Umsatzes wurde in den USA erzielt.	[ ]	[ ]
3. Das Ergebnis (vor Steuern) lag um **ungefähr** 20 % unter dem Vorjahresergebnis.	[ ]	[ ]
4. **Über** die Hälfte des Absatzes wurde in Europa gemacht.	[ ]	[ ]
5. Der Aktienkurs hat sich seit 1996 mehr als **verdreifacht.**	[ ]	[ ]
6. Mehr als 4 Milliarden € wurden für Investitionen ausgegeben.	[ ]	[ ]

Erläutern Sie zutreffende Aussagen.
Korrigieren Sie nicht zutreffende Aussagen.

• sich belaufen auf / betragen / erreichen / liegen bei

z. B.: 2005 betrug der Gesamtumsatz ...

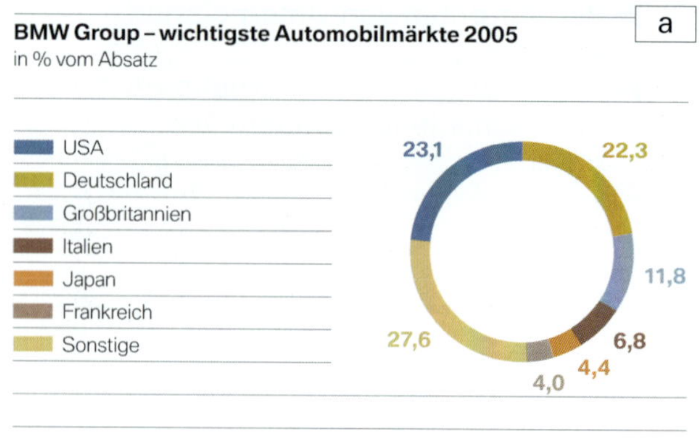

b

BMW Group Umsatz
in Mrd. Euro

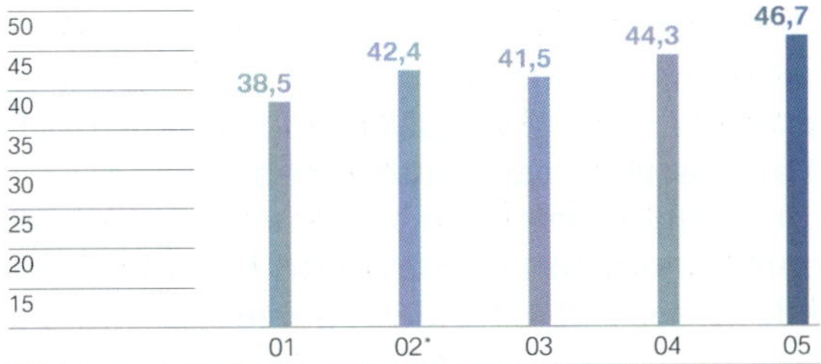

*angepasst nach Harmonisierung der internen und externen Rechnungslegung

c

BMW Group Ergebnis vor Steuern
in Mio. Euro

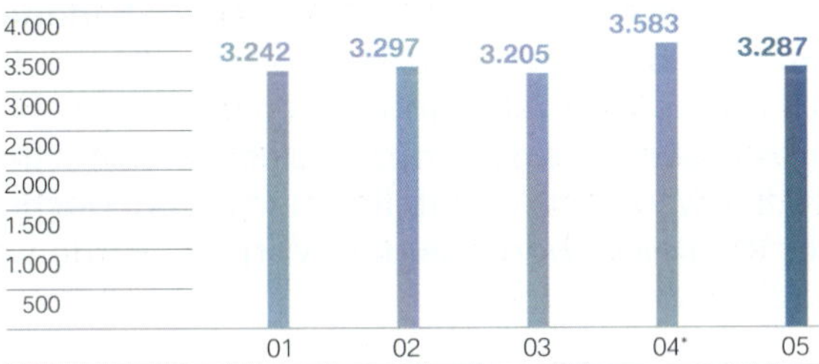

*angepasst nach Neubehandlung der Bilanzierung von Pensionsverpflichtungen

d

BMW Group Investitionen
in Mio. Euro

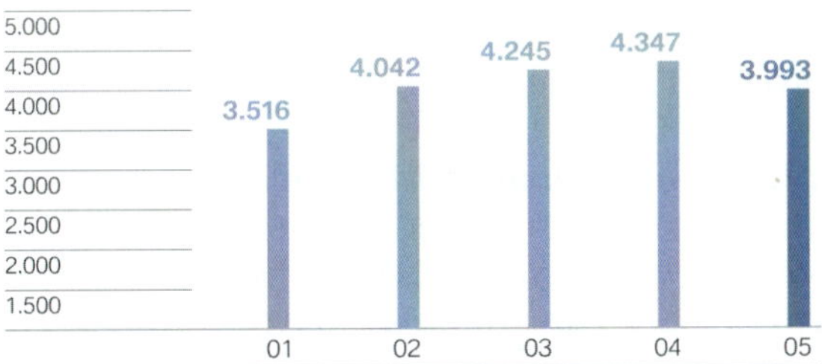

e

BMW Group Auslieferungen Automobile
in Tsd.

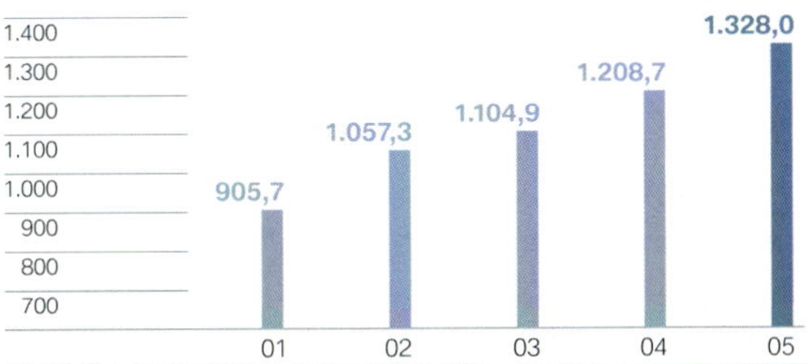

2
Entwicklungen eines Unternehmens beschreiben.

2.1 Erläutern Sie wichtige Entwicklungen im Vergleich zu den Vorjahren.

- *um ... gestiegen / gewachsen sein*
  um ... zugenommen haben
  sich auf ... / um ... erhöht haben
  um ... / auf ... gesteigert werden
- *(fast) unverändert/gleich geblieben sein*
  sich (kaum) verändert haben
- *um ... abgenommen haben*
  um ... / auf ... gefallen/gesunken sein
  auf ... zurückgegangen sein
  sich um ... / auf ... vermindert haben

z. B.: Im Vergleich zum Vorjahr hat sich der Umsatz im Jahr 2005 um ... erhöht. ...

DVD

2.2 Sehen Sie das Video mit Informationen über die *BMW GROUP*.
Kommentieren Sie die Grafiken.

Entwicklung der BMW Aktien im Vergleich zu Börsenindizes
(Index: 31.12.1995 = 100)

f

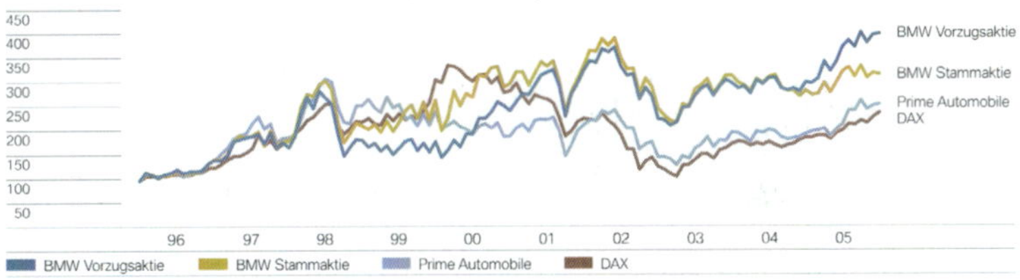

g

Mitarbeiter der BMW Group	31.12.2005	31.12.2004	Veränderung in %
Automobile	98.260	99.043	−0,8
Motorräder	2.838	2.918	−2,7
Finanzdienstleistungen	3.093	2.841	8,9
Sonstige*	1.607	1.520	5,7
davon Beratung/Software*	(1.541)	(1.458)	5,7
BMW Group*	**105.798**	**106.322**	**−0,5**
unbereinigt	105.798	105.972	−0,2

*Vorjahresstand bereinigt um Zukäufe von Unternehmen

BMW Group Auslieferungen Automobile* nach Regionen und Märkten
in Tsd.

h

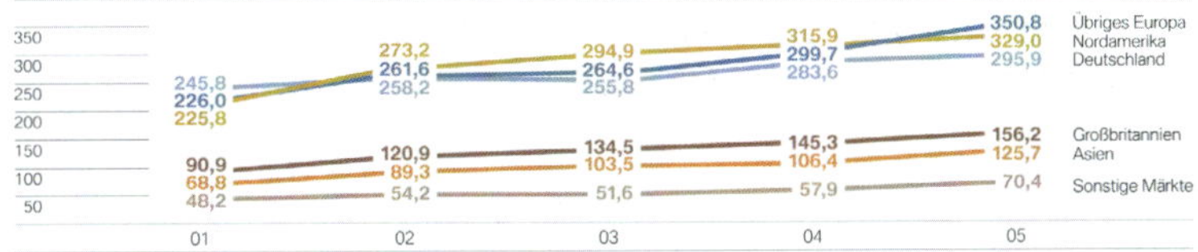

*ab 2003 inkl. Rolls-Royce

3
Unternehmensdaten aktualisieren

3.1 Lesen Sie die Auszüge aus dem Geschäftsbericht der *BMW GROUP* für das Jahr 2006 und notieren Sie die Angaben.

BMW-GROUP	2006	2005
Umsatz	___	___
Ergebnis vor Steuern	___	___
Überschuss	___	___
Absatz Automobile		
USA	___	___
Deutschland	___	___
Europa	___	___
Asien	___	___
Investitionen	___	___
Mitarbeiter	___	___

3.2 Notieren Sie entsprechende Vergleichsdaten von 2005 (S. 36–37) und beschreiben Sie die Entwicklungen.

3.3 Welche Kennzahlen zeigen eine positive Entwicklung des Unternehmens? Welche machen Probleme deutlich? Nennen Sie Beispiele.

- *der Anstieg / die Zunahme / die Erhöhung / das Wachstum / die Steigerung des/der ...*
- *der Rückgang / die Abnahme / die Verringerung des/der ...*

Investitionssumme gestiegen [...]
Im Jahr 2006 investierte die BMW Group 2.777 Mio. Euro in Sachanlagen und übrige immaterielle Vermögenswerte, das entspricht einem Anstieg von 6,9 % gegenüber dem Vergleichswert aus dem Vorjahr. Hinzu kommen gemäß IAS 38 aktivierte Entwicklungskosten in Höhe von 1.536 Mio. Euro (Vorjahr 1.396 Mio. Euro, + 10,0 %), so dass sich insgesamt ein Zugang von 4,313 Mio. Euro zum Anlagevermögen ergibt. [...]

Konzernlagebericht
Das Geschäftsjahr im Überblick (2006)

BMW Group verzeichnet das erfolgreichste Jahr der Unternehmensgeschichte
Im Jahr 2006 erreichte die BMW Group neue Höchstwerte bei Absatz, Umsatz und Ergebnis. [...]
Im Automobilgeschäft stieg der Absatz von Automobilen der Marken BMW, MINI und Rolls-Royce um 3,5 % auf insgesamt 1.373.970 Fahrzeuge. [...]

Ergebnis deutlich gestiegen
Das Ergebnis vor Steuern übertraf im Berichtsjahr erstmals die Marke von 4 Mrd. Euro. Mit 4.124 Mio. Euro wurde der Vorjahreswert um 25,5 % übertroffen. Auch ohne Berücksichtigung der Effekte aus der Umtauschanleihe auf die von der BMW AG gehaltenen Aktien an der Rolls-Royce plc, London, ergibt sich im Vergleich mit dem Vorjahr ein Anstieg von 3,0 %. [...]
Der Jahresüberschuss des Konzerns erreichte mit insgesamt 2.874 Mio. Euro ebenfalls einen neuen Höchstwert. Der Vergleichswert aus dem Vorjahr wurde um 28,4 % übertroffen.

Umsatz auf neuen Höchstwert gestiegen
Die erfreuliche Absatzentwicklung und das weiterhin kräftige Wachstum im Finanzdienstleistungsgeschäft führten zu einem deutlichen Umsatzanstieg des Konzerns. Im Geschäftsjahr 2006 stieg der Umsatz des Konzerns um 5,0 % auf 48.999 Mio. Euro. Währungsbereinigt wäre der Konzernumsatz im Vorjahresvergleich um 5,5 % gestiegen. [...]

Absatzplus in nahezu allen Märkten
In Nordamerika setzte die BMW Group mit 337.354 Automobilen der Marken BMW, MINI und Rolls-Royce 2,6 % mehr Fahrzeuge ab als im Vergleich zum Vorjahr. Im größten Einzelmarkt der BMW Group, den USA, betrug der Absatz 313.921 Fahrzeuge, das sind 2,1 % mehr als im Vorjahr.
In Europa wurden mit 816.829 Automobilen 1,7 % mehr Fahrzeuge der BMW Group an Kunden ausgeliefert als im Vorjahr. [...] In Deutschland ging der Absatz der BMW Group um 2,8 % auf 287.715 Fahrzeuge zurück. In Großbritannien verringerte sich der Absatz um 1,4 % auf 154.069 Automobile. In den übrigen großen Märkten Europas konnte das Vorjahresniveau gehalten bzw. übertroffen werden. [...]
In den asiatischen Märkten erzielte die BMW Group im Jahr 2006 im Vergleich zum Vorjahr die größten Zuwachsraten. Mit 142.084 Fahrzeugen lagen die Auslieferungen um 13,0 % über dem Vorjahreswert.

a. Aktionäre verhindern Verkauf an Daimler-Benz
b. Bau des 1. BMW-Motorrads («R32»)
c. Bau von Flugzeugmotoren
d. neue Strategie = konsequente Marktnischenpolitik und neue Modelle
e. Entstehung des BMW-Emblems: «Rotierender Flugzeugpropeller vor blau-weißem Himmel»
f. Gründung der Bayerischen Motorenwerke
g. Krise wegen widersprüchlicher Produktpolitik
h. Markenzeichen: «Kühlergrill in Form einer Doppelniere»
i. Neubeginn mit 1-Zylinder-Motorrad
j. Präsentation der ersten 6-zylindrigen Fahrzeuge
k. Wiederaufnahme der Autoproduktion

4
Etappen der Unternehmensgeschichte erläutern

DVD

4.1 Sehen Sie den Film zur Unternehmensgeschichte (Teil 1). Ordnen Sie die Ereignisse der Unternehmensgeschichte den passenden Daten zu. Notieren Sie entsprechend a–k.

	a–k
1917	
bis 1918	
ab 1922	
30er-Jahre	
1945	
1952	
50er-Jahre	
1959	
1960	
1962	

4.2 Stellen Sie die Unternehmensgeschichte bis 1962 zusammenfassend dar.

DVD

4.3 Sehen Sie den Film zur Unternehmensgeschichte (Teil 2). Notieren Sie die Jahresangaben zu den Ereignissen der Unternehmensgeschichte.

_____ erste Erfolge mit neuen Modellen
_____ Aufschwung trotz Ölkrise
_____ Ausbau der Produktion in Südafrika
_____ Einweihung des neuen Forschungs- und Innovationszentrums (FIZ)
_____ Bau eines neuen Werks in den USA
_____ Aufkauf von Rover
_____ Trennung von Rover
_____ Präsentation eines neuen Rolls-Royce Modells
_____ Joint-Venture in China
_____ Inbetriebnahme des neuen BMW-Werks in Leipzig
_____ Eröffnung der «BMW-Welt» (Ausstellungs gebäude des Konzerns in München)

4.4 Stellen Sie die Unternehmensgeschichte seit 1962 zusammenfassend dar und erläutern Sie die Strategien von *BMW* für die Zukunft.

Aufbauorganisationen von Unternehmen

5
Beispiele von Aufbauorganisationen

Die Organigramme zeigen zwei Beispiele von Aufbauorganisationen.

5.1 Vergleichen Sie die Organigramme (a, b). Kreuzen Sie zutreffende Aussagen an.

Das Unternehmen …	a	b
1. ist ein Industrieunternehmen.		
2. ist ein Handelsunternehmen.		
3. ist nach Funktionen (funktional) organisiert.		
4. ist nach Produktbereichen (produktbezogen) organisiert.		

Erläutern Sie Ihre Antworten.

5.2 Ergänzen Sie die Bezeichnung/en der hier beschriebenen Bereiche/Abteilungen (1–6):

1. ___________ **vereinigt** alle Abteilungen, die mit der Entwicklung und Fertigung von Produkten zu tun haben.
2. ___________ **hat** Ausgaben und Einnahmen der Firma zu registrieren.
3. ___________ **ist dafür zuständig,** den Verkauf **zu** organisieren und zu fördern.
4. ___________ **ist verantwortlich** für Einstellung, Weiterbildung und Karriereplanung der Mitarbeiter.
5. ___________ **trägt die Verantwortung für** die strategischen Entscheidungen des Unternehmens.
6. ___________ **kümmert sich um** den Einkauf aller Werkstoffe und Betriebsstoffe.

Werkstoff
einer der betriebswirtschaftlichen Produktionsfaktoren (neben Betriebsmitteln und menschlicher Arbeit). Zu den Werkstoffen zählen Roh-, Hilfs- und Betriebsstoffe, halb fertige Erzeugnisse …

Betriebsstoff
Stoff, der nicht unmittelbar in das Produkt eingeht, sondern zur Aufrechterhaltung des betrieblichen Leistungsprozesses dient, z. B. Schmierstoff, Reparaturmaterial. → Input

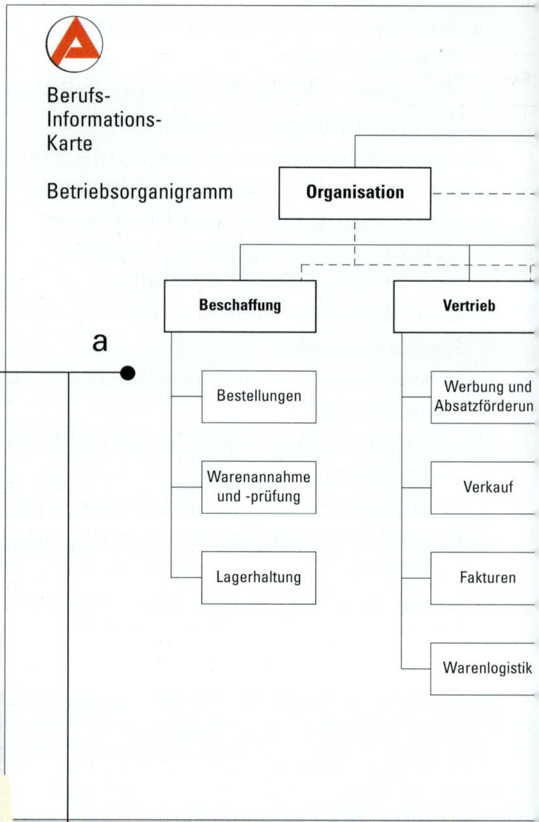

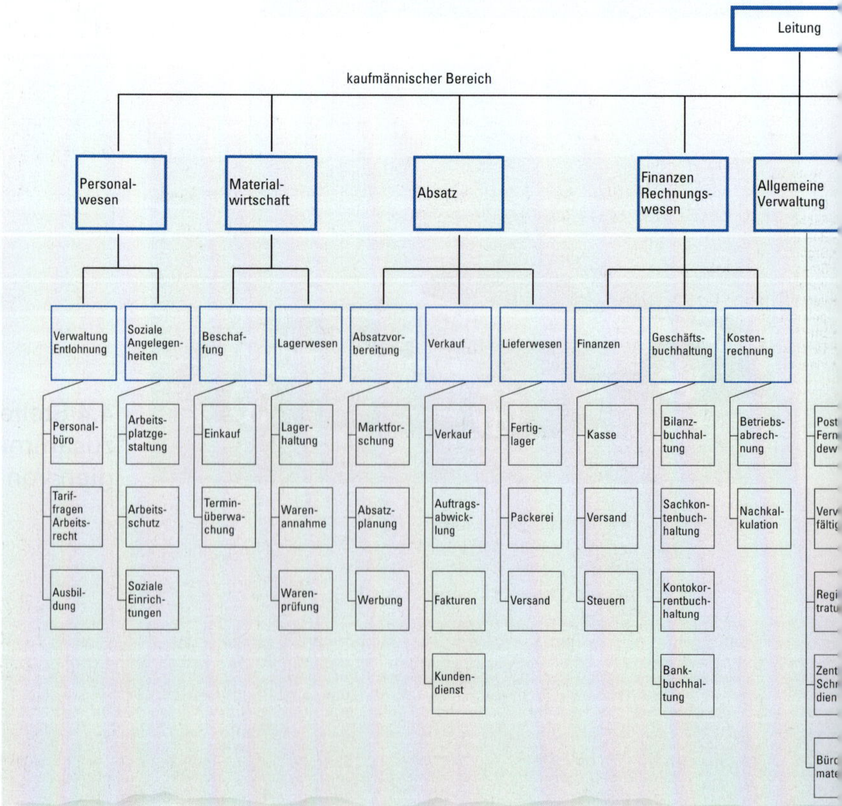

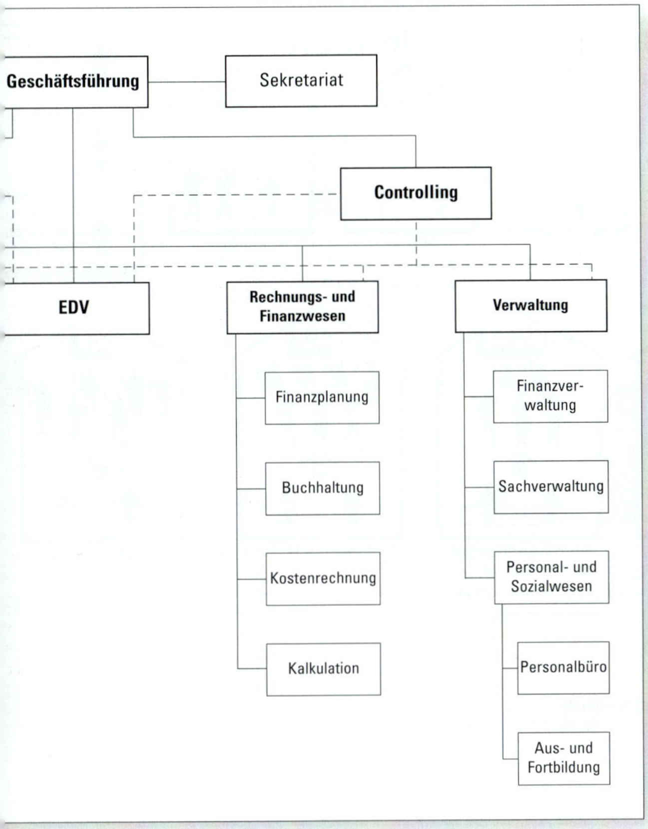

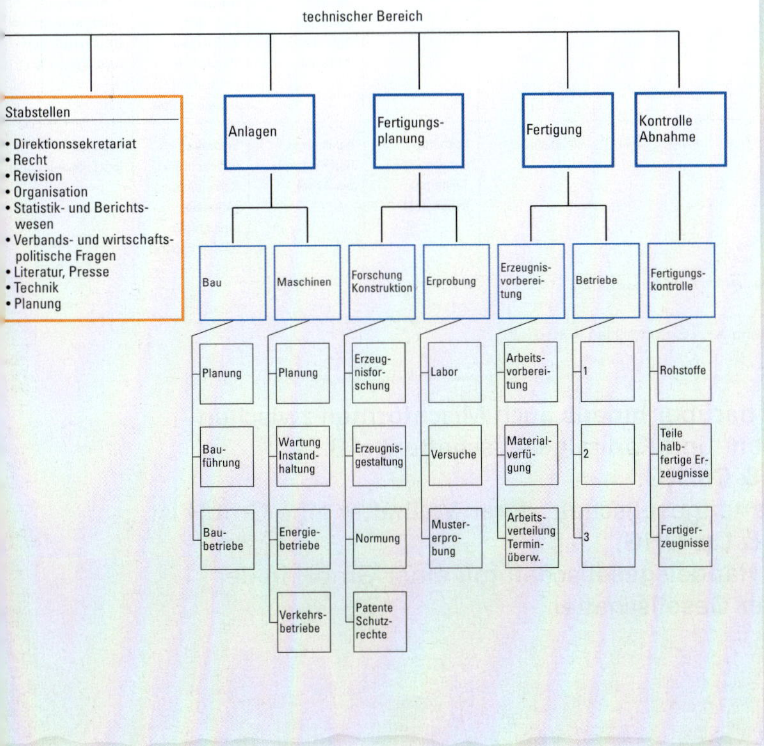

6
Der Bereich «Kaufmännische Leitung»

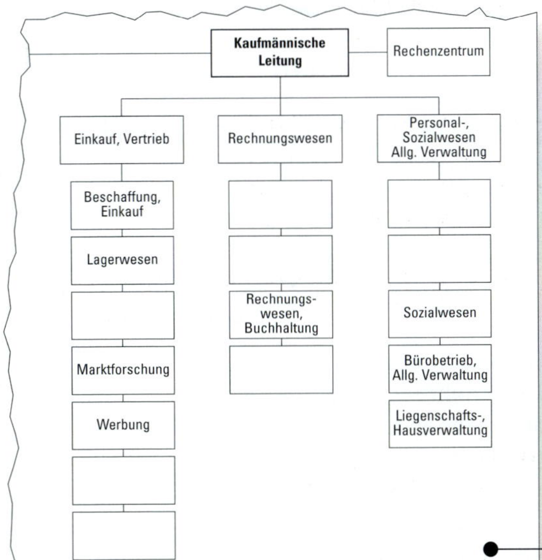

Bundesanstalt für Arbeit, Berufsinformationskarte 1709

6.1 Notieren Sie im Schema die fehlenden Abteilungen (1–8) des kaufmännischen Bereichs.

1 Finanzwesen	5 Marketing
2 Aus- und Weiterbildung	6 Personalwesen
3 Betriebsabrechnung	7 Versand
4 Vertrieb	8 Steuerwesen

6.2 Beschreiben Sie Aufgaben von verschiedenen Abteilungen des kaufmännischen Bereichs:

- Waren an die Kunden liefern
- Steuern, Abgaben der Firma berechnen
- Rohstoffe und Betriebsstoffe einkaufen
- fertige Produkte bis zu ihrem Verkauf lagern
- …

- *zuständig/verantwortlich sein für …*
- *die Verantwortung tragen für …*
- *etwas zu … haben*
- *sich kümmern um …*

*z. B.: Die Abteilung «Beschaffung und Einkauf» **ist dafür zuständig,** … ein**zu**kaufen.*

7
Ein Unternehmen beschreiben

Skizzieren Sie die Aufbauorganisation des Unternehmens, in dem Sie tätig sind, oder eines Unternehmens, das Sie gut kennen. Erläutern Sie Übereinstimmungen und Unterschiede im Vergleich zu den hier abgebildeten Organigrammen.

Hintergrund

Rechtsformen

8
Rechtsformen erläutern

Die beiden Übersichten geben Informationen zu den üblichen Rechtsformen von Unternehmen in Deutschland.

8.1 Kreuzen Sie zutreffende Aussagen über die Unternehmensformen an.

1. Einzelunternehmen:
Der Unternehmer haftet mit seinem Privatvermögen für Schulden des Unternehmens. ☐

2. GmbH:
Jeder Gesellschafter haftet mit seinem gesamten persönlichen Vermögen. ☐

3. Personengesellschaft:
Alle Kapitalgeber sind an der Geschäftsführung beteiligt. ☐

4. Aktiengesellschaft:
Die Geschäftsführung wird durch einen Aufsichtsrat kontrolliert. ☐

Erläutern Sie Ihre Antworten.

8.2 Nennen Sie weitere Charakteristika der verschiedenen deutschen Rechtsformen.

8.3 Beschreiben Sie die Rechtsformen von Unternehmen Ihres Landes anhand dieser Merkmale:

- *(ungefähr/weitgehend) ... entsprechen*
- *etwas Ähnliches sein wie ...*
- *... gibt es in dieser Form auch/nicht.*

8.4 Welche Vorteile oder Nachteile können die verschiedenen Rechtsformen für Kapitalgeber, Unternehmensleitung, Geschäftspartner ... haben? Berücksichtigen Sie z. B.:

Zahlungsprobleme Kreditwürdigkeit
Steuern Gewinne/Verluste
Kontrollmöglichkeiten ...

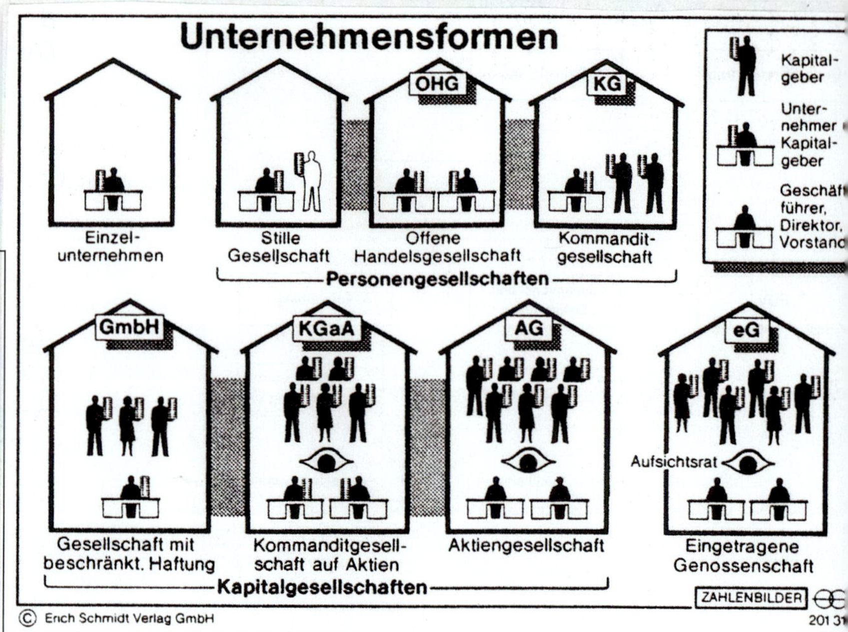

Unternehmungsformen im Vergleich

	Einzelunternehmung	oHG	KG	AG	KGaA	GmbH
Gesetzliche Regelung	HGB	HGB	HGB	Aktiengesetz	Aktiengesetz	GmbH-Gesetz
Zahl der Gründer	1	mindestens 2	mindestens 2	mindestens 1	mindestens 2	mindestens 1
Mindestzahl der Gesellschafter	-	2	1 Vollhafter 1 Teilhafter	1 Aktionär	1 Vollhafter 1 Kommandit-aktionär	1 Gesellschafter
Mindestkapital	-	-	-	Grundkapital 50 000 Euro	Grundkapital 50 000 Euro	Stammkapital 25 000 Euro [1]
Organe	-	-	-	Hauptversammlung, Aufsichtsrat, Vorstand	Hauptversammlung, Aufsichtsrat, Persönlich haftende Gesellschafter	Gesellschafterversammlung, Geschäftsführer (evtl. Aufsichtsrat)
Haftung	unbeschränkt	unbeschränkt	Vollhafter: unbeschränkt Teilhafter: beschränkt	beschränkt (auf Kaufpreis der Aktie)	Vollhafter: unbeschränkt Kommandit-aktionär: beschränkt (wie Aktionäre)	beschränkt (mit Einlage)

1) Davon mindestens 12 500 Euro eingezahlt

Quelle: G. Ashauer, «Grundwissen Wirtschaft»

Es gibt darüber hinaus auch Mischformen zwischen Personen- und Kapitalgesellschaften, z. B.:
GmbH & Co. KG:
Kommanditgesellschaft, deren Vollhafter eine GmbH ist.
GmbH & Co. OHG:
Offene Handelsgesellschaft mit einer GmbH in der Rolle der Gesellschafter.

KOSTAL

Leopold Kostal GmbH & Co. KG
Fahrzeug-Elektrik

C 000129
Chiffre Nr.: N-N-004299
25. Eintrag: GmbH Elektro-Elektronik bietet

A 001860
Gut eingeführtes Ingenieurbüro in A. bietet

A 001857
EDV-Vertrieb sucht Teilhaber

AC 000534
Kleine Hydraulikfirma, Entwicklung, Konstruktion und Fertigung

AC 000535
Produktionsunternehmen für Holzfenster bietet

AC 000536
Werbeagentur spezialisiert auf den Bereich Business-to-Business

C 000151
Franchiseunternehmen im Bereich Kleinpreismärkte vergibt Lizenz

DU 016197
Mittelständisches Unternehmen in zukunftsträchtiger Branche sucht

000778
Etablierter Hardware-Hersteller (PCs)

HB 001897
Kleinere Überseespedition in Bremen, Schwerpunkt Export und Import, bietet

HH 055047
Handwerksbetrieb für Betonsanierung und Korrosionsschutz

INFO

Existenzgründungsbörse
«nexxt-change»
Deutscher Industrie- und Handelskammertag
(DIHT)
www.diht.de

Unternehmenstypen

9
Merkmale zur Kennzeichnung von Unternehmen erläutern

9.1 Lesen Sie die Angaben eines Fachlexikons zu Unterscheidungsmerkmalen von Betriebstypen.

Betrieb – Betriebstypen

nach **Wirtschaftszweigen:**	nach **Leistungserstellung:**
• Handwerks-, • Industrie-, • Handels-, • Verkehrsbetriebe, • Banken, • Versicherungen	• Produktionsgüterbetriebe • Konsumgüterbetriebe • Dienstleistungsbetriebe

nach **Beschäftigungszahl:**	nach **Rechtsform:**
• Kleinbetriebe (bis 50) • Mittelbetriebe (bis 500) • Großbetriebe (bis 5000)	• Einzelunternehmen • Personengesellschaften • Kapitalgesellschaften

Quelle: GABLER, «Kompaktlexikon Wirtschaft»

9.2 Zu welchen dieser Merkmale liefern die Anzeigen (Ausschnitte) von Unternehmen direkte oder indirekte Informationen?

	z. B.
Unternehmen/Anzeige:	*C000129*
1. Wirtschaftszweig (Branche, Tätigkeit):	*Elektro-Elektronik*
2. Leistungserstellung:	*Produktions- oder Konsumgüterbetrieb*
3. Beschäftigtenzahl:	(keine Information)
4. Rechtsform:	*Kapitalgesellschaft: (GmbH & Co. KG)*

9.3 Beschreiben Sie Unternehmen, in denen Sie selbst arbeiten oder gearbeitet haben, entsprechend den verschiedenen Merkmalen:
z. B.
Firma ... ist (eher) ein (Kleinbetrieb), denn ...
Seine Tätigkeit ***hat etwas mit ... zu tun.***
Die Rechtsform ***entspricht in etwa ...***

Schriftliche Kommunikation

10
Ein Unternehmen präsentieren

10.1 Verwenden Sie die Kenndaten des Unternehmensporträts der Firma *HEITZMANN* und formulieren Sie schriftlich eine kurze Unternehmenspräsentation.

Bäckerei Heitzmann GmbH & Co. KG
Hauptstr. 49
79189 Bad Krozingen
Tel. 0 76 33/1 00 70
Fax 0 76 33/1 00 750
e-Mail: info@baeckerei-heitzmann.de
www.baeckerei-heitzmann.de

Bäckerei Heitzmann GmbH & Co. KG · Hauptstr. 49 · 79189 Bad Krozingen-Biengen

Gründungsdatum:
1.10.1971

Unternehmensform seit 1.1.2000:
GmbH & Co. KG

Tätigkeit/Branche:
Bäckerei-Konditorei
Herstellung von Brot, Kleingebäck, Feingebäck, Kuchen, Torten
Verkauf der Backwaren:
8 % an Kliniken, Hotels, Lebensmittelgeschäfte
92 % in 61 eigenen Fachgeschäften

Mitarbeiter:

In der Verwaltung:	10 + 2 Auszubildende
Verkauf:	300 + 42 Auszubildende
Produktion + Vertrieb:	120 + 8 Auszubildende

Personalkosten: 43 %

Umsatz: € 21 Mio.

Gewinn: 2-3 % vor Steuern

Vergleichsdaten:

Jahr:	Umsatz in €:	Anzahl der Filialen:
2000	11 Mio.	39
2001	12 Mio.	43
2002	14 Mio.	48
2003	15 Mio.	50
2004	17 Mio.	51
2005	18 Mio	56
2006	21 Mio.	61

Volksbank Breisgau Süd eG
(BLZ 680 615 05) Kto. 205
USt.-IdNr. DE 14 212 827

Komplementärin: Erwin Heitzmann Verwaltungs-GmbH
Geschäftsführer: Erwin Heitzmann, Amadeus Heitzmann
Reg. ger. Amtsgericht Freiburg HRA 468 St. HRB 799 St

Unternehmenspräsentation

- *... wurde ... gegründet.*
- *... hat seinen Sitz in ...*
- *Das Mutterunternehmen ist in ...*
- *Es handelt sich um ... / Firma ... ist ein kleines/mittelständisches/großes/internationales Unternehmen*
- *... stellt ... her / produziert ... / verarbeitet ... / entwickelt ... / baut ... / installiert ... / bietet ... an / vertreibt ... / handelt mit ... / ist Spezialist für ... / beliefert ... mit ...*
- *... hat die Rechtsform einer ...*
- *... hat/besitzt ... Niederlassungen/Filialen/Werke/Produktionsstätten (in ...)*
- *... ist Teil / eine Tochterfirma von ...*
- *... gehört zu ...*
- *... beschäftigt/hat ... (Mitarbeiter)*
- *Die Zahl der Mitarbeiter / Der Umsatz / Der Absatz ...*
  - *beträgt ... / beläuft sich auf ... / liegt bei ... (ungefähr/knapp/fast/gut/über) ...*
  - *ist ... (Jahr) im Vergleich zu ... (Jahr) um ... gestiegen/gewachsen/gesunken/gefallen.*
  - *hat sich ... (Jahr) im Vergleich zu ... (Jahr) um ... erhöht / vermindert.*

Die Firma *HEITZMANN* beabsichtigt, in einer neuen Region tätig zu werden und stellt sich den dortigen Hotels und Kliniken in einem kurzen Anschreiben vor.

10.2
Welche Angaben und welche Anlagen sollte dieses Schreiben enthalten?
Kreuzen Sie an.
Diskutieren Sie Ihre Antworten im Kurs.

Angaben

[ ] Gründungsdatum
[ ] Branche
[ ] Hauptkunden, Märkte
[ ] Anzahl der Filialen
[ ] Umsatz
[ ] Personalkosten
[ ] Rechtsform
[ ] Tätigkeit
[ ] Gewinne
[ ] Umsatzentwicklung
[ ] Anzahl der Mitarbeiter

Anlagen

[ ] Produkt-Prospekte
[ ] Preislisten
[ ] Verkaufs- und Lieferbedingungen
[ ] Geschäftsbericht des vergangenen Jahres
[ ] Empfehlungen von zufriedenen Kunden
[ ] Antwortformular

Bäckerei Heitzmann GmbH & Co. KG
Hauptstr. 49
79189 Bad Krozingen
Tel. 0 76 33/1 00 70
Fax 0 76 33/1 00 750
e-Mail: info@baeckerei-heitzmann.de
www.baeckerei-heitzmann.de

Bäckerei Heitzmann GmbH & Co. KG · Hauptstr. 49 · 79189 Bad Krozingen-Biengen

Anrede
- *Sehr geehrter Herr X, / Sehr geehrte Frau Y,*
- *Sehr geehrte Damen, sehr geehrte Herren,*
- *Lieber Herr X, / Liebe Frau Y,*

Einleitung
- *(z. B.) sicher werden Ihre Gäste/Patienten es zu schätzen wissen, wenn sie täglich mit frischem, schmackhaftem Brot, mit leckerem Gebäck und einem abwechslungsreichen Tortenangebot verwöhnt werden.*
- *...*

Angaben zum Unternehmen
- *Wir / Die Firma Heitzmann ...*
- *Seit über 35 Jahren ...*
- *...*

Verweis auf die Anlage
- *Weitere Information finden Sie beiliegend im ...*
- *(Der beiliegende Prospekt) ... zeigt Ihnen / gibt Ihnen einen Überblick über ...*
- *Ein/Eine ... liegt bei.*
- *...*

Abschluss
- *Wir freuen uns sehr, ...*
- *Vielleicht möchten Sie ...*
- *Falls Sie ..., freuen wir uns ...*
- *Wir sind gerne bereit, ...*
- *...*

Gruß
- *Mit freundlichen Grüßen*
- *Hochachtungsvoll*
- *Herzliche/Viele Grüße*

Anlage

Volksbank Breisgau Süd eG
(BLZ 680 615 05) Kto. 205
USt.-IdNr. DE 14 212 827

Komplementärin: Erwin Heitzmann Verwaltungs-GmbH
Geschäftsführer: Erwin Heitzmann, Amadeus Heitzmann
Reg. ger. Amtsgericht Freiburg HRA 468 St. HRB 799 St

10.3 Wählen Sie aus den Briefbausteinen passende Formulierungen und verfassen Sie den Brief der Firma *HEITZMANN* an potenzielle Kunden.

11 Geschäftskontakte anbahnen

Kleine und mittelständische Unternehmen etablieren neue Geschäftskontakte häufig, indem sie die jeweils zuständige Industrie- und Handelskammer um Unterstützung bei der Suche nach Geschäftspartnern bitten.

DEUTSCH-NIEDERLÄNDISCHE HANDELSKAMMER
NEDERLANDS-DUITSE KAMER VAN KOOPHANDEL
40417 Düsseldorf · Freiligrathstraße 25 · Postfach 32 02 13
Telefon 02 11-4 98 72-01 · Telex 8 584 980 · Telefax 02 11-4 92 04 15/4 98 72 22
E-Mail dnhk@dnhk.d.uunet.de

11.1 Stellen Sie entsprechende Kenndaten Ihres eigenen / eines Ihnen bekannten Unternehmens zusammen.
Bestimmen Sie das Anliegen, mit dem sich das Unternehmen an die Handelskammer wendet.

11.2 Verfassen Sie den Brief.

Ein Anliegen formulieren

- *Wir sind auf der Suche nach ...*
- *Wir würden gern ...*
- *Wir beabsichtigen, ... zu ...*
- *Wir überlegen uns, ob ...*
- *Wir möchten Sie um Ihre Unterstützung bei ... bitten.*
- *Können Sie uns bei ... behilflich sein?*
- *Können Sie uns Auskunft über ... / darüber geben, ...*
- *Wären Sie so freundlich, ...*

Für die erwartete Auskunft danken

- *Vielen Dank / Mit bestem Dank im Voraus*
- *Wir danken Ihnen im Voraus für Ihre Mühe / Ihre Auskunft / Ihre Hilfe / ...*
- *Für Ihre Bemühungen / Ihre Hilfe /... danken wir Ihnen im Voraus bestens und verbleiben ...*

Projekt

12
Unternehmensdaten erläutern und werten

12.1 Beschaffen Sie sich Broschüren und Unterlagen eines kleinen oder mittelständischen Unternehmens in Ihrem Umfeld.
Erstellen Sie anhand der Informationen und Kenndaten ein Unternehmensprofil.

Unternehmensprofil

Name: ____________
Standort: ____________
Gründungsdatum: ____________
Unternehmensform: ____________
Grundkapital: ____________
Branche/Tätigkeit: ____________
Produkte: ____________
Dienstleistungen: ____________

	20...	20...
Mitarbeiter:		
Personalkosten:		
Umsatz:		
Investitionen:		
Gewinn/Verlust:		
(Aktienkurs:)		
...		

12.2 Sprechen Sie als Vertreter «Ihres» Unternehmens mit Vertretern «anderer» Unternehmen (mit anderen KursteilnehmerInnen).
Geben Sie Auskünfte über «Ihr» Unternehmen. Erfragen Sie entsprechende Auskünfte über das Unternehmen Ihrer Gesprächspartner und notieren Sie die Angaben.
Sichern Sie das Verständnis, indem Sie noch einmal nachfragen:

Ist es richtig, dass ...?
Sie haben also ...?

Ich habe nicht ganz verstanden: ...?
Wie hoch genau war/ist ...?
Und seit wann / wie hoch / wie viel ...?
Und wie hat sich ... entwickelt?
Ich habe nicht genau verstanden: ...?

Geben Sie Auskünfte zu «Ihrem» Unternehmen.

12.3 Überlegen Sie gemeinsam, welche Geschäftsbeziehung sich ergeben könnte.
Erläutern Sie Gründe, die dafür/dagegen sprechen.
Berücksichtigen Sie u. a.

- Produkt-/Leistungsangebote
- Lieferkapazitäten
- Vertrauenswürdigkeit
- wirtschaftliche «Gesundheit»
- ...

Eine Unternehmens-präsentation vorbereiten

«Wir ziehen alle Register!»

Sie trainieren:

- ▶ Standortfaktoren benennen und werten
- ▶ die Angebotspalette beschreiben
- ▶ die Ertragslage darstellen
- ▶ Unternehmensdaten erläutern und werten

Markt-entwicklungen analysieren

- ▶ Statistiken und Berichte zu Marktentwicklungen auswerten und zusammenfassend darstellen

den Aufbau einer neuen Geschäfts-beziehung beschließen

- ▶ die Marktentwicklung darstellen
- ▶ Vorschläge zu Maßnahmen und Aktionen diskutieren
- ▶ Gesprächsziele nennen
- ▶ einen Gesprächsablauf beschreiben

Unternehmens-präsentation: Instrumente und Strategien erörtern

- ▶ Unternehmenspräsentation: Instrumente erläutern und werten
- ▶ Vorschläge machen
- ▶ Vorschläge ergänzen, annehmen oder ablehnen
- ▶ Aufträge erteilen
- ▶ ein Gespräch steuern
- ▶ Gesprächsergebnisse zusammenfassen
- ▶ ein Gespräch ergebnisorientiert führen

den Empfang eines Geschäftspartners planen

- ▶ ein Gesprächsprotokoll auswerten
- ▶ die Ausführung von Aufgaben planen
- ▶ die Programmplanung für den Empfang eines Gesprächspartners erstellen, entsprechende Prioritäten festlegen
- ▶ über den Stand der Auftragsausführung berichten
- ▶ Vorschläge diskutieren und ergänzen

Maßnahmen und Aktionen beschließen

- ▶ Vorschläge zu Maßnahmen und Aktionen erläutern und werten
- ▶ unterschiedliche Formen in der internationalen Geschäftskommunikation erläutern
- ▶ eine Entscheidung treffen

Kurort Bad Krozingen

1
Kur und Kurort

1.1 Ergänzen Sie die oben genannten Begriffe, die hier erklärt werden.

1. ___________ dient allgemein der Gesundheitspflege.
2. ___________ ist eine Quelle mit warmem, heilendem Wasser.
3. ___________ ist eine Steuer, die von allen Kurgästen zu bezahlen ist.
4. ___________ verwaltet die Kureinrichtungen.
5. ___________ ist ein Kurort mit besonders guter Luft.

1.2 Was kennzeichnet eine Kur?
Notieren Sie: richtig (R), falsch (F), weiß nicht (?).

Eine Kur ...

1. ist nur für kranke Personen bestimmt. ___
2. kann auch zur Erholung oder zum Fitness-Training gemacht werden. ___
3. wird unter ärztlicher Kontrolle durchgeführt. ___
4. kann von einem Arzt verschrieben werden. ___
5. wird immer von der Krankenversicherung bezahlt. ___
6. kann man auch auf eigene Kosten machen. ___

Erläutern Sie Ihre Antworten.

1.3 Gibt es Kurorte in Ihrer näheren oder weiteren Umgebung?
Welche Arten von Kuren werden angeboten?

Der freundliche Kur- und Ferienort im sonnigen Süden Deutschlands

Bad

Gemeinde
Tourismus
Gesundheit
Gewerbe
Seitenüberblick

Gemeinde

Telefonnummern der Gemeinde
Ortsteile
Veranstaltungskalender
Schlosskonzerte
Geschichte
Internationale Beziehungen
VHS Südlicher Breisgau
Schreiben Sie uns

Tourismus

Vita Classica Therme
Hotels/Hotel Garni/Pensione
Urlaubspauschalen
Besondere Arrangements
Kurhaus
Unsere Region
E-Mail: Tourist-Information

www.bad-krozingen.de

lassen, langsam kommen lassen> **3** e-e Art Hebel, mit dem man zwei Fahrzeuge aneinander hängt, wenn das eine das andere ziehen soll <e-e K. einhängen, abhängen>: *Die Waggons e-s Zuges sind durch Kupplungen miteinander verbunden* || -K: ***An-hänger-, Wohnwagen-***
Kur *die; -, -en;* **1** e-e (Heil)Behandlung über e-e Zeit von einigen Wochen, die der Regenerierung der Gesundheit allgemein dient (u. bei der man sich von Ärzten behandeln lässt, Diät hält, Sport treibt *usw.*) <e-e K. machen> || K-: ***Kur-, -mittel*** || -K: ***Bäder-, Entschlackungs-, Entziehungs-, Fasten-, Obst-, Saft-, Trink-*** **2** ein Aufenthalt in e-m Sanatorium, bei dem man e-e K. (1) macht <(irgendwo) zur / auf K. sein; zur / auf K. gehen, fahren> || K-: ***Kur-, -arzt, -aufenthalt, -gast, -klinik, -ort, -park***
Kür *die; -, -en; Sport:* ein Programm mit mehreren Übungen, das ein Sportler frei wählt, *z. B.* beim Bo-

LANGENSCHEIDT, «Großwörterbuch Deutsch als Fremdsprache»

…uch zukünftig noch Wachs- …umschancen haben und die …rbeitsplätze gerade bei uns …chaffen können. (...)

…uf die sich abzeichnenden …ntwicklungen müssen alle …n Tourismus Verantwortli- …hen mit kreativen und inno- …ativen Maßnahmen reagie- …en. (...)

…erade das Schwerpunkt- …hema des LFV »Gesundheit …nd Fitness« kann ein Beitrag …ur Abschwächung der Prob- …eme im Bereich der Heilbä- …er sein. (...)

…eben den klassischen ver- …andspolitischen Aufgaben …ird die Bearbeitung der …ärkte in allen Angebots- …egmenten von ganz ent- …cheidender Bedeutung für …en Erfolg oder Nichterfolg …es Fremdenverkehrs in un- …erem Land sein.

…ir werden dabei eine er- …ebnisoffene und kooperati- …e Diskussion führen, die zu einem für alle tragbaren Strukturmodell führen wird.

Unser wichtigstes Ziel muss dabei die nachhaltige, qualitative und quantitative Steigerung des Tourismus in Baden-Württemberg sein.

Als Präsident des Landesfremdenverkehrsverbandes möchte ich Ihnen allen, die Sie Verantwortung in den Tourismusorganisationen tragen, für Ihren Einsatz in den vergangenen Jahren danken. Ich freue mich auch weiterhin auf Ihre aktive Mitarbeit für unser gemeinsames Ziel, den Tourismus in Baden-Württemberg langfristig und nachhaltig zu sichern.

Hermann Schaufler

Minister
Hermann Schaufler MdL
Präsident des Landesfremdenverkehrsverbandes Baden-Württemberg

Den Aufbau einer neuen Geschäftsbeziehung beschließen

Der Geschäftsführer, Herr Rubsamen, Frau Weiß, Leiterin der Marketingabteilung, und Herr Ritzel, Veranstaltungsmanager, überlegen gemeinsam, welche neuen Märkte und Zielgruppen angesprochen werden könnten.

8
Wichtige Gesprächspunkte festhalten

CD 1: 17

8.1 Hören Sie das Gespräch (Teil 1).
Welche Phasen umfasst dieser Teil des Gesprächs?
Kreuzen Sie an.

Phasen:	
1. Begrüßung	☐
2. Klärung der Gesprächsziele	☐
3. Zeitvorgabe für das Gespräch	☐
4. Vorschlag zur Strukturierung des Gesprächs	☐
5. Erläuterung des Gesprächsthemas	☐
6. Diskussion von Vorschlägen	☐
7. Zusammenfassung der Ergebnisse	☐
8. Vereinbarungen	☐

8.2 Was trifft auf den Inhalt des Gesprächs zu?
Kreuzen Sie an.

1. Es geht darum, neue Kunden zu finden in der Zielgruppe ...	
• der Sozialversicherten	☐
• der gesundheitsorientierten Gäste	☐
2. Erwogen wird die intensive Bearbeitung ...	
• des heimischen Markts	☐
• des ausländischen Markts	☐
3. Ein namhafter Reiseveranstalter hat ...	
• Interesse gezeigt.	☐
• ein attraktives Angebot gemacht.	☐

Fassen Sie die wichtigsten Gesprächspunkte zusammen.

Rubsamen: Herr Ritzel, machen wir vielleicht mal einen Schritt nach dem andern. Wir müssen uns jetzt überlegen, wie wir diesen möglichen Partner, den italienischen Reiseveranstalter, einladen – also, wie treten wir in Kontakt? Ich sag immer: Das Einfachste ist – einladen zu uns! Dann können wir die Partner persönlich kennenlernen ... wir können ihnen alles in Ruhe vorstellen und wir können auch schön miteinander essen und trinken gehen ... das macht sich immer gut. Und mein Vorschlag wäre – wir suchen zuerst den persönlichen Kontakt. Wir müssen dann aber gut vorbereitet sein auf das Gespräch. Wir müssen uns als Bad Krozingen gut präsentieren ...

8.3 Markieren Sie im Transkriptauszug die Arbeitsschritte, die vorgeschlagen werden. Erläutern Sie die Schritte.
z. B.
Überlegen, ...
- *wie der Kontakt **hergestellt werden** soll.*
- *ob der Partner **eingeladen** ...*
- *...*

Unternehmenspräsentation: Strategien und Instrumente erörtern

Die Gesprächspartner beschließen, den italienischen Reiseveranstalter einzuladen und erörtern Auswahl und Vorbereitung der geeigneten Instrumente für eine Präsentation der *KBV*.

9
Instrumente für eine Präsentation auswählen

9.1 Welche Unterlagen dienen zur Information …
- über das Unternehmen?
- über das Leistungsangebot?
- über verfügbare Werbeinstrumente?

Nennen Sie Beispiele.

- Internet-Homepage ☐
- Gästemagazin ☐
- Preislisten ☐
- Geschäftsbericht ☐
- Pressemappen ☐
- Statistiken zu Übernachtungen, Beherbergungs-/Bettenkapazität ☐
- Broschüren ☐
- Prospekte ☐
- Videofilm ☐
- Radiospots ☐
- Plakate ☐
- Programm zum Kultur- und Veranstaltungsangebot (Bad Krozingen) ☐
- … ☐

CD 1: 18

9.2 Hören Sie das Gespräch (Teil 2). Kreuzen Sie die Präsentations- und Werbeinstrumente an, die angesprochen werden.

9.3 Welche Vereinbarungen werden getroffen? Erläutern Sie.

Vereinbarungen
- Kontakt mit der italienischen Firma aufnehmen
- Unterlagen zusammenstellen
- die Präsentation vorbereiten

9.4 Welchen Eindruck vermittelt dieses Gespräch?

- eine ergebnisorientierte Besprechung ☐
- ein informeller Gedankenaustausch ☐
- ein erstes Brainstorming ☐

Erläutern Sie Ihre Antwort.

Ritzel: Wichtig wäre, dass wir bei so einer Sache nicht nur die ansprechen, die in Krozingen Badeurlaub machen wollen …
Also – ich bin der Meinung, in dieser Richtung lässt sich einiges machen.
Rubsamen: Herr Ritzel, machen wir vielleicht mal einen Schritt nach dem andern …

Ru: Ein weiterer Punkt wäre das Gästemagazin. Das sollten wir zeigen als …

Ri: Was ich vielleicht noch dazu machen würde …
Ru: Ja, Herr Ritzel?
Ri: … wäre die wunderschöne Broschüre von der Vita Classica, die wir ja in großer Menge haben. Die könnten wir streuen.
Ru: Aber die ist doch nur in Deutsch!
Ri: Oder vielmehr zusammenstellen für den Herrn – die lassen wir übersetzen!
Ru: Na ja … gute Idee!

Weiß: Also die Darstellung der Vita Classica … ist ganz besonders wichtig …
Ru: Das ist ein guter Punkt, ja …

W: Also, ich hätte da noch eine Idee …
Ru: Ja, ja, aber das kostet ja wieder extra Geld, Frau Weiß … aber … vielleicht haben Sie Recht, ich glaub, wir kommen da nicht drum rum.
W: Also, glauben Sie mir, das ist das Beste, was wir zurzeit machen können …
Ru: Ja – das überzeugt mich schon. …

Ri: Also – ich halte es aber für problematisch, Bilder ohne verständliche Erklärung anzuschauen … Was halten Sie von einem kurzen Begleittext?

10
Vorschläge diskutieren

10.1 Lesen Sie die Transkriptauszüge und nennen Sie Beispiele von Wendungen, die dazu dienen, Vorschläge …

- zu machen (a)
- anzunehmen (b)
- zu ergänzen (c)
- in Frage zu stellen oder abzulehnen. (d)

10.2 Ordnen Sie auch die folgenden Wendungen entsprechend zu (a–d):

- *«Wie wäre es, wenn wir …»*
- *«Das hat meiner Meinung nach den Nachteil/Vorteil, …»*
- *«Sollte man nicht bedenken, dass …»*
- *«Ich bin nicht sicher, ob das …»*
- *«Ich halte es für problematisch, …»*
- *«Denken Sie nicht, dass …»*
- *«Es scheint mir fraglich, ob …»*
- *«Ich könnte mir vorstellen, …»*
- *«Gute Idee! Vielleicht könnte man sogar …»*
- *«Mein Vorschlag wäre, …»*
- *«Das überzeugt mich.»*

10.3 Im Verlauf der Diskussion wird mehrfach die Frage der Übersetzungen von Unterlagen in die Sprache des Partners angesprochen.
Welche Unterlagen sollten auf jeden Fall übersetzt werden, bei welchen erscheint Ihnen eine Übersetzung nicht notwendig? Diskutieren Sie im Kurs.

11
Ein Gespräch ergebnisorientiert führen

Führen Sie in den Rollen der Verantwortlichen der *KBV* das Gespräch über den Empfang der italienischen Partner und über die Präsentation der *KBV*. Diskutieren Sie dabei auch den möglichst sinnvollen Einsatz der finanziellen Mittel der *KBV* (u. a. auch die Notwendigkeit von Übersetzungen).

Den Empfang eines Geschäftspartners planen

Frau Weiß beginnt mit der Ausführung des Auftrags.

12
Aufgabenschritte planen

12.1 Erläutern Sie die Aufgaben von Frau Weiß anhand des Gesprächsprotokolls und ihrer Notizen.

- Kontakt mit Firma *FARO* aufnehmen: möglichen Zeitraum für Einladungstermin vereinbaren; weitere Informationen über Angebotspalette und Kundenstamm anfordern
- ergänzende Informationen über italienischen Markt suchen
- Zeitplan und Ablauf der Präsentation, Teilnehmerliste festlegen;
- Rahmenprogramm für die Besucher entwerfen:
  - Besichtigungen planen;
  - potenzielle Gesprächspartner (Verantwortliche der Kureinrichtungen, Persönlichkeiten des öffentlichen Lebens) auswählen, informieren
- Übersetzungen in Auftrag geben
- Informationsmaterial über die *KBV GmbH* auswählen
- Dolmetscher engagieren (für Besuchstermin)
- Hotel/Restaurants reservieren
- geeignete Räumlichkeiten für Gespräche wählen und reservieren

Kur- und Bäderverwaltung
Bad Krozingen GmbH

PROTOKOLL vom 24.2.98
Anwesende: Ritzel, Rubsamen, Weiß

1. Herr Rubsamen verweist auf die politisch bedingten Veränderungen bei deutschen Kurbetrieben. Da weiterhin negative Auswirkungen auf den Umsatz zu erwarten sind, ist ein Nachdenken angesagt.
2. Frau Weiß berichtet über den Stand der von der Fa. „FARO viaggi e turismo" (Genua) angestrebten Geschäftsanbahnung.
3. Die Anwesenden stimmen überein, den Kontakt aufzubauen mit dem Ziel, mit der Fa. FARO einen neuen Partner im Ausland zu finden.
4. Frau Weiß wird beauftragt, eine Präsentation zu erstellen, die sich der Mentalität des italienischen Partners anpasst. Sie soll auch versuchen, weitere Informationen über den italienischen Markt zu bekommen.
5. Die Präsentation soll sich auf folgende Info-Materialien stützen:
   - ➢ Übernachtungsstatistiken
   - ➢ Gästemagazin
   - ➢ Broschüre „Vita Classica"
   - ➢ Preisliste mit Auszeichnung in Lire
   - ➢ Homepage für den italienischen Markt
   - ➢ Pressemappe mit Pressemitteilungen
   - ➢ Video über Bad Krozingen und Umgebung
   - ➢ Kulturprospekt
   - ➢ Angebotsflyer auf Italienisch
   - ➢ Kundenorientierte Angebote

25.2.98 / Ri.
Ritzel

Bad Krozingen

z. B.
Das Gästemagazin ***ist zu*** *beschaffen.*
Preislisten ***sind*** *...* ***zu*** *...*
...

ausarbeiten	erstellen	beschaffen
zusammenstellen	überprüfen	anfordern
auswerten	übersetzen	aktualisieren ...

12.2 Erstellen Sie eine Arbeitsplanung für Frau Weiß:
- Aufgaben, die vor dem folgenden Gesprächstermin auszuführen sind.
- Aufgaben, die nach diesem Gesprächstermin einzuplanen sind.
- Aufgaben, die kurzfristig vor dem Besuchstermin anfallen.

Erstellen Sie einen Planungsentwurf, der zeitliche Prioritäten deutlich macht.

z. B.

1. Gesprächstermin
- ***Kontaktaufnahme*** *mit ...*
- ***Anfordern*** *von ...*
- ...
- ...

2. Gesprächstermin
- ...
- ...

- ...
- ...

Besuchstermin

langfristig – **mittelfristig** – **kurzfristig**

Kur- und Bäderverwaltung
Bad Krozingen GmbH

MEMO

Vorschläge für ein Kooperationsangebot an „FARO viaggi e turismo" / Genua

1. Einladung an die Geschäftsführung der Fa. FARO
2. Letzter Stand der Informationsbeschaffung zur Fa. FARO
3. Präsentation unseres Angebots

3.1 Inhalte:
- Kenndaten zu unserem Unternehmen
- Info- und Werbematerial zur Angebotspalette
- Darstellung der lokalen und regionalen Hotellerie
- Unsere Werbeaktivitäten

3.2 Form:
- Simultandolmetschen
- Präsentationstafeln in DIN-A4-Format
- Folien

4. Weiteres Verfahren

9.3.98 / JW
Weiß

FARO VIAGGI E TURISMO
- mittleres Unternehmen, 16 MitarbeiterInnen

5 Bereiche:
1. Business-Travel (für ca. 150 Unternehmen)
2. Individualtourismus im Netz mit großen Tour-Operators (Italien)
3. Tour-Operating («maßgeschneiderte» Reisen für Gruppen, Einzelpersonen)
4. Kooperation mit ausländischen Partneragenturen (für Genua- u. Italienreisen)
5. Organisation von Meetings, Kongressen, Incentives für Partner/Kunden

Maßnahmen und Aktionen beschließen

Zwei Wochen später führt Frau Weiß das vereinbarte Gespräch mit Herrn Rubsamen.

13
Über den Stand einer Auftragsausführung berichten

Zur Vorbereitung des Gesprächs hat Frau Weiß ein Memo erstellt.

13.1 Nennen Sie Aufgaben, die sie (sicher) ...
- schon ausgeführt hat.
- hat ausführen lassen.
- in Auftrag gegeben hat.

z. B.: Sie ***hat*** *...*
- *Kontakt mit FARO VIAGGI* ***aufgenommen.***
- *die Pressemappe* ***aktualisieren lassen.***
- *einen/eine MitarbeiterIn* ***beauftragt,*** *...*

13.2 Wobei könnte es Verzögerungen oder Schwierigkeiten gegeben haben?
Erläutern Sie.

- *Es hat sich als schwierig erwiesen, ...*
- *... kommt (leider) teuerer / dauert länger, ist schwieriger als erwartet / geplant.*
- *Leider war es nicht möglich, ... / konnte (ich) bisher noch nicht ...*

13.3 Berichten Sie in der Rolle von Frau Weiß kurz über den Stand Ihres Auftrags und über FARO VIAGGI.

14
Vorschläge zur Präsentation besprechen

CD 1: 19

a) Informationen über *FARO VIAGGI* ___ ...
b) Datum für den Besuchstermin ___ ...
c) Kosten ___ ...
d) Ort und Ablauf der Präsentation ___ ...
e) Kundenorientierung des Angebots ___ ...
f) Preise und Kommissionen ___ ...

14.1 Hören Sie das Gespräch.
In welcher Reihenfolge werden die Punkte (a–f) angesprochen? Notieren Sie (1–6).
Was wird im Gespräch zu diesen Punkten gesagt?

mögliche Strategien

1. großzügig bewirten ☐
2. Reisekosten übernehmen ☐
3. mit wichtigen Persönlichkeiten des öffentlichen Lebens bekannt machen ☐
4. zu Veranstaltungen einladen ☐
5. Geschenke übergeben ☐
6. Hotelkosten übernehmen ☐

14.2. Die Strategien (1–6) sind dazu bestimmt, einen guten Kontakt mit dem Partner zu fördern. Welche werden im Gespräch diskutiert?
Welche erscheinen Ihnen in diesem Fall (nicht) angemessen? Erläutern Sie.

14.3 Führen Sie in den Rollen von Frau Weiß und Herrn Rubsamen das Gespräch noch einmal.

15
Umgangsformen in der Geschäftskommunikation

15.1 Vergleichen Sie die Gepflogenheiten beim Empfang von wichtigen Geschäftspartnern in deutschen Unternehmen und in Unternehmen Ihres Landes. Berichten Sie u. a. darüber, ob ...

- *... für besonders wichtige Gespräche bestimmte Tageszeiten oder Räumlichkeiten gewählt werden.*
- *... Dauer und angesprochene Themen beim Small Talk von Bedeutung sind.*
- *... der Aufbau persönlicher Beziehungen oder das Einverständnis über die «Sache» entscheidend für den Aufbau einer Geschäftsbeziehung sind.*
- *... Einwände oder Nichteinverständnis direkt ausgesprochen oder nur höflich angedeutet werden.*
- *... eher ein sachlicher oder ein engagierter Gesprächsstil geschätzt wird.*
- *... geplante Programme und Tagesordnungen streng eingehalten oder je nach Umständen modifiziert werden.*
- *... Witz und Humor geschätzt werden.*
- *... Geschäftsessen, Geschenke, Einladungen für den Erfolg von entscheidender Bedeutung sind.*

15.2 Notieren Sie Stichworte zu den «Szenarien», die man auf beiden Seiten erwarten würde.

A *Ein deutsches Unternehmen empfängt einen potenziellen Geschäftspartner aus Ihrem Land.*

B *Ein Unternehmen Ihres Landes empfängt einen potenziellen, deutschen Geschäftspartner.*

Szenario im deutschen Unternehmen	Szenario im Unternehmen Ihres Landes
z. B. • *Der Besuchstermin wurde drei Monate vorher festgelegt.* • *Das Besuchsprogramm und die Tagesordung ...* • *...*	*z. B.* *...*

15.3 Welcher Eindruck kann auf Seiten der jeweiligen Besucher entstehen? Was kann sie stören, befremden? Welche Missverständnisse kann es geben?

Projekt

16
Den Empfang eines Geschäftspartners vorbereiten

Beschaffen Sie sich Unterlagen (Broschüren, Prospekte, Kenndaten ...) eines deutschen Unternehmens und eines Unternehmens in Ihrem Land, die bereits Geschäftsbeziehungen unterhalten oder die als potenzielle Geschäftspartner an einer Kontaktaufnahme interessiert sein könnten. Erstellen Sie in der Rolle des Unternehmens in Ihrem Land das Programm für den Empfang des deutschen Partners.

1. Unternehmenspräsentation:
   Prioritäten, Instrumente, Ablauf ...
   Welche Argumente könnten das Interesse an einer Zusammenarbeit besonders deutlich machen?

2. «Rahmenprogramm» des Besuchs:
   Welche Punkte des «Rahmenprogramms» könnten zum Aufbau oder zur Pflege einer guten, partnerschaftlichen Geschäftsbeziehung beitragen?

Stellen Sie Ihr Konzept vor.

Messeprofile

5 Hintergrund

Das Lernangebot in diesem Kapitel:

Fallbeispiel: *OPTIK SOMMERHALTER*

- ▶ Kenndaten eines Unternehmens erläutern
- ▶ Formen des Einzelhandels kennzeichnen
- ▶ Messen als Instrumente der Einkaufspolitik darstellen

Messe- und Ausstellungstypen

- ▶ Messe- und Ausstellungstypen beschreiben und vergleichen

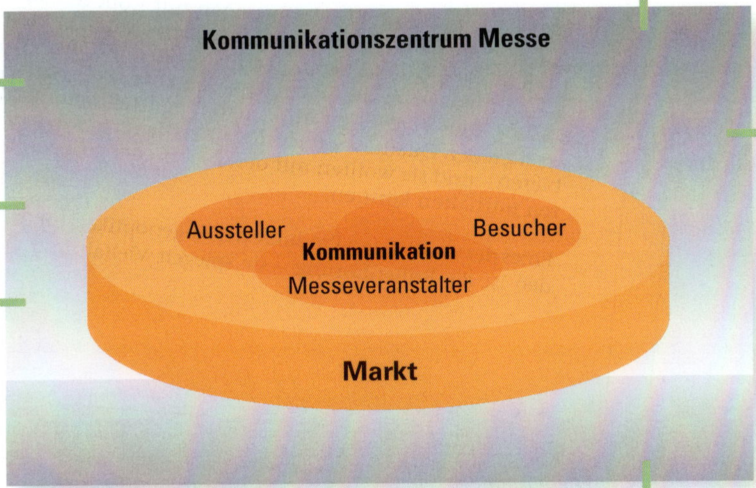

Kenndaten von Messen

- ▶ Messeprofile erläutern
- ▶ Kenndaten und Messen nennen

Messeziele für Besucher

- ▶ Messeziele für Besucher erläutern und gewichten
- ▶ Messekenndaten im Hinblick auf Messeziele werten

Messen in Deutschland

- ▶ Informationen zum Messestandort Deutschland zusammenfassend darstellen und auswerten

Messestandort

- ▶ die Attraktivität von Messestandorten werten

Fallbeispiel: *OPTIK SOMMERHALTER*

Das Fallbeispiel illustriert die Bedeutung von Unternehmenskooperationen und Messen für ein Einzelhandelsunternehmen.

1 Der Fachhandel

1.1 Lesen Sie das Fallbeispiel und notieren Sie Kenndaten zum Unternehmen *OPTIK SOMMERHALTER*:

- Unternehmensform: ...
- Umsatz: ...
- Leistungsangebot: ...
- Zahl der Beschäftigten: ...

1.2 Was sind typische Merkmale eines Fachhandelsgeschäfts verglichen mit anderen Formen des Einzelhandels? Kreuzen Sie an.

Merkmale:

1. modische Ausrichtung des Sortiments ☐
2. Breite des Angebots ☐
3. fachmännische Beratung ☐
4. Billigpreisangebote ☐
5. Service- und Garantieleistungen ☐
6. günstige Zahlungsbedingungen ☐
7. mittlere/gehobene Qualität der Produkte ☐
8. fester Kundenstamm ☐
9. Eingehen auf individuelle Kundenwünsche ☐
10. kurze Fristen bei Sonderanfertigungen, Reparaturen ☐

Beschreiben Sie Kundenprofile der verschiedenen Geschäftstypen.

- *... erwarten/suchen*
- *auf ... Wert legen*
- *bereit sein, ... zu ...*

z. B.: Der Kunde eines Fachhandelsgeschäftes ist jemand, der ...

- Fachhandelsgeschäft
- Fachmarkt
- Discounter
- Off-Price-Laden
- Supermarkt
- Verbrauchermarkt
- SB-Warenhaus
- Boutique
- Kaufhaus
- Versandhaus

Optik **Sommerhalter** bärenstarke Brillenmode und Contactlinsen

Zerbrechliche Gläser – „bärenstark"

Mitte der neunziger Jahre erfüllte sich der Kaufmann Ulrich Sommerhalter seinen Wunschtraum: Im baden-württembergischen Emmendingen gründete er seine eigene Existenz. „Optik Sommerhalter" beschäftigt 3 Angestellte: 2 Augenoptiker, 1 Buchhalterin.

Sommerhalter musste schnell feststellen, dass er als kleines mittelständisches Unternehmen Probleme haben würde, dem immer stärker werdenden Konkurrenzdruck standzuhalten. Viele seiner Kunden lobten die individuelle Beratung und den hervorragenden Service in seinem Geschäft, verwiesen aber dann oft auf die doch viel günstigeren Preise im Filialbetrieb der großen Augenoptikerkette um die Ecke.

Sommerhalter tauschte Erfahrungen mit Kollegen aus und entschloss sich noch 1996, sich einer Einkaufs- und Marketinggruppe anzuschließen, in der sich etwa 120 Augenoptiker bundesweit zusammengefunden hatten. Alle hatten das gleiche Ziel: Sie wollten ihre Unabhängigkeit bewahren, sie wollten den Qualitätsservice des Einzelhandelsfachgeschäfts bieten – und sie wollten mit den Preisen der großen Filialisten mithalten können.

Eines der wichtigsten Produkte des Augenoptikers für den Kunden ist die Brillenfassung – sie spiegelt Vielfalt und Qualität

Erlebnishandel	*Versorgungshandel*
• beratungsintensive Produkte mit hohem Produktnutzen	• problemlose Produkte
• Qualität und Image als Hauptargument	• Preis als Hauptargument
• Freude am Einkauf	• problemlose Versorgung
• Produkte und Sortiment mit hoher Priorität	• Betriebswirtschaft mit höchster Priorität
• Verkäufer als Erlebnisberater und Lebensstilberater	• Verkäufer als Mengen/Preis/Rabatt-Verkäufer
• Präsentation mit hoher Priorität	• logistische Systeme mit hoher Priorität
• anregendes Umfeld, Passagen, Boutiquenstil, Einkaufszonen	• einfaches Umfeld, grüne Wiese
• nur persönlicher Einkauf möglich; anregen, Freude haben, auswählen, anprobieren	• Passing-by-Systeme, Teleshopping

Quelle: H. G. Lettau, «Grundwissen Marketing»

:s Angebots wider, das sowohl modischen wie auch eher kon-
:rvativen Ansprüchen gerecht werden muss.

ach sehr teuren und zeitaufwändigen Kontakten mit verschie-
enen Herstellern entschloss sich die Einkaufs- und Marketing-
ooperation, die gemeinsame Kollektion ausschließlich über die
ührenden internationalen Messen zu ordern: die MIDO Mai-
and, die SILMO in Paris, die OPTIKA in Köln und die Augen-
ptikermesse in Hongkong.

„Ich selbst war mehrfach in Hongkong. An einem Tag konnte
ich mir dort einen Überblick über das gesamte Angebot ver-
schaffen – weltweit!" Eine kleine Expertengruppe von etwa 15
Optikern nahm an diesen Messebesuchen teil, verglich Preise,
verhandelte Konditionen und entschied über die gemeinsame
Kollektion. „Auch die Auswahl der Modelle, mit der die meisten
von uns die gemeinsame Kollektion ergänzten, habe ich immer
bei den Messebesuchen getroffen".

„bärenstarke Brillenmode" nannten die Augenoptiker ihre ge-
meinsame Kollektion – und bärenstark sind die Optiker alle ge-
meinsam.

Natürlich hat sich mit der Globalisierung und der sich wandeln-
den Nachfrage auch die Beschaffungspolitik der Einkaufsgruppe
verändert und sie beschränkt sich heute auf die Kooperation mit
ausgewählten Herstellern von Brillengläsern.
Die Sommerhalter-Gruppe hat seither zwei weitere Geschäfte er-
worben und beschäftigt heute insgesamt 14 Optiker und drei
Auszubildende. Das Logo der Geschäfte wurde durch den Na-
men „Brillentreff Sommerhalter" ersetzt und gewann durch den
Namenswechsel und die entsprechende Umgestaltung der Ge-
schäfte erneut die Aufmerksamkeit der Kunden.
Im Jahre 2005 wurde Sommerhalter mit dem „Top 100" der Op-
tiker ausgezeichnet.

BRILLENTREFF SOMMERHALTER

BRILLENTREFF SOMMERHALTER · Torgasse 2 · 79312 Emmendingen

2
Eine Einkaufskooperative

2.1 Welche Gründe für den Anschluss an die Einkaufskooperative werden genannt?

2.2 Welchen Spielraum hat jeder Fachhändler für eigene Strategien bei Marketing und Verkauf?

3
Funktion von Messen in der Einkaufspolitik

3.1 Welche Rolle spielen Messen in der Beschaffungspolitik der Einkaufskooperative?

3.2 Welche Vor- oder Nachteile haben die verschiedenen Informationsquellen, die in der Grafik genannt werden?

z. B.
Store-Check/City-Check:
- *... ist sehr zeit- und damit kostenaufwendig.*
- *Die Informationen bleiben unvollständig.*

Quelle: Strothmann/Busche (Hrsg.), «Handbuch Messemarketing»

Store-Check

Überprüfung der Warenpräsentation und Angebotsbedingungen für die Artikel eines Herstellers in bestimmten Outlets eines Handelsbetriebes. Store-Checks dienen u. a. der Überprüfung von → Marktbearbeitungskonditionen und werden i. d. R. von Mitarbeitern der Außendienstorganisation systematisch vorgenommen (→ Außendienstführung).

VAHLENS, «Großes Marketing Lexikon»

Messe- und Ausstellungstypen

4 Unterscheidung von Messe- und Ausstellungstypen

4.1 Was sind die Hauptunterschiede zwischen Messen und Ausstellungen? Lesen Sie die Definitionen.

Ausstellungen sind zeitlich begrenzte Marktveranstaltungen, auf denen eine Vielzahl von Unternehmen – bei vorrangiger Ansprache des allgemeinen Publikums – das repräsentative Angebot eines oder mehrerer Wirtschaftszweige ausstellt und über dieses Angebot zum Zweck der Absatzförderung informiert.
Messen sind zeitlich begrenzte, wiederkehrende Marktveranstaltungen, auf denen – bei vorrangiger Ansprache von Fachbesuchern – eine Vielzahl von Unternehmen das wesentliche Angebot eines oder mehrerer Wirtschaftszweige ausstellt und überwiegend nach Muster an gewerbliche Abnehmer vertreibt.

4.2. Welche Messe- und Ausstellungstypen werden hier beschrieben? Ergänzen Sie die Bezeichnungen.

a) __________________ haben einen nennenswerten Anteil sowohl an ausländischen Ausstellern (regelmäßig mindestens 10 %) als auch an ausländischen Fachbesuchern (regelmäßig mindestens 5 %).
b) __________________ zeigen das wesentliche Angebot mehrerer Industrie- oder Handwerksbereiche.
c) __________________ werden in Ergänzung zu einem Kongress veranstaltet.
d) __________________ haben ein klar definiertes Programm für bestimmte Produkte, Abnehmer, Techniken, Verfahren, Themen. In der Nomenklatur sind Produkte und Warengruppen festgelegt, die ausgestellt werden dürfen.
e) __________________ sind abnehmerorientierte, regionale Veranstaltungen zur Verkaufsförderung.
f) __________________ haben auf der Besucherseite ein überwiegend regionales Einzugsgebiet.
g) __________________ fassen Wirtschaftsgüter (Konsum- und Investitionsgüter) aller Art zusammen.

(nach: AUMA «Erfolgreiche Messebeteiligung»)

4.3 Erläutern Sie Unterschiede zwischen …

1. Mehrbranchenmessen und Fachmessen
2. regionalen Messen und internationalen Messen

4.4 Gibt es in Ihrer näheren/weiteren Umgebung Messen oder Ausstellungen? Um welchen Messe- oder Ausstellungstyp handelt es sich?

AUMA

Messe- und Ausstellungstypen

Messetypologie nach dem Einzugsgebiet
- Internationale Messen/Ausstellungen
- Überregionale Messen/Ausstellungen
- Regionale Messen/Ausstellungen

Messetypologie nach der Branche
- Universalmessen
- Mehrbranchenmessen
- Fachmessen/Fachausstellungen
- Kongressausstellungen
- Verbraucherausstellungen

Quelle: AUMA, «Erfolgreiche Messebeteiligung»

MESSE MÜNCHEN INTERNATIONAL

Erfolgs-Adresse 2008
Messe München International

11.01.2008 – 13.01.2008 **opti '08**
Internationale Optik-Trendmesse

27.01.2008 – 30.01.2008 **ispo winter**
Internationale Fachmesse für Sportartikel und Sportmode

15.02.2008 – 18.02.2008 **inhorgenta europe 2008**
35. Internationale Fachmesse für Uhren, Schmuck, Edelsteine, Perlen und Technologie

28.02.2008 – 05.03.2008
Internationale Handwerksmesse 2008

01.04.2008 – 04.04.2008 **analytica 2008**
21. Internationale Fachmesse für Instrumentelle Analytik, Labortechnik und Biotechnologie mit analytica Conference

05.05.2008 - 09.05.2008 **IFAT**
15. Internationale Fachmesse für Wasser, Abwasser, Abfall, Recycling

10.06.2008 – 13.06.2008 **AUTOMATICA 2008**
3rd International Trade Fair for Automation: Assembly – Robotics – Vision

06.10.2008 - 08.10.2008 **EXPO REAL 2008**
11. Internationale Fachmesse für Gewerbeimmobilien

Quelle: Handelsblatt

4.5 Erläutern Sie die Charakteristika von Messen und Ausstellungen aus dem Veranstaltungsprogramm der *MESSE MÜNCHEN.*
z. B.: Die «…-Messe» ist eine internationale Fachmesse für … Es werden also nur …-Produkte ausgestellt. Es gibt mindestens … % …

München

ispo summer – Internationale Fachmesse für Sportartikel und Sportmode

2007: Juli

Messeort: Neue Messe

Turnus (Jahre): 1

Branchen: **74 10**

Angebotsschwerpunkte: Sportbekleidung, Sportschuhe, Bergsportausrüstung, Outdoor-Mode, Fitnessgeräte, Tennisausstattung, Badmintonausrüstung, Squashausstattung, Tischtennisausstattung, Servicemaschinen, Surf-Sport, Wassersportartikel, Bade-/Beachwear, Fanartikel, Stoffe, Fasern

Bezugsjahr: 2006

Zutritt: Fachbesucher

Öffnungszeit: 09.00 – 18.00, letzter Tag 09.00 – 17.00

Tageskarte/2-Tages-Karte/Dauerkarte: 29/39/47 €

Anmeldeschluss für 2007: 15.1.2007

Standmiete: Halle (Reihenstand): 117 €/m²

Gründungsjahr: 1979

Statistische Angaben	2003	2004	2005
Geprüft	FKM	FKM	FKM
Flächen			
Bruttofläche	89 100	94 500	92 000
Nettofläche	**51 078**	**43 847**	**44 573**
Sonderschauen	8 270	8 590	14 589
Vermietete Fläche	**42 808**	**35 257**	**29 984**
Halle	42 712	35 257	29 984
Freigelände	96		
Aussteller mit eigenem Stand			
Länder	41	37	44
Gesamt	**1 035**	**1 067**	**915**
Inland	225	200	204
Ausland	810	867	711
Besucher (Zahl der Eintritte, bis 2000: verkaufte Ausweise)			
Gesamt	**25 706**	**23 709**	**20 722**
Inland	11 568	9 721	11 196
Ausland	14 138	13 988	9 526

Fachbesucher-Daten

Zahl der Besucher insgesamt	**25 706**
Anteil der Fachbesucher	**100 %**

Regionale Herkunft

bis 100 km	6
über 100 km bis 300 km	16
über 300 km	78
Inland gesamt:	45

Baden-Württemberg	16	Niedersachsen	1
Bayern	58	Nordrhein-Westfalen	8
Berlin	1	Rheinland-Pfalz	2
Brandenburg	-	Saarland	1
Bremen	1	Sachsen	2
Hamburg	3	Sachsen-Anhalt	-
Hessen	5	Schleswig-Holstein	1
Mecklenburg-Vorpommern	-	Thüringen	-

Ausland gesamt		55
davon	EU	46
	übriges Europa	30
	Afrika	4
	Nordamerika	5
	Süd- und Mittelamerika	3
	Vorder- und Mittelasien	6
	Ostasien	4
	Australien	3

Die fünf Länder mit den höchsten Besucheranteilen

Österreich	11	Frankreich	6
Schweiz	10	Italien	6
Großbritannien	8		

Wirtschaftszweige

Sportfacheinzelhandel	18
Bekleidungsfacheinzelhandel	8
Schuhfacheinzelhandel	4
Kauf-/Warenhaus	3
Versandhandel	3
Im- und Export von Sportartikeln	19
Filialkette	2
Handelsvertretung	5
Sportstudio, Fitness-Studio	2
Designer	3
Produzent	14
Zulieferer	4
Anderer Einzelhandel	2
TV-, Internet-Shopping	1
Marketingagentur	1
Schüler/Student	7
andere nicht beruflich Tätige	1

Einfluss bei Einkaufs-/Beschaffungsentscheidungen

Einfluss bei Einkaufs-/Beschaffungsentscheidungen

Ausschlaggebend	34
Mitentscheidend	29
Beratend	19
Nicht beteiligt	11
Schüler/Student	8

Berufliche Stellung

selbständiger Unternehmer, Teilhaber, freier Beruf	23
Geschäftsführer, Vorstandsmitglied, Behördenleiter o. ä.	20
Hauptabteilungsleiter, Prokurist	8
Abteilungsleiter, Gruppenleiter	11
sonstiger Angestellter	22
sonstiger öffentlicher Dienst	1
Facharbeiter	4
Dozent, Lehrer, wissenschaftlicher Mitarbeiter	2
Auszubildender	5
andere	3
Schüler/Student	7
andere nicht beruflich Tätige	1

Aufgabenbereich

Geschäfts-/Unternehmens-, Betriebsleitung	20
Forschung, Entwicklung, Konstruktion	7
Planung, Arbeitsvorbereitung	6
Fertigung, Produktion	7
Fertigungs-, Qualitätskontrolle	3
Einkauf, Beschaffung	33
Finanzen, Rechnungswesen, Controlling	3
Verkauf	28
Verwaltung, Organisation, Personal-, Sozialwesen, Aus- und Weiterbildung	4
Marketing, Vertrieb, Werbung, PR	31
Lagerhaltung, Materialwirtschaft, Logistik, Transport	5
Wartung, Instandhaltung	2
Mode/Produkt-Design	11
andere	4
Schüler/Student	7
andere nicht beruflich Tätige	1

Häufigkeit des Messebesuchs

ispo Winter 2003	39
ispo Sommer 2002	39
ispo Winter 2002	27
ispo Sommer 2001	25
ispo Winter 2001	20
frühere Veranstaltungen	16
erstmaliger Besuch	32

Betriebsgröße: Zahl der Beschäftigten:

1 - 4	21	500 - 999	4
5 - 9	11	1 000 - 9 999	3
10 - 49	26	10 000 und mehr	4
50 - 99	7	Schüler/Student	7
100 - 199	9	andere nicht beruflich Tätige	1
200 - 499	6	keine Angaben	1

Quelle: «AUMA-Messe Guide»

Kenndaten von Messen

Die *AUMA* veröffentlicht in ihrem «Auma Messe Guide Deutschland» die Messeprofile der internationalen und regionalen Messen und Ausstellungen.

INFO

AUMA
Ausstellungs- und Messeausschuss der deutschen Wirtschaft e.V.
Littenstraße 9
D-10179 Berlin
www.auma-messen.de

5
Informationen für Messebesucher und Aussteller

5.1 Welche Fragen wird sich ein Unternehmen stellen, wenn es darum geht, sich für oder gegen einen Messebesuch zu entscheiden?
z. B.
Welche Branchen ... vertreten?
Welche Produkte und Warengruppen ...?
Wann ...? Wie viel ...? ...?

5.2 Welche dieser Informationen liefert ein Messeprofil? Nennen Sie Beispiele.

5.3 Gewichten Sie die Angaben des Messeprofils nach Ihrer Bedeutung für ...
Aussteller (a)
Besucher (b)
Erläutern Sie Ihre Antworten.

besonders wichtig für	a	b
1. Messetyp		
2. Branchenschwerpunkt		
3. ...		
...		

INFO

FKM
Gesellschaft zur freiwilligen Kontrolle von Messe- und Ausstellungszahlen
Littenstraße 9
D-10179 Berlin
www.fkm.de

Hintergrund

Messen in Deutschland

6
Messestandorte und Messeprofile

Die Karte zeigt die wichtigsten Messestädte in Deutschland und nennt die Kenndaten einiger großer Messen.

6.1 Kennen Sie die eine oder andere dieser Messen? Berichten Sie.

6.2 Nennen Sie die Messe/n, auf die die folgenden Aussagen zutreffen:

1. Hier findet man den höchsten Anteil von Ausländern unter den Ausstellern.

2. Diese Messen finden nur alle 2 Jahre statt.

3. Diese Messe weist den höchsten Anteil von ausländischen Besuchern auf.

4. Es handelt sich um eine Industriemesse mit einem breiten Branchen- und Angebotsspektrum.

6.3 Welche dieser Messen wären für die folgenden Unternehmen von Interesse?

1. Hersteller von Gartenmöbeln und Gartengeräten, der neu auf den deutschen Markt kommen möchte

2. Hersteller von Solarzellen, der sich einen Überblick über neueste Entwicklungen der Computertechnologie verschaffen will

3. Landwirtschaftliche Kooperative, die Obstsäfte und andere nichtalkoholische Getränke nach Deutschland exportieren möchte

4. Warenhaus, das seinen Lieferantenstamm erneuern/erweitern will

5. Ausländischer Verlag auf der Suche nach einem deutschen Partner, der Lizenzausgaben technischer Fachliteratur (in Übersetzung) in sein Programm aufnehmen würde

6.4 Haben Sie selbst berufliche oder private Erfahrungen mit Messen? Berichten Sie.

Welche beruflichen oder privaten Gründe könnte es für Sie geben, eine der hier genannten Messen zu besuchen?

Messestädte in Deutschland

photokina – Weltmesse des Bildes
World of Imaging mit MediaVisionCologne
Turnus (Jahre)/Interval (years): 2

Branchen: 30
Angebotsschwerpunkte: Film- und Videokameras, Zubehör, Digitaltechnik, Filmtechnik, Imaging, Lichttechnik, Software, Datenübertragung, Audio-Video-Technik, Dienstleistungen, Laboreinrichtungen, Präsentationstechnik, Steuerungssysteme, Cinema, Fotoausrüstung, Multimedia

Aussteller 2004: 1159 davon Ausländer: 770
Besucher 2004: 127515 davon Ausländer: 47906

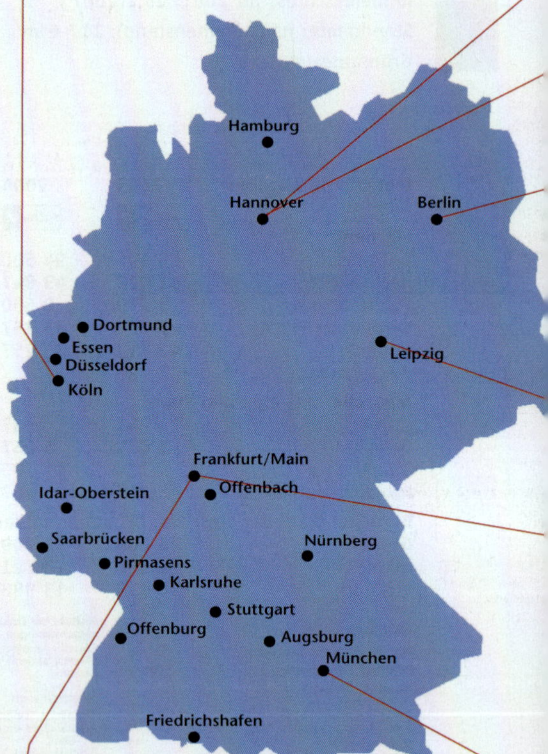

Automechanika – Führende internationale Messe der Automobilwirtschaft
World's meeting point for the automotive industry

Turnus (Jahre)/Interval (years): 2

Branchen: 28
Angebotsschwerpunkte: Antriebstechnik, Steuerungssysteme, Fahrzeugservice, Zubehör, Elektronik, Spezialwerkzeug, Dienstleistungen, Reparaturmaterial, Karosserien, Entsorgung, Recycling, Pflegedienst

Aussteller 2004: 4464 davon Ausländer: 3465
Besucher 2004: 163337 davon Ausländer: 61415

HANNOVER MESSE
– Das weltweit wichtigste
NOVER Technologieereignis
ESSE
Turnus (Jahre)/Interval (years): 1

anchen: 2
ngebotsschwerpunkte: jährlich: MicroTech-
logy/HANNOVER MESSE – Internationale Messe
r angewandten, Microsystemtechniken und Na-
technologien
gerade Jahre: MDA-Motion, Drive & Automati-
/HANNOVER MESSE – Internationale Messe der
triebstechnik und Fluidtechnik
ussteller 2005: 6133 davon Ausländer: 2967
sucher 2005: 208234 davon Ausländer: 60596

CeBIT HANNOVER
CeBit – The world's leading event for Information Technology, Telecommunications, Software and Services

Turnus (Jahre)/Interval (years): 1
Branchen: 42, 87, 30
Angebotsschwerpunkte: IT-Dienstleistungen, Kommunikationssysteme, Telekommunikation, Computer-Hardware, Software, Banktechnik, Finanzierung, Internet, Informationstechnik, Network, Computing, Netzwerktechnik, Kartentechnik, Sicherheitstechnik, Datenschutz, Forschung und Entwicklung, Dienstleistungen
Aussteller 2004: 6246 davon Ausländer: 3280
Besucher 2004: 474082 davon Ausländer: 128476

Internationale Grüne Woche Berlin – Ausstellung für Ernährungswirtschaft, Landwirtschaft und Gartenbau
ternational Green Week Berlin
urnus (Jahre)/Interval (years): 1
ranchen: 24, 49
ngebotsschwerpunkte: Nahrungsmittel,
etränke, Bier, Wein, Sekt, Spirituosen, Fleischwaren,
urstwaren, Fisch, Landwirtschaft, Tiere, Gartenarti-
l, Gartenbedarf, Gartenbautechnik, Landwirt-
haftsmaschinen, Küchengeräte, Haushaltsartikel
ussteller 2006: 1568 davon Ausländer: 496
esucher 2006: 407436 davon Ausländer: 4889

BAUFACH
Baufach – Baufachmesse Leipzig
The Leipzig Construction Trade Fair
Turnus (Jahre)/Interval (years): 2
Branchen: 9
Angebotsschwerpunkte: Baustoffe, Bauteile, Gebäudetechnik, Fertigbau, Baumaschinen, Baugeräte, Bauwerkzeug, Gerüstbau, Computertechnik, Kommunikationsmittel, Neue Medien, Bauchemie, Bautenschutzmittel, Fliesen, Baufinanzierung, Bauplanung, Logistik, Recycling, Dienstleistungen, Ausbildung, Weiterbildung
Aussteller 2004: 424 davon Ausländer: 68
Besucher 2004: 19482 davon Ausländer: 701

Frankfurter Buchmesse
Frankfurt Book Fair
Turnus (Jahre)/Interval (years): 1

anchen: 14
ngebotsschwerpunkte: Bücher, Zeitschriften,
itungen, Landkarten, Lernmittel, Kunst, Kalen-
r, Comics, Filmrechte, Fernsehprogramme
ussteller 2004: 7225 davon Ausländer: 4029
sucher 2004: 284838 davon Ausländer: 88300

I. H. M. – Internationale Handwerksmesse
nchen – mit Metall München – Europäische Fachmesse für Metallverarbeitung in Industrie und Handwerk
Turnus (Jahre)/Interval (years): 1

ranchen: 37, 34
ngebotsschwerpunkte: Metallverarbeitung,
erkstattausrüstung, Kleinmaschinen, Baustoffe, Bau-
aschinen, Befestigungstechnik, Informationstech-
k, Kommunikationstechnik, Lagertechnik, Innenein-
chtungen, Heizungstechnik, Lüftungstechnik,
mwelttechnik, Sicherheitstechnik, Kunsthandwerk,
einigungstechnik, Transportfahrzeuge, Gartenmö-
el, Gartengeräte, Dienstleistungen, Lacke, Maler-
edarf, Kunstgewerbe
ussteller 2004: 1549 davon Ausländer: 359
esucher 2004: 161252 davon Ausländer: 3225

Hintergrund

7
Messestandort Deutschland

7.1 Sie sehen den Imagefilm «Messen made in Germany».
Mit welchen Argumenten wirbt die *AUMA* für den Messestandort Deutschland?

DVD

z. B.
Der Messestandort Deutschland ...
- *bietet ...*
- *empfängt jedes Jahr ...*
- *erleichtert ...*
- *ermöglicht ...*
- *fördert ...*
- *ist der ideale Rahmen für ...*
- *ist als Messeveranstalter ...*

7.2 Beschreiben Sie wichtige Entwicklungen des Messestandorts Deutschland in den letzten Jahren.

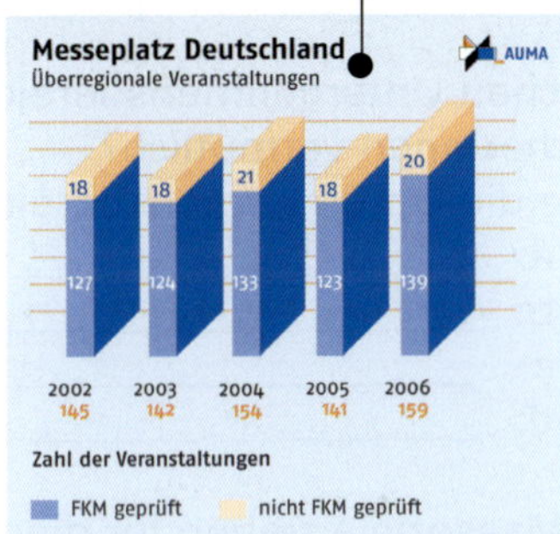

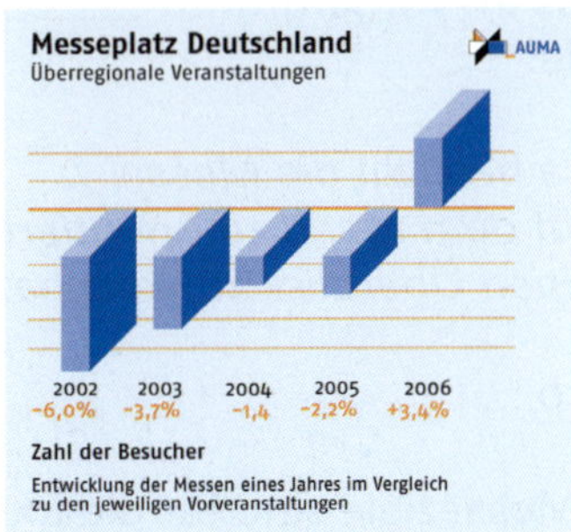

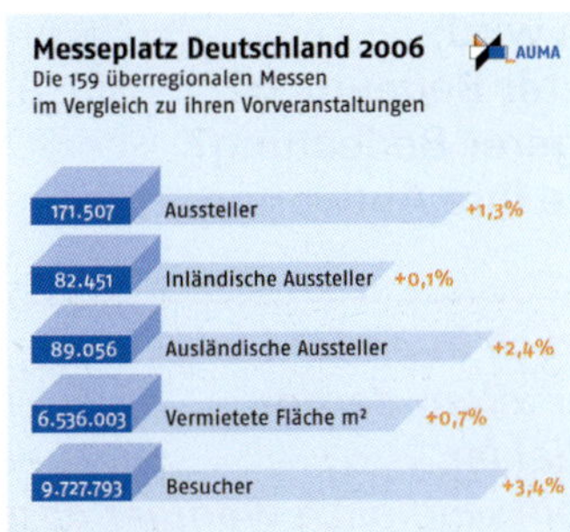

7.3 Berichten Sie über die Bedeutung und die Rolle von Messen und Ausstellungen in Ihrem Land.

Messeziele für Besucher

8
Messeziele erläutern

Die Äußerungen (a–d) stammen von BesucherInnen verschiedener Messen.

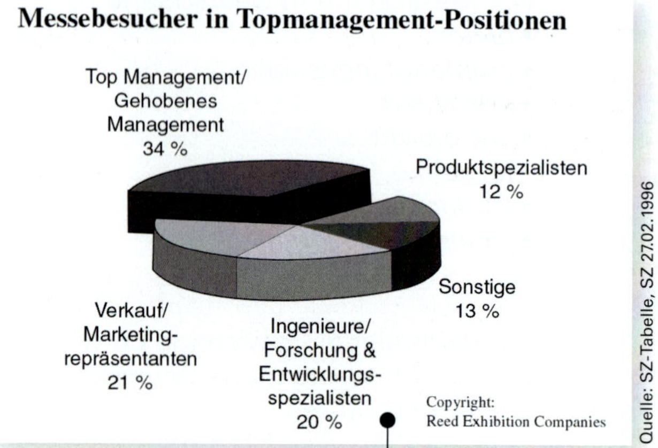

8.1 Aus welchen Unternehmensbereichen kommen diese BesucherInnen vermutlich?
Notieren Sie die Unternehmensbereiche.
BesucherIn a: ______________________
BesucherIn b: ______________________
BesucherIn c: ______________________
BesucherIn d: ______________________

8.2 Welche Messeziele stehen für diese BesucherInnen jeweils im Vordergrund?
Erläutern Sie:
z. B.
BesucherIn a besucht die Messe, ...
- ***um** sich auf dem Markt **zu** orientieren.*
- ***um** sich einen Überblick **zu** verschaffen.*
- ***um** ...*

BesucherIn b ...

8.3 Welche Messeziele sind für die Expertengruppe der Einkaufskooperative, die im Fallbeispiel (S. 60–61) beschrieben wird, ...
- von größerer Bedeutung?
- von geringerer Bedeutung?

Erläutern Sie Ihre Antworten.

*Sie **wollen sicherlich in erster Linie** ...*
***Es geht ihnen vor allem darum,** ...*
***Ihr wichtigstes Ziel ist,** ...*
***Es geht ihnen** wahrscheinlich **weniger darum,** ...*
*... ist sicher **nicht besonders wichtig**.*

a
«Hier auf der Messe sind alle namhaften Hersteller der Branche vertreten. Ich kann mir also einen ausgezeichneten Überblick über neue Trends und über Preise und Konditionen verschaffen.»
Hersteller von Druckmaschinen

b
«Wir besuchen die Messe, um unsere Produktion rationeller zu gestalten. Wir hoffen, auf der Messe Maschinen zu finden, die eine adäquate Lösung für unsere Probleme darstellen.»
Hersteller der Verpackungsindustrie

c
«Hier auf der Messe stellen viele unserer Kunden aus. Als Zulieferer suchen wir den engen Kontakt zu unseren Kunden, um uns ein Bild von den Neuentwicklungen und den Wünschen unserer Kunden zu machen.»
Hersteller von Bauelementen für medizinisch-technische Geräte

d
«Wir interessieren uns für Neuerscheinungen auf dem deutschen Buchmarkt. Hier auf der Messe können wir direkt die gewünschte Menge ordern oder über Lizenzverträge verhandeln.»
Verlag

Ausgewählte Besucherziele:
- Marktüberblick, auch über benachbarte Fachbereiche verschaffen
- konjunkturelle Situation und Perspektiven abschätzen
- Preise und Konditionen vergleichen
- Suche nach bestimmten Produkten
- neue Produkte und Anwendungsmöglichkeiten sehen
- Trends erkennen
- Orientierung über technische Funktion und Beschaffenheit bestimmter Produkte oder Anlagen
- Informationen über Lösungen zu anstehenden Problemen
- Tagungen und Sonderschauen besuchen
- persönliche Weiterbildung
- Anregung für die eigene Produkt- und Sortimentsgestaltung
- Geschäftskontakte ausbauen bzw. knüpfen
- Aufträge erteilen, Verträge abschließen
- Kontakt mit vergleichbaren Firmen suchen
- Abschätzung einer möglichen Beteiligung als Aussteller

Quelle: «Die Messe als Dreh- und Angelpunkt»

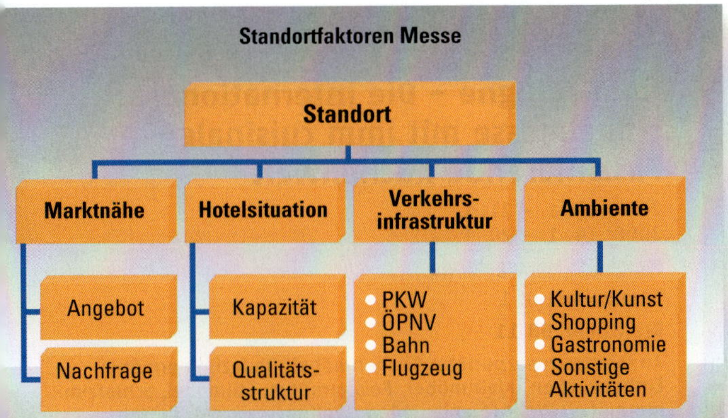

Messestandort

9
Die Attraktivität von Messen

Die Messeveranstalter bemühen sich, die Messen für Besucher und Aussteller attraktiv zu gestalten.

9.1 Welche Faktoren sind Ihrer Meinung nach besonders wichtig ...
- für Aussteller (a)?
- für Besucher (b)?

Kreuzen Sie an und erläutern Sie dann Ihre Antworten.

	a	b	k
Messe-Kenndaten			
Anzahl/Herkunft der Besucher	☐	☐	☐
Anzahl/Herkunft der Aussteller	☐	☐	☐
Rahmenprogramm			
Konferenzen	☐	☐	☐
Sonderausstellungen	☐	☐	☐
Events	☐	☐	☐
Messegebäude			
Funktionalität	☐	☐	☐
Komfort der Ausstattung	☐	☐	☐
Gastronomie	☐	☐	☐
Service	☐	☐	☐
Messepersonal			
Anzahl/Ausbildung	☐	☐	☐
Messegelände/Lage			
Nähe zum Stadtzentrum	☐	☐	☐
Verkehrsverbindungen	☐	☐	☐
Parkplätze	☐	☐	☐
Messestadt			
zentrale Verkehrslage	☐	☐	☐
Hotelsituation	☐	☐	☐
Gastronomie	☐	☐	☐
Stadtbild, Sehenswürdigkeiten	☐	☐	☐
kulturelles Angebot	☐	☐	☐
Unterhaltungsangebot	☐	☐	☐
Umgebung, Landschaft	☐	☐	☐

9.2 Sie sehen einen Film über den Messestandort Köln.
Mit welchen Argumenten wird für die KÖLN MESSE geworben? Kreuzen Sie in der Übersicht (Aufg. 9.1) unter k an.

Notieren Sie Stichworte zu weiteren Argumenten.

Fassen Sie die Argumente, mit denen der Messeveranstalter für den Messestandort wirbt, zusammen.

DVD

10
Einen Messebesuch empfehlen

10.1 Empfehlen Sie in der Rolle des Leiters / der Leiterin der Einkaufsabteilung eines mittelgroßen Möbelfachgeschäfts den Besuch einer Fachmesse.

Situation
Ihre Firma hat bisher mit drei ausgewählten Möbelherstellern zusammengearbeitet. Der Umsatz ist in den letzten Jahren konstant gewachsen und eine Ausweitung des Angebots ist geplant.
Sie sind der Ansicht, dass sich trotz der damit verbundenen Kosten der Besuch der Messe «imm cologne» in Köln auszahlen wird.

Bereiten Sie Argumente vor, um die Geschäftsleitung von Ihrer Idee zu überzeugen.
- Präsentation der Messe
- Argumente für einen Messebesuch
- Ziele des Messebesuchs
- Rechtfertigung der Kosten (Freistellung des/der MitarbeiterIn von anderen Aufgaben, Reisekosten, Spesen ...)

Erläutern Sie Ihren Vorschlag.

10.2 Beurteilen Sie die Möglichkeit eines Messebesuchs für die Firma, in der Sie tätig sind.
- Welche Messen kämen infrage? (Suchen Sie geeignete Messen im Internet: www.auma-messen.de)
- Welche Bereiche oder Abteilungen wären betroffen?
- Welches wären die Messeziele?

Erläutern Sie Ihre Empfehlung.

Köln

imm cologne – Die internationale Möbelmesse mit imm cuisinale – Faszinierende Küchenwelt

2007: 15. 1. – 21. 1.
2008: 14. 1. – 20. 1.
Messeort: Messegelände
Turnus (Jahre): 1
Branchen: **58 11**
Angebotsschwerpunkte: Küchenmöbel, Badezimmermöbel, Einbauküchen, Kleinmöbel, Polstermöbel, Stilmöbel, Schlafzimmermöbel, Wohnraumleuchten, Wohnaccessoires, Betten, Matratzen, Bettwaren, Bettwäsche, Massivholzverarbeitung, Stühle
Bezugsjahr: 2005
Zutritt: Fachbesucher, Sa. + So. 09.00 – 18.00 Privatbesucher
Öffnungszeit: 09.00 – 18.00
Tageskarte/2-Tages-Karte/Dauerkarte: 32/38/52 €, Schüler: 13 €, Familienkarte: 25 €
Anmeldeschluss für 2007: –
Standmiete: Halle (Reihenstand): 137 €/m² (2007)
Gründungsjahr: 1949

Statistische Angaben	**2004**	**2005**	**2006**
Geprüft	FKM ✓	FKM ✓	FKM ✓
Flächen			
Bruttofläche	285 000	285 000	293 000
Nettofläche	**174 998**	**170 716**	**171 997**
Sonderschauen	9 859	5 482	7 155
Vermietete Fläche	**165 139**	**165 234**	**164 842**
Halle	165 139	165 234	164 842
Freigelände			
Aussteller mit eigenem Stand			
Länder	47	50	52
Gesamt	**1 288**	**1 253**	**1 274**
Inland	464	436	432
Ausland	824	817	842

Quelle: «AUMA-Messe Guide»

Einen Messebesuch planen

«… viel Zeit für persönliche Gespräche mit Kollegen und Lieferanten.»

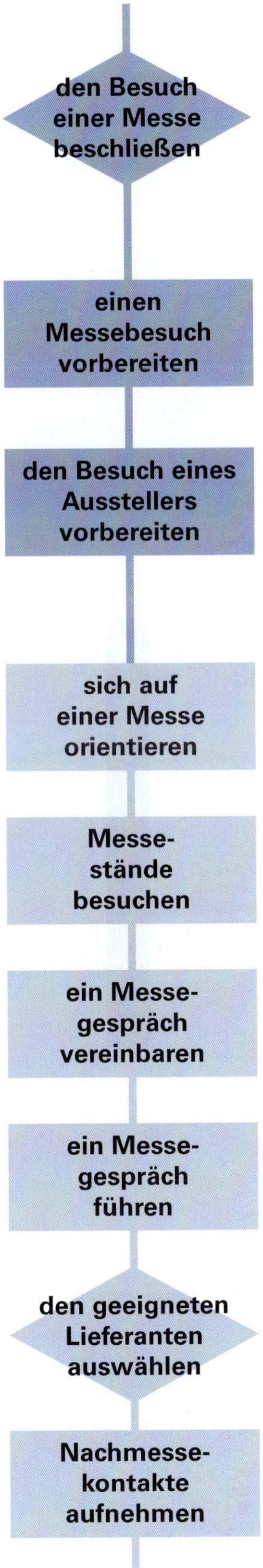

Sie trainieren:

- ▶ Messeprofile erläutern und vergleichen
- ▶ Messekenndaten zusammenfassend darstellen
- ▶ eine Messe auswählen
- ▶ Besucherziele und -erwartungen erläutern; Prioritäten setzen

- ▶ einen Messekatalog (Auszüge) auswerten
- ▶ Aufgaben im Rahmen der Messevorbereitung erläutern und dazu entsprechende Aufträge erteilen

- ▶ Informationen über einen Hersteller zusammenstellen
- ▶ Angaben zu Produktleistungen und Qualitätskriterien auswerten und erläutern
- ▶ Eintragungen im Messekatalog auswerten

7 Unternehmenspraxis

Die Druckerei *HERKENRATH & MERTENS GmbH*) erhält häufig Anfragen von Kunden, die an Druckerzeugnissen auf selbstklebenden Folien oder Papieren interessiert sind (z. B. für Etiketten, Aufkleber, Werbematerial ...). Die Druckerei hat jedoch bisher wenig Erfahrung mit solchen Artikeln.**

*) Name und Adresse des Unternehmens auf Wunsch geändert.

Den Besuch einer Messe beschließen

Der Geschäftsführer Jürgen Herkenrath möchte sich beim Besuch einer Fachmesse gezielt über selbstklebende Druckerzeugnisse informieren.

1 Eine Messe auswählen

1.1 Wie kann J. Herkenrath seine Entscheidung für einen Messebesuch begründen? Orientieren Sie sich an der Liste ausgewählter Besucherziele (S. 66).
z. B.
«Auf einer Messe kann ich mir einen guten Überblick verschaffen.»

1.2 Es gibt in Deutschland zwei Fachmessen mit dem Branchenschwerpunkt «Papier- und Druckwirtschaft»:
Die *VISCOM* und die *DRUPA*. Beide finden in Düsseldorf statt.
Vergleichen Sie die beiden Messeprofile. Nennen Sie mögliche Gründe für Jürgen Herkenrath, sich für oder gegen eine der beiden Messen zu entscheiden.

1.3 Welche weiteren Umstände und Informationen wären bei der Entscheidung zu berücksichtigen?

viscom – Internationale Fachmesse für visuelle Werbetechniken und Sign-making

2007: 20. 9. – 22. 9.
2009: September
Messeort: Messegelände
Turnus (Jahre): 2
Branchen: **94 67**
Angebotsschwerpunkte: Software, Computer-Hardware, Gravurkunst, Siebdruck, Reprotechnik, Display, Farben, Lacke, Papier, Digitaltechnik, Zubehör, Folien
Bezugsjahr: 2007
Zutritt: Fachbesucher
Öffnungszeit: 10.00 – 18.00, letzter Tag 10.00 – 17.00
Tageskarte/Dauerkarte: 26/36 €
Anmeldeschluss für 2007: 30.6.2007
Standmiete: Halle (Reihenstand): 156 €/m²
Gründungsjahr: 1991

Statistische Angaben	2001	2003	2005
Geprüft	FKM ✓	FKM ✓	FKM ✓
Flächen			
Bruttofläche	20 840	20 800	20 900
Nettofläche	**9 876**	**10 067**	**9 912**
Sonderschauen	180	246	423
Vermietete Fläche	**9 696**	**9 821**	**9 489**
Halle	9 696	9 821	9 489
Freigelände			
Aussteller mit eigenem Stand			
Länder	19	29	28
Gesamt	**279**	**294**	**300**
Inland	165	124	151
Ausland	114	170	149
Besucher (Zahl der Eintritte, bis 2000: verkaufte Ausweise)			
Gesamt	**8 447**	**8 914**	**8 577**
Inland	5 279	5 883	6 090
Ausland	3 168	3 031	2 487

Quelle: «AUMA Messe Guide»

◀ FKM-Fachbesucherstrukturtest 2004, Durchführung: Walter, Wissler & Partner, Basel

Düsseldorf

drupa – print media messe – World Market Print Media, Publishing & Converting

2008: 29. 5. – 11. 6.
Messeort: Messegelände
Turnus (Jahre): 4
Branchen: **67**
Angebotsschwerpunkte: Druck- und Media-Vorstufe, Druckereiausrüstung, Druckmaschinen, Druckweiterverarbeitung, Buchbindereimaschinen, Druckfarben, Papierverarbeitung, Papierindustrie, Packmittelproduktion, Packmittelherstellungsmaschinen, Materialien
Bezugsjahr: 2008
Zutritt: Fach- und Privatbesucher
Öffnungszeit: 10.00 – 18.00, Sa. + So. 10.00 – 17.00
Tageskarte/4-Tages-Karte: 33/100 € (2004)
Anmeldeschluss für 2008: –
Standmiete: Halle/Freigelände: 265 – 295/160 €/m²
Gründungsjahr: 1951

Statistische Angaben	1995	2000	2004
Geprüft	FKM ✓	FKM ✓	FKM ✓
Flächen			
Bruttofläche	195 000	223 400	231 700
Nettofläche	**136 974**	**159 474**	**162 345**
Sonderschauen	268	599	1 013
Vermietete Fläche	**136 706**	**158 875**	**161 332**
Halle	135 224	158 598	159 501
Freigelände	1 482	277	1 831
Aussteller mit eigenem Stand			
Länder	44	50	52
Gesamt	**1 669**	**1 943**	**1 866**
Inland	682	765	715
Ausland	987	1 178	1 151
Besucher (Zahl der Eintritte, bis 2000: verkaufte Ausweise)			
Gesamt	**395 098**	**428 248**	**394 478**
Inland	201 895	225 258	178 699
Ausland	193 203	202 990	215 779

Quelle: «AUMA Messe Guide»

a

Die DRUPA 2004 bietet mir die Gelegenheit, einen Gesamtüberblick über alle Innovationen auf dem Gebiet der Druckvorstufe zu erlangen. Um meinen Besuch möglichst effektiv zu gestalten, ist eine genaue Sortierung der Messeunterlagen erforderlich.
Für mich ist der Bereich der digitalen Fotografie ... von besonderem Interesse. Ich erhoffe mir eine Weiterentwicklung der Sensoren, damit eine Reproduktion von Einzel- und Doppelseiten in Magazinqualität erfolgen kann.
Weiterhin suche ich ... einen Farblaserdrucker im DIN-A3-Format zu einem akzeptablen Preis und mit geringen Betriebskosten ...

b

Ich werde mich auf der DRUPA sowohl dem Gebiet der Druckvorstufe als auch dem des Drucks widmen. Grundsätzlich ist für unser Produktionsunternehmen alles interessant, was die Digitalisierung betrifft. Vor allem möchten wir uns über neue Verfahren informieren, welche das Workflow unterstützen. Wir hoffen, dass uns die Düsseldorfer DRUPA hier neue Anregungen bieten kann.
Mit großem Interesse verfolge ich außerdem, was sich auf dem Gebiet des digitalen Drucks tut ...
Schließlich erhoffe ich mir neue Perspektiven für die elektronische Bildbearbeitung und -verarbeitung und bin gespannt darauf, ob die DRUPA auch etwas in Sachen Multimedia zu bieten hat.

c

Wirklich bahnbrechende Erneuerungen erwarte ich mir nicht – dazu sickern doch meist bereits im Vorfeld zu viele Informationen durch. Die DRUPA bietet dafür aber die Möglichkeit, verschiedene Produkte direkt miteinander zu vergleichen. Auf diese Weise erleichtert sie es, die richtige Investition zur richtigen Zeit beim richtigen Partner zu treffen, was bei der Vielzahl der Neuerungen und den rasanten Entwicklungen in der Branche eine echte Herausforderung ist. Zudem werde ich mir viel Zeit für persönliche Gespräche mit Lieferanten und Kollegen nehmen – sie sind für mich eigentlich das Wertvollste an einer solchen Messe. Über die konkreten Termine hinaus reserviere ich einen Tag dafür, mich mit dem Strom der Besucher treiben zu lassen. Auf solch einem Streifzug lassen sich die technischen Trends der Zukunft am besten erkennen.

d

Für uns ist der Bereich des digitalen Drucks von besonderem Interesse. Weiterhin suchen wir neue Farbstoffe zu einem akzeptablen Preis, die mit geringen Betriebskosten eingesetzt werden können. Darüber hinaus möchte ich auf der DRUPA in Erfahrung bringen, inwieweit Selbstklebepapier und Folien für uns infrage kommen.
Zudem bin ich gespannt darauf, ob die DRUPA auch etwas in Sachen Multimedia zu bieten hat. Schließlich interessiert mich am Rande, ob sich durch den Einsatz der neuen Drucksysteme Zeitvorteile für den Druckvorgang ergeben.

Quelle: «Page»

• TITEL & SPECIAL

BASIS-CHECKLISTE FÜR MESSEBESUCHER

- Besuchsziele formulieren
- Die richtige Messe dafür aussuchen
- Exakte Aufgabenverteilung bei mehreren Teilnehmern aus einem Unternehmen
- Rechtzeitig Besuchstermine mit wichtigen Ausstellern vereinbaren
- Einen schriftlichen Fragenkatalog mitbringen
- Mindestens 60 Prozent der Zeit für neue Kontakte reservieren und nicht nur alte Bekannte treffen
- Pro ernsthaften Kontakt mindestens eine halbe Stunde einplanen sowie Muss-, Soll- und Kann-Termine festlegen
- Interessante Veranstaltungen aus dem Rahmenprogramm berücksichtigen

Quelle: «Geschäftswelt»

2 Ziele und Erwartungen von Besuchern

2.1 Lesen Sie die Äußerungen von *DRUPA*-Besuchern (a–d).
Markieren Sie Ziele und Erwartungen dieser Besucher.
Für welche Besucherziele, die auf Seite 66 genannt werden, gibt es hier Beispiele?

2.2 Formulieren Sie die Ziele dieser Besucher. Machen Sie dabei Prioritäten deutlich.

++
- *Hauptsächlich ...*
- *In erster Linie ...*
- *Von ganz besonderem Interesse ...*
- *Insbesondere ...*

+
- *Außerdem ...*
- *Darüber hinaus ...*
- *Zudem ...*
- *... auch ...*
- *Weiterhin ...*

z. B.
*Dem Besucher a geht es **in erster Linie** darum, neue Produkte und Anwendungsmöglichkeiten zu sehen.*
***Außerdem** will er ...*

2.3 Welche Empfehlungen der Checkliste sollten diese Besucher aufgrund ihrer Ziele jeweils besonders berücksichtigen?

Erläutern Sie:
*Besucher a sollte **insbesondere** ...*
***Außerdem** wäre es gut, wenn er ...*
...

Einen Messebesuch vorbereiten

Jürgen Herkenrath hat sich für die *DRUPA* entschieden und bereitet den Messebesuch vor.

3
Den Messekatalog auswerten

3.1 Beantworten Sie die folgenden Fragen anhand des Messeplans der *DRUPA*.

1. Mit welchen Verkehrsmitteln kann man das Messegelände erreichen?
2. Wo gibt es Informationsstände?
3. Wo werden Hotelzimmer vermittelt?
4. Haben Besucher zu allen Veranstaltungen Zutritt?
5. Wie ist das Angebot gegliedert?
6. Wo sind die einzelnen Angebotssegmente zu finden?
7. Kann ein Dolmetscher-Service angefordert werden?
8. Wo verabredet man sich am günstigsten mit Personen, die man auf der Messe treffen will?

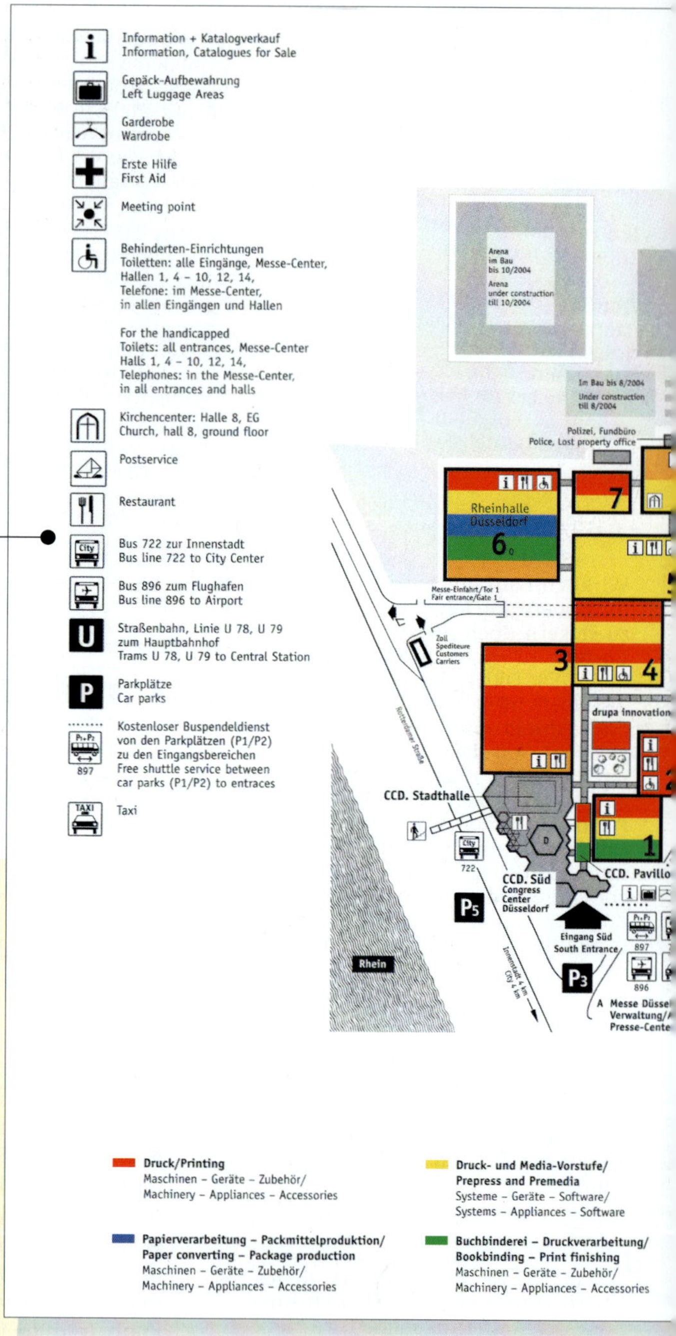

3.2 Welche weiteren Informationen sind für Messebesucher von Interesse? Nennen Sie Beispiele.

4
Einzelheiten des Messebesuchs festlegen

4.1 Erläutern Sie anhand der Checkliste zur Messebesuchsplanung, welche Entscheidungen Herr Herkenrath zu treffen hat.

z. B.

Er hat u. a. zu entscheiden, …

- *ob er die Messe alleine oder in Begleitung anderer Mitarbeiter besucht.*
- *ob er nur … oder …*
- *…*

Messeplanung

<u>Teilnehmer</u>
- Einkäufer
- Inhaber
- Mitarbeiter

<u>Aufgabe</u>
- Information
- Order/Einkauf
- Kontakte

<u>Aussteller</u>
- Bestehende Kontakte
- Neue Kontakte

<u>Inhalte</u>
- Messebesuch
- Zusatzveranstaltungen
- Messeumfeld

<u>Produkte</u>
- Bestehende Sortimente
- Neue Sortimente

<u>Rahmenbedingungen</u>
- Zeitplan
- Reservierungen
- Anmeldungen

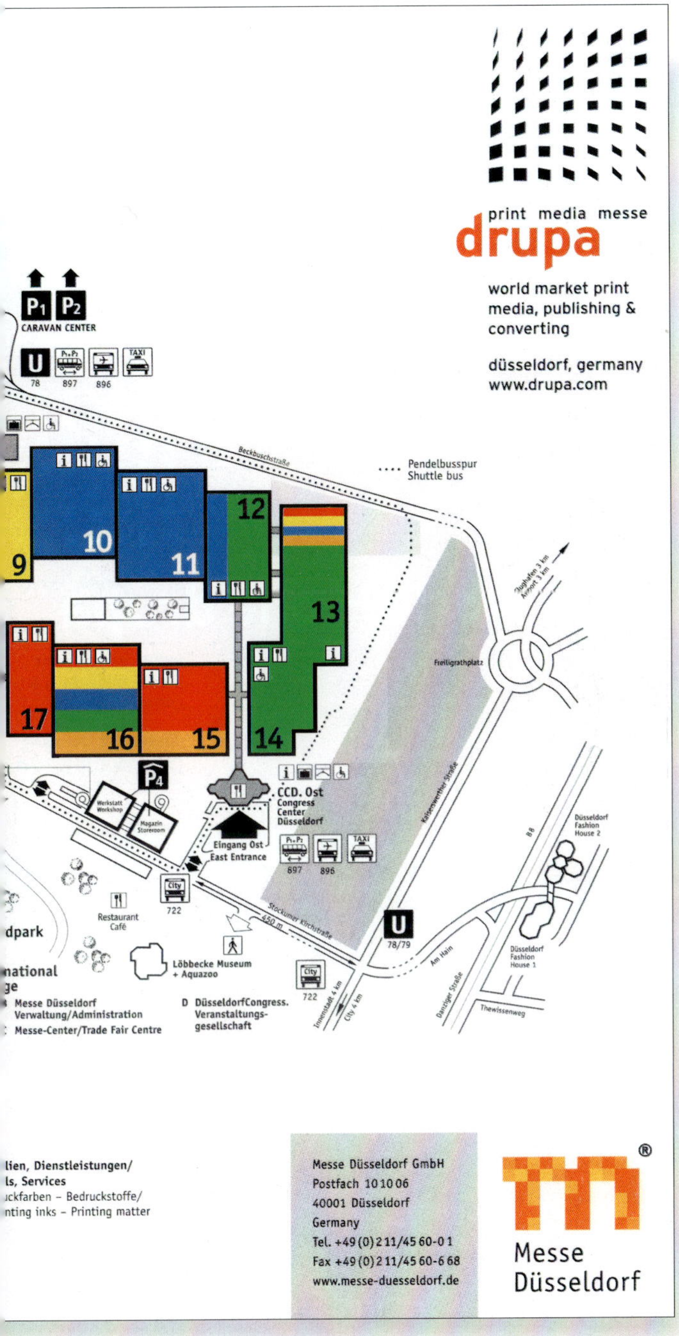

4.2 Bei der Vorbereitung eines Messebesuchs sind verschiedene Aufgaben zu erledigen.

Welche Aufgaben wird Herr Herkenrath selbst übernehmen, welche wird er Frau Koch, seiner Sekretärin, übertragen? Lesen Sie Profil A und B und kreuzen Sie je nach Profil von Frau Koch an (A, B), was sie erledigen kann. Erläutern Sie Ihre Antworten.

Profil A
Fr. Koch ist die langjährige Sekretärin von J. Herkenrath. Sie ist kompetent und gewohnt, selbstständig zu arbeiten.

Profil B
Fr. Koch wurde erst vor zwei Wochen eingestellt. Es fehlt ihr noch an Erfahrung und sie braucht genauere Anweisungen.

Aufgaben	A	B
1. Messekatalog auswerten		
2. im Ausstellerverzeichnis Stände/Exponate von besonderem Interesse auswählen		
3. interessante Sonderschauen vormerken		
4. Fachpresseartikel zu Selbstklebeerzeugnissen … zusammenstellen		
… auswerten		
5. diesbezügliche Besprechung mit Herrn Dr. Wagner, dem Herstellungsleiter, vereinbaren		
6. Dauer des Messebesuches entscheiden		
7. günstigsten Zeitraum auswählen		
8. andere geplante Termine absagen/ verschieben		
9. Gesprächstermine mit Lieferanten- und Partnerfirmen auf der Messe vereinbaren		
10. Hotel, Bahn- oder Flugreise buchen		

4.3 Formulieren Sie in der Rolle von Herrn Herkenrath entsprechende Aufträge für Frau Koch.

Frau Koch, …
- *lassen Sie doch bitte …*
- *würden Sie bitte …*
- *kümmern Sie sich bitte darum, …*
- *könnten Sie …*
- *bitte …*

4.4 Herr Herkenrath informiert Frau Koch über den geplanten Messebesuch und erteilt ihr verschiedene Aufträge. Führen Sie das Gespräch.

Den Besuch eines Ausstellers vorbereiten

Jürgen Herkenrath beabsichtigt, den Stand der *JACKSTÄDT GmbH*, eines Herstellers von selbstklebenden Druckerzeugnissen, aufzusuchen. Er lässt entsprechende Informationen zusammenstellen.

*) *JACKSTÄDT* wurde 2002 vom amerikanischen Konzern *AVERY DENISSON* übernommen, produziert und vertreibt sein Produkte aber weiterhin unter dem eigenen Markennamen.

www.jacgraphics.com

DVD

5 Informationen über eine Ausstellerfirma zusammenstellen

5.1 Sie sehen ein Präsentationsvideo der Firma *JACKSTÄDT*. Was erfahren Sie über die Produkte des Unternehmens?

1. *JACKSTÄDT* ...	
a) stellt neben anderen Erzeugnissen auch selbstklebende Bedruckstoffe her.	☐
b) ist Spezialist für Selbstklebung.	☐
2. ... bietet ein Klebstoffprogramm ...	
a) für ausgewählte Einsatzbereiche.	☐
b) für alle Einsatzbereiche.	☐
3. ... hat ein weites Angebot für ...	
a) selbstklebende Papiere.	☐
b) selbstklebende Folien.	☐
c) selbstklebende Etiketten.	☐
4. ... garantiert Klebesicherheit seiner Produkte ...	
a) bei hohen/niedrigen Temperaturen.	☐
b) auf unterschiedlichen Oberflächen.	☐
c) auf problematischen Materialien.	☐

Kreuzen Sie an.
Stellen Sie Ihre Informationen über Produkte und Produktion des Unternehmens zusammenfassend dar.

5.2 Markieren Sie im Messekatalog die Angaben, die Jürgen Herkenrath im Hinblick auf seinen Besuch interessieren werden. Erläutern Sie.

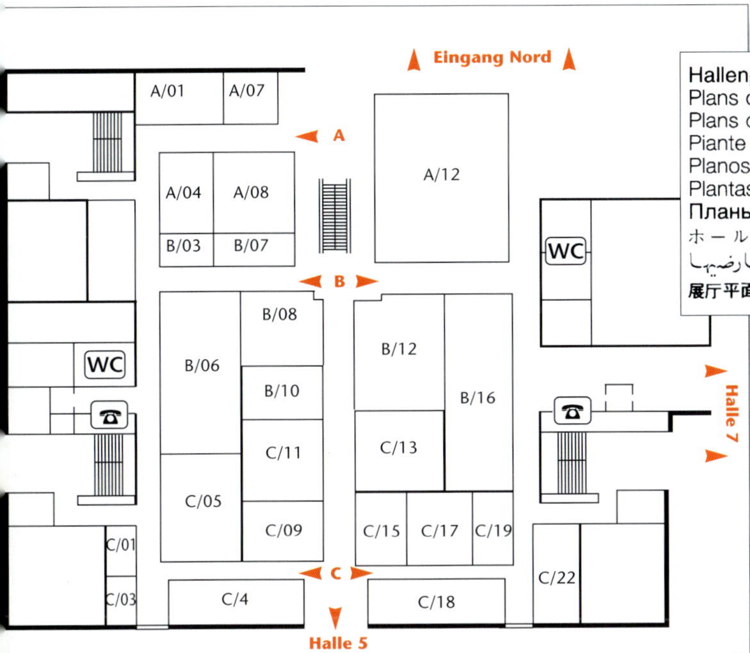

Hallenpläne mit Ausstellerfirmen
Plans of the halls with exhibitors
Plans des halls avec les exposants
Piante dei padiglioni cogli espositori
Planos de los pabellones con expositores
Plantas dos pavilhões com os expositores
Планы павильонов и номера стендов
ホール見取図・出展企業小間一覧
خرائط صالات العرض مع عارضيها
展厅平面图（附参展厂商名称与位置）

Alphabetisches Ausstellerverzeichnis
Alphabetical list of exhibitors
Liste alphabétique des exposants
Lista alfabetica degli espositori
Lista alfabética de los expositores
Lista alfabética dos expositores
Алфавитный список экспонентов
アルファベット順出展企業一覧
قائمة أبجدية للعارضين
参展厂商名录（按英文字母顺序排列）

Halle 6

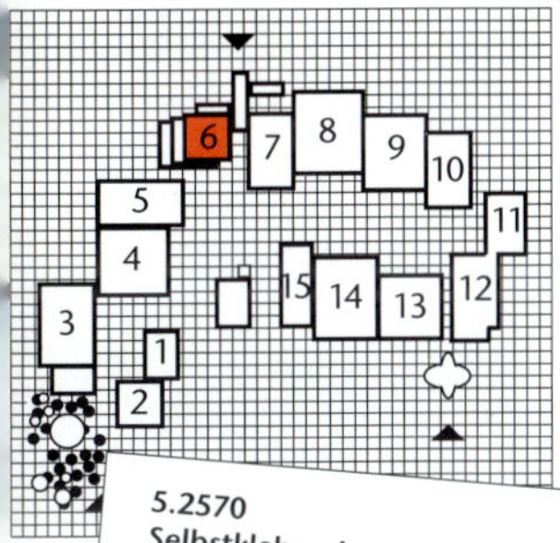

6-C/17	Intercolor Ltd.
6-B/08	Jackstädt GmbH
6-B/06	Media Grafia
6-B/06	Media Grafia Dresden
6-B/01	Minolta GmbH
6-B/12	Opto Trade GmbH
6-C/19	Peyer + Co. GmbH
6-C/04	Phoenix Aktiengesellschaft
6-B/12	Pre Press Marketing PPM
6-B/07	Raster-Union Efha-Kohinoor
6-C/09	Reinsch GmbH & Co. KG
6-B/10	Riso (Deutschland) GmbH
6-B/16	Gebr. Schmidt GmbH
6-B/06	Unimex
6-B/16	Verband der Druckfarbenindustrie
6-C/17	Zeller + Gmelin B.V.
	Zeller + Gmelin GmbH & Co.

I.T.G. - GmbH, Graphic Products, D-80637 München, Dachauer Straße 201 ☎ (0 89) 15 10 11 u. 15 10 12 Fax (0 89) 1 57 55 07, Tx 5 214 628 itg d Exponate: 3.1355, 5.1080, 5.1150, 5.1315, 5.1390, 5.1410, 5.1430, 5.1440, 5.1780, 5.1845, 5.1940, 5.2225, 5.2765, 5.2775	**6 2-C/18** ☎ 470 96 06 Fax 470 96 07
ITW-Dynatec GmbH, Klebetechnik, D-40699 Erkrath, Max-Planck-Straße 15, D-40682 Erkrath, Postfach 32 10, ☎ (02 11) 2 50 02-0, Fax (02 11) 2 50 02-44 Exponate: 3.1950, 4.1950	**11-A/41** ☎ 454 01 20 Fax 454 01 21
IVT Graphics AB siehe/see Acrotec AB	**14-B/34**
Isinsan -Isin Sanayi ve Ticaret Ltd. Ort., TR-35210 Izmir (Türkei) 1347 Sokak N°8/501, ☎ (2 32) 4 84 31 50, Fax (2 32) 4 83 71 29 Exponate: 3.2585, 3.2600, 3.2605, 3.2710	**3-F/47**
Jackstädt GmbH, D-42103 Wuppertal, Bembergstraße 1-4 D-42101 Wuppertal, Postfach 13 01 43, ☎ (02 02) 4 90-0, Fax (02 02) 4 90-2 00, Tx 8 591 883 u. 8 591 202 Exponate: 5.1925, 5.2570	**6-B/08**

5.2570
Selbstklebende Bedruckstoffe
Self-adhesive materials for printing

Coburn Europe GmbH	6 1-C/08
Diaures SpA	5-A/71
3M Deutschland GmbH	5-A/06
Folien Fischer AG	12-C/30
Jackstädt GmbH	6-B/08
Markem GmbH	9-G/06
Messerli GmbH, A.	4-A/03
Raflatac UPM Ltd.	6 1-B/15
S.E.F. Société d'Enduction et de Flockage	6 2-F/23
Stera-Tape Ltd.	9-F/58
Teneka-Folien, Krüger & Co. GmbH	6 2-G/30
Torraspapel S.A.	6 1-D/47
Veratec S.A.	8-G/40
Vimpex Handelsgesellschaft mbH	6 1-A/13

5.2575
Sicherheitspapiere
Security papers

Arjo Wiggins	6 1-B/16
Aussedat Rey	6 1-D/16
Decorative Specialties International	10-B/04-50
Enso-Gutzeit Oy	6 1-A/16
Fabregas	6 1-D/28
Fabriano S.p.A., Cartiere Miliani	6 1-D/06
Gmund, Büttenpapierfabrik	6 1-A/12
Hostmann-Steinberg GmbH, Export-Service	6 2-A/48
Koehler AG, August	6 1-A/47
Mead Opas International Sales	6 1-E/47
Meerssen & Palm	6 1-E/11
Papierfabrik Lahnstein GmbH	6 1-C/24
Red Bridge (Bolton) Ltd.	12-C/29

Warenverzeichnis mit Ausstellerfirmen
List of exhibits with exhibitors
Liste des articles avec les exposants
Elenco dei prodotti cogli espositori
Lista de los articulos con los expositores
Lista dos produtos com os expositores
Алфавитный список продуктов и фирм
出展企業つき出展機材一覧
فهرست للمعروضات مع عارضيها
展品及其展出厂商目录

Projekt

6
Eine Messe präsentieren

Beschaffen Sie sich Informationsmaterial über Messen oder Ausstellungen in der näheren/weiteren Umgebung.
Analysieren Sie:
- Messethema
- Branchenschwerpunkt/e
- Messekenndaten und Standortfaktoren

Für welchen Unternehmenstyp wäre ein Besuch von Interesse?

Bereiten Sie eine Präsentation dieser Messe/Ausstellung vor:
Ziel ist dabei, ein deutsches oder ein Unternehmen Ihres Herkunftslandes vom Vorteil eines Messebesuchs zu überzeugen.

Erläutern Sie Ihren Vorschlag.
Berücksichtigen Sie dabei ...
- mögliche Besucherziele des Unternehmens
- «Trümpfe» des Messestandorts.

AUMA

7 Unternehmenspraxis

Messegespräche führen

«… erwarten wir den Besuch Ihres Fachberaters.»

6 Unternehmenspraxis

- den Besuch einer Messe beschließen
- einen Messebesuch vorbereiten
- den Besuch eines Ausstellers vorbereiten
- sich auf einer Messe orientieren
- Messestände besuchen
- ein Messegespräch vereinbaren
- ein Messegespräch führen
- den geeigneten Lieferanten auswählen
- Nachmessekontakte aufnehmen

Sie trainieren:

sich auf einer Messe orientieren
- sich auf einer Messe orientieren

Messestände besuchen
- Techniken zur Kontaktanbahnung und zur Gesprächseröffnung vergleichen und werten

ein Messegespräch vereinbaren
- Kontaktgespräche am Messestand führen
- Gesprächstermine vereinbaren

ein Messegespräch führen
- ein Messegespräch vorbereiten
- ein Messegespräch führen
- Gesprächsinhalte zusammenfassen
- Gesprächsstrategien beschreiben und werten
- Gesprächsverlauf und Gesprächsergebnisse werten

den geeigneten Lieferanten auswählen
- Punkte eines Messeberichts erläutern
- über einen Messebesuch berichten
- Ergebnisse eines Messebesuchs bei der Lieferantenauswahl berücksichtigen

Nachmessekontakte aufnehmen
- **Schriftliche Kommunikation:**
  - Textbausteine für Nachmessekontakte kritisch werten, Brieftexte erstellen

Sich auf einer Messe orientieren

Jürgen Herkenrath ist auf der *DRUPA* eingetroffen. Er verschafft sich zunächst einen Überblick.

1 Informationen erfragen

1.1 Wo erhalten Messebesucher die folgenden Auskünfte?

Die Besucher ...

1. suchen eine Ausstellerfirma.
2. wollen erfahren, wann und wo eine Sonderschau stattfindet.
3. möchten sich über ein neues Produkt beraten lassen.
4. möchten wissen, wo oder wie sie den Verkaufsleiter einer Firma erreichen können.
5. hätten gern eine Erklärung dazu, wie eine technische Innovation eingesetzt wird.
6. möchten sich erkundigen, wann der letzte Bus von der Messe in die Innenstadt fährt.
7. wollen in Erfahrung bringen, ob ein Bekannter aus einer anderen Firma auf der Messe anwesend ist.
8. brauchen Informationsmaterial zu einem bestimmten Produkt.

Notieren Sie (1–8).

Diese Informationen gibt es ...

- am Informationsstand ____________
- bei einer Produktpräsentation ____________
- am Ausstellerstand ____________

1.2 Formulieren Sie entsprechende Fragen.

Könnten Sie mir sagen, ...
Wissen Sie zufällig, ...
Ich hätte gern gewusst, ...
Mich interessiert ... Hätten Sie ...
Bitte, kann ich bei Ihnen erfahren, ...

z. B.: «Ich hätte gern gewusst, wo ich den Stand der Firma JACKSTÄDT finde.»

1.3 Nennen Sie weitere Beispiele von Fragen, die hier gestellt werden:

- am Informationsstand: *«...?»*
- bei einer Produktpräsentation: *«...?»*
- am Ausstellerstand: *«...?»*

Wolf M. Spryß zählt die häufigsten Fehler am Stand auf und sagt, wie sie zu vermeiden wären.

Die häufigsten zehn Fehler:

1. Standmitarbeiter kennen die Messeziele nicht und sind entsprechend demotiviert: „Messe wie immer".
2. Die Mitarbeiter meinen, ansprechen, Kontakte schaffen sei Sache der Besucher.
3. Die Mitarbeiter verstehen nicht, zu Beginn des Gesprächs zu „hinterfragen", ob es sich bei dem Besucher um jemanden handelt, mit dem man jetzt oder irgendwann Geschäfte machen kann. Oft vertrödeln sie so wertvolle Messezeit.
4. Mitarbeiter wissen nicht, dass Zuhören auch zur Kommunikation zählt, und überschütten den Besucher mit einem Schwall von Informationen, ohne ihn zu Wort kommen zu lassen.
5. Mitarbeiter reden nur in der Ich/Wir-Einstellung, „unsere" neue Technologie usw. Der Besucher bleibt außen vor.
6. Mitarbeiter überhäufen den Besucher mit „technischen" Argumenten. Der Besucher will aber in der Regel nicht wissen „wie", sondern „wozu".
7. Mitarbeiter „glauben" an den rationalen Messebesucher und vernachlässigen in der Kommunikation die Beziehungsebene.
8. Mitarbeiter gehen mit ihrem Zeitbudget großzügig um und steuern die Gespräche nicht auf ein positives Ende zu.
9. Mitarbeiter zeichnen Gesprächsinhalte nicht auf, sondern machen sich Notizen aus der Erinnerung (oder gar keine).
10. Mitarbeiter vernachlässigen ihren äußeren Auftritt. Messe ist Stress und das sieht man ihrer Kleiderordnung und dem Gesichtsausdruck an.

Quelle: «W & V SPECIAL»

«Zehn Tipps für den Messe-Profi»

1. Kunden nicht im Eingangsbereich ansprechen.
2. Zur Kontaktaufnahme genügt der Tagesgruß.
3. Erwidert der Kunde den Gruß nicht, zunächst keine weiteren Fragen stellen.
4. Der Blickkontakt des Besuchers signalisiert seine Gesprächsbereitschaft.
5. In Stoßzeiten die Gesprächsdauer verkürzen.
6. Vergessen Sie bei Neukunden nicht, sich und das Unternehmen vorzustellen.
7. Werden Sie nicht zum Prospektverteiler. Schicken Sie Unterlagen lieber zu.
8. Messenotizen sind eine gute Informationsquelle für Ihre Nachfassarbeit.
9. Das Namensschild führt heraus aus der Anonymität.
10. Durch die Bewirtung am Stand steigt die Verweildauer der Besucher.

Quelle: «Acquisa»

... wie man sie vermeiden kann:

a

Der Mitarbeiter weiß, dass Messebesucher mit Fach- und Sachinformationen überfüttert werden. Er kleidet deshalb seine Argumentation in Nutzen-Aussagen.

b

Da die Mitarbeiter auf ihren Messeeinsatz vorbereitet wurden, können sie in den ersten drei Gesprächsminuten selektieren, wer ihr Besucher ist.

Die Ansprache erfolgt auf eine Art, die „Nein danke, ich schau mich erst mal um" als Antwort vermeidet.

d

Durch Variation von Fragetechniken wird der Besucher zum Reden animiert. So erhält der Mitarbeiter alle notwendigen Informationen.

e

Der Mitarbeiter beherrscht Entscheidungstechniken und bringt das Gespräch zum Abschluss.

f

Der erste Eindruck ist für kommunikative Schwingungen entscheidend. Der Mitarbeiter tritt deshalb korrekt, in zurückhaltender Kleidung auf und vergisst sein Lächeln nicht, denn wer nicht lächeln kann, soll keinen Laden eröffnen (sagen die Chinesen).

g

Jeder, der am oder auf dem Stand Interesse für den Aussteller signalisiert, wird von Mitarbeitern begrüßt und angesprochen.

h

Messebesucher sind keine Lastenträger. Der Mitarbeiter sorgt deshalb dafür, dass die für den Besucher interessanten Informationsschriften zugesandt werden.

i

Alle wichtigen Punkte des Gesprächs werden im Beisein des Besuchers notiert. Damit wird der Grund für eine erfolgreiche Messearbeit gelegt.

j

Der Mitarbeiter beherrscht die Du/Sie-Formulierung und bezieht so den Besucher in seine Ausführungen ein.

Messestände besuchen

Jürgen Herkenrath kommt bei einem ersten Rundgang mit den Mitarbeitern verschiedener Stände ins Gespräch.

2
Gespräche am Messestand eröffnen

2.1 Die «zehn Tipps für den Messe-Profi» sind für Standmitarbeiter bestimmt.
Erläutern Sie, welche Bedürfnisse des Besuchers berücksichtigt und welche Fehler vermieden werden sollen:
1. Tipp:
z. B.: Manche Besucher wollen sich erst in Ruhe umsehen, bevor sie ...
...

2.2 Hören Sie zwei Gesprächseröffnungen (a, b) am Messestand. CD 1: 20
Welche Techniken verwenden die beiden Standmitarbeiter, um mit dem Besucher ins Gespräch zu kommen? Kreuzen Sie an.

Standmitarbeiter	a	b
1. spricht den Besucher an.		
2. stellt ihm Fragen über sein Unternehmen, seine Tätigkeit ...		
3. fragt nach seinen Wünschen.		
4. ermittelt seinen speziellen Bedarf.		
5. schlägt eine Präsentation des gesamten Angebots vor.		
6. lenkt das Interesse auf ausgewählte Produkte.		

Erläutern Sie, warum die Kontaktanbahnung gelingt oder misslingt.

2.3 Der Artikel von Wolf M. Spryß nennt 10 häufige Fehler von Standmitarbeitern.
Ordnen Sie diesen Fehlern den jeweils passenden Ratschlag (a–j) zu.

Welche Vorgehensweisen von Standmitarbeitern erscheinen Ihnen selbst (un)angenehm oder (un)geschickt?

2.4 Was sollten Aussteller, die mit Messebesuchern Ihres Landes einen guten Kontakt herstellen wollen, beachten?
Welcher Empfang, welche Behandlung, welcher Stil der Gesprächsführung würde ihren Erwartungen besonders entgegenkommen?

Ein Messegespräch vereinbaren

Jürgen Herkenrath besucht den Stand der Firma *JACKSTÄDT*.

3
Ein erstes Kontaktgespräch führen

Jürgen Herkenrath stellt sich vor und erläutert den Grund seines Besuchs. Ein Standmitarbeiter, Herr Fischer, gibt erste Auskünfte über *JACKSTÄDT* und seine Produkte. Ein ausführlicheres Gespräch wird für den folgenden Tag vereinbart.

3.1 Führen Sie dieses erste Kontaktgespräch:
- Begrüßung, Vorstellung
- Erläuterung zum Grund des Besuchs
- erste Auskünfte über *JACKSTÄDT*-Produkte
- Terminvereinbarung, Verabschiedung

CD 1: 23 3.2 Hören Sie das Gespräch zwischen Jürgen Herkenrath und Herrn Fischer.
Was erfährt Herr Fischer über die *HERKENRATH & MERTENS*-Druckerei?
Notieren Sie und kreuzen Sie zutreffende Aufgaben an.

3.3 Welche Erklärungen gibt Herr Herkenrath für sein Interesse an *JACKSTÄDT*-Produkten? Notieren Sie Stichworte und erläutern Sie.
- *will ins Geschäft mit Spezialitäten einsteigen*
- ...

3.4 Ergänzen Sie die Gesprächsnotiz von Herrn Fischer entsprechend diesen Informationen.

Jac
Selbstklebend.

Jackstädt GmbH
42101 Wuppertal
Telefon (02 02) 4 90-0 Ø
Telex 8 591 202
Telefax (02 02) 4 90-200

Besucher: *Herr J. Herkenrath*
Funktion: ...
Informationen zum Unternehmen: ...

Produkte:
- ☐ Zeitschriften ☐ Bücher
- ☐ Werbematerial ☐ Prospekte

Ziele des Besuchs:
- ☐ Interesse an Neuheiten
- ☐ Interesse an Informationen über *JACKSTÄDT*
- ☐ spezielles Interesse an selbstklebendem Material
- ☐ Verhandlung über größere Bestellung

Gesprächsnotiz

AUMA

Messe/Ausstellung ______

1. Adresse
Name ______
Firma ______
Adresse ______
Land ______
Tel. ______
Telefax ______

2. Aufgabenbereich
- Geschäfts-/Unternehmensleitung
- Einkauf/Beschaffung
- Fertigung/Produktion
- Vertrieb/Marketing
- Forsch./Entw./Konstr.
- Finanzen
- Verwaltung/Organisation
- Konkurrenz
- Presse + Werbung

3. Branchen

4. Wirtschaftsstruktur
- Handwerk
- Industrie
- Großhändler
- Einzelhändler
- Exporteur
- Importeur
- Berater
- Schule
- Behörde
- Endverbraucher

5. Kundenstruktur
- Neukunde
- Altkunde

- Deutschland
- EU
- Übriges Europa
- USA/Kanada
- Latein-Amerika
- Afrika
- Asien
- Australien und Ozeanien

Verhandlungssprache ______
Korrespondenz ______

6. Gesprächsinhalt
Produkt ______
Tendenz
- positiv
- neutral
- negativ

Reklamationen ______

8. Bemerkungen

7. Ergebnis
übergeben / zusenden
- Visitenkarte
- Prospekt/Handzettel
- Preisliste
- Muster

9. Tag
Besuch vereinbart Datum
1. 2. 3. 4. 5. 6. 7. 8. 9.
Gesprächsführer
Name Fischer Abt. Verkauf

Herkenrath: ... da würde ich mich also gern noch mal mit Ihnen hier zusammensetzen ...
Fischer: Ja, klar. Was halten Sie von morgen Vormittag? Zehn Uhr, zum Beispiel, wenn Ihnen das passt? Dann sind wir noch alle frisch, und da können wir uns dann über die Einzelheiten unterhalten.
H: Ja ... Zehn Uhr, das passt gut. Ich wohn' im Hotel hier in der Nähe ... dann ist es kein Problem, ... dann treffen wir uns morgen.
F: Ich geb' Ihnen hier meine Karte ... wenn was ist, können Sie mich ja kurz hier am Stand anrufen.
H: Danke ... Moment ... ich notier' Ihnen auf meiner grad noch die Handynummer. ...
F: Danke ... Ja, gut ... dann sehen wir uns also morgen, Herr Herkenrath!
H: Ja, morgen um Zehn. Wiedersehen Herr Fischer.
F: Wiedersehen Herr Herkenrath.

4
Gesprächstermine vereinbaren

4.1 Markieren Sie im Transkriptauszug Formulierungen, die dazu dienen, den Gesprächstermin zu vereinbaren.

Herr Fischer ergänzt seinen Terminvorschlag durch eine Erklärung:
*«Zehn Uhr – **dann sind wir noch alle frisch** ...»*

Nennen Sie ähnliche Erklärungen für die folgenden Terminvorschläge (1–4):

Terminvorschlag:	Erklärung:
1. «Morgen Mittag um 12 Uhr 30,	...»
2. «Morgen Nachmittag, um 17 Uhr,	...»
3. «Übermorgen, um 16 Uhr 30,	...»
4. «Am besten gleich, wenn es Ihnen passt,	...»

ein Gespräch vorschlagen / um ein Gespräch bitten
- *«Ich würde gern einen Gesprächstermin vereinbaren, und zwar: ...»*
- *«Ich hätte gern einen Termin für ein Gespräch über ...
Lässt sich das einrichten?»*
- *«Hätten Sie Zeit für ein ausführliches Gespräch über ...?»*

Terminvorschläge annehmen
«Ja/Gut/Einverstanden, ...
- *... das passt mir ausgezeichnet.»*
- *... das würde passen/gehen.»*
- *... das ist mir recht.»*

Terminvorschläge machen
- *«Passt es Ihnen ...?»*
- *«Ginge es ...?»*
- *«Was halten Sie von ...?»*
- *«Hätten Sie ... Zeit?»*
- *«Mir würde es ... passen.»*
- *«Wäre Ihnen ... recht?»*
- *«Sagen wir, morgen um ...?»*

Terminvorschläge bestätigen
- *«Also, morgen ...»*
- *«Wir sehen uns also ...»*
- *«Gut, es bleibt also bei ...»*

Alternativen vorschlagen
- *«(Aber) vielleicht könnten wir ...?»*
- *«(Aber) wie wäre es mit ...?»*
- *«(Aber) wie sieht es mit ... aus?»*
- *«... würde mir besser passen.»*

Terminvorschläge ablehnen
«(Also,) ...
- *... nicht besonders gut: ...»*
- *... da habe ich leider schon einen Termin.»*
- *«Tut mir Leid, aber das ...»*
- *«Das wird schwierig sein, denn ...»*
- *«Das wird leider kaum gehen, denn ...»*
- *«Da bin ich leider besetzt.»*

4.2 Herr Herkenrath besucht weitere Messestände und vereinbart Gesprächstermine.

5.2570
Selbstklebende Bedruckstoffe
Self-adhesive materials for printing

Coburn Europe GmbH	6 1-C/08
Diaures SpA	5-A/71
3M Deutschland GmbH	5-A/06
Folien Fischer AG	12-C/30
Jackstädt GmbH	6-B/08
Markem GmbH	9-G/06
Messerli GmbH, A.	4-A/03
Raflatac UPM Ltd.	6 1-B/15
S.E.F. Société d'Enduction et de Flockage	6 2-F/23
Stera-Tape Ltd.	9-F/58
Teneka-Folien, Krüger & Co. GmbH	6 2-G/30
Torraspapel S.A.	6 1-D/47
Veratec S.A.	8-G/40
Vimpex Handelsgesellschaft mbH	6 1-A/13

Situation
Zwei Messetage stehen für weitere Gesprächstermine zur Verfügung. Gut 50 % der verfügbaren Zeit sind für beide Seiten bereits verplant.

DRUPA-Timer	7. May/Mai 7	DRUPA-Timer	8. May/Mai 8
10.00		10.00	
10.30		10.30	
11.00		11.00	
11.30		11.30	
12.00		12.00	
12.30		12.30	
13.00		13.00	
13.30		13.30	

Notieren Sie die für Sie schon besetzten Termine. Berücksichtigen Sie diese, wenn Sie weitere Gesprächstermine vereinbaren.
Führen Sie diese Kontaktgespräche zwischen Herrn Herkenrath und verschiedenen Ausstellern.

Ein Messegespräch führen

Jürgen Herkenrath und Herr Fischer treffen sich zum vereinbarten Termin am Messestand von *JACKSTÄDT*.

5
Ein Messegespräch vorbereiten

5.1 Jürgen Herkenrath möchte verschiedene Fragen klären.

1. selbstklebende Bedruckstoffe:
- Verarbeitung im Offsetdruck möglich?
- Formate und Ausrüstung:
  - Blatt, Bogen, Rollen?
  - Etiketten vorgeschnitten?

2. allgemeine Konditionen des Lieferanten:
- Preise; Rabatte?
- Muster zur Erprobung?
- Bezug der Produkte: direkt von *JACKSTÄDT* / über Großhandel?
- Lieferfristen?
- Fachberatung:
  - durch *JACKSTÄDT* / durch den Großhändler?
  - Fristen/Termine für Fachberaterbesuch?

Welche Informationen findet er in den Produktbeschreibungen?

5.2 Welche Fragen zu den allgemeinen Konditionen von *JACKSTÄDT* interessieren ihn vermutlich?
z. B.: Ab welcher Bestellmenge gibt es Rabatt? Wie hoch ist …?

5.3 Welche Ziele wird Herr Fischer bei dem Gespräch verfolgen?

Er wird …
- *sicher versuchen, … zu …*
- *wissen wollen, (ob) …*
- *bemüht sein, … zu …*
- *davon überzeugen wollen, dass …*

z. B.: Er wird sicher versuchen, genaue Informationen über den Bedarf des Kunden zu erhalten.

6
Ein Messegespräch führen

CD 1: 24

6.1 Hören Sie das Gespräch.
Markieren Sie die Fragen (Aufg. 5.1), die angesprochen werden.
Welche Informationen bekommt Jürgen Herkenrath?

Jac-Lieferprogramm für die grafische Industrie

JAC PAPIER

Selbstklebende Papiere in Bogen und Rollen.
Zur Herstellung von Aufklebern, Plakaten, Etiketten und Formularen. Für alle Drucktechniken geeignet.
Lagermäßig über 45 Sorten in Weiß, farbig, leuchtfarben und metallic. Klebstoffausstattung nach Wunsch.

JAC FOLIEN

Selbstklebende Folien und Bogen und Rollen.
Für wetterfeste Werbung jeder Art, Fenstersticker, Schriftzüge, Nationalitätskennzeichen. Hervorragend für Siebdrucke geeignet.
Lagermäßig über 30 Sorten in Weiß, transparent, farbig, leuchtfarben und metallic.
Auf Wunsch mit unterschiedlichen Klebstoffen ausgerüstet. Sicherheitsfolien, Adhäsionsfolien und PVC-freie Folien.

JAC ETIKETTEN

Selbstklebende, vorgestanzte Etiketten für nachträglichen Eindruck. Zur Kennzeichnung, Werbung und Büroorganisation.
3 Etiketten-Blattformate – BG – BM – B – mit 246 Sorten, in Weiß 69 Sorten, 177 Sorten in Farbig, leuchtfarben oder Aluminium-kaschiert.
Vorgestanzte, neutrale Etiketten aus JAC-Folien für die Außenanwendung in 20 Ausführungen.
Frankier- und Kopieretiketten in 16 Ausführungen.
Klebstoffausstattung nach Wunsch.

JAC-Haftpapiere, JAC-Folien und JAC-Etiketten können Sie in Deutschland an 97 Stellen kaufen.

Herkenrath: ... damit wir auch mal erste Erfahrungen mit diesen beiden Materialien machen können ... Wir würden uns dann wieder melden, wenn wir wissen – wie lässt sich dieses Material verarbeiten, und wir könnten, wie gesagt, dann relativ schnell über einen größeren Auftrag sprechen.
Fischer: Ja, das können wir gerne machen.
H: Können Sie mir was über die Preise sagen für dieses Material, ich meine, wir kennen die Papierpreise – kann man generell sagen, in welchen Preisen ... bewegen sich Haftmaterialien? Also, Haftpapiere speziell, und Haftfolien pro Quadratmeter? Nur mal über den Daumen, ungefähr – wie muss ich die bei der Kalkulation ansetzen?
F: Bei Haftpapier – wenn Sie normales Haftpapier ... – wir rechnen pro Quadratmeter ... da müssten Sie davon ausgehen, dass der Verkaufspreis bei zirka ... einem Euro vierzig, einen Euro fünfzig liegt ...
H: Hm, hm, hm, hm ...
F: ... für weiß-mattes Papier.
H: Das sind jetzt die Preise im Großhandel oder direkt von Ihnen?
F: Im Handel ... Und bei Folien liegt der Preis, je nach Menge, auch zwischen zwei Euro und zwei Euro fünfzig pro Quadratmeter.
H: Auch für diese neue EKOPLUS-Qualität?
F: Ja, ja, auch für die neue EKOPLUS-Qualität.

H: Hm, hm, hm, hm ... Aber bei größeren Mengen ... direkt von Ihnen ... würde man dann noch mal über die Preise sprechen können, oder?
F: Selbstverständlich. Das sind jetzt die Preise für die normalen Abnahmen im Handel – wenn Sie also so um die fünfhundert Bogen kaufen – wenn's um ganze Paletten geht, können wir da natürlich andere Preise zugrunde legen. Es gibt also Angebote, in denen wir – siebentausendfünfhundert Bogen pro Palette für einen Auftrag ...
H: Mmhm mhm ... also so ab siebentausendfünfhundert Bogen ...
F: ... ja, mit einem besonderen Preis ausstatten, der liegt dann so um die 15–20% drunter. Das ist vielleicht interessant für Sie ... Haben Sie schon konkret an eine Bestellung gedacht?

F: Gerne, gerne ... und wie gesagt: Sie haben ja hier die Liste der Großhändler ...
H: Also ... ich versteh Sie richtig – Lieferung über den Handel, jedenfalls bei normalen Abnahmen, aber die Fachberatung erfolgt in jedem Fall über *JACKSTÄDT*, oder ...?
F: Ja, selbstverständlich. Gerade bei solchen Spezialsorten wie Haftpapieren zum Beispiel oder Folien, die sind einfach beratungsintensiver und die Kunden brauchen da dann auch jemand, der gewisse Tipps, Handling-Tipps und Verarbeitungstipps et cetera geben kann.
H: Und der würde dann auch die Muster und Bögen für die Erprobung mitbringen?
F: Ja, also Muster und Infomaterial kann ich Ihnen natürlich schon vorab schicken – aber die Bögen für die Erprobung, die bringt dann der Fachberater mit.

6.2 Im Gespräch werden verschiedene Preisspannen erwähnt.
Skizzieren Sie im Schema die folgenden Preisangaben wie im Beispiel.
*1. Der Quadratmeter kostet **so um** (die) 1,50 €.*
Der Preis pro m² ...
*2. liegt **zwischen** 1,30 € und 1,60 €.*
*3. liegt **unter** 1,50 €.*
*4. beträgt **gut** 1,50 €.*
*5. bewegt sich **um** 1,50 €, 1,60 €.*
*6. beläuft sich auf **genau** 1,50 €.*
*7. beträgt **fast** 1,50 €.*

Beispiel	1,30 €	1,35 €	1,40 €	1,45 €	1,50 €	1,55 €	1,60 €	1,65 €
1.				←	→			
2.								
3.								
4.								
5.								
6.								
7.								

6.3 Welche Informationen gibt es über die Preise von *JACKSTÄDT*-Produkten?
Erläutern Sie.

6.4 Welche Zusagen macht Herr Fischer zu den folgenden Punkten?

1. Liste der Großhändler von Jackstädt-Produkten
2. Muster und Informationsmaterial
3. Information des zuständigen Fachberaters
4. Besuch eines Fachberaters
5. Material für die Erprobung bei Herkenrath

geben — zur Verfügung stellen — zuschicken — übersenden — weiterleiten an — benachrichtigen — sich in Verbindung setzen mit — veranlassen — Kontakt aufnehmen

z. B.
*Er **verspricht,** eine Liste ... zur Verfügung **zu stellen.***
*Er **sagt zu,** ... **zu** ...*

7 Gesprächsergebnisse zusammenfassen

7.1 Ergänzen Sie die Gesprächsnotizen von Herrn Fischer (S. 80).

Erstellen Sie eine entsprechende Gesprächsnotiz von Jürgen Herkenrath.

Gesprächsnotiz

Messe/Ausstellung ______

1. Adresse
Name ______
Firma ______
Adresse ______
Land ______
Tel. ______

2. Aufgabenbereich
- Geschäfts-/Unternehmensleitung
- Einkauf/Beschaffung
- Fertigung/Produktion
- Vertrieb/Marketing
- Forsch./Entw./Konstr.
- Finanzen
- Verwaltung/Organisation
- Konkurrenz

3. Branchen

4.

7.2 Beide Gesprächspartner überprüfen am Ende des Gespräches noch einmal die Informationen, die sie bekommen haben, und die Vereinbarungen, die getroffen worden sind.
Führen Sie dieses Gespräch anhand Ihrer Notizen.

Gesprächsnotiz

mit ______
Firma ______
Straße ______
Ort ______
☎ Vorwahl ______ Ruf ______
Betreff: ______

- *Habe ich das jetzt richtig notiert? Ihr Name ist ...*
- *Ich habe mir jetzt folgendes notiert: Es geht Ihnen um ...*
- *Zur Sicherheit noch mal kurz: Sie sind ...*

8 Gesprächsergebnisse werten

Messegespräche können den im Schema gezeigten Ablauf haben.

8.1 Welche der im Schema beschriebenen Schritte gibt es in dem Gespräch? Erläutern Sie anhand von Beispielen.
z. B.
Phase 1:
- Besucher (Herkenrath) *sucht nach Lösungen für ...*

...
- Aussteller (Fischer)

...

8.2 Werten Sie das Ergebnis des Gesprächs aus der Sicht der beiden Gesprächspartner.

	Jürgen Herkenrath	Herr Fischer
sehr befriedigend	☐	☐
befriedigend	☐	☐
unbefriedigend	☐	☐

Erläutern Sie.

Phase	Ziele des Besuchers	Anforderungen an den Aussteller
1. Vorbereitung	Überblick gewinnen	Identifikation von Bedürfnissen
	Allgemeine Lösungsmöglichkeiten kennenlernen	Konkrete Lösungsmodelle anbieten
	Gezielte Suche nach Lösungsmöglichkeiten	Kompetenznachweis erbringen
	Suche nach einem Partner	Identifikation der Kundeninteressen
	Klärung technischer und vertraglicher Details	Demonstration von Kompetenz
2. Entscheidung	Vertragsabschluss	Argumentative Stützung der Entscheidung
noch keine Entscheidung	Kontakt mit dem Hersteller halten	Langfristige Geschäftsbeziehung aufbauen und pflegen

Quelle: (nach) GABLER, «Handbuch Messemarketing»

5.2570
Selbstklebende Bedruckstoffe
Self-adhesive materials for printing

Coburn Europe GmbH	6 1-C/08
Diaures SpA	5-A/71
3M Deutschland GmbH	5-A/06
Folien Fischer AG	12-C/30
Jackstädt GmbH	6-B/08
Markem GmbH	9-G/06
Messerli GmbH, A.	4-A/03
Raflatac UPM Ltd.	6 1-B/15
S.E.F. Société d'Enduction et de Flockage	6 2-F/23
Stera-Tape Ltd.	9-F/58
Teneka-Folien, Krüger & Co. GmbH	6 2-G/30
Torraspapel S.A.	6 1-D/47
Veratec S.A.	8-G/40
Vimpex Handelsgesellschaft mbH	6 1-A/13

9
Weitere Messegespräche führen

Situation
Jürgen Herkenrath besucht andere Hersteller von selbstklebenden Bedruckstoffen, um sich über ihr Angebot zu informieren.

Führen Sie die Gespräche zwischen Jürgen Herkenrath und verschiedenen Herstellern.
Orientieren Sie sich dabei für Produkte, Preise und Leistungen dieser Hersteller an den entsprechenden Informationen zur Firma *JACKSTÄDT.*

Den geeigneten Lieferanten auswählen

Nach seiner Rückkehr von der Messe informiert Jürgen Herkenrath den Herstellungsleiter, Herrn Wagner, über Ergebnisse des Messebesuchs.

10
Über einen Messebesuch berichten

Erläutern Sie Punkte, über die Jürgen Herkenrath berichten wird:
z. B.
- *Geschäftspartner,* ***die ... / mit denen*** *...*
- *Produktpräsentationen,* ***an denen*** *... /* ***die*** *...*

- Neuheiten, ...
- Aussteller, ...
- Gespräche, ...
- Ideen, ...
- ...

11
Ergebnisse eines Messebesuchs bei der Lieferantenauswahl berücksichtigen

Entscheidungskriterien für die Lieferantenauswahl
- Qualität des Messekontaktes
- Bekanntheit des Unternehmens
- Marktposition (bei den infrage kommenden Produkten)
- Preis-Leistungs-Verhältnis
- günstige Preise
- Rabattpolitik
- Breite der Produktpalette
- Ruf in Bezug auf Qualität
- rasche Lieferfähigkeit
- Terminzuverlässigkeit
- Service-/Beratungsangebot
- Ruf bei Reklamationen
- häufige Neuentwicklungen
- Fachwissen im Unternehmen
- Kapazitätsreserven für hohe Nachfrage
- ...

11.1 Welche Kriterien sind der Firma Herkenrath bei der Auswahl eines geeigneten Lieferanten je nach Situation (A, B) besonders wichtig, welche sind weniger wichtig?

Situation A
Für die Druckerei HERKENRATH & MERTENS stellen Aufträge für selbstklebende Druckerzeugnisse nur einen geringen Teil des gesamten Auftragsvolumens dar.

Situation B
HERKENRATH & MERTENS will den Bereich selbstklebender Druckerzeugnisse gezielt ausbauen, da hier ein starkes Anwachsen der Nachfrage festgestellt wurde.

Situation A: ...

Situation B: ...

Erläutern Sie Ihre Antworten.

11.2 Welche Informationen über *JACKSTÄDT* sprechen ...
- für eine Geschäftsbeziehung mit diesem Partner?
- gegebenenfalls dagegen?

Schriftliche Kommunikation

Nachmessekontakte aufnehmen

Kurz nach der Messe erhält Jürgen Herkenrath ein Schreiben der Firma *JACKSTÄDT*.

12 Nachmessekontakte

12.1 Welchen Brieftext erwarten Sie in diesem Kontext?
Stellen Sie den passenden Text aus den Textbausteinen und/oder eigenen Formulierungen zusammen.

12.2 Verfassen Sie mithilfe der Textbausteine zwei Briefe an Standbesucher, die um die Zusendung von Informationsmaterial gebeten haben:
a) neutral-höflicher Brief
b) besonders kundenorientierter Brief

Über Ihr Interesse an unseren Produkten / an unserem Angebot freuen wir uns.

Sie haben um weitere Informationen zu unseren Produkten gebeten.

Die Zeit auf Messen ist knapp. Leider hatten wir keine Gelegenheit, persönlich ins Gespräch zu kommen.

Die beiliegende Produktbroschüre wird Sie sicher interessieren.

Wir haben für Sie hier einige Informationen über ... zusammengestellt.

Einige wichtige Informationen über ... finden Sie in den beiliegenden Unterlagen.

Selbstverständlich beantworten wir gerne alle weiteren Fragen.

• JAC-PAPIERE • JAC-FOLIEN • JAC-ETIKETTEN •

Jackstädt GmbH • D-42101 Wuppertal

Herkenrath & Mertens GmbH
Jürgen Herkenrath
Seidenstraße 5

04315 Leipzig

Unser Zeichen:	VB-GP/Mn
Sachbearbeiter:	Fr. Kühn
Durchwahl:	490-219
Datum:	01.06.04

Drupa '04 – gute Verbindungen mit Jac

Sehr geehrter Herr Herkenrath,

Bestimmt haben wir Ihnen durch die Präsentation unserer neuen Produkte ... und ... einige Anregungen mit nach Hause gegeben.

Über Ihren Besuch am 17. Mai auf unserem Messestand haben wir uns gefreut.

Bei Unklarheiten stehen wir Ihnen jederzeit gern zur Verfügung.

Für weitere Informationen und Beratung stehen wir Ihnen gerne zur Verfügung.

Unseren Fachberater für Ihre Region haben wir informiert. Er wird umgehend Kontakt mit Ihnen aufnehmen.

Wir hoffen auf eine erfolgreiche Zusammenarbeit.

In der Anlage finden Sie wie vereinbart eine Liste der Großhändler, die unsere Produkte führen.

Bitte bestätigen Sie uns Ihre Bestellung von einem Musterries JAC-SPLIT 10080.

Über Ihren persönlichen Besuch in unserem Werk in Wuppertal würden wir uns sehr freuen.

Mit freundlichen Grüßen

Jackstädt GmbH
i. A.

Klaus Brehm

Ihr JAC-Fachberater:
Horst Kessen
Knappenstiege 19
45239 Essen
Tel. 02 01 / 40 34 85

Jac

Selbstklebend – Weltweit.

Jackstädt GmbH • D-42101 Wuppertal • Telefon +49(0)202 / 490-0 • Telefax + 49(0)202 / 490-200 • Internet: www.jac.de • e-mail: info@jac.de
Geschäftsführung: Dr. Zoltán J. Szabó (Vorsitzender), Dr. Reinhard N. Kotter, Peter Fleißner • Vorsitzender des Beirats: Dr. h. c. Werner Jackstädt
Amtsgericht Wuppertal HRB 5343 • USt.-Id.-Nr.: DE 811 178 915

8 Auftragsabwicklung

Hintergrund

Das Lernangebot in diesem Kapitel:

Geschäftsbeziehungen zwischen Unternehmen

- den Bedarf von Unternehmen (Leistungen und Güter) erläutern
- Informationsquellen für die Lieferantensuche beschreiben
- den Ablauf einer Auftragserteilung und -abwicklung beschreiben

Eine Anfrage

- Inhalt und Form einer Anfrage erläutern
- Strategien bei Anfragen beschreiben

Ein Angebot

- Inhalt und Form eines Angebots erläutern
- Strategien bei Angeboten beschreiben

Lieferbedingungen

- unterschiedliche Lieferbedingungen beschreiben und vergleichen

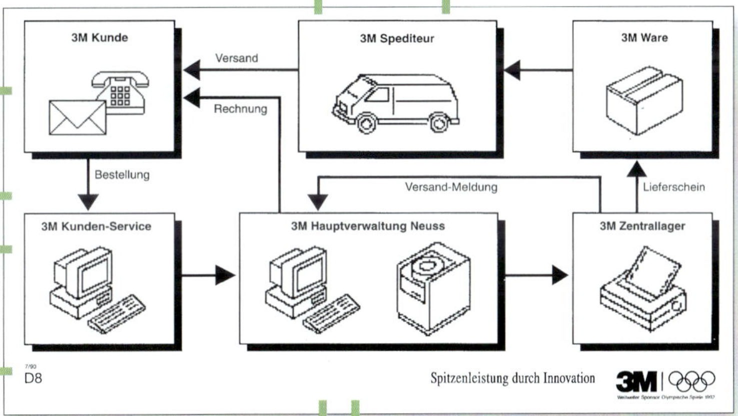

Zahlungsbedingungen und Lieferfristen

- unterschiedliche Vereinbarungen zu Zahlungsbedingungen und Lieferfristen beschreiben und werten

Störungen bei der Erfüllung eines Kaufvertrags

- Pflichten und Rechte von Käufer und Verkäufer erläutern
- Störungen beschreiben
- den Umgang mit Beschwerden bewerten

Besonderheiten im Außenhandel

- im Außenhandel erforderliche Dokumente benennen
- Kostenfaktoren erläutern
- Zahlungsarten unterscheiden
- Risiken erläutern und gewichten

Darstellung einer Auftragsabwicklung

- den Gesamtablauf einer Auftragsabwicklung beschreiben

Hintergrund

Geschäftsbeziehungen zwischen Unternehmen

1 Unternehmen als Kunden und als Lieferanten

Unternehmen beziehen von anderen Unternehmen vielfältige Güter, z. B. …

1. Waren (Sachgüter):
   - Betriebsmittel: z. B. Maschinen …
   - Betriebsstoffe: z. B. Energie, Wasser …
   - Werkstoffe: z. B. Roh- und Hilfsstoffe …
   - Fertigteile: z. B. Motoren, Reifen …
2. Dienstleistungen:
   - z. B. Rechtsberatung, Warentransport …
3. Rechte:
   - z. B. Patente, Lizenzen …

1.1 Nennen Sie Beispiele von Sachgütern und Leistungen, die folgende Unternehmen von anderen Unternehmen beschaffen:
- ein Möbelhersteller
- eine Reiseagentur
- ein Verlag für Kunstbücher
- ein Hotelbetrieb

z. B.
***Ein Möbelhersteller** kauft bei anderen Unternehmen …*
- *Werkstoffe, wie Hölzer und Farben*
- *Dienstleistungen, wie den Transport der fertigen Produkte (Möbel)*

Denken Sie an Unternehmen, die Ihnen persönlich bekannt sind:
Welche Sachgüter und Leistungen beschaffen sie? Nennen Sie Beispiele.

1.2 Unternehmen benutzen verschiedene Informationsquellen, um Bezugsquellen (d. h. Lieferanten) zu ermitteln.

Welche Informationen können sie in diesen Informationsquellen finden? Nennen Sie Beispiele.
Branchenverzeichnis:
z. B.
Im Branchenverzeichnis findet man Namen und Adressen aller Unternehmen einer bestimmten Branche.

Welche dieser Informationsquellen …
- eignen sich für die Suche nach neuen Lieferanten?
- werden bei Routinebestellungen verwendet?

Erläutern Sie Ihre Antworten.

Bezugsquellenermittlung
- Branchenverzeichnisse
- Warenkartei
- Lieferantenkartei
- Messe- und Ausstellungsberichte
- Fachzeitschriften
- «Gelbe Seiten» (Branchentelefonbücher)
- Kataloge, Prospekte …
- unaufgeforderte Angebote
- Vertreterbesuche
- Empfehlungen von befreundeten Unternehmen
- Industrie- und Handelskammern
- Außenhandelskammern
- Homepages von Unternehmen im Internet

1.3 Was geschieht bei einer Auftragsabwicklung? Wer führt welche Schritte aus? Kreuzen Sie an.

	Auftraggeber Kunde	Hersteller Lieferer
1. einen Bedarf feststellen	✗	
2. eine Anfrage schicken	✗	
3. die Anfrage bearbeiten		✗
4. die Lieferbereitschaft prüfen		
5. die Bonität des Geschäftspartners prüfen (lassen)		
6. ein Angebot abgeben		
7. das Angebot prüfen		
8. gegebenenfalls über Angebotskonditionen verhandeln		
9. den Auftrag erteilen		
10. den Auftrag bestätigen		
11. die bestellte Ware liefern (lassen)		
12. die Rechnung ausstellen		
13. die Rechnung zustellen		
14. die Lieferung annehmen		
15. die gelieferte Ware prüfen		
16. die Rechnung prüfen		
17. die Ware zum vereinbarten Zahlungstermin bezahlen		
18. den Eingang der Zahlung prüfen		

Schildern Sie den Ablauf.
z. B.
Zuerst stellt der Auftraggeber einen Bedarf fest.
Er sendet eine entsprechende Anfrage …
Dann/Bevor/Nachdem/Schließlich …

1.4 Wodurch kann die Erteilung eines Auftrags oder seine Abwicklung gestört werden oder nicht zustande kommen?

THYSSEN

THYSSEN STAHL AG

Thyssen Stahl AG · Postfach 11 05 61 · 47119 Duisburg

[redacted] *

Ihre Zeichen	Ihre Nachricht vom	Unsere Zeichen	Unser Hausruf (Direktwahl)	Duisburg
		Einkauf/Lie/Tri 0144Q	(0203)52-28162	04.05.07

Angebot ist bis zum 28.05.2007 eintreffend unter Verwendung des beiliegenden Umschlages/Klebezettels verschlossen einzureichen. Verspätet eintreffende Angebote finden keine Berücksichtigung. Sollten Sie von einer Angebotsabgabe Abstand nehmen, bitten wir Sie, uns umgehend hiervon schriftlich in Kenntnis zu setzen und die Anfrageunterlagen zurückzusenden. In diesem Fall ist der beigefügte Umschlag nicht zu benutzen.

Anfrage Nr. T 11020105/346/4759

Wir bitten Sie, uns für den nachstehend aufgeführten Bedarf bzw. für das beigefügte Leistungsverzeichnis ein für uns kostenloses und unverbindliches Angebot unter Zugrundelegung unserer umseitigen Einkaufsbedingungen einzureichen. Bei Bauleistungen gelten unsere Bauleistungsbedingungen. Das Angebot muss die kürzeste, verbindliche Lieferzeit sowie den äußersten Preis enthalten. Falls eine Anfrage mit Angebots-Allonge beiliegt, ist Ihr Angebot **unbedingt** auf dieser Allonge zu verbriefen. Der Gesamtpreis ist dann von Ihnen auszurechnen.

Sollten Sie zu den angefragten Teilen Alternativvorschläge zu machen haben, so bitten wir Sie, uns dafür ein separates Angebot hereinzureichen.

Wegen einer evtl. kaufmännischen bzw. technischen Rücksprache setzen Sie sich bitte mit unserem Herrn Gamerschlag, Telefon 52-25420, Telefax ______ in Verbindung.

Pos.	Waren-Nr.	Anfragemenge	ME	Gegenstand
	Objekt-Nr.: 91-00186/0 Zentrallager Beeckerwerth			
	Lieferung und Montage von 4 Stück Rolltoren 5 x 5 m für die Giebelwände Zentrallager Beeckerwerth gemäß beiliegendem Leistungsverzeichnis.			
	THYSSEN STAHL AKTIENGESELLSCHAFT			

Mengeneinheit (ME)
1 = Stück
2 = kg
3 = t
4 = m
5 = qm
6 = cbm
7 = Ltr.
8 = Paar
9 = Gramm

* hier wie im Folgenden Kundendaten auf Wunsch des Unternehmens geschwärzt.

Eine Anfrage

2 Eine Anfrage auswerten

2.1 Lesen Sie die Anfrage der *THYSSEN AG*. Welche Angaben sind für das angeschriebene Herstellerunternehmen von besonderer Bedeutung? Markieren Sie in der Anfrage.

2.2 Erläutern Sie:
- Gegenstand der Anfrage
- wichtige Termine
- Kontaktpersonen bei Rückfragen
- Bedingungen bei Preisen und Lieferfristen

Hintergrund

3 Form und Inhalt einer Anfrage

3.1 Markieren Sie in den Einleitungssätzen aus Anfragen Hinweise auf den Anlass, der zur Kontaktaufnahme geführt hat.

Beschreiben Sie, wie der Kontakt zustande gekommen ist.

auf Initiative des Kunden:	auf Initiative des Herstellers:
z. B. (1): Der Kunde hat sich während der Messe am Stand des Herstellers beraten lassen. … …	… …

Anfrage

Einleitung

- Im Anschluss an unser Gespräch während der Handwerksmesse in … erbitten wir …
- Im Anschluss an den Besuch Ihres Mitarbeiters, Herrn M., erbitten wir …
- Ihre Anzeige in der Fachzeitschrift … hat unser Interesse geweckt. Bitte …
- Durch unseren Geschäftspartner, Firma …, haben wir erfahren, dass Sie … herstellen. …
- Auf der Hannover-Messe wurden wir auf Ihr Produkt aufmerksam. Bitte …
- Wir danken Ihnen für die Zusendung Ihres Prospektes. Wir hätten gern nähere Angaben über …

3.2 Nennen Sie weitere, ähnliche Anlässe für Anfragen.
Formulieren Sie entsprechende Einleitungen.
z. B.
- *Wir haben von … erfahren, dass Sie …*
- *Im Anschluss an unser Gespräch … möchten wir …*

3.3 Was kennzeichnet eine Anfrage? Treffen die folgenden Aussagen zu? Kreuzen Sie an und erläutern Sie dann Ihre Antworten.

Eine Anfrage …	Nein	Ja
1. ist immer unverbindlich.	☐	☐
2. hat eine fest vorgeschriebene Form.	☐	☐
3. muss eine Frist für die Angebotsabgabe setzen.	☐	☐
4. wird immer an mehrere Anbieter geschickt.	☐	☐

Ein Unternehmen

… sucht einen preiswerten Lieferanten für seinen Bürobedarf.

… möchte testen, ob ein neuer Werkstoff, der von einem Hersteller angeboten wird, verarbeitet werden kann.

… erwägt die Anschaffung einer neuen Maschine.

… benötigt für die Kostenkalkulation eines neuen Produktes Informationen über die Kosten für ein Einzelteil, das es nicht selbst herstellen kann.

… braucht für eine dringende Lieferung spezielles Verpackungsmaterial.

… hat einen Werbeauftrag zu vergeben.

… plant, den Verwaltungsbereich mit neuen Fotokopierern auszustatten.

… plant, seine EDV-Abteilung auszubauen.

3.4 Wie wird ein Unternehmen in den hier beschriebenen Fällen vorgehen?

z. B.: Ein Unternehmen, das einen preiswerten Lieferanten für seinen Bürobedarf sucht, wird die Leistungsangebote von mehreren Anbietern anfordern.

Inhalte einer Anfrage
- Anforderung des Leistungsangebots
- Aufforderung zur Abgabe eines Angebots
- Bitte um Vertreterbesuch
- Bitte um Besuch eines Beraters
- Bitte um Zusendung eines Musters

3.5 Welche Strategien kann ein Unternehmen bei Anfragen verwenden? Erläutern Sie.

1. **Je** höher der Auftragswert ist, …
2. **Je** dringender der Bedarf ist, …
3. **Je** stärker die eigene Position ist, …
4. **Je** länger ein Unternehmen schon mit einem Lieferanten zusammenarbeitet, …
5. …

- **desto** knapper ist die Form der Anfrage.
- **umso** mehr Unternehmen werden zu einem Angebot aufgefordert.
- **desto** kürzere Angebotsfristen werden gesetzt.
- **umso** härtere Bedingungen werden gestellt.
- **desto** …

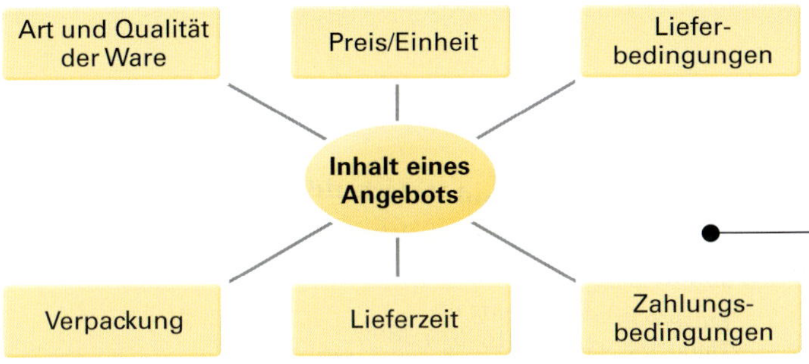

Quelle: (nach) Schneider/Zindel, «Industriebetriebslehre»

NFB
GETRIEBE- UND TORTECHNIK GMBH

NFB Getriebe- und Tortechnik GmbH · Postfach 10 08 63 · 41748 Viersen

Thyssen Stahl AG
Abteilung Einkauf
Postfach 11 05 61

47119 Duisburg

4060 VIERSEN 1
Clörather Straße 5
Telefon (0 21 62) 37 02-0
Telex 8 518 804 NFB d
Telefax (0 21 62) 3 08 39
UST.-IDENT NO. DE 119 105 992

Ihr Zeichen: V / référence: Your reference:	Ihre Nachricht: V / lettre: Your letter:	Unser Zeichen: N / référence: Our reference:	
Lie/Tri 0144Q	04.05.07	F/kö	11.05.2007

Ihre Anfrage-Nr. T 11020105/346/4759
Objekt-Nr. 91-00186/0
Zentrallager Beeckerwerth
Unser Angebot Nr. 19 769

Sehr geehrte Damen und Herren,

wir danken für Ihre Anfrage vom 04.05.07 Sie erhalten als Anlage Ihr Leistungsverzeichnis mit unseren Preisen versehen zurück. Wir haben uns lediglich erlaubt, unten den Stückpreis x 4 zu multiplizieren, weil Sie oben 4 Stück Rolltore anfragen und unten vielleicht irrtümlich 2 Stück geschrieben haben.

Damit Sie den genauen Lieferungsumfang erkennen können, fügen wir auch unser separates Angebot bei, damit Sie bessere Vergleichsmöglichkeiten haben.

Wir dürfen noch hervorheben, dass der Schaltschrank nach der von uns eingesetzten Schaltplannummer früher bei Ihnen eingesetzt wurde, ebenso das Profil P 97.

Wir würden uns freuen, Ihren geschätzten Auftrag zu erhalten.

Mit freundlichen Grüßen

N. F. B.
Getriebe- und Tortechnik

Anlage
LV
sep. Angebotsseite

Getriebe und Antriebe jeder Art
Schnelllauftore · Rolltore · Deckengliedertore
Alarmtore · Rollgitter · Torschranken

Sitz der Gesellschaft: Viersen · Handelsregister B-1227
Geschäftsführer: Karl-Heinz Kuhn
Bankverbindungen:
Commerzbank AG Viersen [redacted]
Deutsche Bank AG Mönchengladbach [redacted]
Dresdner Bank AG Viersen [redacted]
Volksbank e.G. Erkelenz [redacted]
Postgiro-Konto Köln [redacted]

Mittlere Hubgeschwindigkeit: 22 cm/sec.
Schaltschrank-Typ: 03833 nach Plan 6300-1288 D
Spindelendschalter-Typ: SPE
Abrollsicherung: F 5
Drucktaster innen (für Totmannschaltung) Typ: DAI-3
Hauptstromschalter

Torpreis frei Ankunft Baustelle .... je Stück € 7.227,-
4 Stück Montagen .... enthalten
4 Stück Kabelverlegungen und E-Anschluss ab Schaltschrank .... "
Etwa erforderlich werdende Maurer-, Stemm- und Putzarbeiten bauseits.

Alle Preise zuzüglich der bei Lieferung gültigen Umsatzsteuer.

Lieferzeit: 4 Wochen nach technischer Klarstellung

Zahlung: innerhalb 14 Tagen ./. 2 % Skonto
innerhalb 30 Tagen netto

Ein Angebot

4
Form und Inhalt eines Angebots

Ein Angebot hat im Allgemeinen feste Bestandteile.

4.1 Markieren Sie diese Bestandteile im vorliegenden Angebot.
Erläutern Sie das Angebot.

4.2 Beschreiben Sie mögliche Strategien bei der Erstellung eines Angebots.
Berücksichtigen Sie u. a.:

- Höhe des Auftragswertes
- Dringlichkeit des Auftrags
- Kundenorientierung des Lieferunternehmens
- Dauer der Geschäftsbeziehung mit dem Kunden
- Bedeutung des Auftrags für das Lieferunternehmen

- Angebot routinemäßig erstellen
- günstige Konditionen anbieten
- Angebot kurzfristig abgeben
- den Kundenbedürfnissen entgegenkommen
- Angebot ausführlich detaillieren
- ...

z. B.
***Je geringer** der Auftragswert (der Anfrage) ist, **desto routinemäßiger** wird das Angebot erstellt.*
...

4.3 Was kennzeichnet ein Angebot? Treffen folgende Aussagen zu?
Kreuzen Sie an und erläutern Sie dann Ihre Antworten.

Ein Angebot ...	**Ja**	**Nein**
1. wird nur erstellt, wenn eine Anfrage vorliegt.	☐	☐
2. ist verbindlich.	☐	☐
3. kann befristet sein.	☐	☐
4. kann widerrufen werden.	☐	☐

Lieferbedingungen

5
Kosten für Verpackung und Beförderung

Käufer und Verkäufer können verschiedene Vereinbarungen treffen.

5.1 Beförderungskosten:

- Der Käufer trägt alle Kosten, d. h. die Beförderungskosten sind nicht im Angebotspreis enthalten.
- Der Verkäufer trägt alle Beförderungskosten.
- Der Käufer trägt die Kosten ab Versandstation.
- Der Verkäufer trägt die Kosten bis zur Empfangsstation.

Erläutern Sie die im Schema dargestellten Vereinbarungen (1–4) zu den Beförderungskosten:
(1) «ab Fabrik/Lager/Werk» bedeutet, dass …
(2) …

5.2 Verpackungskosten:
Welche Beispiele der Angebote (a–e) illustrieren die folgenden Vereinbarungen?
Notieren Sie (a–e).

Vereinbarungen:	
1. brutto für netto (b/n)	*d*
2. brutto für netto ausschließlich Verpackung	___
3. netto einschließlich Verpackung	___
4. netto ausschließlich Verpackung	___
5. leihweise Überlassung gegen Rücksendung	___
6. Gutschrift bei Rücksendung des Verpackungsmaterials	___
7. Vermietung (z. B. Kühlbehälter, Container …)	___

Erläutern Sie die Vereinbarungen:
z. B.
1) «brutto für netto» bedeutet, dass das Verpackungsgewicht wie Ware berechnet wird.
2) «brutto für netto ausschließlich Verpackung» heißt, dass zwar …, aber …

Warenschulden sind Holschulden.
D. h. der Käufer müsste die Waren beim Verkäufer abholen, wenn nichts anderes vereinbart ist.
Entsprechende Regelung in:
Handelsgesetzbuch (HGB) § 380;
Bürgerliches Gesetzbuch (BGB) § 448

Quelle: (nach) Gönner/Lind, «Allgemeine Wirtschaftslehre»

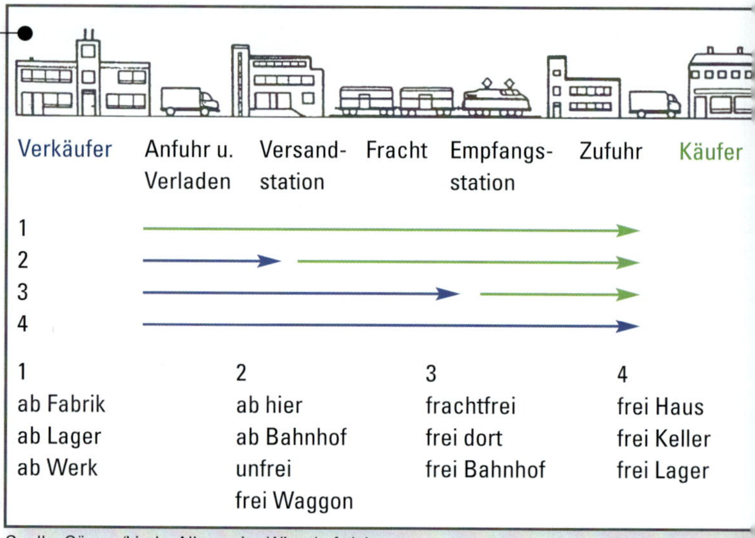

Quelle: Gönner/Lind, «Allgemeine Wirtschaftslehre»

c

100 kg à 15,- €/kg einschließlich Verpackung 1500,- €

a

100 kg à 15,- €/kg 1500,- €
*+ Verpackung * 50,- €*
= 1550,- €

** bei frachtfreier Rücksendung volle Gutschrift*

d

100 kg
+ 5 kg Verpackung
= 105 kg à 15,- €/kg = 1575,- €

b

100 kg à 15,- €/kg 1500,- €
+ Verpackungskosten 50,- €
= 1550,- €

e

100 kg
+ 5 kg Verpackung
= 105 kg à 15,- €/kg = 1575,- €
+ Verpackungskosten 50,- €
= 1625,- €

Geldschulden sind Bring- oder Schickschulden:
Sie verpflichten den Käufer, den Kaufpreis zu zahlen und das Geld auf seine Kosten dem Lieferer zu schicken. Wurden keine anderen Abmachungen getroffen, muss der Käufer sofort bezahlen.

Entsprechende Regelung in:
Bürgerliches Gesetzbuch (BGB) §§ 270 f.

Quelle: (nach) Gönner/Lind, «Allgemeine Wirtschaftslehre»

Zahlungsbedingungen

- Vorauszahlung
- Anzahlung
- Barzahlung
- Ratenzahlung
- Zielkauf
- Nachnahme
- Kreditzahlung

Vereinbarungen

a) «netto Kasse»
b) «Zahlung bei Bestellung»
c) «Zahlung:
1/3 bei Bestellung,
1/3 bei Lieferung,
1/3 nach 6 Monaten»
d) «gegen Nachnahme»
e) «gegen bar»
f) «innerhalb 8 Tagen
3 % Skonto, 30 Tage Ziel»
g) «3 Monate Ziel»
h) «gegen 6 Monatsraten»
i) «gegen Dreimonatswechsel»

Zahlung vor der Lieferung	Zahlung bei der Lieferung	Zahlung nach der Lieferung
Vorauszahlung		

Ist nichts vereinbart, so muss sofort geliefert werden.

Entsprechende Regelung in:
Bürgerliches Gesetzbuch (BGB) § 271

Quelle: (nach) Gönner/Lind, «Allgemeine Wirtschaftslehre»

Angebot

Lieferfristen

- Lieferung in ca. 4 Wochen.
- Liefertermin vorbehalten.
- Lieferzeit 8–10 Wochen nach Auftragseingang.
- Lieferung am 15. April fix.
- Lieferung KW 28 (KW = Kalenderwoche).
- Lieferung frühestens KW 28.
- voraussichtlicher Liefertermin KW 28 (ohne Gewähr).
- Liefertermin nach Vereinbarung.

Zahlungsbedingungen und Lieferfristen

6
Zahlungsbedingungen

Käufer und Verkäufer können Zahlungsbedingungen frei vereinbaren.

6.1 Ordnen Sie die Vereinbarungen (a–i) den entsprechenden Zahlungsbedingungen zu.

6.2 Welche dieser Zahlungsbedingungen gelten, wenn keine besonderen Vereinbarungen getroffen werden?

Skonto
(ital.: sconto = Abzug); Preisnachlass durch den Lieferanten, wenn der Kunde innerhalb einer bestimmten Frist zahlt.

Quelle: GABLER, «Kompaktlexikon Wirtschaft»

6.3 Welche Zahlungsbedingungen sehen eine Zahlung vor/bei/nach der Lieferung vor?
Ergänzen Sie entsprechend.

6.4 Nennen Sie Beispiele von Geschäften, bei denen die verschiedenen Zahlungsarten üblich sind.

per Nachnahme beziehen   auf Raten kaufen
bei Lieferung bezahlen   zum vereinbarten Zahlungsziel zahlen   Skonto fordern   mit einem Kredit finanzieren   eine Anzahlung leisten   einen Wechsel ausstellen   im Voraus bezahlen

z. B.: Privatpersonen müssen bei größeren Bestellungen in der Regel ***eine Anzahlung leisten.*** *…*

7
Vereinbarungen zu Lieferfristen

7.1 Wie verbindlich sind diese Vereinbarungen?
Nennen Sie jeweils Beispiele:

Liefertermin verbindlich:	Liefertermin unverbindlich:
z. B.: …	…

7.2 Erläutern Sie die Vereinbarungen zu Terminen, Zahlungsbedingungen, Beförderungskosten … im Angebot (auf S. 91).

Hintergrund

Besonderheiten im Außenhandel

Dokumente als Mittel zur Abwicklung von Außenhandelsverträgen

Bei der Abwicklung von Außenhandelsgeschäften wird die Ware in der Regel nicht vom Verkäufer an den Kunden, sondern von einem Dritten (Spediteur, Frachtführer) übergeben.
Den Nachweis ordnungsgemäßer Übergabe führt der Verkäufer anhand von Dokumenten, die im Kaufvertrag festgelegt sind.

Quelle: «Die Auslandsgeschäfte der Kreditinstitute»

8 Dokumente

Im internationalen Handelsverkehr zwischen Ländern oder Wirtschaftsräumen sind für die Ausfuhr/Einfuhr von Gütern besondere Dokumente erforderlich.

8.1 Ergänzen Sie im Schema die fehlenden Dokumente. Notieren Sie 1–6.

1. Versicherungspolice
2. Zollfaktura
3. Konsulatsfaktura
4. Luftfrachtbrief
5. Internationaler Frachtbrief im Straßen- und Güterverkehr (CMR-Frachtbrief)
6. Postversandbescheinigung

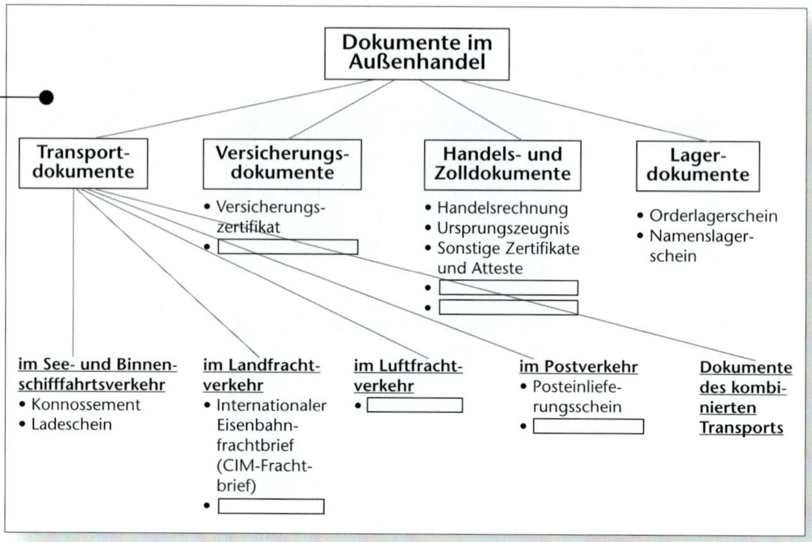

8.2 Haben Sie in Ihrer Berufspraxis Umgang mit Dokumenten, die im Schema aufgeführt werden? Welche Schwierigkeiten gibt es (häufig) bei der Bearbeitung dieser Dokumente? Berichten Sie.

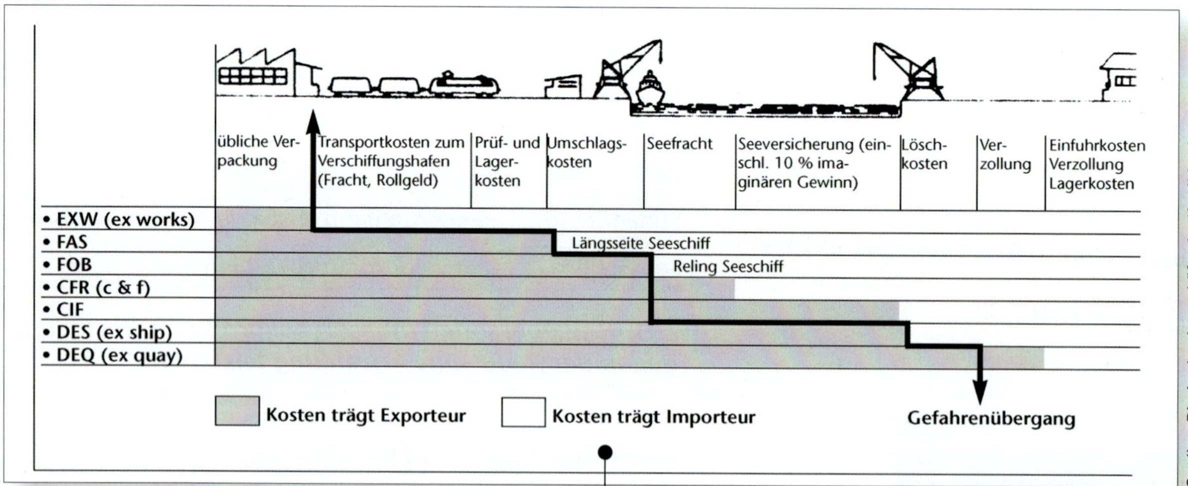

Quelle: «Die Auslandsgeschäfte der Kreditinstitute»

9 Kostenfaktoren beim Übersee-Export

9.1 Werten Sie das Schema aus:
Welche zusätzlichen Kosten entstehen beim Exporthandel im Vergleich zum Binnenhandel?
z. B.: Die Kosten für die Prüfung und Lagerung der Ware im Hafen.
...

9.2 Die INCOTERMS (International Commercial Terms) kennzeichnen Vereinbarungen, nach denen diese Kosten zwischen Exporteur und Importeur verteilt werden. Erläutern Sie die im Schema genannten INCOTERMS:
EXW bedeutet, dass ...
- *der Exporteur die Kosten für ... trägt.*
- *der Importeur ...*

a

Der Importeur kann den Rechnungsbetrag z. B. erst nach dem Verkauf der Ware aus dem Verkaufserlös der Importware begleichen.

b

Die Zahlungspflicht wird erst durch die Vorlage der Dokumente beim Importeur ausgelöst. Die Zahlung hängt davon ab, ob der Importeur die ihm präsentierten Dokumente aufnimmt.

c

Der Importeur braucht bei der Aufnahme der Dokumente noch nicht zu zahlen. Er akzeptiert eine den Dokumenten beigefügte Tratte über 30, 60 oder 90 Tage. Der Exporteur räumt dem Importeur bis zur Fälligkeit des Akzepts einen Warenkredit ein.

d

Der Exporteur erhält den Rechnungsbetrag oder Teile des Rechnungsbetrages schon vor der Lieferung der Ware. Wird der Rechnungsbetrag schon längere Zeit vor Lieferung beglichen (um z. B. die Herstellung der Ware zu finanzieren), verlangt der Importeur in der Regel eine Sicherheitsleistung.

e

Der Exporteur versendet die Ware an den Importeur und sendet ihm lediglich eine Handelsrechnung. Bei prompter Zahlung kann der Importeur Skonto in Anspruch nehmen.

f

Eine durch ein Akkreditiv verpflichtete Bank leistet gegen Vorlage akkreditivgemäßer Dokumente Zahlung, Akzeptierung oder Negoziierung von Wechseln.

10
Zahlungsarten und Bankleistungen

10.1 Welche Beschreibungen (a–f) passen zu den Zahlungsarten 1–6? Notieren Sie (a–f).

1. Vorauszahlung oder Anzahlung ___
2. Zahlung auf Akkreditivbasis ___
3. Kasse gegen Dokumente ___
4. Dokumente gegen Akzept ___
5. Zahlung gegen einfache Rechnung ___
6. Offenes Zahlungsziel ___

10.2 Haben Sie mit der Abwicklung von Zahlungen im internationalen Handelsverkehr zu tun? Berichten Sie.

Tratte
Wechsel, der durch den Bezogenen noch nicht akzeptiert wurde (→ gezogener Wechsel).

GABLER, «Kleines Lexikon Wirtschaft»

Bei der Erfüllung von Kaufverträgen im Außenhandel ergeben sich vor allem dadurch Probleme, dass ein direktes Zug-um-Zug-Geschäft (gleichzeitige Übergabe von Ware und Geld) nicht möglich ist. Es lässt sich nicht ausschließen, dass ein Vertragspartner versucht, sich seinen Pflichten aus dem Vertrag zu entziehen, indem er den Vertrag nicht oder nur mangelhaft erfüllt.

Quelle: «Die Auslandsgeschäfte der Kreditinstitute»

11
Risiken im Außenhandel

11.1 Welcher der beiden Außenhandelspartner ist von den hier genannten Risiken betroffen? Kreuzen Sie an.

wirtschaftliche Risiken, z. B.	**Importeur**	**Exporteur**
1. Abnahmerisiko: Importeur nimmt die vertragsgemäß gelieferte Ware nicht an.	☐	☐
2. Zahlungseingangsrisiko: Importeur erfüllt seine Zahlungsverpflichtungen nicht.	☐	☐
3. Lieferungs-/Beschaffungsrisiko: Exporteur liefert nicht vertragsgemäß.	☐	☐
4. Transportrisiko: Ware wird durch den Transport beschädigt oder geht verloren.	☐	☐
5. Kursrisiko: Kurs der ausländischen Währung unterliegt großen Schwankungen.	☐	☐
politische Risiken, z. B.		
6. Transfer- oder Konvertierungsrisiko: Das Käuferland verzögert oder verhindert Devisenzahlungen aus politischen Gründen. …	☐	☐

11.2 Welche Vereinbarungen über Beförderung und Zahlungsarten sind (im Hinblick auf diese Risiken) eher im Interesse …
- des Exporteurs (Verkäufers)?
- des Importeurs (Käufers)?

Erläutern Sie Ihre Antworten.

11.3 Welche der genannten Risiken treten Ihrer Erfahrung nach besonders häufig auf?

Störungen bei der Erfüllung eines Kaufvertrags

12
Pflichten und Rechte der Vertragspartner erläutern

12.1 Beschreiben Sie die Pflichten der Vertragspartner.

- ***hat … zu …***
- ***ist verpflichtet, … zu …***

Der Verkäufer (Hersteller) …
Der Käufer (Kunde) …

12.2 Nennen Sie mögliche Störungen auf …

der Absatzseite:	der Beschaffungsseite:
Der Verkäufer …	…

12.3 Wann können Käufer oder Verkäufer die hier genannten Maßnahmen ergreifen?
z. B.
Wenn der Hersteller die Ware nicht rechtzeitig liefert, ***hat*** *der Kunde* ***das Recht,*** *…*
Wenn die gelieferte Ware Mängel hat, ***kann*** *…*

12.4 Welche Reaktionen auf Beschwerden eines Geschäftspartners können eine gute Geschäftsbeziehung erhalten oder fördern, welche schaden ihr? Nennen Sie Beispiele.

sofort / umgehend / unaufgefordert / erst nach mehreren Mahnungen / trotz mehrerer Mahnungen / …
- *anbieten, vorschlagen, …*
- *sich bemühen / versuchen, …*
- *sich bereit erklären, …*
- *sich weigern, …*

z. B.
Die gelieferte Ware hatte Mängel.
Doch der Lieferant hat sofort angeboten,
…

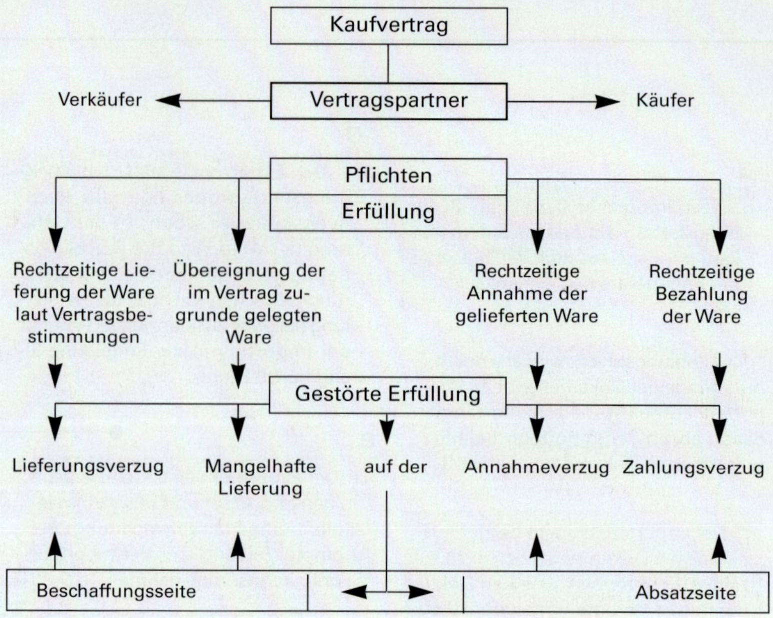

Quelle: Schneider/Zindel «Industriebetriebslehre»

Rechte des Käufers oder des Verkäufers
- Umtausch (Ersatzlieferung) verlangen
- Minderung (Preisnachlass) verlangen
- Wandelung: Rücktritt vom Kaufvertrag (Ware zurückgeben, Kaufpreis zurückfordern)
- Nachlieferung fordern
- Schadenersatz fordern
- Lieferung fordern
- Lieferung ablehnen
- Zahlung anmahnen
- Verzugszinsen berechnen
- Ware zurücknehmen

Kundenorientierte Behandlung von Beschwerden

finanziell	materiell	immateriell
Geldrückgabe	Umtausch	Entschuldigung
Preisnachlass	Reparatur	Erklärung
Schadenersatz	anderes Produkt	Information
	Geschenk	

Quelle: (nach) Stauss/Seidel, «Beschwerdemanagement»

Alte Wache
Haus der badischen Weine

Verkaufs-, Lieferungs- und Zahlungsbedingungen

Unsere Verkaufs- und Lieferungsbedingungen sind wesentlicher Bestandteil eines jeden mit uns abgeschlossenen Kaufvertrages.

Angebot:
Unsere Angebote sind freibleibend, Mengenangaben sind unverbindlich. Besondere Vereinbarungen bedürfen der schriftlichen Bestätigung. Mit Erscheinen einer neuen Preisliste verlieren vorangegangene Preislisten ihre Gültigkeit.

Lieferung:
Die Lieferung erfolgt, sofern nichts anderes vereinbart ist, ab der Alten Wache Freiburg.

Lieferung frei Haus:
Ab einem Rechnungsbetrag **von 300,– €** liefern wir frei Haus.

Zahlungsbedingungen:
Soweit nichts anderes vereinbart wurde, ist die Bezahlung des Rechnungsbetrages innerhalb 30 Tagen nach Rechnungsdatum rein netto fällig. Wechsel und Schecks werden unter Vorbehalt des richtigen Eingangs gutgebracht. Diskont und sonstige Spesen trägt der Käufer. Ist der Kaufpreis bis zum Fälligkeitstag nicht bezahlt, so hat der Käufer von diesem Tag an Verzugszinsen von mindestens 5 % über dem jeweiligen Diskontsatz der Landeszentralbank zu zahlen.

Mängelrügen:
Beanstandungen müssen innerhalb 8 Tagen nach Warenempfang erfolgen. Auskristallisierter Weinstein ist natürlicher Bestandteil des Weines und kein Beanstandungsgrund.

Eigentumsvorbehalt:
Alle Lieferungen erfolgen ausschließlich unter Eigentumsvorbehalt bis zur Tilgung aller Verbindlichkeiten aus der gesamten Geschäftsverbindung. Dies gilt auch dann, wenn der Kaufpreis für bestimmte, vom Käufer bezeichnete Lieferungen bezahlt ist. Bei laufender Rechnung gilt der Eigentumsvorbehalt als Sicherung für die Saldoforderung.
Im Falle des Zahlungsverzuges sind wir berechtigt, unsere unter Eigentumsvorbehalt gelieferten Weine zurückzunehmen, sofern der Käufer nicht binnen 14 Tagen in der Lage ist, seine gesamten Verbindlichkeiten bei uns zu tilgen.
Erfüllungsort für Lieferungen und Zahlungen ist Freiburg im Breisgau.
Gerichtsort ist, unbeschadet der Höhe des Streitwertes, Freiburg im Breisgau.

Im Übrigen gelten die allgemeinen Geschäftsbedingungen.

13
Allgemeine Verkaufs- und Lieferbedingungen

In der Regel wird ein Angebot durch die allgemeinen Verkaufs- und Lieferbedingungen des Verkäufers ergänzt.

13.1 Bei welchen Störfällen (1–8) sind Klauseln der (hier wiedergegebenen) Verkaufs-, Lieferungs- und Zahlungsbedingungen zu berücksichtigen?

Erläutern Sie.

1 *Der Hersteller kann die bestellte Ware nicht liefern.*

2 *Der Hersteller liefert die Ware nicht zum vereinbarten Liefertermin.*

3 *Der Hersteller liefert nicht die bestellte Menge/Qualität.*

4 *Die Ware wurde beim Transport beschädigt.*

5 *Der Kunde bezahlt die Ware nicht zum vereinbarten Zahlungstermin.*

6 *Der Kunde verweigert die Annahme der Ware.*

7 *Der Kunde beanstandet die Qualität der gelieferten Ware.*

8 *Der Kunde ist nicht mit der Rechnung einverstanden.*

13.2 Welche Störungen bei der Erfüllung von Kaufverträgen sind in Ihrer Branche am häufigsten zu beobachten?
Welche Maßnahmen sind üblich?
Wie reagieren die betroffenen Geschäftspartner?

Berichten Sie.

Hintergrund

Darstellung einer Auftragsabwicklung

14
Durchlauf eines Kundenauftrags

Beschreiben Sie den Durchlauf eines Kundenauftrags, wie er im Schema von *3M* dargestellt ist.
z. B.
Zuerst ***wird*** *vom Kunden eine Bestellung* ***aufgegeben.***
Die Bestellung ***wird*** *...*
Dann/Bevor/Nachdem/Schließlich ...

erteilen – aufgeben – weiterleiten an – bearbeiten – vorbereiten – prüfen – veranlassen – ausstellen – bestätigen – zustellen – begleichen

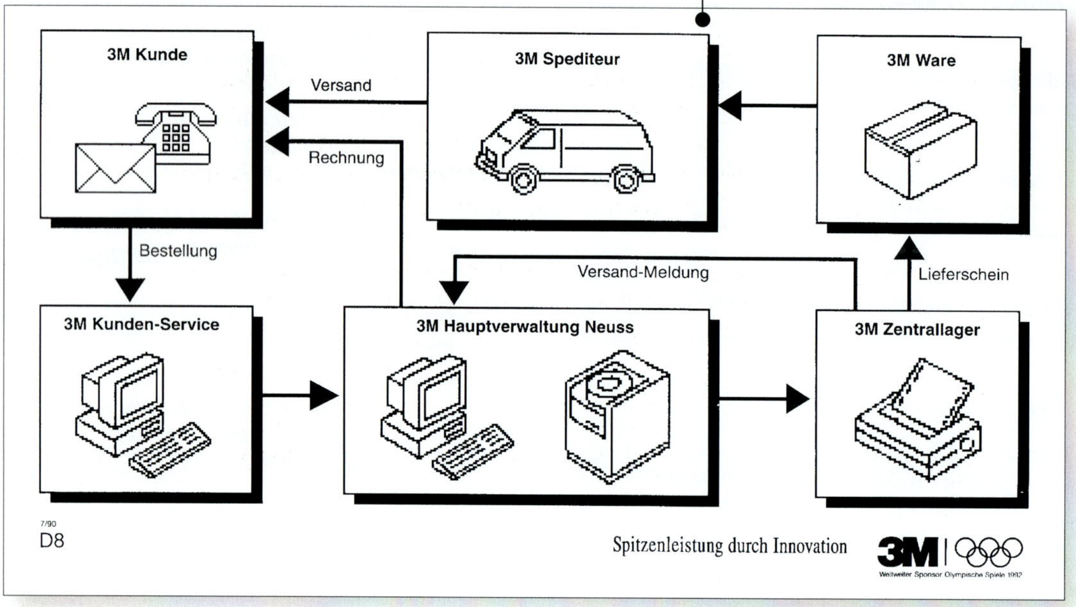

15
Die *HKM*: Unternehmensporträt

DVD

Ähnlich wie die *THYSSEN-KRUPP AG* ist die *HKM* (Hüttenwerke Krupp Mannesmann GmbH) ein Konzern, in dem traditionsreiche Unternehmen der deutschen Schwerindustrie vereinigt sind.
Sehen Sie das Unternehmensporträt. Welche Informationen werden besonders hervorgehoben? Kreuzen Sie an.

[ ] Qualität der Produkte
[ ] Kundennähe
[ ] Know-how, technische Kompetenz
[ ] innovative Ausrichtung
[ ] Investitionen in Forschung u. Entwicklung
[ ] Position auf dem (Welt-)Markt
[ ] Mitarbeiterorientierung
[ ] gesellschaftliche Bedeutung
[ ] Wandel der Unternehmensstruktur
[ ] Umweltbewusstsein
[ ] Geschichte, Tradition
[ ] Wachstum, finanzielle Resultate

Wie stellt sich das Unternehmen dar? Welche Kennzeichnungen erscheinen Ihnen passend?

(Das Unternehmen) ...
- *stellt sich als (besonders) ... dar.*
- *betont besonders ...*
- *hebt öfters hervor, dass / wie ...*
- *vermittelt den Eindruck, ...*

mächtig – flexibel – traditionsverbunden – weltweit tätig – innovativ – dynamisch – marktbeherrschend – umweltbewusst – gewinnorientiert – kundenorientiert – mitarbeiterorientiert – modern – sympathisch – dominant – ...

www.hkm.de

Ein Angebot erstellen

«… und bitten um Ihre Auftragsbestätigung.»

9 Unternehmenspraxis

eine Anfrage bearbeiten

die Lieferfähigkeit prüfen

ein Angebot erstellen

über ein Angebot verhandeln

ein neues Angebot unterbreiten

einen Auftrag erhalten einen Auftrag bestätigen

einen Auftrag abwickeln

eine Kundenbeschwerde behandeln

10 Unternehmenspraxis

Sie trainieren:

- ▶ eine Anfrage auswerten
- ▶ den Inhalt einer Anfrage erläutern
- ▶ Aufgaben und Zuständigkeiten bei der Bearbeitung einer Anfrage beschreiben
- ▶ Strategien bei der Bearbeitung einer Anfrage erläutern
- ▶ eine Anfrage schreiben

- ▶ die Ausführbarkeit eines Auftrags prüfen
- ▶ Liefertermine klären
- ▶ Angaben zu Lieferterminen werten
- ▶ unterschiedliche Strategien bei Terminvereinbarungen erläutern und werten

- ▶ den Inhalt eines Angebots erläutern
- ▶ unterschiedliche Angebote vergleichen und werten
- ▶ Einleitungs- und Abschlussformulierungen werten
- ▶ **Schriftliche Kommunikation:**
  - eine Anfrage und ein Angebot schreiben

Die Firma *KOLB*

1 Unternehmensporträt

1.1 Lesen Sie die Auszüge aus einem Unternehmensporträt der Firma *KOLB*.

Markieren Sie die Textpassagen, in denen die folgenden Informationen zu finden sind:

Firma *KOLB* ...

1. ist Spezialist im Bereich Hydraulik und Feinmechanik.
2. war ursprünglich ein Produktionsbetrieb.
3. hat nach und nach seinen Reparaturbereich ausgebaut.
4. hat sich ganz auf Dienstleistungen umgestellt.

1.2 Notieren Sie tabellarisch die Entwicklungsphasen des Unternehmens.

- Gründung ...
- Umstellung auf ...
- Herstellung von ...
- Reparatur von ...
- Angebot von ...
- Verkauf ...
- Spezialisierung auf ...

z. B.
1932 *Gründung der Firma*
... ...

1.3 Erläutern Sie die Geschichte des Unternehmens:
z. B.
1932 ***wurde*** *die Firma KOLB* ***gegründet.***
Zunächst ***wurden*** *...* ***hergestellt.***
...

Firma KOLB

1932: Gründung

Die Fa. Friedrich Kolb GmbH & Co. KG wurde 1932 von Oberingenieur Friedrich Kolb in Stuttgart-Zuffenhausen gegründet. Vor und während des 2. Weltkriegs wurden Einspritzteile und Einspritzpumpen für Fahrzeuge und Flugzeuge produziert.

1945 musste die Fertigung umgestellt werden und Kolb begann hydraulische Wagenheber, hydraulische Komponenten wie Pumpen und Zylinder sowie Ventile ins Lieferprogramm aufzunehmen. Außerdem wurden in der eigenen Reparaturwerkstatt hydraulische Wagenheber und Stoßdämpfer aller Fabrikate instand gesetzt.

Starker Konkurrenzdruck machte es Mitte der sechziger Jahre erforderlich, neben den hydraulischen Bauteilen neue Produkte wie Hubwagen, Hebebühnen, Fahrgeräte und Hubtische anzubieten. Die Auftragslage entwickelte sich zwar positiv, doch fehlte es an Eigenkapital für die notwendigen Investitionen, um bei dieser breiten Lieferpalette auf Dauer konkurrenzfähig am Markt bestehen zu können.

60er-Jahre: Rezessionsphase

Nachdem auch Großunternehmen wie BOSCH oder MANNESMANN massiv mit eigenen Hydraulikabteilungen in diesen Wachstumsmarkt eingestiegen waren, stellte sich Ende der sechziger Jahre die Frage, ob eine Fortführung des bisherigen Programms noch sinnvoll war.

Da Kolb immer schon parallel eine eigene Reparaturwerkstatt betrieben hatte, die nicht nur eigene Produkte, sondern alle auf dem deutschen Markt befindlichen hydraulischen Wagenheber, Handpumpen und Werkzeuge reparierte, entschloss man sich 1969, den kompletten Fertigungsbereich zu verkaufen und die Friedrich Kolb KG – mit stark reduzierter Mannschaft – in ein Dienstleistungsunternehmen für „Wartung, Reparatur und Aufarbeitung von Altteilen" umzuwandeln.

1970: Neustart

Die besten und qualifiziertesten Mitarbeiter wurden von Kolb gehalten. Das Knowhow und die für den speziellen Bedarf von KOLB entwickelten Maschinen und Vorrichtungen waren vorhanden. Bisher hatte man vorwiegend im Bereich der Reparatur von Kleingeräte-Hydraulik gearbeitet. Jetzt stellte man sich zunehmend auf die Reparatur von Hydraulik-Zylindern, Pumpen und Steuerventilen für große Gabelstapler und Baumaschinen um.

Der Einstieg, speziell bei potenziellen Großkunden, erwies sich als sehr schwierig, da Anfang der 70er-Jahre der „Wegwerfgedanke" noch wahre Triumphe feierte: Statt zu reparieren, tauschte man komplett aus oder baute Neuteile ein. 1973, nach der ersten Ölkrise, änderte sich das Denken jedoch sehr stark und aus Kostengründen wurde wieder häufiger repariert.

Heute ist Kolb anerkannter Spezialist für Wartung und Reparatur von hydraulischen, pneumatischen, mechanischen Geräten und hat sich darüber hinaus in den letzten Jahren verstärkt in Ausbildungsprogramme für Lehrlinge aus Drittländern engagiert.

nach: J. Fuß, «Einstieg in Auslandsmärkte. Beispiele erfolgreicher Unternehmen»

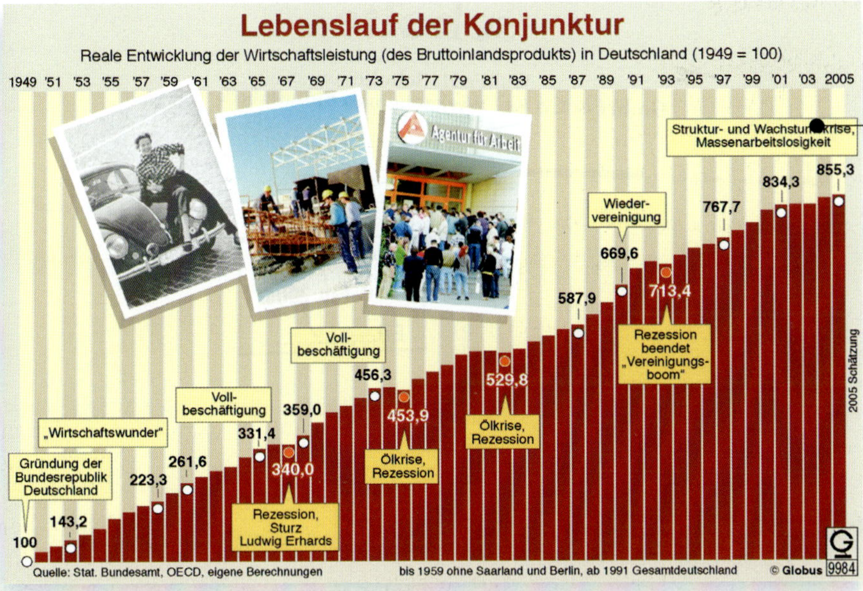

1.4 Vergleichen Sie die Darstellung zur wirtschaftlichen Entwicklung Deutschlands mit den Daten zur Unternehmensgeschichte der Firma *KOLB*:

- Welche Zusammenhänge werden deutlich?
- Welche Krisen hat das Unternehmen zu überwinden gehabt?
- Welche Lösungen wurden gefunden?

Erläutern Sie.

1.5 Welche Argumente wird ein solches Unternehmen bei der Suche nach Kunden in den Vordergrund stellen?
Kreuzen Sie an und erläutern Sie Ihre Antworten.

- ☐ Innovationspotenzial
- ☐ Zuverlässigkeit
- ☐ Know-how
- ☐ Marktposition
- ☐ Kundenorientierung
- ☐ langjährige Erfahrung
- ☐ Umsatzentwicklung
- ☐ renommierte Kunden
- ☐ Umweltbewusstsein
- ☐ Investitionen in Forschung und Entwicklung
- ☐ Qualifikation der Mitarbeiter
- ☐ günstige Preisangebote

1.6 Verfassen Sie ein kurzes Schreiben der Firma *KOLB* an einen potenziellen Kunden, in dem das Unternehmen sich und seine Tätigkeit vorstellt und sich als Partner anbietet.

Sehr geehrte Damen,
sehr geehrte Herren,

sicher kommen auch in Ihren Produktionsstätten und Lagern hydraulische Geräte zum Einsatz.

Wir ...
...

Eine Anfrage bearbeiten

Bei *KOLB* geht eine Anfrage der Firma *SCHOLTE) ein.**
Frau Mundinger, die zuständige Sachbearbeiterin bei *KOLB,* wertet die Anfrage aus.

***)Name des Unternehmens auf Wunsch geändert**

2 Eine Anfrage auswerten

2.1 Lesen Sie die Anfrage.

Kreuzen Sie die Wünsche des Kunden an:

a) eine Beratung	☐
b) Besuch eines Vertreters	☐
c) Auskünfte über die Eigenschaften/Charakteristika eines bestimmten Produkts	☐
d) Zusendung von Preislisten, Mustern, Katalogen	☐
e) Zusendung eines Angebots für ein bestimmtes Produkt	☐
f) Angaben über mögliche Lieferfristen	☐

Handelt es sich um einen neuen Kunden oder um einen Kunden, mit dem bereits Geschäftskontakte bestehen?
Erläutern Sie.

Innenkonus (hier) = konusförmiger Bauteil einer Kupplung (siehe Zeichnung)

scholte

Walter H. Scholte
GmbH & Co KG Werkzeugmaschinenfabrik

Walter H. Scholte GmbH & Co. KG, [redacted]

Ihr Zeichen	Unsere Zeichen	Datum
	KE6/sn	16.2.2006

Friedrich Kolb GmbH & Co. KG
Feinmechanik
Zuffenhauser Str. 93

70825 Korntal-Münchingen

EINGEGANGEN
20. Feb. 2006
Erl. ....

Anfrage

Sehr geehrte Damen und Herren,

wir erbitten Ihre äußerste Offerte unter Angabe der kürzesten Lieferzeit über:

32 Innenkonen
nach beil. Zeichnung
C3370-33AZ-4B
Werkstoff AS-100A
(3.70.9312.2)

16 dito,
C3370-22AF
Werkstoff HK asbestfrei
(3.50.80.32.0)

Bedarfstermin: KW 16/2006

mit freundlichen Grüßen
Walter H. Scholte GmbH & Co. KG
Werkzeugmaschinenfabrik
i. V. i. A.

Anlage

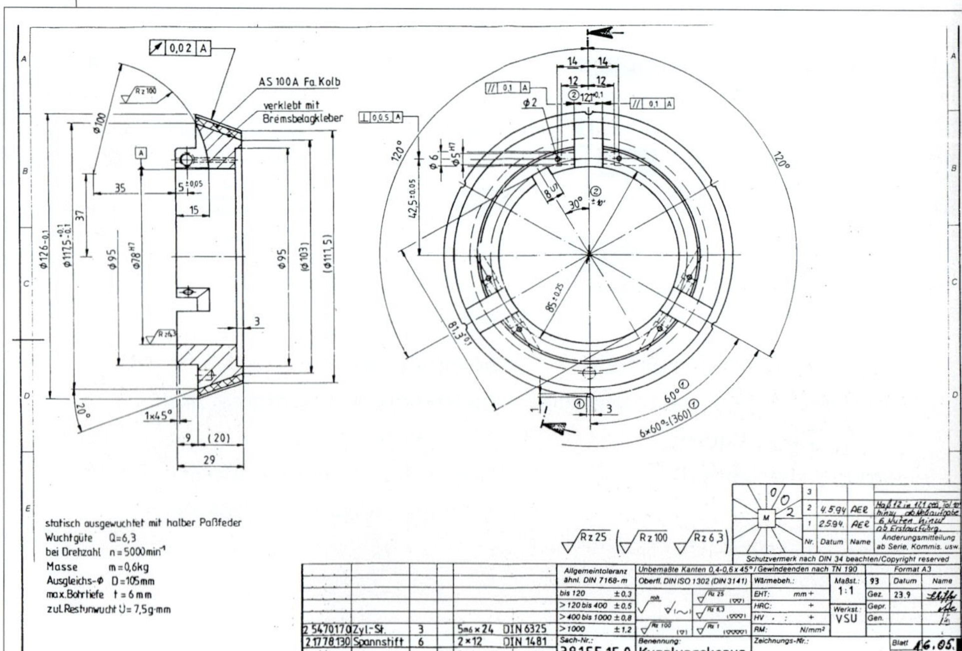

Januar	Februar	März	April	Mai	Juni	Juli	August	Se
So 1	Mi 1	Mi 1	Sa 1	Mo 1	Do 1	Sa 1	Di 1	Fr
Mo 2	Do 2	Do 2	So 2	Di 2	Fr 2	So 2	Mi 2	Sa
Di 3	Fr 3	Fr 3	Mo 3	Mi 3	Sa 3	Mo 3	Do 3	So
Mi 4	Sa 4	Sa 4	Di 4	Do 4	So 4	Di 4	Fr 4	Mo
Do 5	So 5	So 5	Mi 5	Fr 5	Mo 5	Mi 5	Sa 5	Di
Fr 6	Mo 6	Mo 6	Do 6	Sa 6	Di 6	Do 6	So 6	Mi
Sa 7	Di 7	Di 7	Fr 7	So 7	Mi 7	Fr 7	Mo 7	Do
So 8	Mi 8	Mi 8	Sa 8	Mo 8	Do 8	Sa 8	Di 8	Fr
Mo 9	Do 9	Do 9	So 9	Di 9	Fr 9	So 9	Mi 9	Sa
Di 10	Fr 10	Fr 10	Mo 10	Mi 10	Sa 10	Mo 10	Do 10	So
Mi 11	Sa 11	Sa 11	Di 11	Do 11	So 11	Di 11	Fr 11	Mo
Do 12	So 12	So 12	Mi 12	Fr 12	Mo 12	Mi 12	Sa 12	Di
Fr 13	Mo 13	Mo 13	Do 13	Sa 13	Di 13	Do 13	So 13	Mi
Sa 14	Di 14	Di 14	Fr 14	So 14	Mi 14	Fr 14	Mo 14	Do
So 15	Mi 15	Mi 15	Sa 15	Mo 15	Do 15	Sa 15	Di 15	Fr
Mo 16	Do 16	Do 16	So 16	Di 16	Fr 16	So 16	Mi 16	Sa
Di 17	Fr 17	Fr 17	Mo 17	Mi 17	Sa 17	Mo 17	Do 17	So
Mi 18	Sa 18	Sa 18	Di 18	Do 18	So 18	Di 18	Fr 18	Mo
Do 19	So 19	So 19	Mi 19	Fr 19	Mo 19	Mi 19	Sa 19	Di
Fr 20	Mo 20	Mo 20	Do 20	Sa 20	Di 20	Do 20	So 20	Mi
Sa 21	Di 21	Di 21	Fr 21	So 21	Mi 21	Fr 21	Mo 21	Do
So 22	Mi 22	Mi 22	Sa 22	Mo 22	Do 22	Sa 22	Di 22	Fr
Mo 23	Do 23	Do 23	So 23	Di 23	Fr 23	So 23	Mi 23	Sa
Di 24	Fr 24	Fr 24	Mo 24	Mi 24	Sa 24	Mo 24	Do 24	So
Mi 25	Sa 25	Sa 25	Di 25	Do 25	So 25	Di 25	Fr 25	Mo
Do 26	So 26	So 26	Mi 26	Fr 26	Mo 26	Mi 26	Sa 26	Di
Fr 27	Mo 27	Mo 27	Do 27	Sa 27	Di 27	Do 27	So 27	Mi
Sa 28	Di 28	Di 28	Fr 28	So 28	Mi 28	Fr 28	Mo 28	Do
So 29		Mi 29	Sa 29	Mo 29	Do 29	Sa 29	Di 29	Fr
Mo 30		Do 30	So 30	Di 30	Fr 30	So 30	Mi 30	Sa
Di 31		Fr 31		Mi 31		Mo 31	Do 31	

Anfrage

Inhalt

- Senden Sie uns bitte Ihr Angebot über Preise und Lieferbedingungen für ...
- Wir benötigen dringend ... Mit welchen Lieferzeiten müssen wir rechnen?
- Bitte informieren Sie uns, in welcher Höhe sich die Kosten für ... bewegen.
- Ihre Anzeige in der ... hat uns interessiert. Bitte schicken Sie uns Preislisten und Lieferbedingungen für ...
- Wir benötigen dringend eine Lieferung von ... Bitte teilen Sie uns die günstigsten Preise und Rabatte für ... mit.
- Wir bitten Sie für den nachstehend aufgeführten Bedarf um ein Angebot mit den kürzesten verbindlichen Lieferfristen sowie den äußersten Preisen. ...
- Wir suchen einen geeigneten Lieferanten für ... Machen Sie uns bitte ein Angebot über ...
- Wir bitten Sie um ein Angebot über ..., das wir aufgrund starken Termindrucks dringend benötigen.

2.2 Übertragen Sie die in der Anfrage von Firma *SCHOLTE* enthaltenen Daten und Termine in den Terminkalender.

2.3 Welche Formulierungen in Anfragen bedeuten, ...

dass der Kunde an einer allgemeinen Information über Preise und Lieferfristen interessiert ist?	dass er ein Angebot mit den für ihn günstigsten Preisen und Lieferbedingungen erwartet?
... ...	... ...

2.4 Bei der Beantwortung einer Anfrage werden verschiedene Umstände berücksichtigt.
Erläutern Sie, wann bei einer Anfrage ...

eine Routinebearbeitung genügt:	eine besonders aufmerksame Behandlung angebracht ist:
z. B. *Es handelt sich um einen Kunden, der gut bekannt ist.* ...	*Es handelt sich um einen neuen Kunden, den man ...* ...

Umstände, die bei einer Anfrage berücksichtigt werden:

- Kunde, der die Anfrage schickt
- angefragtes Produkt
- vorgesehene Mengen
- gewünschter Angebotstermin
- gewünschter Liefertermin (Bedarfstermin)
- Preisvorstellungen des Kunden
- vorgeschlagene Zahlungsfristen
- ...

- Auftragslage des Lieferunternehmens
- Wettbewerbssituation
- Erfahrung in der Herstellung des Produkts
- ...

Die Lieferfähigkeit prüfen

Frau Mundinger setzt sich mit dem Leiter der Fertigung, Herrn Rauh, in Verbindung, um die Liefertermine zu klären.

3 Die Lieferfähigkeit prüfen

3.1 Frau Mundinger erklärt Herrn Rauh ihr Anliegen. Nennen Sie entsprechende Erklärungen.

• Grund des Anrufs:	*z. B. «Also, ich habe hier eine Anfrage ...»*
• Produkte, um die es geht:	«...»
• Spezifikation der Produkte:	«...»
• Menge, die angefordert wird:	«...»
• Kunde, der anfragt:	«...»
• gewünschte Liefertermine:	«...»
• Gründe, warum sie diesem Kunden entgegenkommen will:	«...»

Welche Fragen stellt Frau Mundinger sicher?
z. B.
«Haben wir das notwendige Material vorrätig?»
«Können wir ...?»
«...?»

Anfrage

Sehr geehrte Damen und Herren,

wir erbitten Ihre äußerste Offerte unter Angabe der kürzesten über:

32 Innenkonen
nach beil. Zeichnung
C3370-33AZ-4B
Werkstoff AS-100A
(3.70.9312.2)

16 dito,
C3370-22AF
Werkstoff HK asbestfrei
(3.50.80.32.0)

Bedarfstermin: KW 16/2006

mit freundlichen Grüßen
Walter H. Scholte GmbH & Co. KG
Werkzeugmaschinenfabrik
i. A. i. A.

Anlage

Pos. 1 Lieferzeit: 2-3 ... Eingang des Vormaterials (Lieferzeit ca. 12 Woc...
Pos 2 8-10 Wochen Auftragseingang
Lieferung ab Lager unmöglich
Über Ihren Auftrag würden wir uns freuen.
kurz frdl. Empfehlung

3.2 Welche Antwort gibt Herr Rauh in den folgenden Fällen?
Der Liefertermin erscheint ihm ...

• problemlos:	*«Kein Problem, denn wir haben noch genügend ...»*
• machbar:	«...»
• schwierig:	«...»
• ausgeschlossen:	«...»

Ergänzen Sie jeweils passende Erklärungen.

«Kein Problem ...»
«Das wird kaum gehen, ...»
«Das könnten wir schaffen, wenn ...»
«Das halte ich für ausgeschlossen, ...»
«Das lässt sich sicher machen: ...»
«Das können Sie gleich vergessen, ...»
«Da können Sie beruhigt zusagen: ...»
«Das erscheint mir eher schwierig, ...»
«Das muss ich erst mal überprüfen, ...»
«Das kann ich Ihnen jetzt so schnell nicht sagen, ...»
«Das kommt uns sehr gelegen, denn ...»
«Da haben Sie leider Pech: ...»

• mögliche Erklärungen

- genügend Vormaterial auf Lager
- Vormaterial muss nachbestellt werden
- zuverlässige Zulieferer
- schlechte Erfahrungen mit Zulieferern
- Überstunden zurzeit ausgeschlossen
- Überstunden möglich, aber mit Mehrkosten verbunden
- noch verfügbare Produktionskapazitäten
- völlig ausgelastete Produktion
- Ausfall/Reparaturbedarf einer Maschine
- Möglichkeit, andere Aufträge zurückzustellen
- ...

3.3 Führen Sie das Gespräch zwischen Frau Mundinger und Herrn Rauh.

Situation
Frau Mundinger *erläutert die Anfrage. Sie möchte dem Kunden entgegenkommen, weil ...*
Herr Rauh *hält den Liefertermin für ziemlich problematisch, weil ...*

Beide Gesprächspartner suchen nach einer Lösung.

Angebot

Liefertermin

- Wir hoffen, den gewünschten Liefertermin einhalten zu können.
- Wir werden unser Möglichstes tun, den gewünschten Liefertermin einzuhalten.
- Wir sagen Ihnen den gewünschten Liefertermin fest zu.
- Wir versprechen Ihnen, den gewünschten Termin nach Möglichkeit einzuhalten.
- Wir werden uns bemühen, die Ware zum gewünschten Termin zu liefern.
- Die Ware wird Ihnen zum gewünschten Liefertermin geliefert werden.
- Den gewünschten Liefertermin sagen wir Ihnen verbindlich zu.
- Wir sagen Ihnen fest zu, uns um die Einhaltung des Termins zu bemühen.
- Den gewünschten Liefertermin können wir Ihnen nur zusagen, wenn Ihre Bestellung vor dem … bei uns eingeht.
- Den gewünschten Liefertermin werden wir Ihnen nach Rücksprache mit unseren Zulieferern bestätigen.

4
Liefertermine angeben

Terminangaben können mehr oder weniger verbindlich formuliert werden.

4.1. Wie werten Sie die hier genannten Formulierungen?
Nennen Sie Beispiele:
Die Terminangabe ist …

verbindlich:	unverbindlich:
…	…
…	…

4.2 Lesen Sie die folgende Situationsbeschreibung.

Situation
Der vom Kunden gewünschte Liefertermin kann wegen Problemen mit Zulieferern oder in der eigenen Fertigung wahrscheinlich nicht eingehalten werden. Es handelt sich jedoch um einen Kunden, den KOLB unbedingt gewinnen / auf keinen Fall verlieren möchte. Es muss also entschieden werden, wie man sich zum gewünschten Liefertermin äußert.

Strategie A
KOLB gibt die gewünschten Preisinformationen und sichert den Liefertermin zu. Man hofft, die Probleme in der Zwischenzeit lösen zu können.

Strategie B
KOLB gibt die gewünschten Preisinformationen, erklärt jedoch, dass der vorgegebene Liefertermin voraussichtlich nicht eingehalten werden kann.

Strategie C
KOLB gibt die Preisinformationen, sichert den Liefertermin unverbindlich zu und verspricht, alles daranzusetzen, um ihn einzuhalten.

Welche Vor- und Nachteile haben die hier beschriebenen Strategien A, B, C in dieser Situation?

Strategien	Vorteile:	Nachteile:
A	…	…
B	…	…
C	…	…

Welche Strategie empfehlen Sie der Firma *KOLB*? Erläutern Sie.

4.3 Berichten Sie, ausgehend von eigenen Erfahrungen (oder von Berichten Ihrer Kollegen), über den Umgang mit Terminvereinbarungen in Deutschland und in anderen Ländern.
- Wie genau werden (Liefer-)Fristen eingehalten?
- Geht der Kunde in seiner eigenen Terminplanung von pünktlicher Lieferung aus?
- Ist «Pünktlichkeit» ein entscheidendes Kriterium für den Erfolg einer Geschäftsbeziehung?
- …

Ein Angebot erstellen

Frau Mundinger erstellt das Angebot für die Firma *SCHOLTE*.

5
Den Inhalt eines Angebots prüfen

5.1 Markieren Sie im Schema die Angaben, die im Angebot der Firma *KOLB* enthalten sind.
Erläutern Sie das Angebot.

5.2 Entspricht es in allen Punkten der Anfrage der Firma *SCHOLTE*?

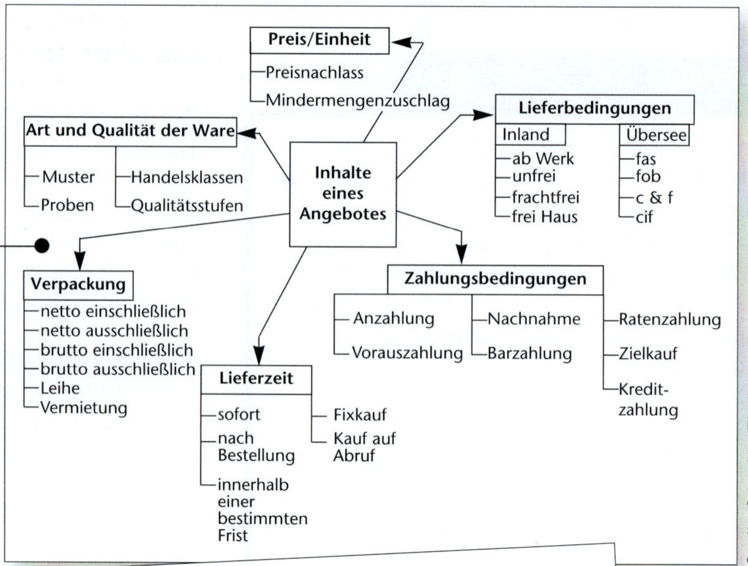

Quelle: Schneider/Zindel, «Industriebetriebslehre»

KOMMANDITGESELLSCHAFT **FRIEDRICH KOLB** GmbH + Co.

KOLB INTERNATIONAL®
GEGRÜNDET · FOUNDED
1932
INDUSTRIE · KOMPONENTEN
INDUSTRY · COMPONENTS
FEINMECHANIK
APPARATEBAU
ZUFFENHAUSER STRASSE 93
70825 KORNTAL-MÜNCHINGEN
STUTTGART – GERMANY
TELEPHONE 07 11/83 25 07
TELEFAX 07 11/83 32 21

FRIEDRICH KOLB · ZUFFENHAUSER STR. 93 · 70825 KORNTAL-MÜNCHINGEN

Walter H. Scholte GmbH & Co. KG
[redacted]

[redacted]

KE6/sn 16.02.2006 hm/gr 21.02.2006

Sehr geehrte Damen und Herren,

wir danken für Ihre Anfrage und möchten Ihnen folgendes Angebot unterbreiten:

32 Stück Innenkonen
nach Zeichnung C3370-33AZ-4B
Werkstoff AS-100A
(3.70.93.12.2) zum Stückpreis von € 652,40
\+ MWST

Lieferzeit: 2-3 Wochen nach Eingang des Vormaterials.
(Lieferzeit ca. 12 Wochen - AS-100 A)

16 Stück Innenkonen
nach Zeichnung C3370-22AF
Werkstoff HK asbestfrei
(3.50.80.32.0) zum Stückpreis von € 618,60
\+ MWST

Lieferzeit: 8-10 Wochen nach Auftragseingang.

Lieferung: ab Werk unverpackt.

Über Ihren Auftrag würden wir uns freuen.

Mit freundlicher Empfehlung
FRIEDRICH KOLB GMBH & CO KG

H. Mundinger

Lieferzeit vorbehalten

Preis ab Werk einschließlich Verpackung

2 % Skonto bei Zahlung innerhalb 10 Tagen nach Rechnungsdatum

Lieferung frei Haus

Angebot

Lieferung solange der Vorrat reicht

Verpackung und Fracht im Preis enthalten

Freibleibendes Angebot bis zum 31.3

Fälligkeit (des Kaufpreises) binnen 30 Tagen nach Empfang der Rechnung

5.3 Welche der genannten Liefer- und Zahlungsbedingungen wären für die Firma *SCHOLTE* günstiger / weniger günstig als die im Angebot von Frau Mundinger? Erläutern Sie.

günstiger:	weniger günstig:
z. B.: «Lieferung frei Haus» würde bedeuten, dass der Lieferer	... ...

Ergänzen Sie weitere Beispiele von günstigeren / weniger günstigen Konditionen.

Angebot – Einleitung

- Wir danken Ihnen für Ihre Anfrage und möchten Ihnen folgendes Angebot unterbreiten/machen: ...
- Wir freuen uns, dass Sie an unseren Erzeugnissen interessiert sind. Wir ...
- Herzlichen Dank für Ihre Anfrage. Wir wissen Ihr Vertrauen zu schätzen. Wir haben Ihnen folgenden Vorschlag ausgearbeitet: ...
- Dass Sie sich wegen ... an uns wenden, werten wir als Vertrauensbeweis. Besten Dank. Unser Angebot ist darauf abgestimmt.
- Sie interessieren sich für ... Hier die Preise und Konditionen: ...
- Wir haben für Sie folgende Preise errechnet: ... Auch in den Lieferkonditionen kommen wir Ihnen gerne entgegen: ...
- Ihre Anfrage ist heute bei uns eingetroffen. Vielen Dank. Wir können Ihnen ...
- Vielen Dank für Ihr Interesse an unseren Erzeugnissen. Wir bieten Ihnen an: ...

Angebot – Abschluss

- Wir würden uns freuen, Ihren Auftrag zu erhalten, und versprechen sorgfältige und pünktliche Lieferung.
- Über Ihren Auftrag würden wir uns freuen.
- Wir erwarten Ihre Bestellung.
- Wir freuen uns auf Ihren Auftrag und sind sicher, dass Sie mit unserer Lieferung zufrieden sein werden.
- Wir freuen uns, wenn Ihnen unser Angebot zusagt.
- Wir bitten um Ihre Auftragsbestätigung.
- Wir wären Ihnen für eine umgehende Bestätigung des Auftrags dankbar.

6
Ein Angebot schreiben

Einleitungs- und Abschlussformulierungen können signalisieren, wie stark das Interesse des Herstellers an einem Auftrag ist.

6.1 Nennen Sie Formulierungen, die ...

starkes Interesse signalisieren:	mäßiges Interesse signalisieren:
...	...

6.2 Verfassen Sie zwei alternative Angebote:

Fall A
Die Firma SCHOLTE ist ein Neukunde, den KOLB unbedingt gewinnen möchte. Allerdings sind die Preise von KOLB sehr knapp kalkuliert und lassen wenig Spielraum für Zugeständnisse.

Fall B
Die Produktionskapazitäten von KOLB sind zurzeit ausgelastet, das Auftragsbuch ist voll. Ein neuer Auftrag würde durch die Notwendigkeit von Überstunden zusätzliche Kosten verursachen. Doch ist natürlich jeder neue Kunde willkommen.

Schreiben Sie ein Angebot, das für den Kunden *(SCHOLTE)* attraktiver ist.
Schreiben Sie ein Angebot, das für den Hersteller *(KOLB)* vorteilhafter ist.

Schriftliche Kommunikation

7 Schriftverkehr zwischen Kunden und Lieferanten

Lesen Sie das Fallbeispiel «*KEYLOCK*» und rekonstruieren Sie anhand der Angaben den Schriftverkehr zwischen dem Kunden *KEYLOCK* und dem Lieferanten *XM-CHIP*.
Orientieren Sie sich dabei an den Beispielen zur Geschäftskorrespondenz auf den vorhergehenden Seiten.

7.1 Schreiben Sie die Anfrage der Firma *KEYLOCK*.

7.2 Schreiben Sie das Angebot der Firma *XM-CHIP*.

Beachten Sie dabei, dass in der modernen Geschäftskorrespondenz (in Briefen ebenso wie in Faxen und E-Mails) ein höflicher, aber möglichst knapper und sachlicher Stil bevorzugt wird.

KEYLOCK

Die Firma KEYLOCK ist ein mittelständisches Unternehmen, das elektrische Schließvorrichtungen unterschiedlicher Art herstellt. Ihr erfolgreichstes Produkt ist ein elektrischer Garagenöffner mit dem Namen „Easy Open", der das bequeme Öffnen des Garagentors mittels einer kleinen Infrarotbedienung ermöglicht.
Der Nachfolger mit dem Namen „Easy Open Deluxe" steht kurz vor der Serienproduktion. Der neue Garagenöffner hat nur noch die Größe einer Münze und lässt sich bequem am Schlüsselbund transportieren. Folglich hat der „Easy Open Deluxe" gute Chancen, ein Verkaufsschlager zu werden, sofern er auf dem Markt nicht zu teuer angeboten wird.
Bei der Kalkulation geht man davon aus, dass die Materialkosten des neuen Modells nicht mehr als 2,80 € betragen dürfen. Das Kernstück der Fernbedienung ist ein kleiner Mikroprozessor, der alleine schon fast ein Drittel der Materialkosten verschlingt.
Der Einkäufer für elektronische Bauelemente bekommt von der Geschäftsführung den Auftrag, 20.000 solcher Mikroprozessoren (Typ: PIC16C711-04/SO) zum bestmöglichen Preis zu beschaffen. Damit die Serienproduktion planmäßig Mitte November anlaufen kann, müssten die Prozessoren bis spätestens Kalenderwoche 46 geliefert werden können.
Der Einkäufer fragt wegen der Prozessoren bei verschiedenen Hehrstellern an und erhält entsprechende Angebote mehrerer Unternehmen.
Das vom Mikroprozessorenhersteller XM-CHIP zugesandte Angebot erweist sich als das günstigste. Es sichert eine Auslieferung in der 44. Kalenderwoche (KW 44) zu und die Mikroprozessoren werden zum Preis von 0,78 € pro Stück zuzüglich Mehrwertsteuer angeboten. Bei Zahlung innerhalb von 14 Tagen werden 2 % Skonto gewährt.

KEYLOCK GmbH & KG
Elektronische Schließvorrichtungen
52425 JÜLICH
Postfach [redacted]
Telefon: 02461-36 97 [redacted]
Fax: 02461-36 82 [redacted]

XM-CHIP
Friedrich-Ebertstr.12-14
76149 Karlsruhe

Ihr Zeichen, Ihre Nachricht | Unser Zeichen | Jülich

Betreff: Anfrage

Sehr geehrte Damen,
sehr geehrte Herren,

- *kurze Erklärung zum Erzeugnis und zur geplanten Serienproduktion*
- *Verweis auf beiliegende technische Spezifikationen*
- *Bitte um Abgabe eines Angebots für ...*

Anlage: (technische Spezifikation)

XM-CHIP AG
Friedrich-Ebertstr. [redacted] 76149 Karlsruhe
Telefon: 0721- 69 57 [redacted] Fax: 0721- 69 57 [redacted]

KEYLOCK GmbH & KG
Elektronische Schließvorrichtungen
52425 JÜLICH
Postfach [redacted]

Ihr Zeichen, Ihre Nachricht | Unser Zeichen | Karlsruhe

Betreff: Ihre Anfrage vom ...

- *Anrede*
- *Dank für die Anfrage*
- *Angebot (Erzeugnis, Preis, Lieferfrist und -bedingungen, Zahlungsfrist und -bedingungen)*
- *Abschluss*

Beanstandungen

- *Als äußersten Liefertermin / Zahlungstermin für … / hatten wir … vereinbart / hatten Sie … zugesagt.*
- *Diese Frist ist nun seit … Tagen überschritten.*
- *Seit dem …. (Datum) warten wir auf …*
- *Ihre Lieferung/Zahlung … steht zurzeit noch aus / … ist noch nicht erfolgt / bei uns noch nicht eingegangen.*
- *Die Lieferung/Zahlung / … ist seit dem … fällig / ist bisher nicht erfolgt / nicht bei uns eingetroffen.*
- *Leider müssen/mussten wir feststellen, … / stellen wir fest, dass … (zirka X % der Ware) Mängel aufweisen / unsachgemäß verpackt waren / beim Transport beschädigt wurden / mit Materialfehlern behaftet sind / Anlass zu Beanstandungen geben.*

Erwartungen, Forderungen

- *Wir erwarten … / Wir hoffen sehr, dass …*
- *Wir bestehen auf / darauf, … / Wir bitten um / darum, …*
- *Bitte bestätigen Sie uns … / sagen Sie verbindlich zu, dass … / überweisen Sie …*
- *den Liefer-/Zahlungsverpflichtungen innerhalb von … (Frist) / bis spätestens zum … (Datum) nachkommen*
- *für die mangelhafte/beschädigte/… Ware / für den entstandenen Schaden Ersatz leisten*
- *einen entsprechenden Preisnachlass gewähren*
- *eine entsprechende Gutschrift/Minderung (von X %) des Rechnungsbetrags akzeptieren*
- *die vertraglichen Vereinbarungen einhalten …*
- *sofortige/umgehende Lieferung / Begleichung der Rechnung vornehmen*
- *die (mangelhafte/beschädigte) Ware bis zum … (Datum) kostenlos zurücknehmen / ersetzen*
- *die Kosten für die (durch den Lieferverzug) entstandenen Schäden / … übernehmen*

7.3 Bei der weiteren Abwicklung des Auftrags kann es aus verschiedenen Gründen zu einem weiteren Schriftwechsel kommen.
Verfassen Sie entsprechende Schreiben.

1. *KEYLOCK*: Mahnung wegen Nicht-Einhaltung des Liefertermins / Antwort von XM-CHIP
2. *KEYLOCK*: Reklamation wegen Mängeln der Ware / Antwort von *XM-CHIP*
3. *XM-CHIP*: Mahnung wegen Zahlungsverzug / Antwort von *KEYLOCK*.

Entschuldigungen

- *Wir bedauern … / Bitte entschuldigen Sie, dass …*
- *Wir bitten um Entschuldigung für … Leider können/konnten wir (wegen …) nicht wie vereinbart …*
- *Sie haben natürlich Recht und wir werden selbstverständlich/umgehend …*

Zusagen

- *Wir sagen/sichern Ihnen … verbindlich zu, dass …*
- *Wir bitten Sie um Ihr Verständnis, wenn wir …*
- *Selbstverständlich sind wir bereit, … / verpflichten wir uns, …*
- *Die Lieferung/Zahlung wird bis zum … (Datum) spätestens erfolgen.*

Richtigstellungen

- *Die (Ware / Zahlung) ist am … (Datum) an Sie abgegangen.*
- *Der Versand (der Ware) / Die Überweisung (des Rechnungsbetrags) ist am … erfolgt.*
- *Die Ware ist bereits versandbereit / unterwegs.*
- *Wir haben unsere Bank angewiesen, den Betrag (…) auf Ihr Konto zu überweisen.*

8 Bearbeitung einer Anfrage: Aufgaben und Zuständigkeiten erläutern

Das Schema zeigt den Ablauf einer traditionellen Anfragebearbeitung.

8.1 Welche Mitarbeiter sind für welche Arbeitsschritte zuständig? Ergänzen Sie das Diagramm. Erläutern Sie die Zuständigkeiten:
z. B.
- *Die Bürokraft* ***hat*** *die eingehende Post in ...* ***zu*** *...*
- *Die Sachbearbeiterin ...*

8.2 Welche Arbeitsschritte sind insbesondere dazu bestimmt, ...
- den Vorgang genau zu dokumentieren?
- Irrtümer beim Erstellen des Angebots zu vermeiden?

8.3 Welche dieser Arbeitsschritte werden heute in der Regel elektronisch, mithilfe des Computers, ausgeführt?
Erstellen Sie ein entsprechend neues Ablaufschema für die Bearbeitung einer Anfrage.

Daten/Texte ...
- *eingeben / abrufen / abspeichern / speichern / kopieren*

Texte/Textbausteine/Daten/Angaben ...
- *einfügen / ergänzen / löschen*

Texte/Dokumente ...
- *erstellen / ausdrucken / weiterleiten (an) / kopieren / mailen*

8.4 Haben Sie Erfahrungen mit der Bearbeitung von Anfragen? Was ist dabei besonders zu beachten? Wobei gibt es häufig Schwierigkeiten oder Fehler?
z. B.
- Termin für Angebotsabgabe
- Spezifikation der Produkte
- Dokumentierung des Vorgangs
- ...

Berichten Sie.

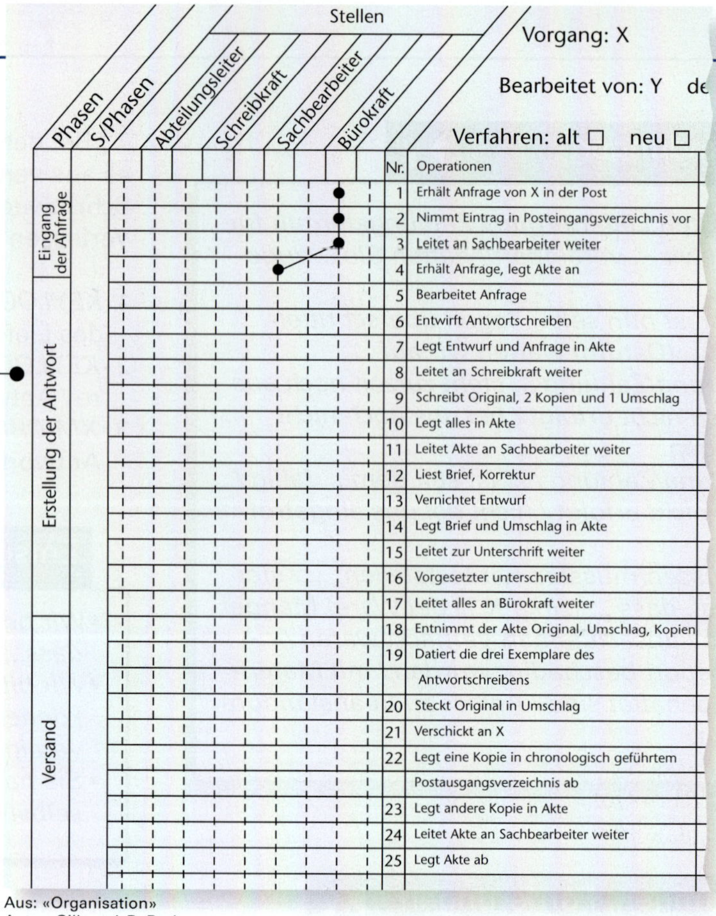

Nr.	Operationen
1	Erhält Anfrage von X in der Post
2	Nimmt Eintrag in Posteingangsverzeichnis vor
3	Leitet an Sachbearbeiter weiter
4	Erhält Anfrage, legt Akte an
5	Bearbeitet Anfrage
6	Entwirft Antwortschreiben
7	Legt Entwurf und Anfrage in Akte
8	Leitet an Schreibkraft weiter
9	Schreibt Original, 2 Kopien und 1 Umschlag
10	Legt alles in Akte
11	Leitet Akte an Sachbearbeiter weiter
12	Liest Brief, Korrektur
13	Vernichtet Entwurf
14	Legt Brief und Umschlag in Akte
15	Leitet zur Unterschrift weiter
16	Vorgesetzter unterschreibt
17	Leitet alles an Bürokraft weiter
18	Entnimmt der Akte Original, Umschlag, Kopien
19	Datiert die drei Exemplare des Antwortschreibens
20	Steckt Original in Umschlag
21	Verschickt an X
22	Legt eine Kopie in chronologisch geführtem Postausgangsverzeichnis ab
23	Legt andere Kopie in Akte
24	Leitet Akte an Sachbearbeiter weiter
25	Legt Akte ab

Aus: «Organisation»
Autor: Gilbert J. B. Probst

Phasen	Abteilungsleiter	Schreibkraft	Sachbearbeiter	Bürokraft	Nr.	Vorgang X Bearbeitet von: Y
Eingang der Anfrage				0	1	*Erhält Anfrage von Firma X per Fax*
					2	...
Erstellung des Angebots						
Versand						

10 Unternehmenspraxis

Über ein Angebot verhandeln

«Da kommen wir Ihnen gerne entgegen!»

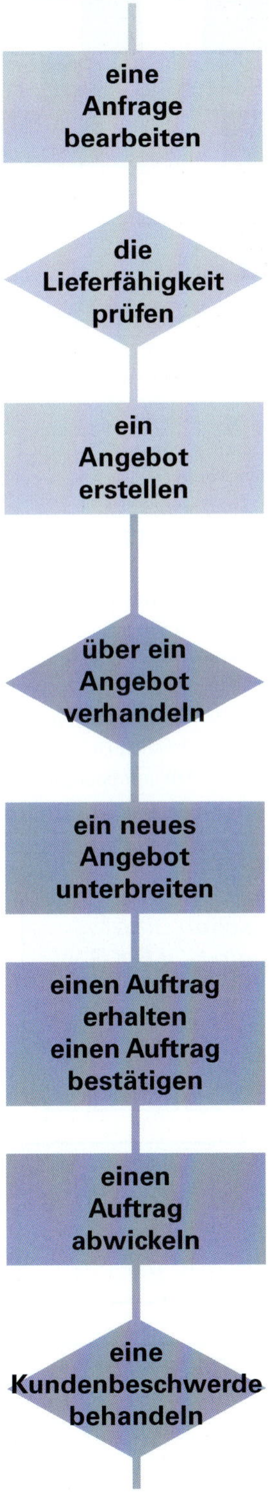

9 Unternehmenspraxis

Sie trainieren:

- zu den Konditionen eines Angebots Stellung nehmen
- Zugeständnisse an den Kunden erwägen
- Wünsche oder Forderungen des Kunden beantworten

- ein neues Angebot formulieren
- über das Angebot verhandeln
- die Gesprächsführung werten
- Verhandlungsstile erläutern

- einen Auftrag prüfen
- die Auftragsabwicklung planen
- die Auftragsabwicklung erläutern

- die Beschwerde eines Kunden entgegennehmen
- Störungen bei der Auftragsabwicklung beheben

Das Angebot der Firma *KOLB* ist an die Firma *SCHOLTE* gegangen. Wenige Tage später erhält Frau Mundinger einen Anruf von Herrn Maurer, dem Einkaufsleiter der Firma *SCHOLTE*.

1 Geschäftlich telefonieren

1.1 Die Übersicht zeigt, wann Gesprächspartner in deutschen Unternehmen und Behörden am ehesten zu erreichen sind.

Zeiten wahrscheinlicher Erreichbarkeit verschiedener Ansprechpartner

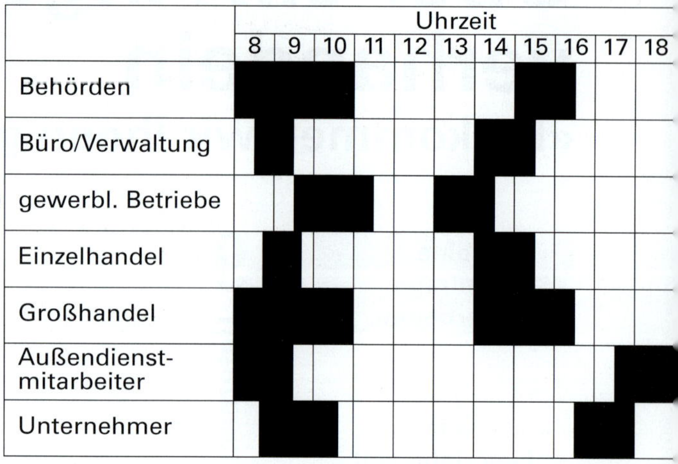

Quelle: M. Harutunian, «Erfolgreich telefonieren»

Welche Erklärungen gibt es dafür?
Berücksichtigen Sie u. a.:

- übliche Geschäfts-, Öffnungs-, Arbeitszeiten
- Pausen
- Auslastung durch dringende Aufgaben
- Anwesenheit im bzw. Abwesenheit vom Büro oder Unternehmen
- starke Inanspruchnahme durch Kunden, Publikum, Besucher, Gesprächspartner
- …

Haben Sie dazu Erfahrungen in Deutschland oder in anderen Ländern gemacht?

1.2 Erstellen Sie ein entsprechendes Schema für Ihr Land und erläutern Sie es.

1.3 Ein Anrufer kann u. a. die hier genannten Wünsche oder Anliegen haben.
Formulieren Sie sie in höflicher Form.

Anliegen, Wünsche

Der/Die AnruferIn möchte …
- mit Frau/Herrn … verbunden werden.
- dringend mit Frau/Herrn … sprechen.
- die Durchwahl von Frau/Herrn … / die Fax-Nummer einer Abteilung erfahren.
- eine Nachricht für Frau/Herrn … hinterlassen.
- den Namen der/des Verantwortlichen für … erfahren.
- den Namen der/des Verantwortlichen buchstabiert bekommen.
- von Frau/Herrn … zurückgerufen werden.
- Frau/Herrn … in einer persönlichen Angelegenheit sprechen.
- erfahren, wo/wie Frau/Herr … zu erreichen ist.
- dass Frau/Herr … von seiner/ihrer Ankunft benachrichtigt wird.

Könnte ich …?
Ich möchte …!
Ich hätte gern …!
Ich würde gern …!
Ich müsste …

Könnten Sie bitte …?
Würden Sie bitte …?
Wären Sie so freundlich, … zu …?

z. B.
*«**Könnte** ich **bitte** Herrn/Frau … sprechen?»*
*«**Ich hätte gern … gesprochen!**»*

MitarbeiterIn am Empfang
- *«KOLB KG, guten Tag!»*
- *«KOLB KG! Sie wünschen bitte?»*
- *«Guten Tag. Hier ist die KOLB KG.»*

(…)
- *«Bleiben Sie bitte am Apparat!»*
- *«Einen Moment bitte, ich …»*
- *«Wie war Ihr Name, bitte?»*

AnruferIn
- *«Hier ist Horst Maurer, Firma SCHOLTE (in …).»*
- *«(Horst) Maurer, Firma SCHOLTE, am Apparat.»*
- *«Hier spricht Horst Maurer von der Firma SCHOLTE.»*

angerufene/r MitarbeiterIn
- *«KOLB KG, Mundinger, guten Tag!»*
- *«Mundinger, guten Tag!»*
- *«Mundinger.»*
- *«Mundinger am Apparat.»*

1.4 Wählen Sie ein Anliegen oder einen Wunsch aus und führen Sie ein Gespräch in den Rollen der beiden MitarbeiterInnen von Firma *KOLB* und Firma *SCHOLTE*.

Gegenstand von Abschlussverhandlungen:

Technische Fragen
- technische Lösung
- Umfang
- technische Änderungen
- Leistung
- usw.

Lieferzeit
- Fertigstellung
- Inbetriebnahme
- Abnahme
- Garantie
- usw.

Zahlungsbedingungen
- Anzahlung
- Zahlungsweise
- Finanzierung
- usw.

Preise
- Preissenkung
- Rabatte
- Preis-Leistungs-Verhältnis
- usw.

Über ein Angebot verhandeln

Frau Mundinger nimmt den Anruf von Herrn Maurer entgegen.

2 Verhandlungsziele nennen

2.1 Die hier genannten Punkte stehen bei der Verhandlung über einen Auftrag häufig zur Diskussion. Erläutern Sie diese Punkte.
z. B.
«technische Fragen»:
Gäbe es alternative technische Lösungen?
Könnte man billigere Materialien verarbeiten?
...?

2.2 Die Formulierungen des Kunden können Aufschluss über die Art der Geschäftsbeziehung geben.

1.	2.	3.
Der Kunde besitzt die stärkere Position.	Der Lieferer hat die stärkere Position.	Das Verhältnis ist ausgewogen/ partnerschaftlich.

Werten Sie die hier genannten Formulierungen entsprechend.

u Angebotskonditionen Stellung nehmen
- *«Mit dem Preis / den Lieferterminen / ... haben wir ein Problem: ...»*
- *«Ließe sich bei ... nicht etwas machen?»*
- *«... sind für uns inakzeptabel.»*
- *«... entspricht/entsprechen nicht unseren Vorstellungen.»*
- *«Ihr Angebot befriedigt uns nicht, insbesondere was ... betrifft.»*
- *«... erscheinen uns wenig entgegenkommend.»*
- *«Wir sind mit ... nicht einverstanden und erwarten deshalb ...»*
- *«Bei diesen ... werden wir wohl kaum ins Geschäft kommen!»*
- *«Wenn Sie bei ... keine günstigeren Bedingungen einräumen, müssen wir uns leider an einen anderen Lieferanten wenden.»*
- *«Wir müssten noch einmal über ... sprechen, denn da hatten wir andere Vorstellungen: ...»*

2.3 Was ist vermutlich der Anlass für den Anruf von Herrn Maurer?
Wie könnte er ihn erklären?

Es geht um Folgendes: ...
Ich rufe Sie wegen des/der ... an: ...
Es handelt sich um ...
Sie haben uns ...

3 Aufgaben planen und Prioritäten setzen

Frau Mundinger ist im Augenblick des Anrufs mit anderen, dringenden Aufgaben beschäftigt.

3.1 Welche Antworten erscheinen Ihnen in dieser Situation richtig / nicht richtig?
Erläutern Sie.

«Ich bin jetzt gerade mit einer anderen, dringenden Angelegenheit beschäftigt. Ich werde Sie so bald wie möglich zurückrufen.»

«Entschuldigen Sie, wenn ich nicht sofort auf Ihr Anliegen eingehen kann. Können Sie später noch einmal anrufen?»

«Ich habe leider die Unterlagen gerade nicht zur Hand. Ich werde Sie später zurückrufen.»

«Ich werde die Unterlagen prüfen. Kann ich Sie heute Nachmittag um ... zurückrufen?»

«Darf ich Sie diesbezüglich in einer Stunde zurückrufen?»

3.2 Formulieren Sie Empfehlungen für die Kommunikation mit Kunden oder Geschäftspartnern.
Nennen Sie Fehler, die vermieden werden sollten.

4
Die Überprüfung eines Angebots zusagen

CD 2: 02

4.1 Hören Sie das Gespräch. Ergänzen Sie die Gesprächsnotiz von Frau Mundinger.

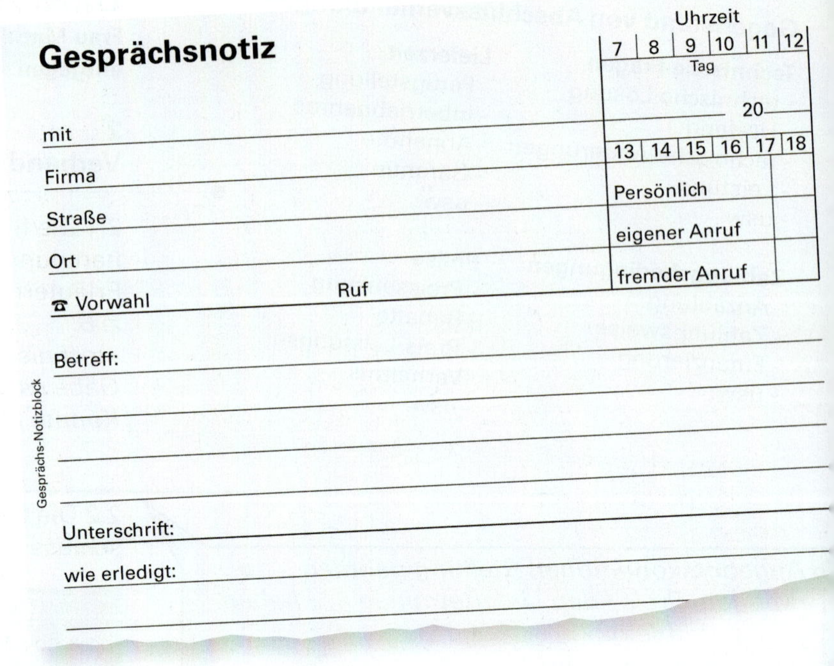
Gesprächsnotiz

mit

Firma

Straße

Ort

☎ Vorwahl   Ruf

Uhrzeit

7 | 8 | 9 | 10 | 11 | 12

Tag

20

13 | 14 | 15 | 16 | 17 | 18

Persönlich

eigener Anruf

fremder Anruf

Betreff:

Unterschrift:

wie erledigt:

Gesprächs-Notizblock

4.2 Welche Hinweise gibt es, dass beide Gesprächspartner sich bereits kennen?

4.3 Wie würde das Gespräch verlaufen, wenn beide Gesprächspartner noch nicht miteinander bekannt wären? Führen Sie das Gespräch in den Rollen von Frau Mundinger und Herrn Maurer.

5
Verhandlungspositionen bestimmen

Bei einer Verhandlung über ein Angebot ist es wichtig für den Lieferanten, seine Position im Vergleich zu den Hauptkonkurrenten zu kennen.

5.1 Erläutern Sie die Konkurrenzvergleiche aus Sicht der Firma A und B:

- *Es ist richtig, dass ..., aber dafür ...*
- *Unser/Unsere ... ist/sind ungefähr/deutlich ..., unser/unsere ... dagegen ist/sind ...*
- *Zwar ist/sind ..., aber unser/unsere ...*
- *Unser/Unsere ist/sind ..., allerdings ist/sind ...*

Firma A	0	1	2	3	4
unser Preis	deutlich zu hoch	**höher**	gleich	niedriger	deutlich niedriger
unsere Qualität	deutlich schlechter	schlechter	gleich	besser	**deutlich besser**
unsere Lieferzeit	deutlich schlechter	schlechter	gleich	**besser**	deutlich besser
unsere Referenzen	deutlich schlechter	schlechter	gleich	**besser**	deutlich besser

Punkte: 11

Firma B	0	1	2	3	4
unser Preis	deutlich zu hoch	höher	gleich	**niedriger**	deutlich niedriger
unsere Qualität	deutlich schlechter	schlechter	**gleich**	besser	deutlich besser
unsere Lieferzeit	deutlich schlechter	**schlechter**	gleich	besser	deutlich besser
unsere Referenzen	deutlich schlechter	schlechter	**gleich**	besser	deutlich besser

Punkte: 8

5.2 Welche Verhandlungsstrategien ergeben sich jeweils? Erläutern Sie.
Firma A/B:

Das Unternehmen sollte/kann/müsste ...

- *bei ... Zugeständnisse machen/... dem Kunden entgegenkommen, denn ...*
- *bei ... unnachgiebig/hart bleiben, denn ...*
- *betonen/unterstreichen, dass ...*
- *darauf hinweisen, dass ...*

mögliche Alternativen:

1. bei Abnahme größerer Stückzahlen Preisnachlass von 5 % gewähren
2. bei Sofortzahlung nach Lieferung der Ware 3 % Skonto anbieten
3. Gewährung eines Preisnachlasses grundsätzlich ausschließen
4. bei Vorauszahlung Preisnachlass von 6 % einräumen
5. Preisminderung bei Verwendung eines billigeren Materials vorschlagen
6. Posten 1 und Posten 2 zum Einheitsstückpreis von 645,– € anbieten
7. um zwei Wochen früheren Liefertermin zusagen
8. früheren Liefertermin an Preiszuschlag von 5 % binden (erhöhte Kosten)
9. früheren Liefertermin ausschließen
10. Sofortlieferung von Posten 2 bei Abnahme eines leicht abweichenden Modells (das auf Lager ist) vorschlagen

Frau Mundinger bespricht mit dem Abteilungsleiter mögliche Zugeständnisse.

6 Zugeständnisse erwägen

6.1 Wie beurteilen Sie die Alternativen (1–10) im Hinblick auf ihre Kundenorientierung?
Nennen Sie jeweils Beispiele:

- besonders entgegenkommend: ...
- entgegenkommend, allerdings an Bedingungen gebunden: ...
- abschlägig: ...

6.2 Welche der hier genannten Formulierungen erscheinen Ihnen eher ...
- sachlich/geschäftsmäßig?
- bewusst kundenorientiert?

Beantwortung von Kundenwünschen

Konditionen

- Bei ... kommen wir Ihnen gern mit ... entgegen.
- Wir freuen uns, Ihnen ...
- Die hohen Qualitätsansprüche, die wir an unsere Produkte stellen, erlauben uns leider nicht/nur ...
- Zu unserem Bedauern ist ... / können wir ...
- Wir gewähren grundsätzlich ...
- Aufgrund der hohen Nachfrage können wir leider ...
- Wir können Ihnen gerne ..., allerdings ...
- Wir kommen Ihnen gerne entgegen und ...
- Wir pflegen auf diese Artikel unseres Sortiments kein/e/n ...
- Wir freuen uns, Ihnen als neuem/gutem/langjährigem Kunden ...

6.3 Formulieren Sie entsprechende Antworten an den Kunden.
z. B.
(1) ***Bei*** *Abnahme größerer Stückzahlen* ***kommen wir Ihnen gern mit*** *einem Preisnachlass von 5 %* ***entgegen.***
...

6.4 Bei der Entscheidung über ein Angebot werden u. a. die in der Kundenkartei enthaltenen Informationen berücksichtigt.
Vergleichen Sie die beiden (möglichen) Kundenprofile der Firma *SCHOLTE*: Welche Unterschiede gibt es? Welchen Einfluss können diese Unterschiede auf das Angebot der Firma *KOLB* haben?

Firmenname:	SCHOLTE KG
Telefon:	0221/8399
Einkaufsleiter:	Dr. Horst Maurer
E-Mail:	hmaurer@scholte.de
Beschäftigte:	280
Umsatz 2004:	31 Mill.€
Kunde seit:	2002
Rabattstaffel:	ab 12.000 €: 4,5 %
	ab 20.000 €: 5,5 %
Umsatz mit uns	
2002:	95.000 €
2003:	120.000 €
2004:	115.000 €
Zahlungsbedingungen:	14 Tage 2 % Skonto
	30 Tage netto
Lieferbedingungen:	ab Werk
Kreditrahmen:	100.000 €
Zahlweise:	pünktlich, Skontoausnutzung

Firmenname:	SCHOLTE KG
Telefon:	0221/8399
Einkaufsleiter:	Dr. Horst Maurer
E-Mail:	hmaurer@scholte.de
Beschäftigte:	280
Umsatz 2004:	31 Mill.€
Kunde seit:	1994
Rabattstaffel:	ab 8.000 €: 2,5 %
	ab 15.000 €: 5,5 %
Umsatz mit uns	
2002:	32.000 €
2003:	57.000 €
2004:	42.000 €
Zahlungsbedingungen:	14 Tage 2 % Skonto
	30 Tage netto
Lieferbedingungen:	ab Werk
Kreditrahmen:	35.000 €
Zahlweise:	unpünktlich, häufig erst nach Anmahnung

Unternehmenspraxis

Ein neues Angebot unterbreiten

Frau Mundinger ruft wie vereinbart Herrn Maurer von der Firma *SCHOLTE* an.

7 Eine Einigung erzielen

7.1 Hören Sie das Gespräch.
Machen Sie Notizen zu den folgenden Punkten.

CD 2: 03

	Wünsche des Kunden	Angebote von *KOLB*	Verein-barungen
Stück-zahlen			
Preise			
Liefer-termine			
Sonstiges			

Erläutern Sie das Gesprächsergebnis.

- *sich einigen auf... / darauf, ...*
- *sich einverstanden erklären mit ... / damit, ...*
- *(das Angebot / den Vorschlag, ...) annehmen*
- *übereinkommen, dass ...*

7.2 Bemühen sich beide Gesprächspartner um den Erhalt und die Pflege ihrer Geschäftsbeziehung oder verhandeln sie «hart»?
Kreuzen Sie an und erläutern Sie Ihre Antworten anhand von Beispielen aus dem Gespräch.

1. Der Tonfall ist/bleibt partnerschaftlich. ☐
2. Beide Seiten machen Zugeständnisse. ☐
3. Es werden einseitige Zugeständnisse gefordert. ☐
4. Beide Partner können «das Gesicht wahren». ☐
5. Forderungen/Angebote werden erläutert. ☐
6. Die Interessenlage des Partners wird berücksichtigt. ☐

7.3 Lesen Sie die Auszüge aus den Transkripten der beiden Telefongespräche.
Welche Ausdrücke und Wendungen signalisieren die Kooperationsbereitschaft der beiden Gesprächspartner? Nennen Sie Beispiele.

Maurer: Ja, Frau Mundinger, grüß Gott. Hier ist Maurer. Ich habe eine Bitte. Und zwar – wir haben von Ihnen ein Angebot bekommen über zwei Positionen Innenkonen, und da haben wir ein paar kleine Probleme, einmal mit der Lieferzeit und dann auch mit dem Preis von der ersten Position. Ich weiß jetzt nicht – Sie haben ja sicherlich nicht gerade die entsprechenden Unterlagen vor sich liegen – jetzt wollt ich Sie bitten ... können Sie das mal überprüfen und mich dann zurückrufen?
Mundinger: Also, ich suche mir mal die Unterlagen raus, wir überprüfen die Sache und dann kriegen Sie wieder Bescheid.

Mu: Wir haben vorher miteinander gesprochen, wegen der Anfrage von Ihnen, wegen der 32 Innenkonen, dass Sie mit dem Preis nicht ganz hinkommen. Also wir haben das jetzt überprüft ...
Ma: Ja ... und?
Mu: Ja, ich hätte einen Vorschlag. Vielleicht können Sie eine größere Stückzahl abnehmen, dann können wir Ihnen etwa 5 % nachlassen.
Ma: Da sind wir ja jetzt bei 32 Stück ... von 32 Stück sind wir ausgegangen, da hatten wir angefragt. Sekunde mal schnell. Ich müsste da mal hier in der Technik fragen oder bei dem Mann, der die Planung macht, ob wir vielleicht eine weitere Serie ... das wären zwei mal acht, das wären also 16 Stück mehr ... kleinen Moment mal ...

Ma: Also, ich gehe davon aus, dass wir mehr bestellen können. Wir haben immer wieder Bedarf, das geht dann halt aufs Lager.
Mu: Gut ... also das wären dann 48 vom Posten 1.
Ma: Genau. Aber wir sollten dann mindestens die fünf Prozent haben, dass wir ungefähr bei sechshundertdreiundzwanzig ... sechshundertzweiundzwanzig, so in dem Rahmen liegen ... Davon würde ich jetzt ausgehen.
Mu: Also, ich würde vorschlagen, wir machen Ihnen einen Preis von ... sechshundertzweiundzwanzig Euro ... siebzig, würd' ich sagen. Da kommen wir Ihnen dann entgegen.
Ma: Mhm ... zweiundzwanzig-siebzig ... Na-ja ... Gut, das können wir so machen.
Mu: Sind Sie somit einverstanden?
Ma: Ja, ich denke also, die 622, 70, das wäre ein akzeptabler Preis ... Das wäre also das eine. Das zweite war ja – was ich noch gefragt habe – wegen der Lieferzeit. Die ist beim besten Willen zu lang, das ist ein Exportauftrag und wir kommen da also nicht hin. Weil da ein Letter of Credit vorliegt ... wir können da nicht insgesamt fast 18 Wochen oder 16 Wochen zuwarten.
Mu: Ja, wir haben uns da auch mit unseren Lieferanten abgesprochen. Wir könnten es also doch in acht Wochen schaffen.
Ma: Das ist natürlich ein Wort.
Mu: Geht es so?
Ma: Ja, also wenn ich mich da drauf verlassen kann ...

Ma: Gut, Frau Mundinger. Dürfte ich Sie bitten – dass ich mich da ein bisschen absichere –, würden Sie mir das noch schriftlich per Fax bestätigen?

7.4 Reaktionen und Forderungen könnten weniger zurückhaltend oder entgegenkommend ausgesprochen werden.
Formulieren Sie Äußerungen der beiden Gesprächspartner entsprechend um.

Äußerungen im Gespräch	«direkter» ausgesprochen
H. Maurer: *«... da haben wir ein paar kleine Probleme, einmal ...»* *«...»* *«...»*	*z. B.* *«Wir sind weder mit der Lieferzeit noch mit dem Preis einverstanden! Wenn Sie nicht ...»* *«...»*

	Wünsche des Kunden	Angebote von *KOLB*
Stückzahlen		
Preise		
Liefertermine		
Sonstiges		

CD 2: 04

7.5 Sie hören zwei Varianten des Gesprächs.
Wie bewerten Sie die beiden Gespräche? Kreuzen Sie an.

Gespräch a	b	
☐	☐	1. wird vom Kunden dominiert
☐	☐	2. wird vom Hersteller dominiert
☐	☐	3. ist ausgewogen/partnerschaftlich

Erläutern Sie Ihren Eindruck.
Berücksichtigen Sie dabei auch die Kriterien, die in Aufgabe 7.2 genannt werden.

7.6 Verändern Sie für beide Gesprächspartner die Gesprächsziele und Verhandlungsspielräume.
Führen Sie das Gespräch zwischen den Mitarbeitern der beiden Firmen noch einmal.

Warum/Weshalb ich anrufe, ist Folgendes: ...
Es handelt sich / Es geht um Folgendes: ...
Ich rufe wegen ... an: ...
Wir haben Ihr Angebot vom ... erhalten. Ich rufe Sie jetzt an, weil ...

Gesprächsorganisation: Konventionen des Diskursablaufs

Direktheit/Indirektheit

Franzosen fällt auf, dass viele Deutsche bemüht sind, ihre Argumentationen durch ausführliche Hintergrundinformationen und Fakten zu stützen. Während sie ungeduldig auf den Kern des Problems warten, formulieren Deutsche in ihren Augen umständliche und detaillierte Erklärungen für ihre Standpunkte, die erst am Ende der Redebeiträge deutlich werden. Auf Argumentationen in französischem Redestil, d. h. auf Themaabweichungen, Assoziationen und Wortspiele reagierten deutsche Gesprächspartner eher irritiert.

Beispiele:

Franzosen fällt auf, wie genau in vielen deutschen Unternehmen Arbeitsanweisungen an Mitarbeiter weitergegeben werden (Explizitheit). Ähnliches gilt für Arbeitsplatzbeschreibungen bzw. Arbeitsverträge.
Ungewohnt für sehr viele ausländische Geschäftsleute ist die Art und Weise, wie explizit viele Deutsche ihre Ablehnung (Nichtübereinstimmung) zum Ausdruck bringen. So bemängeln französische Geschäftsleute, dass deutsche Gesprächspartner sich weniger bemühten, Sprechhandlungen des Widersprechens in eine für Franzosen akzeptable Form zu bringen, z. B. durch Relativierungen in Form von Konjunktivgebrauch. Sätze wie:
(D): »Bei einem solchen Preis brauchen wir gar nicht mehr weiterzudiskutieren!«
oder
(D): »Das ist völlig unakzeptabel!«,
würden in französischen Verhandlungskontexten eine sehr starke Störung der Beziehung zur Konsequenz haben.

B.-D. Müller (Hrsg.), «Interkulturelle Wirtschaftskommunikation»

7.7 Der Text beschreibt, was französischen Gesprächspartnern am deutschen Gesprächs- und Verhandlungsstil auffällt.

Was wird als «typisches» Merkmal des deutschen Gesprächsstils bezeichnet?

Entsprechen diese Beobachtungen Ihren eigenen Erfahrungen?

Wie wird der Verhandlungsstil in Ihrem Land von deutschen Gesprächspartnern beurteilt?

Unternehmenspraxis

Einen Auftrag abwickeln

Der schriftliche Auftrag der Firma *SCHOLTE* ist eingegangen. Die Firma *KOLB* beginnt mit der Ausführung.

8
Eine Auftragsabwicklung planen

8.1 Entsprechen Auftrag und Auftragsbestätigung den vorangegangenen Vereinbarungen? Erläutern Sie.

8.2 In welcher Reihenfolge werden die verschiedenen Aufgaben ausgeführt? Notieren Sie (1–16).

Auftrag
___ Auftrag prüfen
___ ... bestätigen
___ ... an Fertigungsabteilung weiterleiten
___ Auftrag an Buchhaltung weiterleiten

Fertigung
___ Vormaterial bei Zulieferer anfordern
___ Fertigung planen
___ ... ausführen
___ fertige Teile lagern

Rechnung
___ Rechnung ausstellen
___ ... an Kunden schicken
___ Zahlungseingang prüfen

Versand
___ Lieferschein ausstellen
___ Spedition beauftragen
___ Versandmeldung an Verkaufsabteilung weiterleiten
___ Versandanzeige an Kunden schicken
___ Versand durchführen

8.3 Beschreiben Sie den Ablauf der Auftragsbearbeitung.
z. B.
Zunächst wird** der Auftrag **geprüft.
Dann ...
Anschließend ...

scholte

Walter H. Scholte
GmbH & Co KG Werkzeugmaschinenfabrik

Walter H. Scholte GmbH & Co. KG, [redacted]

Friedrich Kolb GmbH & Co KG
Feinmechanik
Zuffenhauser Str. 93

70825 Korntal-Münchingen

EINGEGANGEN
13. März 2006
Erl. ....

Ihr Zeichen	Unsere Zeichen	Datum
	KE6 0221/8399237	09.03.06
Bestellung Nr.	3.70.93.12.2/01	
Liefertermin:	KW 20/06	

Gem. Offerte vom 21.2.06

Einzelpreis €

48 Innenkonus
nach unserer Zeichnung
C3370-33AZ-4B
Werkstoff
AS-100A
-
eines der beigefügten
Zeichnungsexemplare ist
unbedingt mit der Lieferung
zurückzugeben

622,70
netto

Die Bestellung erfolgt ausschließlich zu den umstehend abgedruckten Einkaufs- und Auftragsbedingungen.

Die Bestell-Nr. ist auf allen Auftragsbestätigungen anzugeben. Wir behalten uns andernfalls vor, Lieferungen und Rechnungen zurückzuweisen.

Lieferschein zweifach (bitte stets der Warensendung beifügen)

Rechnung zweifach

Versandanschriften (falls kein anderer Bestimmungsort angegeben ist):

Speditionssendungen:
[redacted]

Stückgut, Expressgut:
[redacted]

Warenannahme:
Montag – Freitag
7.30 – 15.30 Uhr

Geschäftsräume:
[redacted]

Telefon: [redacted]
Telefax: [redacted]

USt. IdNr. DE123044/55

Walter H. Scholte GmbH & Co. KG
Werkzeugmaschinenfabrik
i. V. i. A.

Anlage

KOMMANDITGESELLSCHAFT **FRIEDRICH KOLB** GmbH + Co.

FRIEDRICH KOLB · ZUFFENHAUSER STR. 93 · 70825 KORNTAL-MÜNCHINGEN

Walter H. Scholte
GmbH & Co. KG
[redacted]

[redacted]

KOLB INTERNATIONAL®
GEGRÜNDET · FOUNDED
1932
INDUSTRIE · KOMPONENTEN
INDUSTRY · COMPONENTS
FEINMECHANIK
APPARATEBAU
ZUFFENHAUSER STRASSE 93
70825 KORNTAL-MÜNCHINGEN
STUTTGART – GERMANY
TELEPHONE 07 11/83 25 07
TELEFAX 07 11/83 32 21

IHRE ZEICHEN	IHRE NACHRICHT VOM	UNSERE ZEICHEN	DATUM
		hm/ts	14.03.2006

Auftragsbestätigung:

Hiermit bestätigen wir Ihre Bestellung Nr.: 3.70.93.12.2/01
wie folgt:

48 Stück Innenkonus
nach Zeichnung C3370-33AZ-4B
Werkstoff AS 100A
Stückpreis € 622,70
+ MwSt.

Lieferung: ab Werk unverpackt

Lieferzeit: Wir werden versuchen, Ihren Wunsch Lieferung KW 20 einzuhalten bzw. den Termin vorzuziehen. Dies hängt vom Material-Vorlieferanten ab. Lieferzeit aufgrund des Vormaterials, sonst KW 22.

Mit freundlicher Empfehlung

Friedrich Kolb
GmbH & Co. KG

H. Mundinger

Telefax

Reklamation
Ihre Kommission 95058
unsere Bestellung Nr. 3.70.93.12.2/01
15 Stück (33 Stück i. O.)

Sehr geehrte Damen und Herren,

unsere Wareneingangskontrolle hat bei der Prüfung der Ware aus unserer vorgenannten Bestellung festgestellt, dass diese nicht unserer Qualitätsvorschrift entspricht.

Die Fehlermeldung lautet wie folgt:

Innen-Ø 120,1 + 0,2 wurde 1 mm kleiner gefertigt.

Die Ware ist für uns so nicht verwendbar und kann nicht übernommen werden.

Wir haben den Rückversand an Sie veranlasst.

Rechnen Sie bitte mit der Rücksendung der betreffenden Rechnung.

Bitte liefern Sie umgehend anforderungsgemäßen Ersatz unter der o. a. Bestell-Nr. gegen Neuberechnung.

mfg – Walter H. Scholte GmbH & Co. KG
i. A.

Rechnung anbei zurück.
mfg i.A. [Unterschrift]

Wenige Tage nach Lieferung der Innenkonen geht bei *KOLB* eine Beanstandung des Kunden ein. Frau Mundinger wird von Herrn Maurer angerufen.

Eine Kundenbeschwerde behandeln

9 Die Beschwerde eines Kunden entgegennehmen

9.1 Bereiten Sie das Gespräch vor. Berücksichtigen Sie dabei die sachlichen Gegebenheiten, die Ihnen aus Anfrage und Angebot bekannt sind.
Bestimmen Sie die Gesprächsziele auf beiden Seiten.

Herr Maurer:
- wichtigstes Ziel
- Lösungen, die er akzeptieren würde

Frau Mundinger:
- Strategie bei der Behandlung der Beschwerde
- Lösungsvorschläge

9.2 Führen Sie das Gespräch zwischen Herrn Maurer und Frau Mundinger.

***Herr Maurer** erläutert den Auftrag, um den es geht, und den Mangel, der bei der Qualitätskontrolle festgestellt wurde. Er erwartet eine kurzfristige Lösung.*

***Frau Mundinger** ist bereits über die Beschwerde informiert. Sie hat mit dem Abteilungsleiter verschiedene Lösungsalternativen abgesprochen.*

Kundenorientierte Behandlung von Beschwerden

finanziell	materiell	immateriell
Geldrückgabe	Umtausch	Entschuldigung
Preisnachlass	Reparatur	Erklärung
Schadenersatz	anderes Produkt	Information
	Geschenk	

Quelle: (nach) Stauss/Seidel, «Beschwerdemanagement»

Kunde
- *«Es gibt da ein Problem: …»*
- *«Wir sind sehr unzufrieden mit …»*
- *«Sie können sich sicher vorstellen, dass …»*
- *«Ist Ihnen klar, in welche Schwierigkeiten Sie uns bringen? …»*
- *«Ich verlange, dass …»*
- *«Ich möchte Sie darum bitten, …»*
- *«Sehen Sie eine Möglichkeit, …?»*
- *«Das ist keine Lösung für uns: Wir …»*
- *«Das hilft uns nicht weiter, denn …»*
- *«Bitte bestätigen Sie uns per Fax …»*

Lieferer
- *«Das ist wirklich sehr bedauerlich, …»*
- *«Ich verstehe sehr gut, dass …»*
- *«Ich habe die Sache sofort untersuchen lassen: …»*
- *«Ich möchte Ihnen Folgendes vorschlagen: …»*
- *«Wären Sie mit der folgenden Lösung einverstanden: …?»*
- *«Wir werden Ihnen selbstverständlich …»*
- *«Ich verstehe natürlich Ihr Problem, aber wir können leider nicht/nur …»*
- *«Ich bitte Sie um Verständnis, wenn wir …»*

10
Störungen bei der Auftragsabwicklung beheben

Rekonstruieren Sie anhand des gesamten Schriftwechsels den vermutlichen Ablauf der Auftragsabwicklung:
z. B.
Die Firma KOLB hat die Teile hergestellt und ...
...
Die Firma SCHOLTE hat bei der Wareneingangskontrolle festgestellt, dass ...
Daraufhin ...
...

KOMMANDITGESELLSCHAFT **FRIEDRICH KOLB** GmbH + Co.

FRIEDRICH KOLB · ZUFFENHAUSER STR. 93 · 70825 KORNTAL-MÜNCHINGEN

Walter H. Scholte
GmbH & Co. KG
[redacted]

[redacted]

KOLB INTERNATIONAL®
GEGRÜNDET · FOUNDED
1932
INDUSTRIE · KOMPONENTEN
INDUSTRY · COMPONENTS
FEINMECHANIK
APPARATEBAU
ZUFFENHAUSER STRASSE 93
70825 KORNTAL-MÜNCHINGEN
STUTTGART – GERMANY
TELEPHONE 07 11/83 25 07
TELEFAX 07 11/83 32 21

Ihre Bestellung-Nr.: 3.70.93.12.2/01 vom 09.03.2006
Unsere Komm.-Nr.: 95 058

RECHNUNG NO.:
INVOICE NO.: 124/06

DATUM:
DATE: 16.05.06/ts

Sie erhalten ab Werk per Bahnexpress

48 Stück Innenkonus
nach Zeichnung
C3370-33AZ-4B
Werkstoff AS-100A

Stück € 622,70 — € 29.889,60
+ 15 % MwSt. — € 4.483,44

€ 34.373,04

scholte

Walter H. Scholte
GmbH & Co KG Werkzeugmaschinenfabrik

Walter H. Scholte GmbH & Co. KG, [redacted]

Ihr Zeichen	Unsere Zeichen	Datum
	KE6/sn Tel-237	09.6.2006

Kolb, Korntal
0711/833221

Telefax

Ihre Kommission — 95058
unsere Bestellung Nr. — 3.70.93.12.2/01
Rekl. vom 26.5.2006

Sehr geehrte Damen und Herren,

☐ Der bisher vereinbarte/vorgesehene Termin reicht leider nicht aus. Die Lieferung muss nach Möglichkeit bereits in KW /06 erfolgen.

☒ Bitte bestätigen Sie, dass der Versand dieser äußerst dringend benötigten Teile in diesen Tagen erfolgt.

☐ Diese Teile werden spätestens zum angegebenen Termin KW /06 benötigt.

☐ Wir kommen nur zurecht, wenn die Lieferung zusagegemäß/wie vorgegeben in KW /06 erfolgt.
Besser wäre es, wenn sich dieser Termin noch abkürzen ließe.

Ihren Bescheid/Ihre Zusage erwarten wir per Telefax bis zum

12.06.06

mfg – Walter H. Scholte GmbH & Co. KG

KOMMANDITGESELLSCH...

FRIEDRICH K...

Walter ...
GmbH & ...
[redacted]

[redacted]

70825 KORNTAL-MÜNCHINGEN
STUTTGART – GERMANY
TELEPHONE 07 11/83 25 07
TELEFAX 07 11/83 32 21

UNSERE ZEICHEN hm/ts — DATUM 12.06.2006

Ihre Bestellung-Nr.: 3.70.93.12.2/01 vom 09.03.2006
Unsere Komm.-Nr.: 95 058

Sehr geehrte Damen und Herren,

am 16.05.06, mit unserer Rechnung 124/06, haben wir Ihnen 48 Stück Innenkonen geliefert und berechnet.

15 Stück wurden von Ihnen zurückgesandt zur Nacharbeit. Diese erhalten Sie heute kostenlos zurück. 33 Stück der Konen waren gut laut beigefügtem Fax.

In der Anlage erlauben wir uns, Ihnen eine neue Rechnung über die komplette Lieferung von 48 Stück zu übersenden.

Mit freundlicher Empfehlung

Friedrich Kolb
GmbH & Co. KG

H. Mundinger

Projekt

11
Die Bearbeitung eines Reklamationsfalls

Besorgen Sie sich Informationen zu einem Reklamationsvorgang in einem Ihnen bekannten Unternehmen.

Berichten Sie darüber.
Erläutern Sie insbesondere, ...

- ob/warum es zu einer dauerhaften Störung oder zum Abbruch der Geschäftsbeziehung kam.
- ob/wie durch kundenorientierte Behandlung der Beschwerde die Geschäftsbeziehung erhalten oder verbessert wurde.

11

Vertriebswege und Vertriebspartner

Hintergrund

Das Lernangebot in diesem Kapitel:

Fallbeispiel: *COMPAQ*

- Vertriebsmodelle beschreiben und vergleichen
- Vertriebsstrategien erläutern

Vertriebswege Absatzwege

- Absatzwege beschreiben
- Merkmale verschiedener Absatzwege erläutern
- direkten und indirekten Absatz vergleichen
- Kriterien für die Wahl eines Absatzweges erläutern

Absatzmittler: Reisende und Handelsvertreter

- Leistungen von Absatzmittlern erläutern und vergleichen
- Kosten ermitteln und vergleichen
- Kriterien für die Auswahl des geeigneten Absatzmittlers nennen und begründen

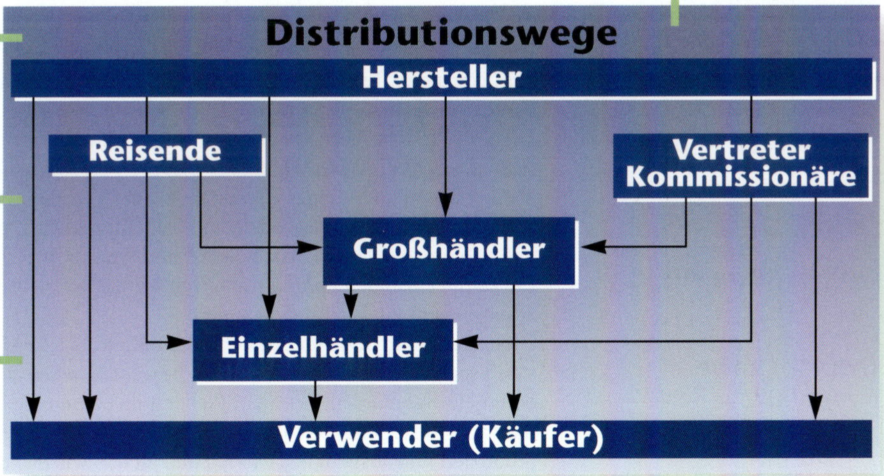

Der Vertrieb auf ausländischen Märkten

- spezifische Bedingungen beim Eintritt in ausländische Märkte erläutern
- Vorteile und Nachteile verschiedener Vertriebswege werten
- Gewinnaussichten und Risikofaktoren erläutern

Fallbeispiel: *COMPAQ*

1
Vertriebsstrategien bei *COMPAQ*

1.1 Lesen Sie den Titel und den ersten Abschnitt des Fallbeispiels. Erläutern Sie den Kontext:
- Computermarkt
- Wettbewerb
- Absatzkanäle

1.2 Das Schema zeigt verschiedene Absatzwege.

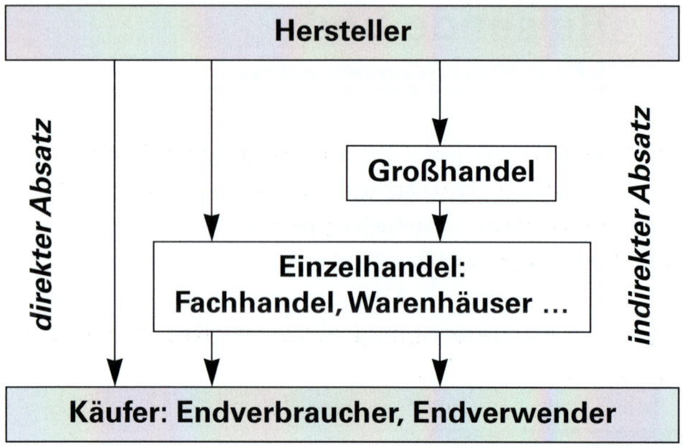

Quelle: (nach) Heinen, «Industriebetriebslehre»

Welcher Absatzweg entspricht dem im Text beschriebenen Modell von *COMPAQ*?
Welche weiteren Absatzwege für PCs werden in der Einleitung genannt? Erläutern Sie.

1.3 Lesen Sie das Fallbeispiel.
Markieren Sie im Text wichtige Informationen zum neuen Vertriebsmodell (ODM).

1.4 Was kennzeichnet das Modell ODM (b) im Vergleich zum bisherigen Vertriebskonzept (a)? Kreuzen Sie an.

Produktion	**a**	**b**
• nach vom Unternehmen erstellten Planzahlen	☐	☐
• auf Bestellung des Kunden	☐	☐
Absatzkanäle		
• Absatz über verschiedene Vertriebskanäle	☐	☐
• Konzentration auf einen Vertriebskanal	☐	☐
Vertriebspartner		
• Ausschaltung der Vertriebspartner	☐	☐
• verstärkte Zusammenarbeit mit Partnern	☐	☐

Nennen Sie entsprechende Hinweise im Text.

COMPAQ: Neu Vertriebsstrategien im umkämpften PC-Markt

2002 fusionierten COMPAQ und HP, zwei der erfolgreichsten Unternehmen auf dem heiß umkämpften Computermarkt.

Schon seit mehreren Jahren hatten sich mit dem Absatzzuwachs und dem steigenden Konkurrenzdruck auch die Absatzkanäle geändert. Direktversender, Elektronikmärkte und sogar Lebensmittelhändler wie Tengelmann oder Aldi verkauften PCs.
Auch führende Hersteller von PCs und Server-Systemen wie COMPAQ mussten auf den aggressiven Wettbewerb reagieren. Die frühere Politik, die Kunden mit hochpreisigen Produkten ausschließlich über den Fachhandel zu bedienen, ließ sich nicht länger aufrechterhalten. COMPAQ entwickelte deshalb weltweit ein neues Vertriebsnetz. Das «Optimized Distribution Model» (ODM) verfolgte das Ziel, den Kunden genau die Produkte zu liefern, die sie wünschten, in genau der Ausstattung, die sie brauchten, und zu genau dem Zeitpunkt, zu dem der Kunde sie haben wollte.

Im Mittelpunkt des neuen Modells stand die Produktion auf Bestellung. Standardprodukte werden nicht mehr nach Planzahlen, sondern auf Bestellung gefertigt. Damit werden unnötige Kosten für Lagerhaltung gespart und Kostenvorteile erwirtschaftet. Partner wie Kunden profitieren von besserer Produktverfügbarkeit, genauerer Terminierung der Auslieferung und von niedrigeren Preisen.
Eckhard Pfeiffer, damaliger Präsident und «Chief Executive Officer» der *COMPAQ COMPUTER CORPORATION*: «Das neue Modell hat Auswirkungen darauf, wie von COMPAQ Produkte entwickelt, konfiguriert, vertrieben, bestellt, verkauft, gewartet und aufgerüstet werden. Auch die Art und Weise, wie sich COMPAQ seiner Kunden annimmt und mit seinen Vertriebspartnern zusammenarbeitet, wird sich ändern.»
Gleichzeitig mit dem Start des ODM kündigte COMPAQ die ersten Produkte an, die auf der Basis dieses neuen Geschäftsmodells gefertigt wurden: eine neue Generation kommerzieller PCs, die nach Bestellung von Kunden oder aus dem Vertriebskanal produziert und ausgeliefert werden und nicht – wie bisher üblich – nach Planzahlen. Insbesondere klein- und mittelständische Unternehmen sollten von maßgeschneiderten Lösungen, wie sie das ODM-Modell anbot, profitieren.

1.5 Welche Vorteile können die beiden hier genannten Strategien in diesem Produktsegment haben?

Kreuzen Sie an: ____________
Strategie a = Produktion nach Planzahlen
Strategie b = Produktion auf Bestellung

Welche Nachteile oder Schwierigkeiten könnte Strategie b beinhalten?

COMPAQ hatte seit seiner Gründung seine Erzeugnisse ausschließlich über den indirekten Vertriebskanal abgesetzt, was für die weltweit über 38.000 Vermarktungspartner bedeutete, dass sie sich absolut auf COMPAQ verlassen können. Diese partnerschaftliche Kundenbeziehungen sollte mit dem neuen Modell strategisch erweitert und intensiviert werden.

Handelspartner
Sie vermarkten die Produkte für Privatkunden. Armada-Notebooks und die Pressario-Linie gehören zu dieser Produktlinie, die im Fachhandel, aber unter anderem auch von Handelsketten wie Brinkmann, Mediamarkt, Karstadt und Saturn-Hansa angeboten wird.
In der Regel bezieht der Handelspartner die Produkte von einem Distributor, der von COMPAQ beliefert wird.

Vertriebspartner
Zur Klientel der COMPAQ-Vertriebspartner zählen selbstständige Gewerbetreibende, mittelständische Unternehmen, aber auch Privatkunden, die über PCs oder kleine Netzwerke verfügen.
Vertriebspartner sind vertraglich an COMPAQ gebunden und werden direkt beliefert.

Systempartner und Lösungspartner
Die rund 100 Systempartner haben sich auf Geschäftskunden des Mittelstandes und der Großunternehmen spezialisiert, die professionelle Arbeitsplätze und Netzwerke einsetzen.
Geht es darum, komplette Lösungskonzepte zu erarbeiten und zu realisieren, sind die Lösungspartner zuständig. Ihre Aufgabe ist es, Geschäftsprozesse optimal abzubilden, Probleme im internationalen Datenfluss zu lösen oder diesen neu zu strukturieren.
System- und Lösungspartner werden direkt oder indirekt von COMPAQ beliefert.

Compaq schwenkt auf neues Vertriebskonzept ein

Groß-Fusion: HP kauft Compaq

IT-Riese mit 87 Milliarden US-Dollar Jahresumsatz entsteht

Strategie:	a	b
a) Kostenvorteile in der Produktion	☐	☐
b) Kostenvorteile bei der Lagerhaltung	☐	☐
c) Kostenvorteile beim Vertrieb	☐	☐
d) Flexibilität bei Nachfrageschwankungen	☐	☐
e) schnelle Anpassung an Markttrends	☐	☐
f) genaue Lieferungsterminierung	☐	☐
g) Anpassung an Kundenbedürfnisse	☐	☐

rläutern Sie Ihre Antworten.

2
COMPAQ-Partner

2.1 Aufgabenteilung im ODM-Konzept:
Kreuzen Sie an:
- Aufgaben, die *COMPAQ* übernimmt (C)
- Aufgaben des jeweiligen Partners (P)

Aufgaben:	C	P
1. Ermittlung der Kundenbedürfnisse	☐	☐
2. Konfigurieren und Aufrüsten der Produkte entsprechend den Kundenbedürfnissen	☐	☐
3. Verkauf der Produkte (an Kunden)	☐	☐
4. Auslieferung an den Kunden	☐	☐
5. Beratung und Service	☐	☐

2.2 Beschreiben Sie die unterschiedliche Rolle der verschiedenen *COMPAQ*-Partner im Hinblick auf ...
- den bearbeiteten Kundenstamm
- Produkte, Leistungen

2.3 Stellen Sie die verschiedenen Vertriebsmodelle dar und erläutern Sie sie.
z. B.: «Klassisches Vertriebsmodell»

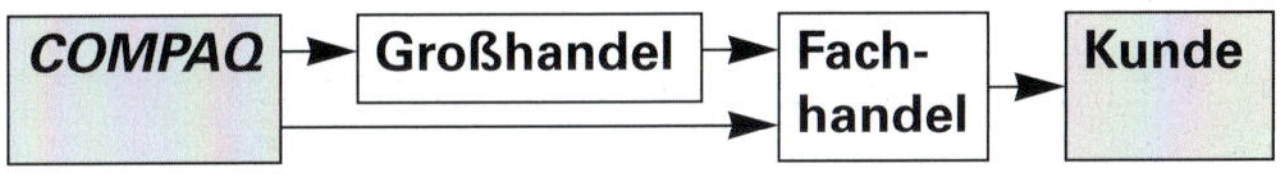

3
Entwicklungen des PC-Markts

Welche Informationen haben Sie über derzeitige Entwicklungen auf dem PC-Markt?
Welche Veränderungen haben im Vergleich zu der im Fallbeispiel beschriebenen Situation stattgefunden?

Hintergrund

Vertriebswege Absatzwege

4 Unterschiedliche Absatzwege

Die beiden Grafiken zeigen Absatzwege und Absatzmittler für Waren und Leistungen.

4.1 Auf welche Absatzmittler (1–5) treffen die folgenden Beschreibungen (a–j) zu?
Notieren Sie a–j:

1. ein Reisender ______
2. eine Verkaufsfiliale ______
3. ein Vertreter ______
4. ein Großhändler ______
5. ein Einzelhändler ______

Der Absatzmittler …

a) ist Mitarbeiter des Herstellers.
b) ist selbstständiger Kaufmann.
c) ist ein selbstständiges Handelsunternehmen.
d) setzt (in der Regel) Produkte mehrerer Hersteller ab.
e) setzt die Produkte/Dienstleistungen nur eines Herstellers ab.
f) beliefert den Einzelhandel.
g) akquiriert Bestellungen/Aufträge für den Hersteller/Anbieter.
h) verkauft nur an den Endverbraucher/-verwender.
i) kauft in eigenem Namen und für eigene Rechnung und verkauft an Endverbraucher/-verwender.
j) verkauft in fremdem Namen und für fremde Rechnung Waren oder Leistungen eines Herstellers/Anbieters.

4.2 Erläutern Sie zusammenfassend die Funktion dieser Absatzmittler.
z. B.
***Ein Reisender** ist ein Mitarbeiter (des Außendienstes) des Unternehmens. Er ist damit beauftragt, …*
…

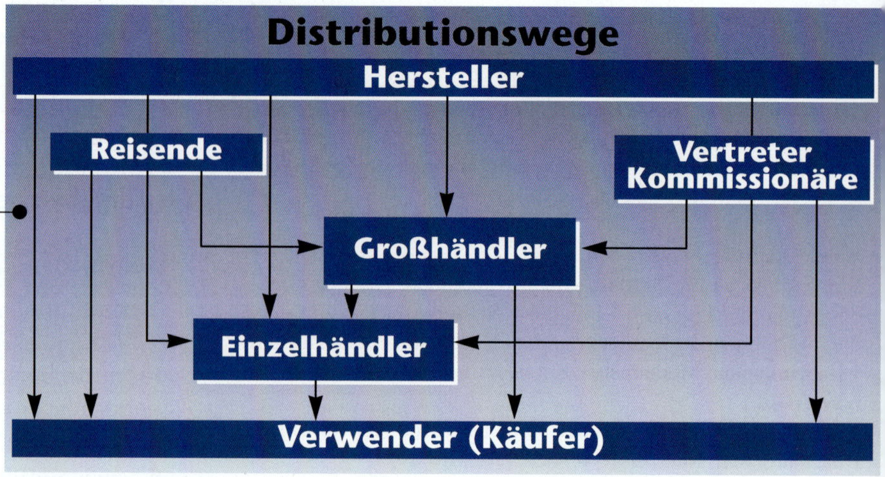

Diese Handelsketten können insbesondere im Fall des Exports und Imports noch eine weitaus größere Zahl von Gliedern haben. Der Produzent hat jedoch in vielen Fällen auf die Zahl der Glieder in der Handelskette keinen unmittelbaren Einfluss. Oft kann er nur das erste Glied der Kette bestimmen, also z. B. den Groß- oder Einzelhandel. In manchen Fällen werden auch mehrere Handelsketten nebeneinander angewendet, beispielsweise liefern Hersteller von Werkzeugen oder kleineren Maschinen sowohl an den Großhandel, den Einzelhandel als auch an den Verwender.

Quelle: «Markt-Lexikon»

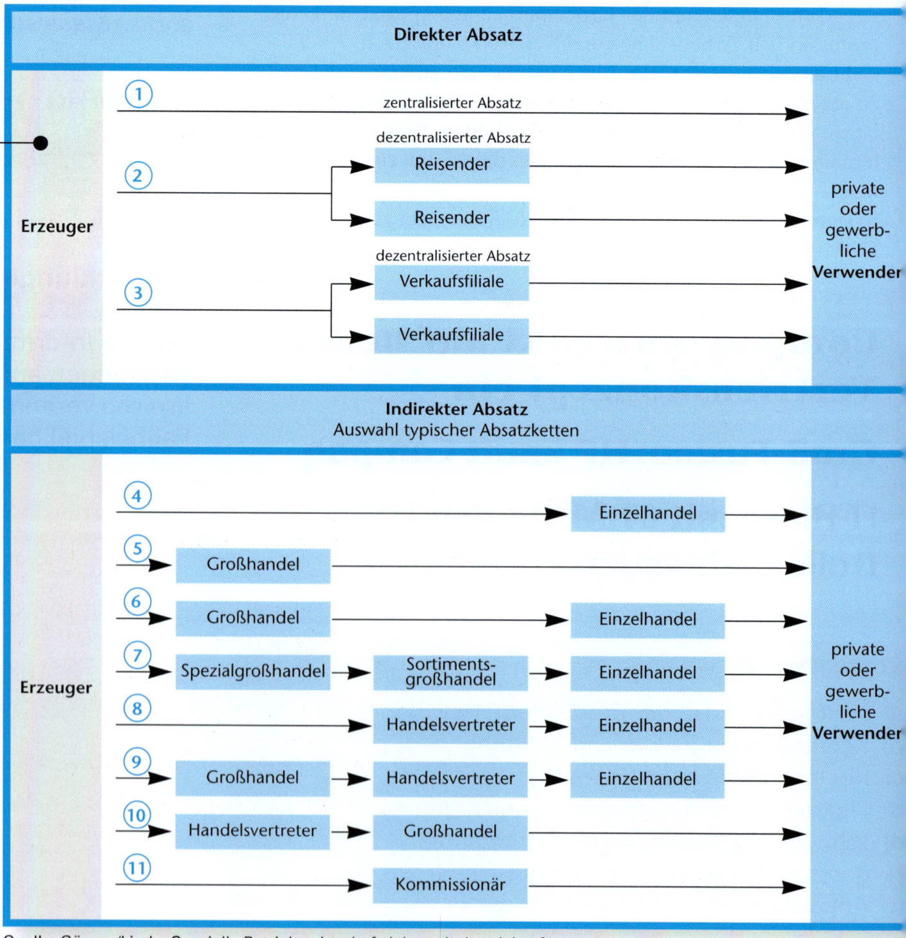

Quelle: Gönner/Lind, «Spezielle Betriebswirtschaftslehre – Industriekaufmann»

Hat ein Unternehmen beschlossen, in einem bestimmten Land aktiv zu werden, muss es eine Entscheidung über die beste Einstiegsart treffen. Zur Wahl stehen hier indirekter Export, direkter Export, Lizenzerteilung, Joint Venture und Direktinvestitionen.

Quelle: Kotler/Bliemel, «Marketing Management»

a

/orteile	Nachteile
ntensive Präsenz am Markt ist nöglich.	Betriebskapital erforderlich und Kapitalrisiko
.ager im Markt fördert den Jmsatz.	Politisches und wirtschaftliches Risiko
Aufbau eines angemessenen Kundendienstes ist möglich.	Probleme der Personalsuche und -führung im fremdsprachigen Ausland
Kunden werden in lokaler Nährung beliefert.	Ausländische Gewinne werden im Stammland versteuert.
/erluste können steuerlich mit Einnahmen bei der Mutter verrechnet werden.	In manchen Ländern sind nur eingeschränkte Aktivitäten möglich.

b

Vorteile	Nachteile
Kontinuierliche Präsenz am Markt ist gegeben.	Durchsetzung des Marketingkonzeptes schwierig
.ager im Markt fördert den Absatz.	Mangelhafte Berichterstattung ist die Regel.
(...) bietet im Idealfall viel Markterfahrung.	Wenig Vertrauen seitens der Großkunden
Kunden werden in lokaler Währung beliefert.	Meistens ist nur ein wenig befriedigender Marktanteil erreichbar.

c

Vorteile	Nachteile
Inlandsgeschäft ohne Exportabwicklung und -risiko	Hersteller bleibt im Zielmarkt weitgehend unbekannt.
Markterfahrung des (...) wird nutzbar.	Kein Einfluss auf das Marketing
Geringer Kapitaleinsatz, niedrige Vertriebskosten	Niedriger Prestigewert

uelle: in Anlehnung an Kl. J. Holland, «Export als Chance»

11 Vorteile und Nachteile verschiedener Vertriebswege

11.1 Welche Beschreibung (a, b, c) passt zu welcher Vertriebsform?
Notieren Sie a, b oder c.

- indirekter Export (Exporthändler) ___
- Auslandsvertreter ___
- Verkaufsniederlassung ___

Erläutern Sie Ihre Antworten.

11.2 Die verschiedenen Vertriebsformen bedeuten für den Hersteller jeweils mehr oder weniger ...

- Risiken (für seinen Kapitaleinsatz).
- Gewinnpotenzial.

Wie bewerten Sie die verschiedenen Vertriebsformen im Hinblick darauf? Notieren Sie Ihre Wertungen in der Grafik und erläutern Sie sie.

11.3 Haben Sie mit dem Vertrieb auf Exportmärkten eigene berufliche Erfahrungen?
Berichten Sie.

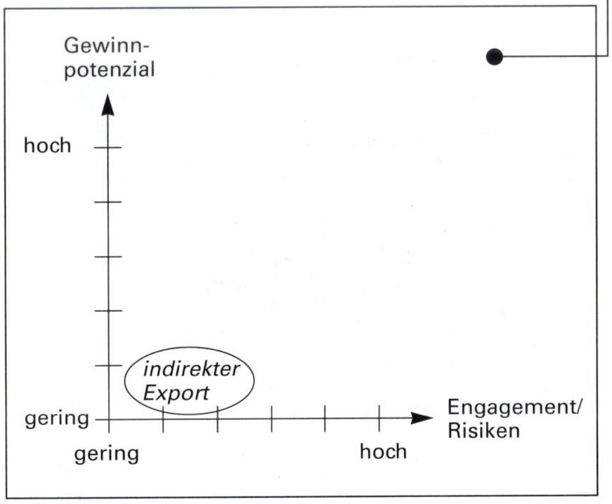

Hintergrund

Projekt

12
Beratung eines Herstellers über den geeigneten Vertriebsweg

Situation:
Ein deutsches Unternehmen erwägt, sein/e Produkt/e in Ihrem Herkunftsland zu vertreiben.

12.1 Wählen Sie ein Ihnen vertrautes Produkt. Beschaffen Sie sich, soweit möglich, Informationen über Marktpotenzial und Absatzpotenzial für dieses Produkt in Ihrem Herkunftsland.

12.2 Erstellen Sie ein Stärken-/Schwächenprofil Ihres Herkunftslandes.
Beurteilen Sie die Chancen eines gelungenen Markteintritts.

12.3 Bestimmen Sie die geeignete/n Vertriebsform/en.

12.4 Stellen Sie der Geschäftsführung des Unternehmens Ihre Analyse vor.
Erläutern Sie Ihre Wertungen und Empfehlungen. Beantworten Sie Fragen.

Bensch
Handelsblatt, 9.12.96

Stärken-/Schwächenprofil von Auslandsmärkten

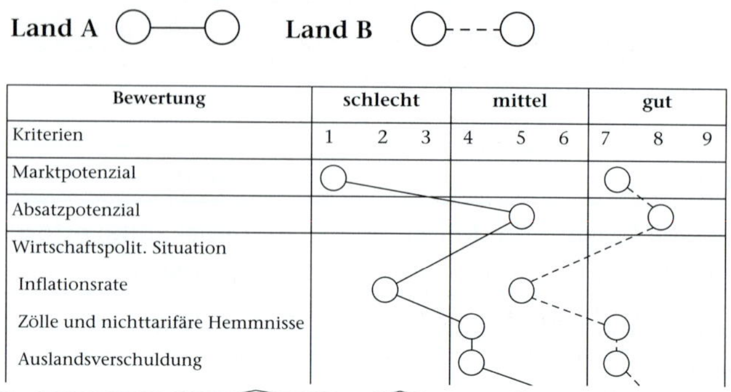

Bewertung	schlecht			mittel			gut		
	1	2	3	4	5	6	7	8	9
Kriterien									
Marktpotenzial									
Absatzpotenzial									
Wirtschaftspolitische Situation									
Inflationsrate									
Zölle und nichttarifäre Hemmnisse									
Auslandsverschuldung									
Kapitalflucht									
Tendenz des BSP									
Haftungsrisiko									
Rechtwesen									
Währungspolitik									
Politische Situation									
Grad der Demokratisierung									
Berechenbarkeit der Politik									
Kriegs-/Krisenrisiko									
Embargorisiko									
Produktspezifische Kriterien									
Marktchancen									
Konkurrenzsituation									
Einführungszeit									
Einführungskosten									
Chance des Return on Investment									

Marktpotenzial, Aufnahmefähigkeit eines Marktes. Gesamtheit möglicher Absatzmengen eines Marktes für ein bestimmtes Produkt oder eine Produktkategorie. Das M. bildet die obere Grenze für das → Marktvolumen. – Vgl. auch → Absatzpotenzial, → Absatzvolumen.

Absatzpotenzial, der Anteil am → Marktpotenzial, den das Unternehmen für erreichbar hält. – Vgl. auch → Absatzvolumen, → Marktvolumen.

GABLER, «Wirtschaftslexikon»

INFO

Bundesagentur für Außenwirtschaft
Agrippastr. 87–93 Tel.: (0221) 20 570
50676 Köln Fax: (0221) 20 57 212
www.bfai.de

Deutscher Industrie- und Handelstag (DIHK) e.V.
Breite Straße 29 Tel.: (030) 2 03 08-0
10178 Berlin Fax: (030) 2 03 08-10 00
www.diht.de

12 Unternehmenspraxis

Einen Vertriebspartner suchen

«Eine Geschäftsverbindung ist zulässig!»

Sie trainieren:

über den Eintritt in einen neuen Markt entscheiden

- ▶ Produkte und Absatzmarkt eines Unternehmens erläutern
- ▶ Argumente für und gegen den Eintritt in einen neuen Markt anführen
- ▶ geeignete Vertriebswege erläutern
- ▶ Informationsbedarf und Informationsquellen benennen

über die Annahme eines Beratungsangebots entscheiden

- ▶ das Beratungsangebot einer Handelskammer auswerten
- ▶ Gründe für die Annahme des Beratungsangebots erläutern
- ▶ einen Anzeigenentwurf beurteilen

eine erste Auswahl zwischen verschiedenen Vertretungsangeboten treffen

- ▶ verschiedene Vertretungsangebote prüfen
- ▶ eine Auswahl treffen und begründen
- ▶ Kontakt mit einem Vertriebspartner aufnehmen

eine Auskunft auswerten

- ▶ eine Auskunft erläutern und bewerten

ein Gespräch mit einem Vertriebspartner vorbereiten

- ▶ Gesprächsziele festlegen
- ▶ Bedingungen für das Zustandekommen einer Geschäftsbeziehung nennen und erläutern

13 Unternehmenspraxis

ein Gespräch mit einem Vertriebspartner führen

einen Vertriebspartner auswählen

einen Vertragsentwurf prüfen

Die niederländische Firma *VERMEER) stellt Holzmöbel und Spielgeräte für Kinder her.**

*) Name des Unternehmens geändert

Name:	Meubelmakerij VERMEER
Adresse:	[redacted]
	AMSTERDAM (NL)
Gründung:	1988
Tätigkeit:	Herstellung von Kinderholzmöbeln und Spielgeräten
Mitarbeiter:	22
Umsatz 2005:	9.200.000 €
Umsatz 2006:	10.800.000 €
Geschäftsführerin:	Frau B. Vermeer

1
Produkt und Absatzmarkt erläutern

Die Produkte von *VERMEER* werden zum einen von Kindergärten, Kinderhorten, Krankenhäusern oder Stadtverwaltungen angeschafft, zum anderen aber auch von Privatkunden im Spielwarenfachhandel gekauft.

1.1 Welchen Anforderungen müssen Produkte wie Kindermöbel und Spielgeräte, insbesondere beim erstgenannten Kundenkreis, entsprechen?

Anforderungen:
- preisgünstig angeboten werden
- den Sicherheitsbestimmungen entsprechen
- modisch aussehen
- solide und widerstandsfähig sein
- aus ungefährlichen, möglichst natürlichen Rohstoffen und Materialien hergestellt sein
- leicht zu montieren / aufzustellen sein
- innovativ und originell sein
- schnell lieferbar sein
- lange Lebensdauer haben
- praktisch und bequem sein
- an besondere Kundenwünsche angepasst werden können

Erläutern Sie:

- *müssen unbedingt / insbesondere / vor allem / in erster Linie ...*
- *sollten (aber) auch/außerdem ...*
- *brauchen jedoch/aber nicht (unbedingt) ...*

z. B.: Produkte dieser Art müssen unbedingt ...

1.2 Welche Faktoren sind beim Verkauf an institutionelle Kunden sicher besonders bzw. weniger wichtig? Erläutern Sie.

- persönliche Beziehungen
- Ruf des Herstellers
- Marketing, Werbung
- Zahlungsbedingungen
- Lieferbedingungen
- Garantieleistung, Kundendienst

Bolderwagen
L x B x H (in cm).
80 x 70 x 100
Uitvoering
Berken multiplex, blank gelakt, rest gekleurd gelakt. Wielen met luchtbanden.

Verhoogde Box
L x B x H (in cm).
Type A, klein model
110 x 90 x 140
Type B, groot model
210 x 90 x 140
Type C, hoek model
210 x 150 x 140
Uitvoering
Berken multiplex, blank gelakt en/of geheel of gedeeltelijk naar keuze gekleurd gelakt.

Speelhuizen
L x B x H (in cm).
Type A, vierkant model
120 x 120 x 180
Type B, vierkant model
150 x 150 x 180
Uitvoering
Berken multiplex, blank gelakt en/of gekleurd gelakt.
Het speelhuis wordt gemonteerd in de ruimte afgelevered.
Eigen kleuren en wensen zijn altijd mogelijk.

Originalfotos aus dem Prospekt der Firma Veerkamp (Purmerend, NL)

Über den Eintritt in einen neuen Markt entscheiden

Die Geschäftsführung von *VERMEER* prüft die Möglichkeit, in den Markt eines Nachbarlandes (des europäischen Binnenmarkts) einzutreten.

2
Den Eintritt in einen neuen Markt erwägen

2.1 Welche Gründe können ein Unternehmen zum Eintritt in einen neuen Markt veranlassen? Nennen Sie Beispiele.

2.2 Nennen Sie Argumente, die bei *VERMEER* für oder gegen den Eintritt in den Markt der verschiedenen europäischen Nachbarländer sprechen können. Berücksichtigen Sie dabei u. a.:

- Größe und Tätigkeit des Unternehmens
- Produktpalette
- Sprachen, Infrastruktur, Entfernungen ...
- ...

2.3 Welche Vertriebswege werden vermutlich bei *VERMEER* ...
- zur Diskussion stehen?
- nicht zur Diskussion stehen?

Erläutern Sie Gründe.

Frau Vermeer, die Gechäftsführerin, hat bei einem Besuch in Düsseldorf Kontakt mit der *Deutsch-Niederländischen Handelskammer* aufgenommen und ein erstes Informationsgespräch geführt.

3
Sich über einen Markt informieren

3.1 Formulieren Sie Fragen, die Frau Vermeer bei dieser Gelegenheit wahrscheinlich gestellt hat, u. a.:

- zur Rolle und Funktion der Handelskammer
- zum deutschen Markt
- zu möglichen Vertriebspartnern
- ...

3.2 Welche Argumente würden Sie vonseiten der Handelskammer erwarten, um vom Vorteil eines Eintritts in den deutschen Markt zu überzeugen?

Unternehmenspraxis

Im Anschluss an dieses Gespräch erhält *VERMEER* ein Angebot der *Deutsch-Niederländischen Handelskammer*.

Über die Annahme eines Beratungsangebots entscheiden

4
Ein Angebot prüfen

4.1 Lesen Sie den Brief. Markieren Sie Formulierungen, die auf das vorangegangene Gespräch verweisen.

4.2 Welche der folgenden Leistungen werden angeboten? Kreuzen Sie an:

1. Erstellung einer Marktstudie	☐
2. Beratung bei der Vertriebspartnersuche	☐
3. Vermittlung von Kontakten mit potenziellen Vertriebspartnern	☐
4. Auswertung der einschlägigen Fachpresse	☐
5. Zusammenstellung relevanter Informationen	☐
6. Kontaktvermittlung zu deutschen Behörden	☐
7. Entwurf einer geeigneten Suchanzeige	☐
8. Auswahl der geeigneten Fachzeitschriften, Tageszeitungen für eine Anzeige	☐
9. Schaltung der Anzeige	☐
10. Einholung von Auskünften über Bewerber	☐
11. erste Auswahl geeigneter Bewerber	☐
12. Zur-Verfügung-Stellen von Räumlichkeiten für Kontaktgespräche	☐

Erläutern Sie Ihre Antworten.

4.3 Welche Leistungen gehören zum Basisangebot der Handelskammer, welche werden als zusätzliche Leistungen angeboten? Wie wird dies deutlich?

DEUTSCH-NIEDERLÄNDISCHE HANDELSKAMMER
NEDERLANDS-DUITSE KAMER VAN KOOPHANDEL

40417 Düsseldorf · Freiligrathstraße 25 · Postfach 32 02 13
Telefon 02 11-4 98 72-01 · Telex 8 584 980 · Telefax 02 11-4 92 04 15/4 98 72 22
E-Mail dnhk@dnhk.d.uunet.de

mevrouw B. Vermeer
MEUBELMAKERIJ VERMEER
[redacted]

NL 1071 RT Amsterdam

Ihr Zeichen/Uw Ref.:
Unser Zeichen/Onze Ref.: Pa
Düsseldorf, den 12. November 2006

A n g e b o t

Sehr geehrte Frau Vermeer,

Bezug nehmend auf unser Gespräch am 7. November in Düsseldorf, möchte ich Ihnen dieses Angebot zukommen lassen.

Wie wir gemeinsam erörtert haben, ist die Deutsch-Niederländische Handelskammer in der Lage, Ihnen bei der Suche nach Vertriebspartnern für Ihre Produkte in der Bundesrepublik Deutschland behilflich zu sein.

Im Einzelnen umfasst unsere - Anzeigen-gestützte - Suche nach einem geeigneten Handelspartner folgende Schritte:

1.) Zunächst werden aus dem bestehenden Angebot eine oder mehrere Fachzeitschriften/Tageszeitungen selektiert. Dies ist wichtig, damit Sie mit der Anzeige auch wirklich Ihre Zielgruppe ansprechen.

2.) Nun wird der Anzeigentext von uns entworfen. Dieser ist zweigeteilt und besteht zum einen aus einem Imagebrief über Ihr Unternehmen. Hierbei wird Ihr Unternehmen kurz vorgestellt. Zum anderen folgt eine „Stellenausschreibung", aus der der Bewerber die von uns gestellten Anforderungen (z.B. „gut eingeführter Handelsagent mit nur komplementären Produkten") entnehmen kann.

3.) Es folgt die technische Abwicklung der Anzeigenschaltung, wie z.B. das Festlegen der Größe, des Erscheinungsdatums, die Platzierung, die Gestaltung usw.

4.) Als Kontaktadresse können wir die Anschrift der Kammer angeben. Dies hat zwei Vorteile: zum einen gibt unsere Namensnennung der gesamten Anzeige ein positives Image, da die Deutsch-Niederländische Handelskammer einen sehr guten Ruf genießt.

Außerdem gehen alle eingehenden Bewerbungen an uns, sodass wir eine Selektion unter den Bewerbern für Sie vornehmen können. Falls gewünscht, können wir Handelsinformationen über die entsprechende Person bzw. das bestimmte Unternehmen einholen, sodass man sich auch ein Bild von der finanziellen Situation desjenigen machen kann und so das „Gesamtbild" abgerundet wird.

Banken: Commerzbank 6 415 319 (BLZ 300 400 00), Deutsche Bank 6 114 672 (BLZ 300 700 10), Dresdner Bank 4 317 841 (BLZ 300 800 00)
Trinkaus & Burkhardt 13/0084/028 (BLZ 300 308 80), Postgiroamt Essen 68 325-437 (BLZ 360 100 43)

Büro in den Niederlanden: NEDERLANDS-DUITSE KAMER VAN KOOPHANDEL. 2585 EC Den Haag, Nassauplein 30, Telefon (070) 3 61 42 51

4.4 Fassen Sie das Angebot der Handelskammer zusammen:
z. B.
Die Handelskammer bietet an, …
- *geeignete Medien für eine Anzeige auszuwählen.*
- *…*

5.) Last but not least können die ersten Gespräche in unserem Hause in Düsseldorf auf „neutralem Boden" mit unserer Beteiligung (gegen einen Stundensatz von € 105,-) durchgeführt werden.

Für unsere Dienstleistungen (Pos. 1.-4.) inkl. einer Anzeige in einer Fachzeitschrift berechnen wir Ihnen € 3.850,-.

Außerdem möchte ich Ihnen die Möglichkeit anbieten, durch uns eine Marktuntersuchung über den Markt für den Markt „Mitnahmemöbel" in Deutschland anfertigen zu lassen. Wir würden dann alle relevanten Daten und Berichte der letzten Jahre auswerten, um so eine umfassende Studie über die Größe, die besonderen Merkmale und Distributionsformen dieses Marktes für Sie zu erarbeiten.

Für diese Untersuchung beläuft sich unser Honorar auf € 2.500,-.

Der Betrag ist im Voraus zu zahlen.

Um einen für Sie reibungslosen Ablauf gewähren zu können, bitten wir Sie, schnellstmöglich mit uns Kontakt aufzunehmen.

Auf eine Zusammenarbeit mit Ihrem Unternehmen würden wir uns freuen.

Ihre Antwort abwartend, verbleiben wir,

mit freundlichen Grüßen

DEUTSCH-NIEDERLÄNDISCHE
HANDELSKAMMER

R. Papenfuß

Die Geschäftsführung von *VERMEER* beschließt, das Angebot mit Ausnahme der Marktuntersuchung anzunehmen.

5 Eine Entscheidung treffen

5.1 Welche Überlegungen sprechen bei *VERMEER* sicher für die Annahme des Angebots (Punkte 1–5)?
Punkt 1:
z. B.: Man kennt die geeigneten Medien in Deutschland nicht.
...
Punkt 2: ...

5.2 Welche weiteren Informationen zu den einzelnen Punkten des Angebots sind für den Auftraggeber von Interesse?
Nennen Sie entsprechende Fragen.
Punkt 1:
z. B.: Welche Zeitungen/Zeitschriften kommen hier infrage?
Nach welchen Kriterien wird diese Auswahl getroffen? ...
Punkt 2: ...

5.3 Verfassen Sie den Antwortbrief von *VERMEER* an die Handelskammer.

- *Dank für das Angebot*
- *Angabe der gewünschten Leistungen der Handelskammer*
- *Bitte um Zusendung eines Anzeigenentwurfs*
- *Bitte um Angabe des Zahlungsmodus für das Honorar*

MEUBELMAKERIJ

Die »MEUBELMAKERIJ B. Vermeer« ist ein junges Unternehmen aus Amsterdam, das originelle Kinderholzmöbel, »Riesen-Bollerwagen« für bis zu 6 Kinder, stabile Spielhäuser und -Burgen etc. herstellt. Das Design und die Verarbeitung heben sich auffallend von der Konkurrenz ab, für einige Produkte ist Vermeer alleiniger Anbieter in den Niederlanden. Vermeer verfügt im Bereich Kindergartenausstattung über 10 Jahre Erfahrung. Alle Produkte sind erprobt und mehrfach getestet. Die Verarbeitung erfolgt ausschließlich mit umweltfreundlichen Beizen und Lacken. Aufgrund der enormen Nachfragesteigerungen in den letzten Jahren wird man demnächst zwecks Kapazitätserweiterung in ein neues Werk umziehen.

Für den systematischen Verkauf auf dem deutschen Markt suchen wir jetzt

Vertriebspartner

die als Handelsvertreter, Importeure oder Großhändler Kontakte zu Spielwarenhändlern haben und/oder Kindergärten, Tagesstätten und Horte beliefern.
Für die weitere Kontaktaufnahme wenden Sie sich bitte an die:

DEUTSCH-NIEDERLÄNDISCHE HANDELSKAMMER
Herr Papenfuß, Postfach 320213, 40417 Düsseldorf

Die Handelskammer schlägt die Schaltung der nebenstehenden Anzeige vor.

6 Einen Anzeigentext überprüfen

6.1 Lesen Sie den Anzeigenentwurf.
Nennen Sie Angaben, die das Unternehmen als attraktiven Geschäftspartner darstellen.

6.2 Welche Informationen sind für potenzielle Vertriebspartner von besonderem Interesse?

Unternehmenspraxis

Eine erste Auswahl zwischen verschiedenen Vertretungsangeboten treffen

Nach Veröffentlichung der Anzeige bekunden mehrere Firmen ihr Interesse an der Aufnahme einer Geschäftsbeziehung.
Die Handelskammer leitet die Bewerbungen mit einer Empfehlung an *VERMEER* weiter.

7
Vertretungsangebote prüfen

7.1 Lesen Sie die Briefe (a, b, c, d) von vier dieser Firmen.

Nennen Sie Beispiele aus den verschiedenen Schreiben für Formulierungen zu den Briefkomponenten:

1. Gegenstand des Briefs (Betreff)
2. Anrede
3. Dank für Leistungen
4. Bitte um Leistungen
5. Gruß

Welche dieser Formulierungen entsprechen Ihrer Meinung nach (nicht) den Gepflogenheiten der modernen Geschäftskorrespondenz? Nennen Sie Beispiele.

7.2 Die Handelskammer empfiehlt eine Kontaktaufnahme mit der Firma *PASTOR*.
Nennen Sie mögliche Gründe.

	Das spricht für …	Das spricht gegen …
Firma a	…	…
b	…	…
c	…	…
d	…	…

a

Emil Zapp GmbH + Co.
Lackfarbenfabrik
D-[redacted]

Deutsch-Niederländische
Handelskammer
z. Hd. Herrn Papenfuß
Postfach 32 02 13

40417 Düsseldorf

DEUTSCH-NIED. HANDELSK.
EINGE-GANGEN 9. März 2007

Hanns-E. Zapp/Kä
5. März 2007

betr.: Anzeige „Das Spielzeug" Febr. 07
Meubelmakerij B. Vermeer

Sehr geehrter Herr Papenfuß,

wir wären Ihnen dankbar, wenn Sie uns die Anschrift der Firma angeben könnten. Speziell für die Hersteller von Spielwaren aus Holz, sei es mit Produktion in Europa oder Übersee, haben wir eine umfangreiche bewährte Palette von ungiftigen und vor allen Dingen umweltfreundlichen Produkten.

Der Einfachheit halber geben Sie doch bitte Adresse und Fax-Nr. auf diesem Schreiben an und senden Sie es unter Fax [redacted] wieder zu.

Wir danken Ihnen für Ihre Unterstützung. Sollten Sie weitere Fragen haben, steht Ihnen Herr Zapp jederzeit zur Verfügung.

Mit freundlichen Grüßen
EMIL Z

b

Willi Schuster
Industrievertretungen

Datum: 01.03.07
Ihr Zeichen: PA/al
Unsere Zeichen: Scha/B
Ihre Nachricht vom: 26.02.07

Taunusstraße 22
D-[redacted]
Telefon [redacted]
Telefax [redacted]

Deutsch-Niederländische Handelskammer
Postfach 32 02 13

40417 Düsseldorf

DEUTSCH-NIED. HANDELSK.
EINGE-GANGEN 9. März 2007

Vertriebsübernahme für „MEUBELMAKERIJ B. VERMEER"

Sehr geehrte Damen und Herren,

besten Dank für Ihr Schreiben und den beigefügten Informationsprospekt der Firma VERMEER.

Weiterhin sind wir an der Übernahme der Vertretung sehr interessiert.

Zu weiteren Absprachen sollte sich die Firma VERMEER mit uns direkt in Verbindung setzen.

Gerne erwarten wir von dort Nachricht.

Freundliche Grüße

Willi Schuster

c

M

Deutsch-N
Handelskar

z. Hd. Hr

Postfach

40417 Düss

Betrifft

Bezug nehmend auf ein Inserat obiger Firma im Magazin „Das Spielzeug" vom Februar 07, bitten wir Sie um Bekanntgabe der genauen Firmaanschrift der Firma Vermeer.

Wir sind ein österreichischer Spielwaren-Importeur und -Großhändler und an der Kontaktaufnahme mit der Firma Vermeer sehr interessiert.

Hochachtungsvoll

Dr. Unterbauer

d

PASTOR GMBH & CO. KG
D-40210 Düsseldorf; [redacted]
Tel. [redacted] Fax: [redacted]
Bereich Gartenmöbel

Pastor GmbH & Co. KG · [redacted] · 40210 Düsseldorf

An die

Deutsch-Niederländische Handelskammer
z. Hd. Herrn Papenfuß
Postfach 320213

40417 Düsseldorf

DEUTSCH-NIED. HANDELSK.
EINGEGANGEN 5. März 2007

Düsseldorf, 03.03.07

Sehr geehrter Herr Papenfuß,

den Prospekt der Firma VERMEER haben wir dankend erhalten.

Einen Vertrieb der angebotenen Produkte können wir uns gut vorstellen, da diese sich gut in unser Sortiment einfügen lassen. Anbei haben wir einige Prospekte über die von uns vertriebenen Artikel beigelegt.

Die von Ihnen angesprochenen Vertriebspunkte werden von uns bedient. Ein qualifizierter Vertreterstamm ist verfügbar.

Nähere Details würde ich gerne persönlich mit dem niederländischen Unternehmen besprechen.
Ich bitte Sie daher, einen Gesprächstermin, im Hause der Fa. VERMEER, zu vereinbaren, damit man sich auch ein Bild über die Produktion und Qualität der einzelnen Produkte machen kann.

Mit freundlichen Grüßen
Pastor GmbH & Co. KG

D. Pastor

8
Kontakt mit einem Vertriebspartner aufnehmen

VERMEER beantwortet die Bewerbung der Firma *PASTOR*.

möglicher Inhalt des Briefs:

- Bezugnahme auf den Brief der Firma *PASTOR* an die Handelskammer
- erste Reaktion auf die Bewerbung
- Dank für beigelegte Prospekte
- Vorschlag für einen Gesprächstermin in Düsseldorf (Handelskammer)
- Anlage: Produktfolder von *VERMEER*

Verfassen Sie den Brief. Berücksichtigen Sie dabei die Ratschläge in *WIRTSCHAFT & WEITERBILDUNG*.

Mehr Erfolg durch kundenorientiertes Schreiben

	Gestern	Heute	Positives Merkmal
1	Angebot Bauvorhaben Musterhaus	**Angebot für Geschäftspapiere** **Baubeginn für das Bauvorhaben Musterhaus**	*konkreter Betreff – Fettdruck*
2	Sehr geehrte Damen und Herren,	Sehr geehrte Damen, sehr geehrte Herren,	*Anrede auf 2 Zeilen*
3	wir bedanken uns für Ihr Schreiben. … Bezug nehmend auf Ihr Schreiben vom 10.12.97, teilen wir Ihnen mit, dass …	vielen Dank für Ihr Schreiben. … für Ihre wichtigen Informationen vielen Dank. [Bezug unter **Ihre Nachricht vom 10.12.97**]	*Beginn positiv formuliert*
4	Wir schicken Ihnen folgende Unterlagen: Wir informieren Sie über die Vorgehensweise.	Sie erhalten diese Unterlagen: Sie bekommen Informationen über das Vorgehen.	*Sie-Stil statt Wir-Stil*
5	Vom Zulieferer wurde uns ein Modell geschickt. Die Erstellung des Gutachtens erfolgte durch Herrn X.	Der Zulieferer hat uns ein Modell geschickt. Herr X hat das Gutachten erstellt.	*Aktiv statt Passiv oder Hauptwortstil*
6	Wir möchten Sie darauf hinweisen, dass unser Herstellungsverfahren große Vorteile hat: Unsere Untersuchung hat ergeben, dass …	Unser Herstellungsverfahren hat für Sie große Vorteile: Untersuchungsergebnis:	*auf Vorreiter verzichten*
7	Wir bitten um Zusendung Ihres Angebots bis … Wir möchten Sie bitten, das beigefügte Formular auszufüllen.	Bitte schicken Sie uns Ihr Angebot bis … Vielen Dank. Bitte füllen Sie das Formular aus. Danke. [*Unten*: Anlage]	*höfliche Bitte*
8	Freundliche Grüße Mit freundlichem Gruß Freundliche Grüße aus München	Mit freundlichen Grüßen Freundliche Grüße nach Esslingen	*moderne Grüße*

Quelle: (nach) «Wirtschaft & Weiterbildung»

Die Handelskammer hat die Auskunftei *BÜRGEL Wirtschaftsauskunft* mit der Erstellung einer Auskunft über die Firma *PASTOR* beauftragt.

Eine Auskunft auswerten

9
Ein Unternehmen bewerten

Eine Auskunft enthält in der Regel folgende Informationen:

1. Anschrift des angefragten Unternehmens
2. Handelsregisterdaten:
   - Rechtsform
   - Stammkapital
   - Gesellschafter
   - Geschäftsführer
3. Funktionen/Beteiligungen des Geschäftsführers bei anderen Unternehmen
4. Firmenhistorie
5. Branchenkennziffern mit Kurztexten
6. Beschreibung der Geschäftstätigkeit
7. Niederlassungen und Betriebsstätten
8. Bonitätsindex
9. Zahlungserfahrungen und Negativmerkmale
10. Immobilien der Gesellschaft; Immobilienbesitz des Geschäftsführers
11. Bankverbindungen
12. Geschäftszahlen
13. Beantwortung der Anfrage

BÜRGEL

Internationale Wirtschaftsinformationen
Inkasso
Marketing Services
seit 1885

Deutsch-Niederländische Handelskammer
Freiligrathstr. 25

40479 Düsseldorf

Bürgel Aachen
Mariahilfstr. 16

52062 Aachen

Ihr Geschäftszeichen: Pa/al
Deb.-Nr.: 1845 - Mü
Ihre Anfrage-Nummer: 20/453431

Datum
12.05.2007

Pastor Holzverarbeitung
und Vertrieb GmbH & Co. KG
[redacted]
40210 Düsseldorf
Telefon: (0211) [redacted]
Telefax: (0211) [redacted]

RECHTSFORM	
Gründungsdatum:	1996
Ges.-Vertrag:	15.03.1996
Eingetragen am:	12.04.1996
Handelsregister A:	Amtsgericht DÜSSELDORF
unter:	HRA 6453
Kommanditeinlagen:	€ 25.000,00
Persönlich haftender Gesellschafter:	Pastor Vermögens-verwaltungs GmbH [redacted] 40210 Düsseldorf Rechtsform GmbH Stammkapital € 25.000,00 HR-Daten: 24.02.1996 HRB 6411 DÜSSELDORF
Gesellschafter:	Dieter Pastor 40211 Düsseldorf Anteil: € 25.000,00
Geschäftsführer:	Dieter Pastor [redacted] 40211 Düsseldorf geboren 01.07.1965 in Münster/Westf. Beruf: Industriekaufmann alleinvertretungsberechtigt *** Par. 181 BGB befreit *** Fam.-Stand: verheiratet mit Marie-Luise Pastor geborene Schmidt geboren: 12.11.1969 in Vechta

Um Verwechslungen vorzubeugen, bitten wir Sie, die Richtigkeit oben stehender Angaben über Namen, Geschäft, Ort und Wohnung genau zu prüfen. Der Empfänger darf die übermittelten Daten nur für den Zweck verarbeiten oder nutzen, zu dessen Erfüllung sie ihm übermittelt werden. Eine Nutzung oder Verarbeitung für andere Zwecke ist nur unter den Voraussetzungen des § 28 Abs. 1 und 2 BDSG zulässig. Alle Auskünfte werden nur zu den geltenden allgemeinen Geschäftsbedingungen geliefert.

Vorsprung durch Information

9.1 Lesen Sie die Auskunft.
Überprüfen Sie anhand der Checkliste die Vollständigkeit der Auskunft über die Firma *PASTOR*.
Markieren Sie die Punkte (1–13), zu denen Sie Angaben in der Auskunft finden.

9.2 Welche dieser Informationen sind von besonderer Bedeutung im Hinblick auf …

- die Eignung des Unternehmens als Vertriebspartner?
- seine Vertrauenswürdigkeit?
- seine Kreditwürdigkeit?
- die Bewertung seiner wirtschaftlichen Situation?

9.3 *BÜRGEL Wirtschaftsauskunft* beantwortet die Anfrage positiv: «Eine Geschäftsbeziehung ist zulässig!»
Begründen Sie die positive Beantwortung anhand der Auskunft.

9.4 Welche diesbezüglichen Informationen würden zu einem vorsichtigeren oder negativen Urteil führen? Nennen Sie Beispiele.

BÜRGEL

Internationale Wirtschaftsinformationen
Inkasso
Marketing Services

seit 1885

Auskunft vom 12.05.2007

Prokurist:	Dietrich Alsdorf 41472 Neuss
GESCHÄFTSGEGENSTAND:	26131 Herstellung von Holzmöbeln
	Die Herstellung von Holzmöbeln und der Großhandel mit Festzelt-Einrichtungen, Gartenmöbeln sowie Holzartikeln aller Art.
FINANZLAGE Zahlungserfahrung:	innerhalb vereinbarter Ziele
IMMOBILIEN:	
Besitzart:	Mieter
Anschrift:	[redacted] 40210 Düsseldorf
Wfl./Nfl.:	1370 qm
Jahresmiete:	€ 132.000,00

Grundbuchamtliche Unterlagen standen nicht zur Verfügung.

BANKVERBINDUNG

Deutsche Bank, Düsseldorf
BLZ 30070010 Kto.: [redacted]
Stadt-Sparkasse, Düsseldorf
BLZ 30050110 Kto.: [redacted]

GESCHÄFTSZAHLEN

Geschäftsjahr	01.01.2006 - 31.12.2006		
Umsatz	2004	€	6.100.000,00
	2005	€	7.050.000,00
	2006	€	8.340.000,00
Stammkapital		€	25.000,00
Warenlager		€	245.000,00
Forderungen		€	395.000,00
Verbindlichkeiten		€	185.000,00
Betriebs- und Geschäftsausst.		€	152.000,00
Fuhrpark			4
- davon PKW Eigentum			1
- davon PKW Leasing			3
Mitarbeiter			14
- Angestellte			4
- Teilzeitbeschäftigte			2
- Auszubildende			1
- gewerbliche Mitarbeiter			7

Bei den Zahlenangaben handelt es sich um Ca.-Werte.

BEANTWORTUNG DER ANFRAGE

Eine Geschäftsverbindung ist zulässig.

Um Verwechslungen vorzubeugen, bitten wir Sie, die Richtigkeit oben stehender Angaben über Namen, Geschäft, Ort und Wohnung genau zu prüfen. Der Empfänger darf die übermittelten Daten nur für den Zweck verarbeiten oder nutzen, zu dessen Erfüllung sie ihm übermittelt werden. Eine Nutzung oder Verarbeitung für andere Zwecke ist nur unter den Voraussetzungen des § 28 Abs. 1 und 2 BDSG zulässig. Alle Auskünfte werden nur zu den geltenden allgemeinen Geschäftsbedingungen geliefert.

0

ine Bankauskunft auswerten

Jnternehmen können durch ihre Bank eine Bankauskunft über in anderes Unternehmen einholen lassen. Sie kann u. a. die ier wiedergegebenen Angaben und Bewertungen enthalten.

Jennen Sie Beispiele von Auskünften (1–31), die ...
für die Aufnahme einer Geschäftsbeziehung mit einem Unternehmen sprechen würden.
gegen die Aufnahme einer Geschäftsbeziehung mit einem Unternehmen sprechen würden.

I. Geschäftsverbindung/Kontoführung

1. ❑ Zu uns besteht seit ... Geschäftsverbindung.
2. ❑ Das Konto wird auf Guthabenbasis geführt.
3. ❑ Wir haben einen Blanko-/gedeckten Kredit gewährt, der voll/nur selten/teilweise in Anspruch genommen wird.
4. ❑ Es werden vorübergehend Überziehungen beansprucht.
5. ❑ Wir hatten bisher keine Veranlassung, näheren Einblick in die finanziellen Verhältnisse zu nehmen.
6. ❑ Das Konto ist unbedeutend und lässt keine Schlüsse auf die finanziellen Verhältnisse und die Bonität des Kontoinhabers zu.
7. ❑ Es werden .... Umsätze getätigt.
8. ❑ U. W. wird noch ein Konto bei der .... geführt.
9. ❑ Zu uns besteht keine Geschäftsverbindung. Wir bedauern daher, die Auskunft nicht erteilen zu können.
10. ❑ Die Bankverbindung ist uns nicht bekannt.

II. Kreditwürdigkeit

11. ❑ Über Ruf und Charakter ist uns Nachteiliges nicht bekannt.
12. ❑ Der Angefragte gilt als fleißig und vertrauenswürdig.
13. ❑ Er erfreut sich eines guten Rufs.
14. ❑ In persönlicher Hinsicht vermögen wir ein Urteil nicht abzugeben.
15. ❑ Der Betrieb wird umsichtig geleitet.
16. ❑ Der Betrieb hat sich nach unseren Beobachtungen .... entwickelt.
17. ❑ Die Gesamtverhältnisse des Unternehmens machen einen geordneten Eindruck.
18. ❑ Es werden etwa .... Angestellte und .... Arbeiter beschäftigt.
19. ❑ Der Angefragte ist u. W. an folgenden Unternehmen beteiligt ....

III. Grundbesitz

20. ❑ U. W. ist .... Grundbesitz vorhanden.
21. ❑ Den Verkehrswert schätzen wir auf etwa ....€.
22. ❑ Der Grundbesitz ist u. W. .... belastet.
23. ❑ Die derzeitigen Belastungen lassen sich nur durch Einsichtnahme in das Grundbuch feststellen.

IV. Kreditbeurteilung

24. ❑ Für den angefragten Betrag ist die Firma zurzeit gut.
25. ❑ Der angefragte Betrag dürfte im Rahmen des Geschäftsumfanges liegen.
26. ❑ Eingegangene Verpflichtungen – auch in der angefragten Höhe – sind nach unseren Beobachtungen bisher pünktlich reguliert worden.
27. ❑ Wir glauben, dass nur erfüllbare Verpflichtungen eingegangen werden.
28. ❑ Die finanziellen Verhältnisse erscheinen angespannt. Dies wirkt sich auf die Zahlungsweise aus.
29. ❑ Die Kontoführung gab Anlass zu erheblichen Beanstandungen.
30. ❑ Wir raten zur Vorsicht.
31. ❑ Da wir nur einen ungenügenden Einblick in die finanziellen Verhältnisse haben, müssen wir von einer Empfehlung absehen.

Quelle: (nach) J. Süchting, «Finanzmanagement»

Unternehmenspraxis

Frau Vermeer hat mit Herrn Pastor einen Gesprächstermin in Düsseldorf vereinbart.

Ein Gespräch mit einem Vertriebspartner vorbereiten

11
Gesprächsziele festlegen

Die nebenstehenden Informationen sind für die beiden Gesprächspartner besonders wichtig.

11.1 Erläutern Sie, worum es bei diesen Informationen jeweils geht.
z. B.
1. Wo liegt und wie groß ist das Gebiet, das der Vertreter bereist? ...

11.2 Bei welchen Punkten haben Hersteller und Vertriebspartner ähnliche, bei welchen haben Sie zum Teil unterschiedliche Interessen? Nennen Sie Beispiele.

Punkte	im Interesse des Vertreters	im Interesse des Herstellers
Vertreter		
1. bereistes Vertretungsgebiet	*z.B.: Gebiet mit vielen potenziellen Kunden des Vertreters*	*z.B.: Gebiet mit vielen potenziellen Kunden des Herstellers*
...		
Hersteller		
1. Preispolitik		
...		

11.3 Erstellen Sie eine Liste der Gesprächsziele von Hersteller und Vertreter und ordnen Sie sie entsprechend den Prioritäten auf beiden Seiten.

sich ein Bild machen — erfahren/herausfinden — einen Eindruck gewinnen — klären/klarstellen

Gesprächsziele Hersteller	**Gesprächsziele Vertreter**
1. ...	1. ...
2. ...	2. ...

Für den Hersteller (über den Vertreter):

1. bereistes Vertretungsgebiet
2. Produktkenntnisse des Vertreters
3. andere vertretene Firmen und Produkte
4. Kundenstamm
5. Frequenz der Kundenbesuche
6. Höhe der geforderten Provision
7. mögliche zusätzliche Leistungen wie Lagerhaltung, Fakturierung ...
8. Verkaufsförderung durch Mailings, Messeteilnahmen

Für den Handelsvertreter (über den Hersteller):

1. Preispolitik
2. Umsatzergebnisse
3. Umsatzziele (Export)
4. Lieferfähigkeit und Lieferfristen
5. Zahlungsfristen und -bedingungen (für Kunden)
6. vorgesehene Vertreterprovision
7. Vorstellungen über zusätzliche Vergütungen, Kostenerstattungen ...
8. Exklusivität des Vertretungsvertrags

Projekt

12
Bericht über Vertriebsstrategien

Informieren Sie sich in einem Unternehmen, das Sie kennen, über Vertriebsstrategien bei der Bearbeitung ausländischer Märkte.
Suchen Sie insbesondere Informationen darüber, ob und auf welche Weise das Unternehmen regionale oder lokale Charakteristika der Vertriebsstrukturen in seinen Vertriebsstrategien berücksichtigt. Geben Sie eine zusammenfassende Darstellung.

13 Unternehmenspraxis

Einen Vertriebspartner auswählen

«Es müssen beide gewinnen!»

12 Unternehmenspraxis

- über den Eintritt in einen neuen Markt entscheiden
- über die Annahme eines Beratungsangebots entscheiden
- eine erste Auswahl zwischen verschiedenen Vertretungsangeboten treffen
- eine Auskunft auswerten
- ein Gespräch mit einem Vertriebspartner vorbereiten
- ein Gespräch mit einem Vertriebspartner führen
- einen Vertriebspartner auswählen
- einen Vertragsentwurf prüfen

Sie trainieren:

ein Gespräch mit einem Vertriebspartner führen

- ▶ Leistungsangebot und Forderungen erläutern
- ▶ auf Forderungen reagieren
- ▶ über Forderungen verhandeln
- ▶ Auskünfte zur Verkaufspolitik geben
- ▶ Notwendigkeit von Zertifizierungen klären
- ▶ vertragliche Regelungen ansprechen
- ▶ Zwischenergebnisse festhalten
- ▶ Verhandlungsstrategien beschreiben und bewerten
- ▶ eine Gesprächsbilanz ziehen
- ▶ das Gesprächsklima werten

einen Vertriebspartner auswählen

- ▶ Gesprächsergebnisse darstellen und bewerten
- ▶ Argumente für/gegen die Aufnahme einer Geschäftsbeziehung abwägen
- ▶ Kontaktgespräche mit (weiteren) Bewerbern führen
- ▶ **Schriftliche Kommunikation:**
  - Gesprächsergebnisse festhalten

einen Vertragsentwurf prüfen

- ▶ einen Vertretungsvertrag analysieren
- ▶ Vertragsinhalte erläutern
- ▶ die Verbindlichkeit von mündlichen und schriftlichen Vereinbarungen klären

Frau Vermeer und Herr Pastor treffen sich in der *Deutsch-Niederländischen Handelskammer* in Düsseldorf zum vereinbarten Gespräch.

Ein Gespräch mit einem Vertriebspartner führen

1 Das Gespräch eröffnen

Beide Gesprächspartner tauschen erste Informationen aus.

1.1 Führen Sie diesen Teil des Gesprächs.

Die Gesprächspartner …

1. begrüßen sich und stellen sich vor.
2. sagen ein paar Worte zum Thema Wetter / Anreise / «Gastgeber» (die Handelskammer) / Düsseldorf …
3. machen Vorschläge zum weiteren Vorgehen im Gespräch.
4. beziehen sich auf die Anzeige und das Angebot.
5. geben erste, ergänzende Informationen zu ihren Unternehmen und Tätigkeiten.

Verwenden Sie dabei die Ihnen bekannten Informationen über die beiden Unternehmen.

Name:	Meubelmakerij VERMEER
Gründung:	1988
Tätigkeit:	Herstellung von Kinderholzmöbeln und Spielgeräten
Mitarbeiter:	22
Umsatz 2005:	9.200.000 €
Umsatz 2006:	10.800.000 €
Geschäftsführerin:	Frau B. Vermeer

MEUBELMAKERIJ

Die »MEUBELMAKERIJ B. Vermeer« ist ein junges Unternehmen aus Ams-
terdam, das originelle Kinderholzmöbel, »Riesen-Bollerwagen« für bis zu
6 Kinder, stabile Spielhäuser und -Burgen etc. herstellt. Das Design und
die Verarbeitung heben sich auffallend von der Konkurrenz ab, für eini-
ge Produkte ist Vermeer alleiniger Anbieter in den Niederlanden. Ver-
meer verfügt im Bereich Kindergartenausstattung über 10 Jahre Erfah-
rung. Alle Produkte sind erprobt und mehrfach getestet. Die Verarbei-
tung erfolgt ausschließlich mit umweltfreundlichen Beizen und Lacken.
Aufgrund der enormen Nachfragesteigerungen in den letzten Jahren wird
man demnächst zwecks Kapazitätserweiterung in ein neues Werk um-
ziehen.

Vorgehen vorschlagen
- «Vielleicht wäre es am besten, wenn …»
- «Also, ich schlage vor, …»
- «Mein Vorschlag wäre, …»
- «Vielleicht könnten/sollten wir …»
- «Wir können es ja so machen, dass …»
- «Wie wäre es, wenn wir/Sie …»

um Erklärungen bitten
- «Vielleicht sagen Sie mir etwas zu/über …»
- «Mich würde natürlich interessieren, …»
- «Sie schreiben hier: … Heißt/Bedeutet das, …»
- «Könnten Sie mir Näheres über … sagen?»
- «Ich würde gern etwas mehr über … / darüber wissen.»
- «Darf ich noch mal zurückkommen auf …?»

CD 2: 06

1.2 Hören Sie das Gespräch (Teil 1). Welchen Eindruck vermittelt Herr Pastor? Kreuzen Sie an.

- a) Er wirkt aufgeschlossen und konstruktiv. ☐
- b) … zeigt sich eher zurückhaltend und etwas vorsichtig. ☐
- c) … macht einen selbstsicheren Eindruck. ☐
- d) … entwickelt Initiative, will überzeugen. ☐
- f) … will seine Gesprächspartnerin offenbar beeindrucken. ☐
- g) … zeigt deutlich Interesse am Zustandekommen einer Geschäftsbeziehung. ☐
- h) … scheint kompetent zu sein. ☐

Wie wird dies im Gespräch deutlich?

Name:	PASTOR GmbH & Co. KG
Tätigkeit:	Herstellung und Großhandel mit Festzelt-Einrichtungen, Gartenmöbeln und Holzartikeln aller Art
Mitarbeiter:	14
Umsatz 2005:	7.050.000 €
Umsatz 2006:	8.340.000 €
Geschäftsführer:	Dieter Pastor

Sehr geehrter Herr Papenfuß,

den Prospekt der Firma VERMEER haben wir dankend erhalten.

Einen Vertrieb der angebotenen Produkte können wir uns gut vorstellen, da diese sich gut in unser Sortiment einfügen lassen. Anbei haben wir einige Prospekte über die von uns vertriebenen Artikel beigelegt.

Die von Ihnen angesprochenen Vertriebspunkte werden von uns bedient. Ein qualifizierter Vertreterstamm ist verfügbar.

Nähere Details würde ich gerne persönlich mit dem niederländischen Unternehmen besprechen.
Ich bitte Sie daher, einen Gesprächstermin im Hause der Fa. VER-

Frau Vermeer informiert sich zunächst über das Leistungsangebot und die Forderungen ihres Gesprächspartners.

2
Leistungen beschreiben und Forderungen stellen

Die Punkte erinnern an wichtige Gesprächsziele der beiden Gesprächspartner.

Für den Hersteller (über den Vertreter):

1. bereistes Vertretungsgebiet
2. Produktkenntnisse des Vertreters
3. andere vertretene Firmen und Produkte
4. Kundenstamm
5. Frequenz der Kundenbesuche
6. Höhe der geforderten Provision
7. mögliche zusätzliche Leistungen wie Lagerhaltung, Fakturierung …
8. Verkaufsförderung durch Mailings, Messeteilnahmen

Für den Handelsvertreter (über den Hersteller):

1. Preispolitik
2. Umsatzergebnisse
3. Umsatzziele (Export)
4. Lieferfähigkeit und Lieferfristen
5. Zahlungsfristen und -bedingungen (für Kunden)
6. vorgesehene Vertreterprovision
7. Vorstellungen über zusätzliche Vergütungen, Kostenerstattungen …
8. Exklusivität des Vertretungsvertrags

2.1 Hören Sie das Gespräch (Teil 2).

CD 2: 07

Markieren Sie die Punkte, die angesprochen werden.

2.2 Welche Gebiete/Städte bereist die Firma *PASTOR*? Markieren Sie auf der Karte.

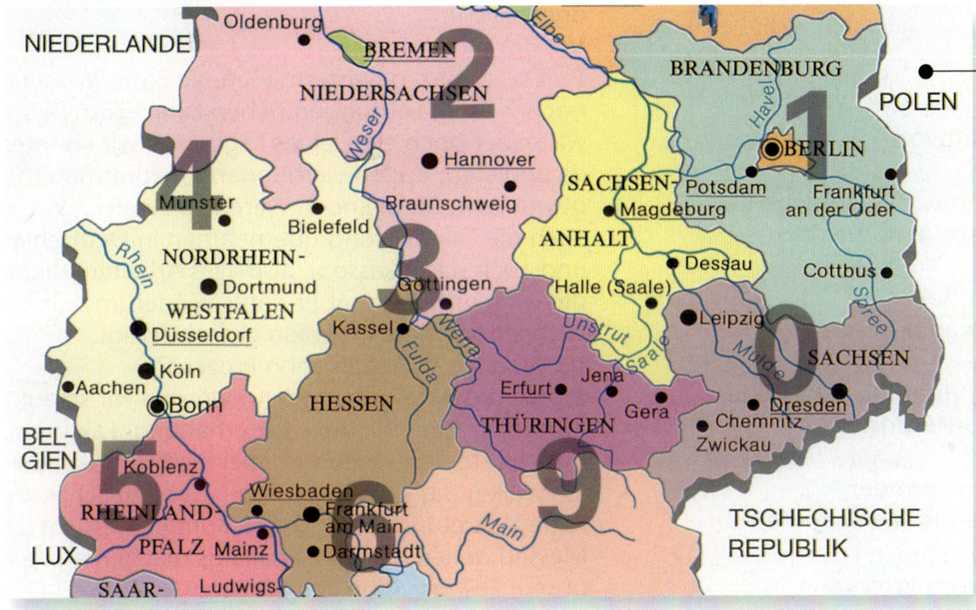

2.3 Welche Leistungen bietet Herr Pastor an? Welche Forderungen stellt er? Notieren Sie Stichworte:

Leistungsangebot:	Forderungen:
1. …	…
2. …	…
…	…

Erläutern Sie Leistungen und entsprechende Forderungen.

Mögliche Verhandlungsstrategien aufseiten des Vertreters:

- besondere Schwierigkeiten des Marktes hervorheben
- auf Erfolge mit anderen Geschäftspartnern verweisen
- Empfehlungen nennen
- Erfahrung und Branchenkenntnis betonen
- großes Interesse an der Zusammenarbeit bekunden
- eigene Kosten und Arbeitsleistung betonen
- zusätzliche Leistungen anbieten
- mäßiges Interesse an der Zusammenarbeit bekunden
- deutlich machen, dass der Hersteller auf die Zusammenarbeit angewiesen ist
- durch anfangs überhöhte Forderungen Verhandlungsspielraum gewinnen

2.4 Verwendet Herr Pastor eine der hier beschriebenen Strategien? Nennen Sie Beispiele aus dem Gespräch.

3 Forderungen äußern, auf Forderungen reagieren

3.1 Wie beurteilen Sie die Verhandlungsbereitschaft der beiden Gesprächspartner insgesamt?

	verhandlungsbereit	unnachgiebig
• Herr Pastor erscheint bei seinen Angeboten und Forderungen ...	☐	☐
• Frau Vermeer wirkt in ihren Reaktionen ...	☐	☐

eher/ziemlich	(absolut) nicht
nicht (besonders)	sehr

Erläutern Sie Ihre Antwort.

3.2 Markieren Sie in dem Gesprächstranskript Formulierungen, die dazu dienen, ...
• Forderungen zu äußern.
• auf Angebote zu reagieren.

3.3 Mit welchen Argumenten begründet Herr Pastor seine Forderungen?

3.4 Wie reagiert Frau Vermeer? Kreuzen Sie zutreffende Aussagen an.

a) Sie nimmt die Forderungen an.	☐
b) Sie lehnt sie ab.	☐
c) Sie ignoriert sie.	☐
d) Sie gibt zu verstehen, wie sie sie bewertet.	☐
e) Sie beantwortet sie ausweichend.	☐
f) Sie verhandelt darüber.	☐
g) Sie verlangt detaillierte Erklärungen.	☐
h) Sie erhöht die eigenen Forderungen.	☐
i) Sie klammert die Frage vorläufig aus.	☐

Wie äußert sie das im Gespräch?

3.5 Welche anderen Formulierungen passen zu den Reaktionen (a–i)? Nennen Sie Beispiele.

Pastor: ... Und wie sieht es aus mit meiner Provision? Weil – wir haben da so unsere festen Vorstellungen, weil wir natürlich auch selber 'ne Menge Kosten haben. Wir besuchen unsere Kunden und wir sind nicht nur ein Mal im Jahr da, wir besuchen die eigentlich vierteljährlich. Denn wenn wir rausgehen, kommt unsere Konkurrenz rein. Und von daher haben wir eben schon recht hohe Kosten. Das möchten wir natürlich auch gedeckt sehen, und von daher – was waren so Ihre Provisions-Vorstellungen?
Vermeer: Ja, wir denken da – um einfach mal einen Rahmen zu nennen – so zwischen sechs und zehn Prozent.
P: Hm, hm. Na ja, ich sag mal, die zehn Prozent, das wär für uns ganz interessant, aber sechs Prozent ist für uns unmöglich.
V: Hm, hm.
P: Das ist also gewissermaßen die Basis. Wobei es dann noch weitere Leistungen geben kann: Zum Beispiel haben wir selber noch ein kleines Lager und wir könnten Ihnen da anbieten, in den vierhundert Quadratmetern, falls gewünscht, für Sie noch Waren zu lagern... Wir könnten auch die Fakturierung übernehmen in Deutschland ... und auch das Inkasso ... also alles Arbeiten, die Sie dann nicht mehr haben. Aber dafür wiederum wär dann schon 'ne höhere Provision gerechtfertigt.
V: Ja, noch höher als zehn Prozent?
P: Richtig. Wie gesagt, dann würden wir so auf zwölf Prozent gehen, inklusive Lagerhaltung, Fakturierung, Inkasso etc. Aber wenn's dabei bleibt – wenn Sie sagen, Sie wollen das selber machen – ist nicht schlimm. Für die reine Vertretung, dass wir die Kunden besuchen, auf die Messen gehen, dass wir Mailings machen etc. – da ist unsere Festprovision zehn Prozent.

P: So bekommen Sie 'ne Idee, was für Kosten wir haben, und dementsprechend die zehn Prozent. Die könnten wir generell schon mal festhalten. Zeigt auch zum anderen, was unsere Dienste so sind und – von daher glaub ich, das wär 'ne ganz interessante Verbindung.
V: Hm, hm.

4
Zwischenergebnisse festhalten

4.1 Ergänzen Sie Ihre Stichworte zu Informationen, Angeboten, Forderungen von Herrn Pastor.
Erläutern Sie Ihre Stichworte.

4.2 Was signalisiert Frau Vermeer im Gespräch? Kreuzen Sie an.
Erläutern Sie Ihre Antworten.

	Informationen, Angebote, Forderungen (Pastor)	... entsprechen den Vorstellungen (Vermeer)		
		nein	nicht ganz	ja
1. Produktkenntnisse des Vertreters	*Er ist selbst im Holzbereich tätig, ...*	■	■	■
2. andere vertretene Firmen und Produkte	...	■	■	■
3. bereistes Vertretungsgebiet	...	■	■	■
4. Kundenstamm	...	■	■	■
5. Frequenz der Kundenbesuche	...	■	■	■
6. Höhe der geforderten Provision	...	■	■	■
7. mögliche zusätzliche Leistungen, wie Lagerhaltung, Fakturierung ...	...	■	■	■
8. Verkaufsförderung durch Mailings	...	■	■	■
9. Messeteilnahmen	...	■	■	■

4.3 Machen Sie mithilfe der Formulierungen die Reaktionen von Frau Vermeer deutlich.
z. B.
«Also, Sie sind im Holzbereich spezialisiert:
Das wäre eine sehr gute Basis für die Zusammenarbeit.»
«...»

«Dass Sie nur Nordrhein-Westfalen bereisen, entspricht zwar nicht genau ..., aber ...»
«...»

- *«Das ist für uns eine Voraussetzung/Bedingung für die Zusammenarbeit.»*
- *«Das wäre eine (sehr/wirklich/ganz/recht) gute Basis für die Zusammenarbeit.»*
- *«Das entspricht (weitgehend/ganz/genau) unseren Vorstellungen.»*
- *«Damit wären wir (völlig/ganz) einverstanden.»*
- *«Das scheint uns ein (sehr/wirklich/besonders) überzeugendes Angebot zu sein.»*

4.4 Führen Sie das Gespräch noch einmal:
Beide Partner sind am Aufbau einer konstruktiven und partnerschaftlichen Geschäftsbeziehung interessiert, haben aber z. T. unterschiedliche Vorstellungen über Leistungen und Gegenleistungen im Rahmen der geplanten Vertretung.

- *«Das entspricht (zwar) nicht ganz unseren Vorstellungen, aber/doch ...»*
- *«Darüber kann man reden.»*
- *«Das ist kein entscheidender Punkt.»*
- *«Darauf können wir später noch einmal zurückkommen.»*
- *«Da lässt sich sicher eine Lösung finden.»*

Frau Vermeer erläutert ihre Vorstellungen zu Preisen, Liefer- und Zahlungsbedingungen.

5
Auskünfte zur Verkaufspolitik geben

5.1 Erläutern Sie die Interessenlagen von Hersteller und Vertreter im Hinblick auf Preise, Lieferfristen, Zahlungsfristen und Zahlungsbedingungen (für den Kunden):
- Hersteller: *Die Preise so ... wie möglich.* ...
- Vertreter: *Die Preise möglichst ...* ...

CD 2: 08

5.2 Hören Sie das Gespräch (Teil 3). Notieren Sie Stichworte.

	Fr. Vermeers Vorstellungen	H. Pastors Reaktionen	Einigung?
Preise			
Lieferbedingungen			
Lieferfristen			
Zahlungsfristen			
Zahlungsbedingungen			

Fassen Sie die Gesprächsergebnisse zusammen.

Bolderwagen
L x B x H (in cm).
80 x 70 x 100
Uitvoering
Berken multiplex, blank gelakt, rest gekleurd gelakt. Wielen met luchtbanden.

Verhoogde Box
L x B x H (in cm).
Type A, klein model
110 x 90 x 140
Type B, groot model
210 x 90 x 140
Type C, hoek model
210 x 150 x 140
Uitvoering
Berken multiplex, blank gelakt en/of geheel of gedeeltelijk naar keuze gekleurd gelakt.

Speelhuizen
L x B x H (in cm).
Type A, vierkant model
120 x 120 x 180
Type B, vierkant model
150 x 150 x 180
Uitvoering
Berken multiplex, blank gelakt en/of gekleurd gelakt.
Het speelhuis wordt gemonteerd in de ruimte afgeleverd.
Eigen kleuren en wensen zijn altijd mogelijk.

6
Die Notwendigkeit von Zertifizierungen klären

6.1 Welche der hier genannten Normen und Siegel sind Ihnen bekannt? Ordnen Sie die passenden Bezeichnungen zu.

CE	• Siegel: geprüfte Sicherheit
TÜV	• Deutsche Industrienorm
GS	• technische Zertifizierung (Deutschland)
DIN	• technische Zertifizierung (Niederlande)
ISO	• europäische Norm
TNO	• internationale Norm

6.2 Welche Informationen gibt es im Gespräch über die Produkte von *VERMEER*? Kreuzen Sie an.

Die Produkte ...	trifft zu	trifft nicht zu	bleibt ungewiss
1. sind TNO-abgenommen.	☐	☐	☐
2. sind TÜV-abgenommen.	☐	☐	☐
3. haben ein «GS»-Siegel.	☐	☐	☐
4. tragen die «CE»-Kennzeichnung.	☐	☐	☐
Für den Vertrieb in Deutschland ist ...			
5. die TNO-Abnahme ausreichend.	☐	☐	☐
6. eine TÜV-Abnahme notwendig.	☐	☐	☐
7. ein «GS»-Siegel vorgeschrieben.	☐	☐	☐
8. eine «CE»-Kennzeichnung Vorschrift.	☐	☐	☐

6.3 Welche Auskünfte liefert der Text zur Frage der Zertifizierung? Erläutern Sie.

Einhaltung der EU-weiten Sicherheitsvorschriften (CE-Kennzeichnung)

In jedem Fall müssen Ihre Produkte – egal, ob Sie diese in Deutschland oder in einem anderen EU-Land verkaufen wollen (und unabhängig davon, ob diese innerhalb oder außerhalb der EU produziert wurden!) – den EU-weiten Sicherheitsvorschriften entsprechen. Solche Vorschriften gibt es allerdings nur für einige Produkte, z. B. für Maschinen, Spielzeug, einfache Druckbehälter etc.
Die Beweislast für die Einhaltung der Sicherheitsanforderungen liegt in jedem Fall bei Ihnen: Erst wenn Sie in Ihrer Konformitätserklärung die Übereinstimmung mit den vorgeschriebenen Sicherheitsanforderungen nachweisen, können Sie das Produkt mit dem so genannten „CE-Kennzeichen" versehen und innerhalb der EU verkaufen.
(...)

Herr Pastor spricht Einzelheiten der vertraglichen Regelungen an.

7
Ansprüche auf Gebiets- und Kundenschutz stellen

7.1 Im folgenden Teil des Gesprächs fordert Herr Pastor Gebiets- bzw. Kundenschutz. Worum geht es dabei?
Wie ist die Interessenlage auf beiden Seiten. Erläutern Sie.

Vertreter:	Hersteller:
Er hat natürlich ein	…
Interesse daran, …	…

7.2 Herr Pastor verwendet einige der hier genannten Argumente im Gespräch. Welche erscheinen Ihnen überzeugend / weniger überzeugend?
Erläutern Sie Ihre Wertung.

Mögliche Argumente des Vertreters für den Anspruch auf Gebiets- und Kundenschutz:

- Sonst könne man nicht kontinuierlich arbeiten.
- Mehrere Vertreter würden sich gegenseitig das Geschäft verderben.
- Das sei in Deutschland so üblich.
- Die Kunden würden das Vertrauen verlieren, wenn mehrere Vertreter dasselbe Produkt anböten.
- Der Vertreter habe die Kosten für die Kundengewinnung zu tragen. Er habe deshalb Anspruch auf einen Anteil an allen getätigten Verkäufen.
- Das sei auch im Interesse des Herstellers.
- Auch der Vertreter garantiere dem Hersteller Exklusivität, denn er nehme keine Konkurrenzprodukte in sein Programm auf.

7.3 Welche der hier genannten möglichen Antworten von Frau Vermeer wären aus Sicht des Vertreters akzeptabel, weniger oder nicht akzeptabel?
Erläutern Sie.

Mögliche Antworten:

- Sie werde ihr Einverständnis nach einem ersten Probejahr geben.
- Sie lehne einen solchen Gebiets- und Kundenschutz grundsätzlich ab.
- Sie sei grundsätzlich einverstanden, wolle sich aber vorbehalten, mit bestimmten Kunden direkt oder über andere Partner Kontakt aufzunehmen.
- Sie gebe ihr Einverständnis für ein erstes Probejahr.
- Sie sei grundsätzlich damit einverstanden.
- Sie werde ihr Einverständnis von der Umsatzentwicklung abhängig machen.

7.4 Führen Sie das Gespräch über diesen Punkt. Beide Partner versuchen zunächst, ihre maximalen Ziele zu erreichen. Beiden ist jedoch am Zustandekommen der Geschäftsbeziehung gelegen. Kommen Sie zu einer Vereinbarung.

CD 2: 09

7.5 Hören Sie das Gespräch (Teil 4).
Welche genannten Argumente führt Herr Pastor an?
Welche Vereinbarungen werden getroffen? Kreuzen Sie an.

- Herr Pastor erhält vollen Gebietsschutz. ☐
- Herr Pastor erhält vollen Kundenschutz. ☐

7.6 Herr Pastor spricht als nächsten Punkt die Provisionsabrechnung an.
Welche Regelung wäre jeweils im Interesse der beiden Gesprächspartner?
Erläutern Sie.

Die Provision wird fällig …

- sobald der Kunde bestellt hat.
- sobald *VERMEER* die Rechnung gestellt hat.
- sobald der Kunde bezahlt hat.

Die Provisionsabrechnung erfolgt …

- vierteljährlich.
- monatlich.

Gegenseitige Anerkennung von Normen und Prüfverfahren

In den beiden europäischen Normungsorganisationen CEN und CENELEC, denen Deutschland bereits seit vielen Jahren angehört, werden europäische Normen erstellt, bei deren Befolgung man davon ausgehen kann, dass die grundlegenden EU-weit festgelegten Sicherheitsanforderungen eingehalten werden. Daneben bestehen weiterhin die nationalen Normen (z. B. deutsche DIN-Normen oder österreichische ÖNORMEN).
(…)
Selbstverständlich kann ein Kunde in Deutschland oder auch in einem anderen EU-Staat von Ihnen weiterhin verlangen, dass Sie bestimmte Normen bei den für ihn bestimmten Produkten einhalten (z. B. DIN-Normen oder nationale Normen des betreffenden EU-Staates).

S. Schörghuber, «Export- und Geschäftsaufbau»

Das Gespräch kommt zum Abschluss.

8
Das Gesprächsklima einschätzen

8.1 Wie beurteilen Sie das Gesprächsklima insgesamt?
Eher …

- ☐ herzlich
- ☐ freundlich
- ☐ sachlich
- ☐ angespannt
- ☐ aggressiv

Erläutern Sie Ihre Wertung.

8.2 Zeigen sich beide Gesprächspartner gleichermaßen am Aufbau einer Geschäftsbeziehung interessiert?
Wie ist Ihr Eindruck? Kreuzen Sie an.

Interesse: Sie/Er …	Frau Vermeer	Herr Pastor
a) bekundet starkes Interesse.	☐	☐
b) zeigt deutlich sein Interesse.	☐	☐
c) scheint mäßig interessiert.	☐	☐
d) scheint von den Vorteilen einer Geschäftsbeziehung nicht wirklich überzeugt zu sein.	☐	☐

Erläutern Sie Ihre Antwort.

8.3 Welche Gesprächsabschlüsse würden dem bisherigen Verlauf des Gesprächs entsprechen? Erläutern Sie Ihre Antwort.

***Gesprächsabschlüsse** (Frau Vermeer)*
«Vielen Dank für dieses Gespräch, Herr Pastor …
1. Ich könnte mir eine Zusammenarbeit durchaus vorstellen. Aber Sie verstehen sicher, wenn wir uns mit der Entscheidung noch etwas Zeit lassen wollen.»
2. Wenn Sie einverstanden sind, schicke ich Ihnen umgehend einen Vertragsentwurf.»
3. Sie verstehen sicher, dass wir vor einer endgültigen Entscheidung noch mit anderen Bewerbern sprechen wollen. Sie hören dann von uns.»
4. Ich könnte mir eine Zusammenarbeit gut vorstellen. Sie hören sicher bald von uns.»

***Gesprächsabschlüsse** (Herr Pastor)*
«Ich danke Ihnen meinerseits für das Gespräch …
1. Ich schlage vor, Ihr Angebot, das ich nun besser kenne, noch mal bei meinen Kunden zu testen. Ich würde mich dann bei Ihnen melden.»
2. Es hat mich wirklich sehr interessiert und ich würde mich freuen, wenn es zu einer Zusammenarbeit käme.»
3. Vielleicht habe ich Sie vom Vorteil einer Zusammenarbeit mit uns überzeugen können. Aus unserer Sicht stünde dem nichts im Wege.»
4. Vor einer Entscheidung meinerseits müsste natürlich erst einmal die Frage der Zertifizierung geklärt sein und ein deutscher Folder vorliegen.»

9
Ein Gespräch abschließen

CD 2: 10

9.1 Hören Sie das Gespräch (Teil 5).
Wie ist Ihr Eindruck?

	Frau Vermeer	Herr Pastor
• … lässt deutlich die Bereitschaft zur Zusammenarbeit erkennen.	☐	☐
• … scheint verbindliche Zusagen eher vermeiden zu wollen.	☐	☐

Wie wird dies deutlich?

9.2 Stellen Sie die für beide Gesprächpartner jeweils wichtigen Informationen und Gesprächsergebnisse zusammen.

9.3 Führen Sie das Gespräch noch einmal.

Für den Hersteller (über den Vertreter):
1. bereistes Vertretungsgebiet
2. Produktkenntnisse des Vertreters
3. andere vertretene Firmen und Produkte
4. Kundenstamm
5. Frequenz der Kundenbesuche
6. Höhe der geforderten Provision
7. mögliche zusätzliche Leistungen wie Lagerhaltung, Fakturierung …
8. Verkaufsförderung durch Mailings, Messeteilnahmen

Für den Handelsvertreter (über den Hersteller):
1. Preispolitik
2. Umsatzergebnisse
3. Umsatzziele (Export)
4. Lieferfähigkeit und Lieferfristen
5. Zahlungsfristen und -bedingungen (für Kunden)
6. vorgesehene Vertreterprovision
7. Vorstellungen über zusätzliche Vergütungen, Kostenerstattungen …
8. Exklusivität des Vertretungsvertrags

Einen Vertriebspartner auswählen

Frau Vermeer wertet die Gesprächsergebnisse aus. Sie führt weitere Informationsgespräche mit anderen Bewerbern.

10 Eine Gesprächsbilanz ziehen

10.1 Was spricht «für», was könnte «gegen» den Aufbau einer Geschäftsbeziehung sprechen? Orientieren Sie sich an den Fragen und nennen Sie mögliche Argumente.

aus Sicht der Firma *VERMEER*	**Geschäftsbeziehung mit der Firma *PASTOR***
• Das spricht dafür:	…
• Das spricht dagegen:	…

aus Sicht der Firma *PASTOR*	**Geschäftsbeziehung mit der Firma *VERMEER***
• Das spricht dafür:	…
• Das spricht dagegen:	…

10.2 Welche weiteren Informationen wären von beiden Seiten vor einer endgültigen Entscheidung zu berücksichtigen? Welche Fragen bleiben zu klären?

11 Gespräche mit Bewerbern führen

11.1 Erstellen Sie weitere Vetriebspartnerprofile. Orientieren Sie sich an den Informationen, die Sie zur Firma *PASTOR* zusammengestellt haben. Verändern oder ergänzen Sie sie.

	z. B.
1. bereistes Vertretungsgebiet:	*Hessen*
2. Standort der Vertretung:	*Frankfurt*
3. Kundenstamm:	*200 Stammkunden im Möbelfachhandel*
4. Provision:	*Festprovision 8 %*
5. Abrechnung:	*vierteljährlich*
6. …	…

11.2 Führen Sie das Gespräch zwischen Frau Vermeer und diesen Bewerbern. Werten und vergleichen Sie die Gesprächsergebnisse.

Beurteilung des Vertreters / der Vertretung

1. Beurteilung der allgemeinen Situation
- Hat die Vertretung Produkte anderer Hersteller im Vertriebsprogramm, die eine sinnvolle Ergänzung zum eigenen Produkt darstellen?
- Sind Kollisionen mit Produkten anderer Hersteller denkbar?
- Verfügt die Vertretung über ausgebildete Fachverkäufer?

2. Beurteilung des Vertriebsgebiets/Vertretungsbezirks
- Liegt die Vertretung zentral im Vertretungsgebiet?
- Wie hoch ist die Zahl der aktuellen, von der Vertretung bereits erschlossenen Kunden?
- Wird ein zusätzlicher Kundenkreis erschlossen?

3. Beurteilung der vom Vertreter erwarteten Nebenleistung
- Wird ein Auslieferungslager erwartet?
- Wird ein Ersatzteillager erwartet?
- Können die gelieferten Waren montiert werden? Können Reparatur- und Garantieleistungen erbracht werden?
- Nimmt die Vertretung an den für das Vertretungsgebiet wichtigen Messen teil?
- Erstellt die Vertretung Marktberichte und Marktanalysen?

4. Beurteilung der Vergütung/Bezahlung des Vertreters
- Wie hoch ist der zu erwartende Provisionssatz?
- Wird eine Provisionsstaffel vorgeschlagen?
- Erfolgen die Provisionszahlungen nach Zahlungseingang?
- Werden Vorschusszahlungen nötig?
- Werden für Nebenleistungen gesonderte Vergütungen vom Hersteller gefordert?

Emil Zapp GmbH + Co.
Lackfarbenfabrik
D-[redacted]

Deutsch-Niederländische Handelskammer
z. Hd. Herrn Papenfuß
Postfach 32 02 13
40417 Düsseldorf

DEUTSCH-NIED. HANDELSK. EINGEGANGEN 9. März 2007

Willi Schuster
Industrievertretungen
Taunusstraße 22
D-[redacted]
Telefon [redacted]
Telefax [redacted]

Datum: 01.03.07
Ihr Zeichen: PA/al
Unsere Zeichen: Scha/B
Ihre Nachricht vom: 26.02.07

M IMPORT-EXPORT MAZEK WIEN

Deutsch-Niederländische Handelskammer
z. Hd. Hr. Papenfuß
Postfach 32 02 13
40417 Düsseldorf

WIEN, am 11.03.2007

DEUTSCH-NIED. HANDELSK. EINGEGANGEN 15. März 2007

Messeteilnahmen werden extra berechnet

Kostenteilung bei Mailings

Frequenz der Kundenbesuche: mindestens 1-mal vierteljährlich

Kundenbesuche: je nach Umsatz

Provision: nach Umsatz gestaffelt (10 %, 8 %, 6 %)

kein eigenes Lager

Fakturierung ist inklusive

Kundenstamm: großer Anteil Sportvereine, Stadtverwaltungen

Vertretungsgebiet: Bundesrepublik

Schriftliche Kommunikation

12
Gesprächsergebnisse festhalten

Nach Abschluss der Gespräche mit weiteren Vertretungsfirmen nimmt Frau Vermeer schriftlich Kontakt mit Herrn Pastor auf.

12.1 Ergänzen Sie die Gesprächsergebnisse, an die Frau Vermeer in Ihrem Brief erinnert.

1) ______________________________
2) ______________________________
3) ______________________________
4) ______________________________
5) ______________________________
6) ______________________________
7) ______________________________
8) ______________________________

Sehr geehrter Herr Pastor,

vielen Dank für das interessante und informative Gespräch in Düsseldorf.

Nachstehend dazu noch einmal die wichtigsten Punkte.

Sie hatten uns folgende Leistungen angeboten:
- Vertretung unserer Produkte im Gebiet __ (1)
- __ (2) Turnus der Kundenbesuche
- __ (3) Konkurrenzprodukte in Ihrem Angebot
- __ (4) an Fachmessen

und die folgenden Bedingungen genannt:
- Exklusivität: __ (5)
- __ (6) Basisprovision
- __ (7) Provisionsabrechnung
- zusätzlich 2% Provision bei ___(8)

Wir sind an einer Zusammenarbeit interessiert. (a)
Die Voraussetzung wäre, dass Sie den Provisionssatz überprüfen und auf 8% absenken können. (b)
Wir sind bereit, nach einem Probejahr und bei besserer Kenntnis der Umsatzentwicklung und Transportkosten die Vertragsbedingungen erneut zur Diskussion zu stellen. (c)

Wenn Sie Ihr Angebot anpassen können, schicken Sie uns einen entsprechend formulierten Entwurf des Handelsvertretungsvertrags. (d)

Wir hoffen auf eine für beide Seiten gewinnbringende Zusammenarbeit und verbleiben mit freundlichen Grüßen

12.2 Formulieren Sie die abschließenden Sätze des Briefs (a–d) in einem freundlich-partnerschaftlicheren Ton.

allerdings	bitte	erneut	gerne
grundsätzlich	in diesem Sinne	noch einmal	

a) ...
b) ...
c) ...
d) ...

12.3 Verfassen Sie anhand der inhaltlichen Stichworte einen Antwortbrief von Herrn Pastor, in dem dieser einen Kompromiss vorschlägt.

Sehr geehrte Frau Vermeer,

- *Dank für Besuch in Düsseldorf und Interesse an Zusammenarbeit*
- *eigenes Interesse an Zusammenarbeit*
- *Erinnerung an positive Resonanz von Kunden auf Produkt-Folder (Vermeer) – Optimismus im Hinblick auf zukünftige Geschäftsentwicklung*
- *Aufnahme neuer Produkte in Vertretungsangebot = besonders kostenintensiv (Neue Info-Materialien, Einarbeitung der Außendienstmitarbeiter ...), deshalb 8%-Provision nicht attraktiv (für Pastor)*
- *trotzdem Bemühen, dem neuen Geschäftspartner entgegenzukommen*
- *Vorschlag: nach dem ersten Jahr Neuverhandlung der Provision*

Ich hoffe, Ihnen mit diesem Angebot die Entscheidung zu erleichtern und über Ihr Einverständnis würde ich mich freuen.

Mit freundlichen Grüßen

Anlage:
Vertragsentwurf

Agentuur-Contract
Handelsvertretungsvertrag

1. Die Firma B. VERMEER
.... (vertretene Firma)
in Amsterdam (NL)
betraut die Firma PASTOR
GmbH & Co. KG (Handelsvertreter)
in Düsseldorf (D)
mit ihrer Alleinvertretung für den Bezirk
Postleitzahlengebiet
4 und 5 (Nordrhein-Westfalen)

zum Verkauf folgender Waren:
Kinderholzmöbel,
Spielgeräte aus Holz

2. Der Handelsvertreter hat sich um die Vermittlung von Geschäften zu bemühen und ist verpflichtet, hierbei das Interesse der vertretenen Firma mit der Sorgfalt eines ordentlichen Kaufmannes zu wahren. Er wird der vertretenen Firma nach besten Kräften alle für die Förderung des Geschäftes erforderlichen Nachrichten geben, namentlich ihr von jedem Auftrag unverzüglich Mitteilung machen. Er darf nicht von den Preisen sowie Lieferungs- und Zahlungsbedingungen der vertretenen Firma abweichen.

3. Die vertretene Firma wird dem Handelsvertreter Proben, Muster, Drucksachen, Werbematerial usw. in ausreichender Menge ohne Berechnung sowie zoll- und frachtfrei zur Verfügung stellen. Die Gegenstände bleiben, soweit sie nicht zum Verbrauch bestimmt sind, Eigentum der vertretenen Firma und werden auf deren Wunsch und ihre Kosten vom Handelsvertreter zurückgesandt.

Die vertretene Firma wird dem Handelsvertreter alle für den Verkauf wichtigen Informationen laufend übermitteln, ihm ferner insbesondere die Annahme oder Ablehnung eines Auftrages unverzüglich mitteilen. Sie wird den Handelsvertreter auch unterrichten, wenn sie Aufträge voraussichtlich nur in begrenztem Umfang annehmen kann.

Von dem Schriftwechsel mit Firmen seines Bezirks und von den Rechnungen erhält der Handelsvertreter Kopien.

4. Der Handelsvertreter ist zum Inkasso von Kundengeldern nur berechtigt, wenn er von der vertretenen Firma dazu ausdrücklich bevollmächtigt ist.

5. Die Provision beträgt 10 %
(in Worten zehn Prozent)

vom Rechnungsbetrag für alle direkten und indirekten Geschäfte, die mit Abnehmern des in Ziffer 1 angegebenen Bezirks abgeschlossen worden sind.

Die vertretene Firma erteilt dem Handelsvertreter für ~~jeden Kalendermonat~~/jedes Kalendervierteljahr, ~~spätestens bis zum 15. des folgenden Monats,~~ eine Provisionsabrechnung über die in dem ~~Kalender-Monat~~/Kalendervierteljahr erfolgten Lieferungen. Der hiernach dem Handelsvertreter zustehende Provisionsbetrag ist mit der Abrechnung zahlbar.

Der Anspruch auf Provision entfällt nur bezüglich der Lieferungen, von denen feststeht, dass der Kunde sie nicht zahlt; Beträge, die der Handelsvertreter bereits empfangen hat, werden bei der nächsten Provisionsabrechnung angerechnet.

Die Provision ist auch zu zahlen, wenn das Geschäft nicht oder nicht so ausgeführt wird, wie es abgeschlossen worden ist. Dies gilt jedoch dann nicht, wenn die vertretene Firma nachweisen kann, dass sie insoweit kein Verschulden trifft.

6. Die vertretene Firma vergütet dem Handelsvertreter folgende Kosten:
Messeteilnahme
(nach Vereinbarung)

7. Alle Ansprüche, die etwa gegen den Handelsvertreter aus Verletzung von Patent-, Musterschutz-, Warenzeichen- und Urheberrechten erhoben werden sollten, fallen ausschließlich der vertretenen Firma zur Last, die dem Handelsvertreter die nötigen Prozesskostenvorschüsse bereitzustellen und auf Verlangen vorzulegen sowie alle für die Prozessführung erforderlichen Unterrichtungen zu erteilen hat. Die vertretene Firma hat in solchen Fällen dem Handelsvertreter auch alle eigenen Aufwendungen zu ersetzen. Sie sichert dem Handelsvertreter zu, die zum Schutz des Endabnehmers im Vertretungsbezirk geltenden rechtlichen Bestimmungen über die Beschaffenheit, Kennzeichnung und Verpackung der Waren zu beachten. Die in Fällen der Verletzung dieser Vorschriften erhobenen Ansprüche und entstehenden Verpflichtungen fallen ausschließlich der vertretenen Firma zur Last.

8. Das Vertragsverhältnis beginnt am 01.09.2007
und wird
*) auf bestimmte Zeit bis zum 31.08.2008
~~*) auf unbestimmte Zeit~~ abgeschlossen.

Ist der Vertrag für eine bestimmte Zeit abgeschlossen, so verlängert er sich jeweils um die gleiche ursprünglich vereinbarte Dauer, wenn er nicht sechs Monate vor Ablauf zum Ende eines Kalendervierteljahres durch eingeschriebenen Brief gekündigt wird.

Ist der Vertrag auf unbestimmte Zeit abgeschlossen, so kann er von jedem Vertragspartner mit einer Frist von sechs Monaten zum Ende des Kalendervierteljahres durch eingeschriebenen Brief gekündigt werden.

9. Maßgebend für das Vertragsverhältnis ist im Übrigen das am Sitz des Handelsvertreters geltende Recht.

10. Gerichtsstand für etwaige Rechtsstreitigkeiten ist der Sitz des Klägers.

11. Änderungen und Ergänzungen des Vertrages bedürfen zu ihrer Rechtswirksamkeit der schriftlichen Bestätigung.

Ort: .... Datum: ....

....
(Unterschrift des Handelsvertreters)
(Handtekening handelsagent)

*) Nicht Zutreffendes bitte streichen.

Het contract is in overeenstemming met de richtlijn van de Raad van de Europese Gemeenschappen d. d. 18 december 1986 met betrekking tot de coördinatie van de wettelijke voorschriften van de lidstaten ten aanzien van de zelfstandige handelsagent.

Dieser Vertrag steht in Übereinstimmung mit der Richtlinie des Rates der Europäischen Gemeinschaften vom 18. Dezember 1986 zur Koordinierung der Rechtsvorschriften der Mitgliedsstaaten betreffend die selbstständigen Handelsvertreter.

Unternehmenspraxis

Einen Vertragsentwurf prüfen

***VERMEER* schickt einen Vertragsentwurf zur Stellungnahme an die Firma *PASTOR*.**

13
Einen Vertretungsvertrag überprüfen

13.1 Lesen Sie den Vertragsentwurf (vorhergehende Seite). Notieren Sie die Ziffern der Abschnitte des Vertrags, in denen Sie Informationen zu den hier genannten Punkten finden.

Pflichten des ...	Abschnitte
• Herstellers gegenüber dem Vertreter	___
• Vertreters gegenüber dem Hersteller	___
Rechte des ...	
• Herstellers gegenüber dem Vertreter	___
• Vertreters gegenüber dem Hersteller	___
Provision	___
Kostenerstattung	___
Behandlung von Rechtsstreitigkeiten	___
Vertragsdauer	___

13.2 Entspricht der Vertrag den Vereinbarungen? Enthält er Regelungen, die nicht im Gespräch vereinbart wurden?

14
Die Verbindlichkeit mündlicher und schriftlicher Vereinbarungen.

Mündliche und schriftliche Vereinbarungen haben je nach Kulturkreis ein unterschiedliches Gewicht.

Mündliche Vereinbarungen sind für Verhandlungspartner absolut verbindlich: Wer sie nicht einhält, verliert sein Gesicht als Geschäftspartner.

Die schriftliche Vereinbarung beschreibt die Idealziele beider Seiten, braucht aber nicht wörtlich genommen zu werden.

Eine mündliche Vereinbarung dient dazu, mit dem Partner ein gutes Klima herzustellen, bedeutet jedoch kein festes Engagement.

Mündliche Vereinbarungen sind absolut verbindlich. Ein schriftlicher Vertrag dient nur der Beweissicherung.

Ausschlaggebend ist einzig das persönliche Vertrauensverhältnis zwischen den Partnern.

Nur schriftliche Abmachungen zählen.

14.1 Entspricht eine dieser Beschreibungen der Auffassung, die in Ihrem eigenen Kulturkreis gilt?

14.2 Kennen Sie aus persönlicher Erfahrung oder aus Erzählungen von Kollegen unterschiedliche Auffassungen zu dieser Frage in verschiedenen Kulturkreisen?
Berichten Sie.

Projekt

15
Interkulturelle Aspekte in Geschäftsbeziehungen

Sind Ihnen bei Kontakten mit Geschäftspartnern aus anderen Ländern Unterschiede in der Art, geschäftliche Gespräche oder Verhandlungen zu führen, aufgefallen oder haben Kollegen Ihnen über solche Unterschiede berichtet?

Welche «Standards» haben Sie bei deutschen Verhandlungs- oder Gesprächspartnern beobachtet?

Unterschiedliche «Standards»?

- **Wie werden Forderungen gestellt und beantwortet?**
- **Wie werden Einverständnis oder Nichteinverständnis ausgedrückt?**
- **Was ist als unverbindliche Absichtserklärung oder als feste Zusage zu verstehen?**
- **Wie wird auf Störungen des geplanten Ablaufs (z. B. Tagesordnung, Besuchsprogramm ...) reagiert?**
- **Dürfen Emotionen (Ärger, Freude, Ungeduld ...) offen gezeigt werden?**
- **Werden sachbezogene und personenbezogene Aspekte eines Problems klar getrennt?**
- **Welche Regeln und Konventionen sind unbedingt zu respektieren, wenn man den Erfolg der Geschäftsbeziehung nicht gefährden will?**
- **... ?**

Produktpolitik

14

Hintergrund

Das Lernangebot in diesem Kapitel:

Fallbeispiel: *XXL*

- ▶ eine Marktsituation beschreiben
- ▶ eine Produktinnovation erläutern

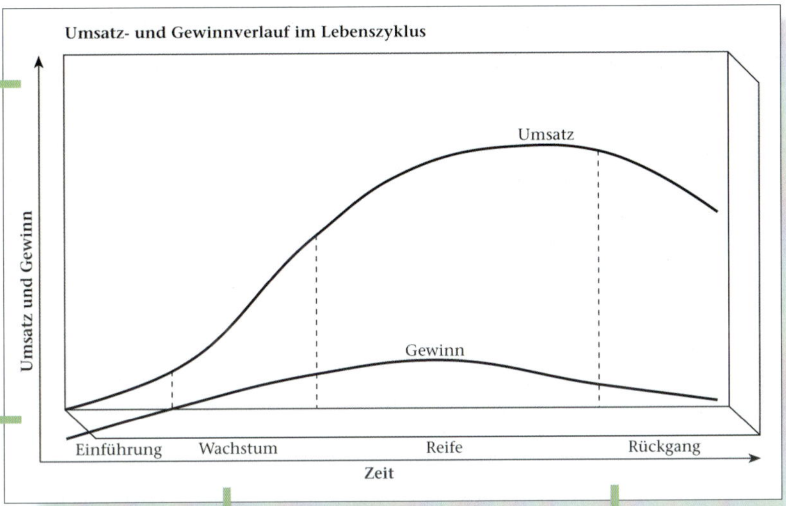

Das Produkt

- ▶ Charakteristika von Produkten vergleichen
- ▶ verkaufsfördernde Faktoren werten
- ▶ einen Produktlebenszyklus darstellen

Markenpolitik

- ▶ Charakteristika von Marken vergleichen
- ▶ Ziele einer Markenpolitik darstellen
- ▶ Anforderungen an den Hersteller beschreiben

Produktinnovation

- ▶ Schritte einer Produktinnovation erläutern

Fallbeispiel: *XXL*

1
Die *ALFRED RITTER GmbH & Co. KG*

Das Unternehmen

Ritter Sport ist eine der klassischen deutschen Schokoladenmarken. Mit der quadratischen Form und einer Vielfalt von Geschmacksvarianten hat die Marke das große Sterben in der Branche als selbstständiges Familienunternehmen überstanden. Mit einem Anteil von gut 20% am deutschen Markt für Tafelschokolade liegt Ritter gleichauf mit dem Konkurrenten Milka. 280 Millionen Euro Umsatz machte das Unternehmen im Jahr 2006.

Kennzeichen der Marke ist das Quadrat, das trotz aller Kopien das Erkennungsmerkmal von Ritter Sport geblieben ist. Der sportliche Touch wurde durch die herzhafte Ausrichtung des Produkts im Geschmack, im Design und in der Kommunikation über die Jahre immer weiterentwickelt. Das Unternehmen aus dem schwäbischen Waldenbuch bietet mehr als 17 Geschmacksvarianten an.

Quelle: «W & V»

www.ritter-sport.de

1.1 Lesen Sie das Unternehmensporträt. Notieren Sie Kenndaten.

1. Unternehmen: ...
2. Branche: ...
3. Umsatz: ...
4. Marke: ...
5. Markenkennzeichen: ...
6. Produktsortiment: ...
7. Wettbewerber: ...
8. Marktanteil: ...

Stellen Sie das Unternehmen vor.

1.2 Lesen Sie den ersten Abschnitt des Fallbeispiels.
Was kennzeichnet die Marktsituation für Tafelschokolade?
Kreuzen Sie an.

	Ja	Nein
a) Es gibt einen harten Preiskampf auf dem Markt für Tafelschokolade.	☐	☐
b) Jugendliche Verbraucher sind die Hauptkunden.	☐	☐
c) Auch die Einführung von Großtafeln hat den Markt nicht beleben können.	☐	☐

Erläutern Sie die Marktsituation.

Die neue Begegnung der gigantischen Art

Seit Jahren stagnierte der Markt für Tafelschokolade. Der Preis war zum Hauptargument geworden. Und besonders bei jungen Konsumenten hatten die klassischen Tafeln immer weniger Erfolg.

Erst mit der Einführung der Großtafeln bis 300 Gramm kam wieder Wachstum in den Markt. Die „Übergroßen" belebten den Schokoladenmarkt insgesamt neu. Das weckte auch beim Schokoladenhersteller Alfred Ritter GmbH im schwäbischen Waldenbuch Hoffnung auf Umsatzzuwachs.

Die Ausgangslage

Als der Nummer zwei hinter dem Marktführer Milka stellte sich für Ritter Sport die Aufgabe, mit einem eigenen und typischen Produkt auch im Markt der Übergrößen einen Anteil zu erobern. Das Unternehmen war mit quadratischen Tafeln bekannt und im Markt unverwechselbar geworden.

Ritter Sport zeichnete sich schon immer durch Sortenvielfalt aus. Hinzu kommt, dass die Marke mit dem sportlichen Touch stets eine so genannte „Beißer-Schokolade" gewesen ist: reinbeißen und kauen.

Das Problem

Tafelschokoladen waren im jungen Markt kein Erfolg. Einzige Ausnahme stellten die in Tafeln verpackten Riegel wie die Joghurette von Ferrero dar. Die jüngsten Konsumenten assoziierten Schokolade fast nur noch mit Riegeln, weniger mit Tafeln.

Bei Ritter Sport war eine Verdreifachung des Gewichts auf 300 Gramm schwer vorstellbar. Die quadratische Form musste beibehalten werden. Auch im Geschmack musste etwas Neues geboten werden. „Wir brauchten", erinnert sich Produktmanagerin Maria Jung, „eine neue Rezeptur." Gleichzeitig sollte das neue Produkt so konzipiert wer den, dass es auch die Geschmacksner ven der jüngsten Konsumenten traf Das Profil der Marke brauchte eine Ver jüngung.

Die Zieldefinition

Die Marke Ritter Sport sollte am Wachs tum des Marktsegments der Großta feln teilhaben. Dabei musste aber die Unverwechselbarkeit des Produkts Rit ter Sport erhalten bleiben. Also: eine quadratische Form und ein Schokoge nuss der herzhaften Art. Außerdem musste das neue Produkt so positio niert werden, dass es bei den jüngeren Konsumenten besonderen Anklang fin den konnte. Das Produkt sollte das Image der Marke insgesamt verjüngen.

Die Strategie

Die neue Marke XXL war als die „ext reme Schokolade für junge Leute" zu etablieren. Mit dieser Zielsetzung sollte der Trend zu den großen Tafeln nachvollzogen und ein Einstieg in die jüngeren Zielgruppen erreicht werden. Die Dachmarke Ritter Sport sollte mit ihrer Kompetenz für herzhaften Geschmack das neue Familienmitglied stützen. Die quadratische Form signalisierte den Familienzusammenhang.

Das neue Produkt durfte die bestehenden Marken nicht kannibalisieren Neben der Gewinnung des Jugendmarkts stand der Aspekt, die Marke Ritter Sport insgesamt im Markt zu festigen. Die Attribute der Marke „sehr dynamisch" und „sehr aktiv" sollten mit der neuen Kampagne zusätzlich gefestigt werden. Eine dickere Tafel mit 150 Gramm Gewicht bot sich als Lösung an.

Durch die Wahl der 150-Gramm-Tafel musste das neue Quadrat deutlich dicker ausfallen als die herkömmliche Variante. Der schwere Charakter der dicken Tafel konnte die Vorstellung von einer besonders kräftigen Schokolade verstärken.

Das Qualitäts-Statement wurde ebenfalls in XXL wiederholt. War die Aussage „gut" schon immer Bestandteil der Ritter-Sport-Werbung, so sollte nun mit „gigantisch gut" auf die Stimmungslage der jungen Kundschaft eingegangen werden.

Quelle: (nach) «W & V»

ie kreative Umsetzung
ntscheidend für den Erfolg war der :ame des Produkts. „XXL“ steht wie on selbst für eine ausgefallene Sache. Das Produktkonzept versteht über den Jamen XXL jeder auf Anhieb“, sagte tatdirektor Marco Ludwig, der bei der gentur Heye + Partner das Produkt be- eute.

Gefunden wurde der neue Name in en gemeinsamen Brainstormings von unde und Agentur. Danach musste ei- e Story her, die das Thema Übergröße nöglichst kompakt noch einmal ver- eutlicht. Die Verankerung der Marke n jugendlichen Umfeld gelang durch ie Umsetzung einer alltäglichen Ge- chichte im Football-Milieu.

Football ist eine junge Sportart und Jbergrößen sind bei den Football-Stars nehr gefragt als in fast allen anderen portarten. Das Thema „Übergröße“ onnte so auch in der Geschichte naht- os in der Handlung untergebracht wer- en.

Die Aufmachung im Stil eines großen Iollywood-Films und die Wahl des Ci- emascope-Formats reflektieren noch inmal das Thema Übergröße. Der Film elbst erzählt die Geschichte eines Jun- en, der in der Kabine der Stars ehr- ürchtig ein XXL-T-Shirt seines Foot- all-Helden begutachtet. Der aber wirft ım eine Packung XXL zu: „Hey! Pro- ier’s mal hiermit.“ Das Thema XXL wird lurch den Aufdruck XXL auf dem T-Shirt och einmal stark hervorgehoben.

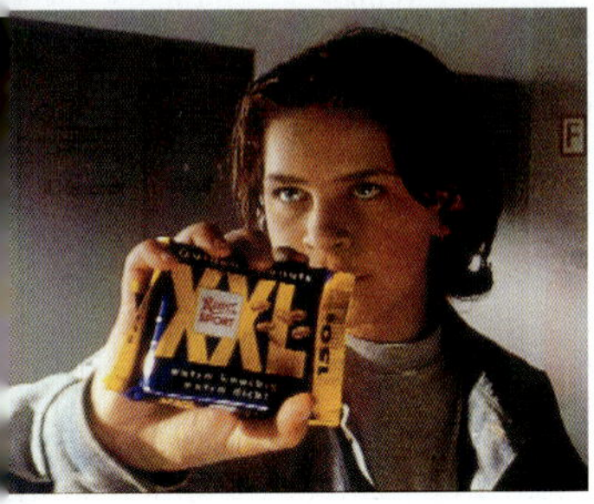

ie Maßnahmen
ür die Einführung des Produkts setz- e man auf eine erste TV-Kampagne, ler dann, nach einer kurzen Sommer- ause, eine zweite Welle folgte. Dies- nal wurde der Spot mit 45 Sekunden änge parallel im Kino gezeigt. Die Wer- ung lief seitdem kontinuierlich im ernsehen. Im ersten Jahr investierte las Unternehmen umgerechnet gut 6,5 Millionen Euro brutto in TV- und um- erechnet 650.000 Euro in Kino-Wer- ung.

Um den jungen Markt voll abzu- decken, entschied sich das Unterneh- men, die überschwere Schokolade in zwei Geschmacksrichtungen zu prä- sentieren. XXL startete in der blaugel- ben Packung mit „Golden Peanuts“ und in grünblauer Verpackung als „Fruit & Nuts“. Und der Slogan auf beiden Packungen war identisch: „extra knackig, extra dick!“. Der Handel wur- de mit Vkf-Material, Displays und wei- teren Werbepräsentationen versorgt. Es gab Gewinnspiele, Probieraktionen und einen Ständer mit einem Football- Spieler aus Pappe, der einen echten Football im Arm hielt.

Die Erfolgskontrolle
Das neue Produkt und die Kampagne waren überdurchschnittlich erfolgreich. „Ein so durchschlagender Erfolg ist kaum planbar“, sagt Ludwig heute, „es war ein Volltreffer.“ Nach der ersten Werbewelle im Mai/Juni erreichte XXL eine Markenbekanntheit von gestützt 58 Prozent. Im Dezember, nach der zweiten Welle mit dem Einsatz der Ki- nofilme, kletterte die Markenbekannt- heit auf 84 Prozent gestützte und 38 Prozent ungestützte Werbeerinnerung.

Mit diesen Werten und einer Erin- nerung der Werbeinhalte von 99 Pro- zent war der XXL-Spot Spitzenreiter in seinem Konkurrenzumfeld. Der Erfolg strahlte auf die Marke insgesamt ab.

Verbraucherbefragungen bestätig- ten die hohe Akzeptanz des Newcomers. „Sehr guten Geschmack“ bescheinig- ten 95 Prozent der Interviewten dem neuen Produkt. 88 Prozent urteilten, dass XXL gut zu Ritter Sport passt. Der Marktanteil von Ritter Sport XXL ist stark gewachsen. Er überstieg die Mar- ke von acht Prozent bereits wenige Mo- nate nach der Einführung.

Der Einstieg in den jungen Markt war gelungen. XXL war zu einer festen Größe unter den beliebtesten Schoko- laden bei der jüngeren Zielgruppe ge- worden. Auch im Handel hat die Ak- zeptanz des Produkts positive Effekte gezeigt. Die Erosion der Preise konnte gestoppt werden.

Rolf Diekhof

2
Schritte einer Produktinnovation

Das Fallbeispiel beschreibt Schritte einer Produktinnovation und Markteinführung.

2.1 Lesen Sie die Überschriften der sieben Abschnitte. Welche Informationen erwarten Sie?

1. «Die Ausgangslage»:	...
2. «Das Problem»:	...
...	...

2.2 Lesen Sie die Abschnitte des Fallbeispiels.

Die Ausgangslage – Das Problem
Wie ist die Marktlage? Vor welcher Herausforderung steht das Unternehmen?

Die Zieldefinition – Die Strategie
Welches sind die strategischen Zielsetzungen des Unternehmens?
Welche Anforderungen soll das neue Produkt erfüllen?
z. B.: Es soll ein Produkt sein, das ...

Die kreative Umsetzung – Die Maßnahmen
Markieren Sie Angaben ...
a) zum Namen des Produkts.
b) zum Inhalt des Werbespots.
c) zu Einführungsstrategien.
Erläutern Sie die Marketinginstrumente, die eingesetzt werden.

Die Erfolgskontrolle
Notieren Sie Angaben zu den Ergebnissen:

a) Markenbekanntheit:	...
b) Erinnerung an Werbeinhalte:	...
c) Akzeptanz bei Verbrauchern:	...
d) Akzeptanz beim Handel:	...
e) Marktanteile:	...

Erläutern Sie die Ergebnisse.

2.3 Stellen Sie den Ablauf der Produktinnovation als Handlungskette dar und erläutern Sie die verschiedenen Phasen.

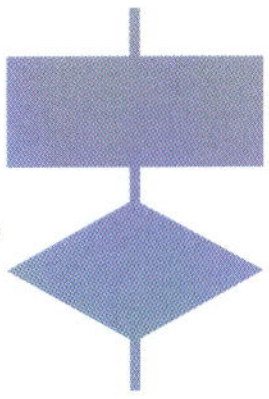

Hintergrund

Das Produkt

3
Charakteristika von Produkten

Produkte können u. a. nach ihrem Verwendungszweck unterschieden werden.

a) Produkte, deren Käufer industrielle Abnehmer sind, die diese Güter zur Herstellung neuer Produkte einsetzen
b) Produkte, die für den Verbrauch durch Privatpersonen bestimmt sind
c) Produkte, die ebenfalls von Privatpersonen gekauft werden, jedoch dem längerfristigen Gebrauch dienen

Quelle: H. Ch. Weis, «Marketing»

GKN Gleichlaufgelenkwellen

3.1 Notieren Sie die passende Definition (a, b, c):

1. Konsumgüter: ________
2. Gebrauchsgüter: ________
3. Produktions- und Investitionsgüter: ________

3.2 Welche Produkte der Produktgruppen A–E entsprechen diesen Definitionen? Nennen Sie Beispiele.

Gruppe A	*Gruppe B*	*Gruppe C*	*Gruppe D*	*Gruppe E*
Qualitätskameras Landmaschinen Personenkraftwagen Qualitätsmöbel	Lebensmittel (Trockensortiment) Arzneimittel Haushaltswaren industrielle Betriebsstoffe	Radio- und Fernsehgeräte Haushaltsgroßgeräte Damenbekleidung Sportausrüstungen	Zigaretten Süßwaren Rasierklingen alkoholfreie Erfrischungsgetränke	EDV-Anlagen elektrische Generatoren Dampfturbinen Spezialwerkzeuge

3.3 In dem Schema werden weitere Charakteristika von Produkten genannt. Um welche Produktgruppe (A–E) handelt es sich jeweils? Ergänzen Sie A–E in der Übersicht.

3.4 Erläutern Sie die Merkmale einzelner Produkte aus jeder Produktgruppe.
• Eine Qualitätskamera:
z. B.
… besitzt einen hohen Wert.
Der Kauf einer solchen Kamera hat für den Käufer in der Regel eine hohe Bedeutung.
Der Käufer wird deshalb …
…
• …

Produktcharakteristika für fünf Produktgruppen

Produktcharakteristika	*Gruppe ___*	*Gruppe ___*	*Gruppe ___*	*Gruppe ___*	*Gruppe ___*
Wert der Produkteinheit	sehr gering	gering	mittel bis hoch	hoch	sehr hoch
Bedeutung jedes einzelnen Kaufs für den Verbraucher	sehr gering	gering	mittel	hoch	sehr hoch
Für den Kauf aufgewendete Zeit und Mühe	sehr gering	gering	mittel	hoch	sehr hoch
Rate der technischen und modischen Änderungen	sehr gering	gering	mittel	hoch	sehr hoch
Technische Komplexität	sehr gering	gering	mittel bis hoch	hoch	sehr hoch
Servicebedürftigkeit	sehr gering	gering	mittel	hoch	sehr hoch
Kaufhäufigkeit	sehr hoch	mittel bis hoch	gering	gering	sehr gering
Schnelligkeit des Ver-/Gebrauchs	sehr hoch	mittel bis hoch	gering	gering	sehr gering

Quelle: (nach) VAHLENS, «Großes Marketing Lexikon»

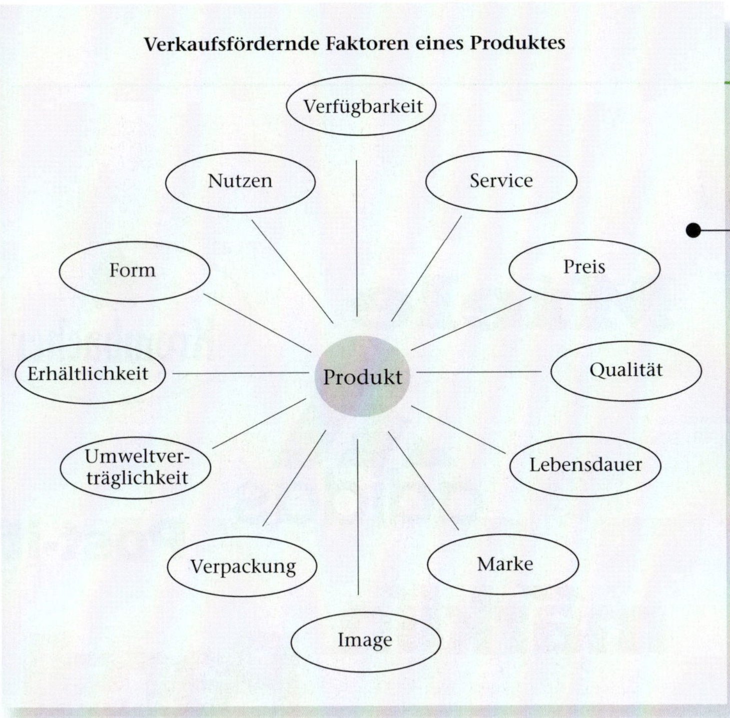

Quelle: H. Ch. Weis, «Marketing»

4
Verkaufsfördernde Faktoren eines Produkts

4.1 Bestimmte Faktoren können für den Verkauf eines Produkts besonders wichtig sein.
Wie wichtig sind die hier genannten Faktoren für die folgenden Produkte?
Nennen Sie jeweils drei Faktoren, die ...
- besonders wichtig sind,
- weniger wichtig sind.

	verkaufsfördernde Faktoren	
Produkt	**weniger wichtig**	**besonders wichtig**
• Haushaltsgeräte: • Automobile: • Schokolade: • Waschmittel: • Regenschirme: • frisches Gemüse: • Maschinen: • Bücher: • ...	1. ... 2. ... 3. ...	1. ... 2. ... 3. ...

4.2 Erklären Sie Ihre Wertungen.

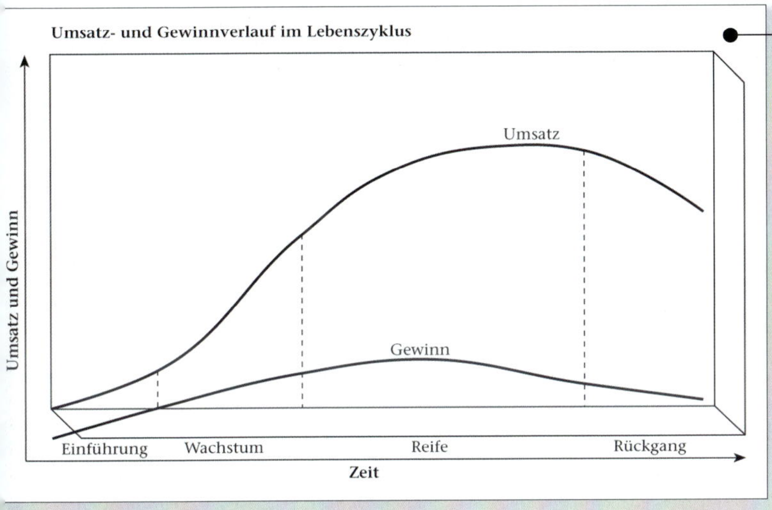

uelle: Ph. Kotler/F. Bliemel, «Marketing-Management»

5
Der Produktlebenszyklus

Die Grafik zeigt die idealtypische Umsatz- und Gewinnentwicklung eines Produkts.

5.1 Was kennzeichnet die verschiedenen Phasen eines Produktlebenszyklus?
Ergänzen Sie die Tabelle entsprechend.

Marketingziele
- größtmöglichen Marktanteil erreichen
- Marktanteil sichern und größtmöglichen Gewinn erzielen
- Kosten senken und Markt «abschöpfen» (Preise der Marktentwicklung anpassen)
- Produkt bekannt machen, Erstkäufe herbeiführen

Gewinne
- steigende Gewinne
- hohe Gewinne
- sinkende Gewinne
- Verluste

Umsatz
- Stagnation
- langsames Wachstum
- schnelles Wachstum
- Rückgang

	Phase I Einführung	Phase II Wachstum	Phase III Reife	Phase IV Rückgang
Umsatz				
Gewinne				
Marketingziele				

5.2 Erläutern Sie die vier Phasen.
z. B.
- *In der **Einführungsphase** sind die Umsätze noch niedrig. ...*
- *...*

5.3 Nennen Sie Beispiele von bekannten Produkten, die sich einer der vier Phasen des Produktlebenszyklus zuordnen lassen. Erläutern Sie Ihre Beispiele.

Hintergrund

Markenpolitik

6 Marken

Marke: Name einer Ware, die durch gleichbleibende Qualität und durch eine bestimmte Aufmachung gekennzeichnet ist und die durch intensive Werbung bekannt und überall erhältlich ist.

- **Handelsmarke:** Eigenmarke oder Hausmarke eines Handelsunternehmens (z.B. einer Supermarktkette)
- **Herstellermarke (Markenartikel):** Firmenmarke oder Produktmarke des Herstellers

Miele · Krombacher · adidas · Post-it · märklin · Persil

6.1 Welche Handelsmarken, Produktmarken, Firmenmarken kennen Sie? Nennen Sie Beispiele.

6.2 Die Übersicht vergleicht Merkmale von Herstellermarke (Markenartikel) und Handelsmarke.
Erläutern Sie die Merkmale.
*z. B.: Der **Markenartikel** trägt den Namen der Herstellerfirma oder einen von ihr geschaffenen Produktnamen. …*

Vergleich von Markenartikel und Handelsmarke

Merkmale	Markenartiel	Handelsmarke
Markierung	*vom Hersteller*	*vom Handel*
Distribution	*breit*	*begrenzt*
Qualitätsniveau	*hoch*	*mittel bis niedrig*
Qualitätsgarantie	*vom Hersteller*	*vom Handel*
Verkaufspreis (Preissegment)	*hoch bis mittel*	*mittel*
Werbung	*Produktwerbung*	*Preiswerbung*
Verpackung/ Aufmachung (Anspruchsniveau)	*hoch*	*mittel bis niedrig*
Packungsgestaltung	*Produkterlebnis*	*Produktbeschreibung*
Produktnutzen	*Grund- und Zusatznutzen*	*vorwiegend Grundnutzen*

Quelle: (nach) H. Ch. Weis (Hrsg.), «Produktpolitik»

6.3 Bei welchen Produkten wählen Sie selbst eher …

- einen Markenartikel?
- eine Handelsmarke?
- ein No-Name-Produkt?

Wie würden Sie diese Kaufentscheidung begründen?

6.4 Die Grafik enthält Angaben zur Bedeutung verschiedener Kriterien für den Erfolg einer Marke.
Welche Kriterien (a–e) haben die befragten Verbraucher Ihrer Ansicht nach am häufigsten, welche weniger häufig genannt?
Erläutern Sie.

a guter Ruf des Herstellers

b gute Werbung

c gleich bleibende Qualität

d guter Preis, gutes Preis-Leistungs-Verhältnis

e bessere Qualität (als vergleichbare Produkte)

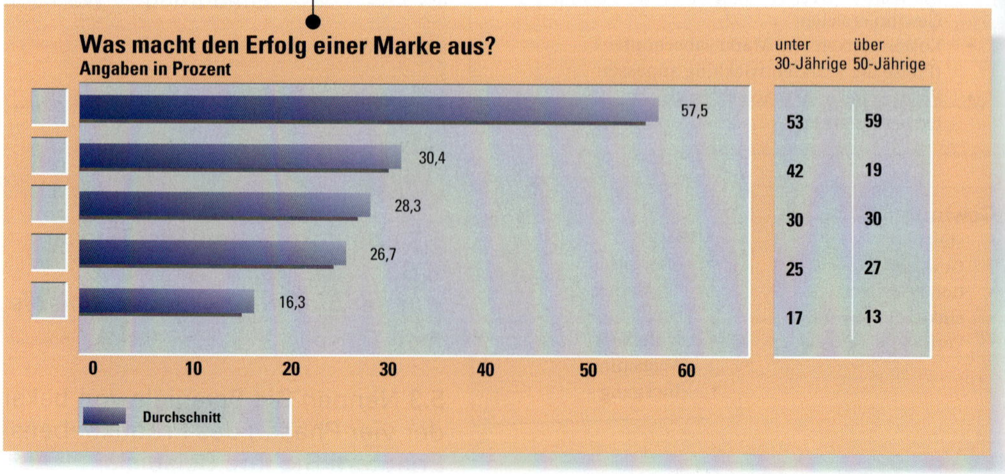

Quelle: (nach) «Absatzwirtschaft»

Der Markenartikel wird über ein produktadäquates Vertriebssystem distribuiert. Das garantiert gleich bleibende, überregionale Versorgung, bequemen Einkauf und fachkundigen Service.

Der Markenartikel verhindert Produkttäuschungen. Durch seine hohe Produktqualität verschafft er dem Käufer positive Erfahrungen und verdient sich dadurch höchste Wertschätzung. Durch Markenwerbung und Verkaufsförderung informiert der Hersteller Handel und Verbraucher.

Der Markenartikel gibt dem Verwender Sicherheit beim Einkauf. Er ist nicht anonym.

Der Markenartikel geht mit der Zeit. Denn Produktion und Forschung haben höchstes Niveau und können veränderte Verbraucherbedürfnisse jederzeit berücksichtigen. Der Markenartikel hat dadurch langfristigen Markterfolg und hohe Bekanntheit.

e

Markenartikel setzen Maßstäbe für wirtschaftlichen und technischen Fortschritt. Durch die Innovationskraft und Produktkompetenz der Hersteller prägen sie in hohem Maße die modernen Konsumgütermärkte.

f

Der Markenartikel ist langfristig konzipiert. Er hat ein eigenständiges Produktprofil. In Bezug auf Qualität, Preis und Service hat er in seiner Gruppe eine Leitfunktion. Durch Leistung und kontinuierlichen Auftritt der Marke schafft er Vertrauen bei den Verwendern.

g

Der Markenartikel fördert den Wettbewerb und dadurch Produktinnovationen. Er ist das beste Mittel gegen ein eintöniges Warenangebot. Markenartikel sprechen große Verbrauchergruppen an und garantieren durch rationelle Fertigung einen angemessenen Preis.

Quelle: (nach) H. G. Lettau: «Grundwissen Marketing»

INFO

Markenverband e. V.
Interessenverband der Markenartikelhersteller
ca. 360 Mitglieder

www.markenverband.de

Hintergrund

7 Ziele und Anforderungen einer Markenpolitik

7.1 Der *Markenverband* formuliert sieben Prinzipien des Markenartikels:

Der Markenartikel ...
- bedeutet Sicherheit
- bürgt für Qualität
- bringt Innovation
- ist seinen Preis wert
- ist überall erhältlich
- bedeutet Kontinuität
- bedeutet Vielfalt

Quelle: (nach) H. G. Lettau: «Grundwissen Marketing»

Ordnen Sie diesen Prinzipien die Argumente (a–g) zu und erläutern Sie sie.

7.2 Ziele einer Markenpolitik können wie folgt definiert werden:

Ziele der Markenpolitik:
1. Produkt aus dem vielfältigen Angebot herausheben
2. hohen Bekanntheitsgrad aufbauen
3. Präferenzen für das Produkt aufbauen
4. Qualitätsimage aufbauen
5. Vertrauen schaffen zum Produkt
6. Markentreue sichern

Quelle: (nach) H. G. Lettau: «Grundwissen Marketing»

Welche Anforderungen ergeben sich für einen Hersteller, der diese Ziele erreichen will?

Schlüssel zum Markenerfolg
- Verbraucherbedürfnisse frühzeitig erkennen und aufgreifen
- Angebot konsequent an Verbraucherbedürfnissen ausrichten
- Preis-Leistungs-Verhältnis kundenorientiert gestalten
- einprägsame Markennamen und -symbolik entwickeln und pflegen
- auf wenige Marken konzentrieren
- Produkteinführung durch intensive Kommunikation stützen
- gleich bleibende Qualität sicherstellen
- Sicherheit vor Überraschungen bieten
- breite Verfügbarkeit der Marke sicherstellen
- Markenposition konsequent verfolgen und umsetzen
- der Marke Zeit zum Reifen geben
- in Innovation und Markenfortschritt investieren
- Zusammenarbeit zwischen Hersteller und Handel vertiefen
- Marketing und Vertrieb gemeinsam und aufeinander abgestimmt organisieren
- ...

Erläutern Sie.
z. B.
Um das Produkt aus dem vielfältigen Angebot herauszuheben, ...
- *muss der Hersteller einen einprägsamen Markennamen entwickeln.*
- *...*

7.3 Welche Wettbewerbsvorteile bringt eine erfolgreiche Markenpolitik?

Hintergrund

„REA ist eine ausgereifte Abrechnungssoftware, die alle benötigten Abläufe im Recycling-Management abbildet und dabei direkt auf Material- und Artikelinformationen unserer Warenwirtschaft zugreift."

Hans Rainer Kohler, IT-Projektmanager, Alfred Ritter GmbH & Co. KG

8
Marken mit Erfolg

Für Optimierungen im Recycling-Bereich arbeitet das umweltbewusste schwäbische Unternehmen «Ritter Sport» zusammen mit einem andern Erfolgsunternehmen, das ihm dafür die geeignet Software maßgeschneidert liefert.

DVD

8.1 Sehen Sie den Unternehmensfilm von *SAP*. Notieren Sie Stichworte zu den folgenden Punkten:

SAP
- Tätigkeit
- Geschichte
- Kennzahlen
- Kunden/Märkte
- Unternehmensphilosophie
- Management

8.2 Präsentieren Sie das Unternehmen anhand dieser Informationen.

RITTER SPORT

Mit integriertem Recycling-Management zum nachweissicheren Mengenstromnachweis

Die Markenbekanntheit der quadratischen Ritter-Sport-Schokoladen ist in Deutschland beinahe konkurrenzlos. Und auch im Recycling-Management ist die Alfred Ritter GmbH & Co. KG (Ritter) ihrer Zeit voraus. Mit der Abrechnungssoftware REA (Recycling Administration) von SAP SI (SAP Systems Integration) profitiert das im schwäbischen Waldenbuch ansässige Traditionsunternehmen von wesentlich mehr Qualität, Kontrolle und Flexibilität bei der Abrechnung von Mengenströmen mit dem Dualen System Deutschland und anderen Recycling-Dienstleistern.

AUF EINEN BLICK

Zusammenfassung
Die Alfred Ritter GmbH & Co. KG, weltbekannt mit Ritter-Sport-Schokoladen, setzt die Abrechnungssoftware Recycling Administration (REA) von SAP SI für die integrierte Abbildung und Abrechnung von Mengenströmen mit dem Dualen System Deutschland und anderen Recycling-Dienstleistern ein.

Internetadresse
www.ritter-sport.de

Die wichtigsten Herausforderungen und Ziele
- Ganzheitliches Recycling-Management zur exakten Umsetzung der Verpackungsverordnung
- Transparente Nachweise
- Durchgängige Informationsströme
- Ablösung eines Altsystems mit redundanter Datenhaltung

Lösung und Services
REA Recycling Administration (Add-on von SAP SI für mySAP ERP)

Entscheidung für SAP
- Integration mit dem zentralen SAP-System
- Funktionsumfang und Erweiterbarkeit
- Ständige Aktualisierung und Weiterentwicklung

Highlights der Implementierung
- Sehr kurze Implementierungsphase
- Problemlose Individualanpassungen an kundenspezifische Gegebenheiten binnen kürzester Zeit

Hauptnutzen für den Kunden
- Erfassung und Abrechnung der für ein flächendeckendes Recycling abzuführenden Gebühren nach Stückzahl, Material und Gewicht der Verpackungen
- Integrierte Datenverarbeitung dank vollständiger Integration mit der Warenwirtschaft
- Wegfall von manuellen, aufwandsintensiven Datenerfassungen und Kontrollen
- Zentrale Stammdatenvorhaltung
- Transparenz- und Effizienzgewinn
- Revisionssichere Belege über die in den Handel gebrachten Verpackungsmengen
- Umfangreiches Berichtswesen sowie vielfältige Analyse- und Plausibilitätsprüfungsmöglichkeiten
- Beitrag zur Reduzierung der Lizenzgebühren

Implementierungspartner
SAP Consulting*

Vorhandene Systemlandschaft
SAP R/3®, Funktionalitäten heute in mySAP ERP enthalten

Hardware
IBM

Betriebssystem
AIX

* Seit dem 01.01.2005 kooperieren SAP Deutschland AG & Co. KG und SAP Systems Integration AG noch enger. Mit dem gemeinsamen Serviceportfolio SAP Consulting steht unseren Kunden künftig ein umfassenderes betriebswirtschaftliches sowie technisches Beratungsangebot zur Verfügung.

15

Einen Bedarf ermitteln

«… es gibt da noch ein unausgeschöpftes Potenzial!»

Unternehmenspraxis

Sie trainieren:

über die Marktposition von Produkten informieren
- Marktpositionen beschreiben
- den Produktnutzen beschreiben
- Produktmängel benennen
- die Marktstellung eines Produkts erläutern
- ein Produkt betreuen

eine Marktstudie auswerten
- Marktdaten erläutern
- Untersuchungsergebnisse darstellen

über eine Produktinnovation entscheiden
- eine Produktidee bewerten
- Vorschläge und Maßnahmen erörtern
- eine Produktinnovation empfehlen
- **schriftliche Kommunikation:**
  - ein Projekt darstellen

16 Unternehmenspraxis

eine Produktinnovation koordinieren

über eine Produkteinführung entscheiden

HENKEL KGaA

1
Über ein Unternehmen informieren

«Die HENKEL KGaA ist führend mit Marken und Technologien, die das Leben der Menschen leichter, besser und schöner machen.»

Henkel

A Brand like a Friend

www.henkel.com

1.1 Der Konzern ist in drei strategischen Geschäftsfeldern aktiv:
Wasch-/Reinigungsmittel, Kosmetik/Körperpflege sowie Klebstoffe, Dichtstoffe und Oberflächentechnik. Die drei strategischen Geschäftsfelder sind innerhalb der Firma Henkel wiederum in vier Unternehmensbereiche gegliedert:

- Wasch-/Reinigungsmittel ☐
- Kosmetik/Körperpflege ☐
- Klebstoffe für Konsumenten und Handwerker ☐
- Henkel Technologies ☐

Welche Produkte von *HENKEL* kennen Sie? Zu welchen der oben genannten Unternehmensbereiche gehören sie?

DVD

1.2 Im Image-Film «Henkel inMotion» stellt sich das Unternehmen mit seinen Produkten vor. Sehen Sie das Video. In welcher Reihenfolge werden die Produktbereiche vorgestellt? Notieren Sie oben 1, 2, ...

1.3 Einige zentrale Themen des Unternehmensleitbildes werden mehrfach wiederholt. Vervollständigen Sie die Aussagen aus dem Film.

1. Henkel macht mit seinen Produkten das Leben ______________________.
2. Wer sich selbst vertraut, ______________________ ______________________.
3. Vertrauen, dass eine Idee sich dann bewährt, wenn ______________________.
4. Henkel hat in allen Kulturen das Wichtigste gewonnen, ______________________ ______________________.
5. Uns leitet dasselbe starke Gefühl wie vor 100 Jahren: ______________________ ______________________.

1.4 Welches Bild des Unternehmens soll der Film vermitteln?

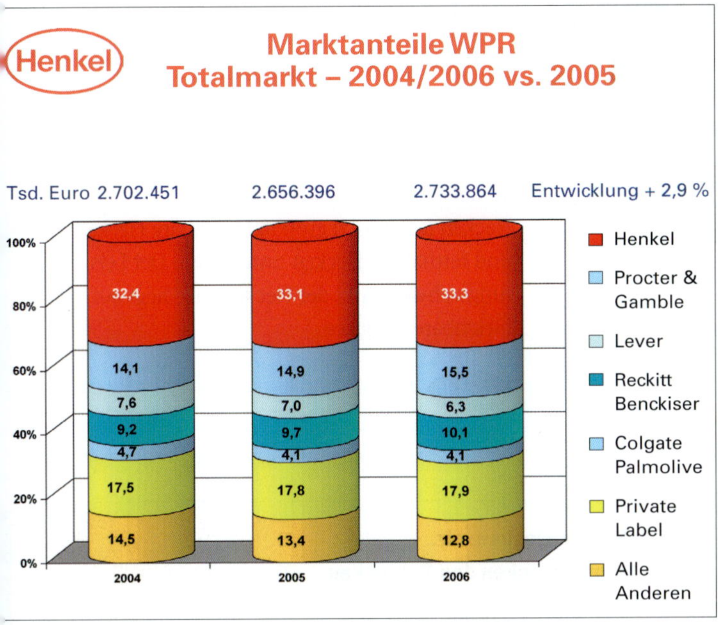

Über die Marktposition von Produkten informieren

2
Marktpositionen beschreiben

Die Grafiken (a–c) geben Auskunft über das Sortiment und die Marktposition (Deutschland) der *HENKEL*-Produkte im Bereich der Wasch- und Reinigungsmittel.

2.1 Welche Teilmärkte gibt es im Gesamtmarkt der Wasch- und Reinigungsmittel (Grafik b)?

2.2 Treffen die folgenden Aussagen zu?
Kreuzen Sie an.
Erläutern Sie Ihre Antworten.

HENKEL ...	Ja	Nein
1. ist die Nummer eins im Gesamtmarkt.	☐	☐
2. hat einen größeren Anteil am Gesamtmarkt als alle seine Mitbewerber zusammengenommen.	☐	☐
3. ist auf allen Teilmärkten mit starken Marken vertreten.	☐	☐
4. ist Marktführer in allen Teilmärkten.	☐	☐
5. hat mehr Marken unter den Top Ten des Markts als seine Mitbewerber.	☐	☐
6. deckt mit seinen Produkten den Gesamtmarkt voll ab.	☐	☐

Henkel

Sortiment: Wasch- und Reinigungsmittel

Universalwaschmittel	
hochpreisig	Persil
mittelpreisig	Spee
niedrigpreisig	Weißer Riese
Spezialwaschmittel	
Wolle	Perwoll
Feinwäsche	Spee FWM
Gardinen	dato
Flecken	SIL
Weichspüler	Vernel
Geschirrspülmittel	Pril Somat
Reinigungsmittel	Der General Bref dor ATA Sidolin biff WC Frisch WC Ente Sidol Sofix Sapur

b

Henkel

Positionen in den Top Ten des WPR-Marktes

1. Persil
2. ...
3. ... Wettbewerb
4. ...
5. Somat
6. Spee
7. Weißer Riese
8. Pril
9. WC-Frisch
10. Vernel

Quelle: D-Gesamt; Ranking nach Umsatz; 2006

c

Das Fleckensalz *SIL* ist eines der traditionellen – wenn auch weniger bekannten – *HENKEL*-Produkte des Bereichs Wasch- und Reinigungsmitte. Die erfolgreiche Weiterentwicklung und Neupositionierung des ursprünglich als Bleichmittel bekannten *SIL* in den 90er-Jahren ist Gegenstand des folgenden Fallbeispiels.

Definition Fleckensalze

Fleckensalze sind Pulverprodukte, die zusätzlich zum Waschmittel in der Waschmaschine angewendet werden, um hartnäckige Flecken an der Wäsche zu entfernen.
Flecken lassen sich grob in bleichbare Flecken und fetthaltige Flecken unterteilen. Der Leistungsschwerpunkt der Fleckensalze liegt auf bleichbaren Flecken.

Henkel

a

3
Produktnutzen beschreiben und Produktmängel benennen

3.1 Welche Wirkungen eines Waschmittels werden vom Verwender als Nutzen oder als Mangel gewertet? Kreuzen Sie an.

	Nutzen	Mangel
1. Farben bleiben leuchtend/kräftig.		
2. Flecken bleiben sichtbar.		
3. Farben färben ab, sie werden blass.		
4. Weiß wird grau, die Wäsche vergraut.		
5. Die Umwelt wird belastet.		
6. Flecken werden eliminiert.		
7. Empfindliche Textilien werden geschont.		
8. Farben werden blass, bleichen aus.		
9. Die Wäsche duftet, riecht gut.		
10. Die Umwelt wird geschont.		
11. Weiß wird wieder frisch.		

Sil Das Fleckensalz.
Nimmt Flecken den Schrecken.

Produktleistung
„Sil Das Fleckensalz" mit der Kraft der Doppel-Energie ist das universelle Zusatzbehandlungsmittel bei hartnäckigen Verschmutzungen:
- aktiver Sauerstoff wirkt kraftvoll gegen problematische, bleichbare Flecken (z. B. Rotwein, Obst, Fruchtsäfte, Tee, Kaffee, Gras)
- hochwirksame Enzyme beseitigen gezielt eiweißhaltige Flecken (z. B. Blut, Ei, Kakao)

Henkel
Henkel Waschmittel GmbH

b

3.2 Formulieren Sie die Anforderungen der Verwender an das «ideale Waschmittel».

unerwünschte Wirkungen
Das Weiß soll nicht vergrauen, …
…
erwünschte Wirkungen
… sondern frisch werden.
…

3.3 Welches ist der Nutzen von Fleckensalzen?

Leistungsvermögen von Fleckensalzen
– am Beispiel bleichbarer Flecken im Niedrigtemperaturbereich –

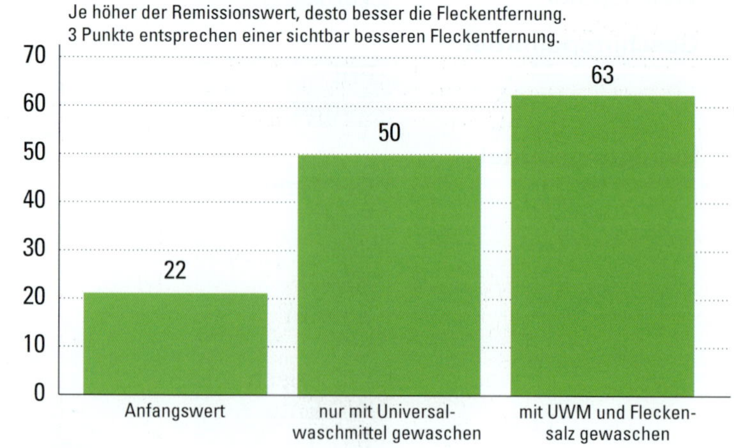

Henkel

c

Sil-Historie

1918
Als Ersatz des Kriegs-Persil als Wasch- und Bleichmittel in konzentrierter Form auf den Markt gebracht
1949
Sil mit Faserschutz, neue Packung
1956
Neue, wesentlich geänderte Packung „Sil. Spül- und Bleichmittel" (Qualitätsverbesserung)
1958
„Sil mit Duft", Packungsaufdruck: „Zum Wäschespülen und Fleckentfernen mit Duft"
1959
Anzeigenkampagne mit dem Slogan „Gibt der Wäsche Duft und Frische"
1962
Anzeigenkampagne: „Sil ist Rasenbleiche für die Wäsche", „Mit Sil blüht Ihre Wäsche auf"
1966
Sil neu „mit 2fachem Weißverstärker". Neue Packung mit dem Aufdruck „Bringt das Weiß der Rasenbleiche"
bis 1987
Rückläufigkeit der Marke Sil
Hauptgründe:
- nahezu keine Marketingaktivitäten mehr, d. h.
  - veraltete Rezeptur
  - veraltete Verpackung
  - seit 1970 keine Werbung
  - Produkt entsprach nicht mehr den aktuellen Verbraucherbedürfnissen
- keine Priorität mehr im Vertrieb, d. h.
  - sinkende Distribution
  - nahezu keine Handelsaktivitäten

Henkel

Marktstellung
Die erfolgreiche Umpositionierung 1987 machte „Sil Das Fleckensalz" zum unangefochtenen Marktführer in diesem Segment und führte seitdem zu einer Verdreifachung des Marktvolumens.

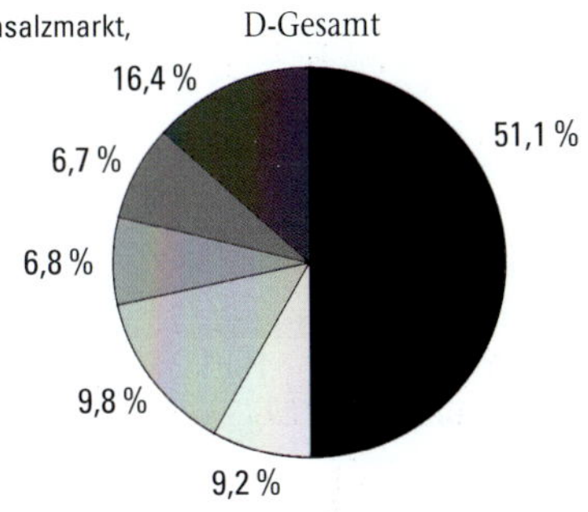

Quelle: führendes Marktforschungsinstitut

Henkel
Henkel Waschmittel GmbH

d

4
Die Marktstellung eines Produkts erläutern

4.1 Erläutern Sie die Produkthistorie von *SIL*.
Wie wird die Rückläufigkeit der Marke Ende der 80er-Jahre begründet?
Welche Maßnahmen könnten den Aufstieg des Produkts zum neuen Marktführer in den Jahren nach 1987 erklären?

4.2 Die Grafiken (d und e) enthalten Angaben über *SIL* und den Markt für Fleckensalze zu Beginn der Neunzigerjahre.
Erläutern Sie diese Angaben.

1. Markt für Fleckensalze
- Gesamtvolumen des Marktes (1993): ...
- Entwicklung des Gesamtvolumens: ...

2. *SIL*
- Marktanteil in Prozent: ...
- Entwicklung des Marktanteils: ...
- Umsatz in DM: ...
- Umsatzentwicklung: ...

sich belaufen auf — betragen — liegen bei
sich verdoppeln/verdreifachen/ver...fachen

z. B.: Das Gesamtvolumen des Marktes für Fleckensalze liegt bei ...

Der Erfolg von Sil.
- Das Umsatzvolumen im Fleckensalz-Markt hat sich in den letzten sechs Jahren mehr als verdreifacht.
- Sil hat diesen Markt nachhaltig geprägt und ist mit über 50 % Marktanteil (Wert 1. Hj. 94) Marktführer.

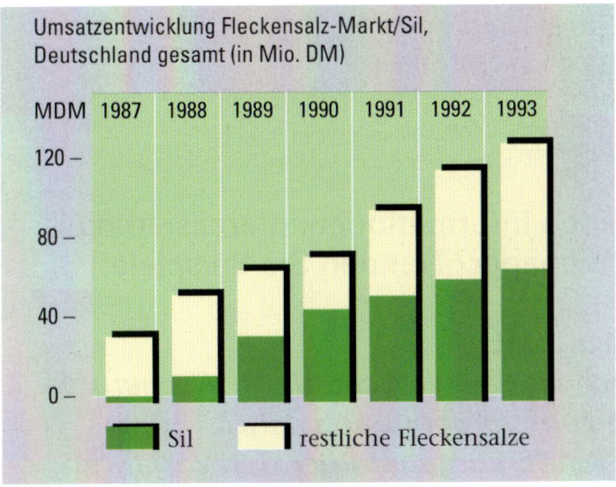

Quelle: führendes Marktforschungsinstitut

Henkel
Henkel Waschmittel GmbH

e

Herr Maler ist als Produktmanager zuständig für *SIL*.

5
Ein Produkt betreuen

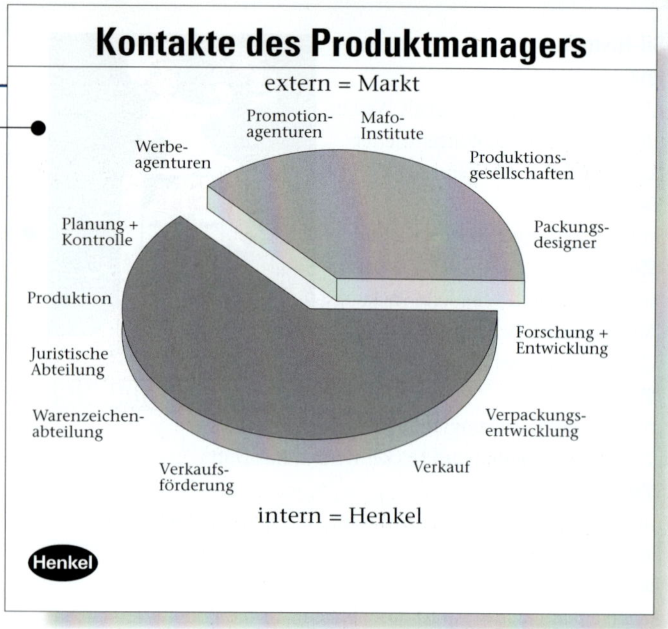

Zu den Aufgaben des Produktmanagements gehören im Einzelnen:

- Entwicklung langfristiger Wachstums- und Wettbewerbsstrategien für Produkte;
- Erstellung jährlicher Marketingpläne und jährlicher Umsatz- und Ertragsprognosen;
- Zusammenarbeit mit Kommunikationsagenturen zur Entwicklung von Programmen z. B. für die Werbung, Verkaufsförderung und das Direct Marketing;
- kontinuierliche Sammlung von Informationen über Produkterfolge, Einstellungen von Kunden und Händlern sowie über neue Probleme, Risiken und Chancen des Markts;
- Initiierung von Produktverbesserungen, um sich Veränderungen von Kundenbedürfnissen anzupassen.

Quelle: D. Krafft, «MARKT-Lexikon»

5.1 Beschreiben Sie die Aufgaben eines Produktmanagers.

- *... ist für ... / dafür zuständig, ...*
- *... hat ... zu ... (tun).*
- *... hat die Aufgabe, ...*
- *... kümmert sich um ...*

z. B.: Er ist für die Entwicklung ... zuständig.

5.2 Für die Kenntnis eines Markts sind u. a. die folgenden Punkte von Bedeutung.

Informationen über:

- Gesamtwirtschaft
- Mitbewerber
- Märkte und Absatzwege
- Verwender und ihre Bedürfnisstrukturen
- eigene Aktivitäten und Instrumentarien (des Unternehmens)

Quelle: (nach) J. R. Tiedtke, «Allgemeine BWL für Schule, Ausbildung und Beruf»

Welche genauen Informationen interessieren einen Produktmanager? Nennen Sie Beispiele.

• Gesamtwirtschaft:
z. B.: Wie hoch ist das wirtschaftliche Wachstum ***im Vergleich zum*** *vergangenen Jahr?*
Hat sich die Kaufkraft ***gegenüber*** *den Vorjahren verändert?*
...

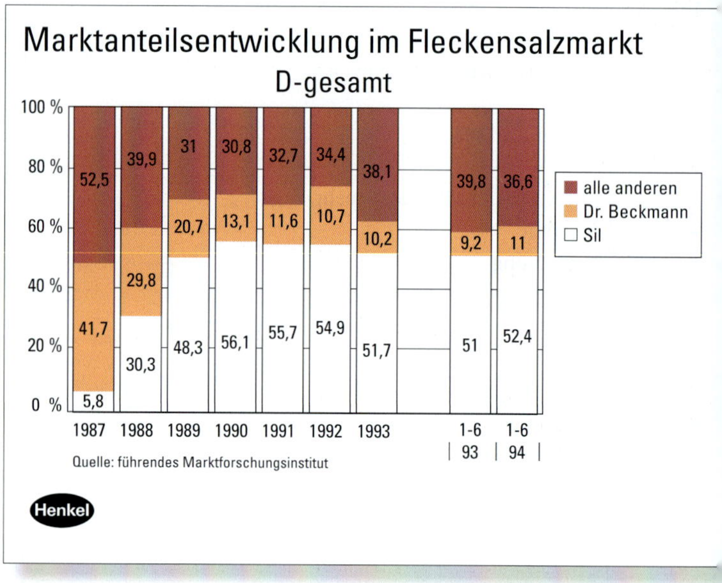

a

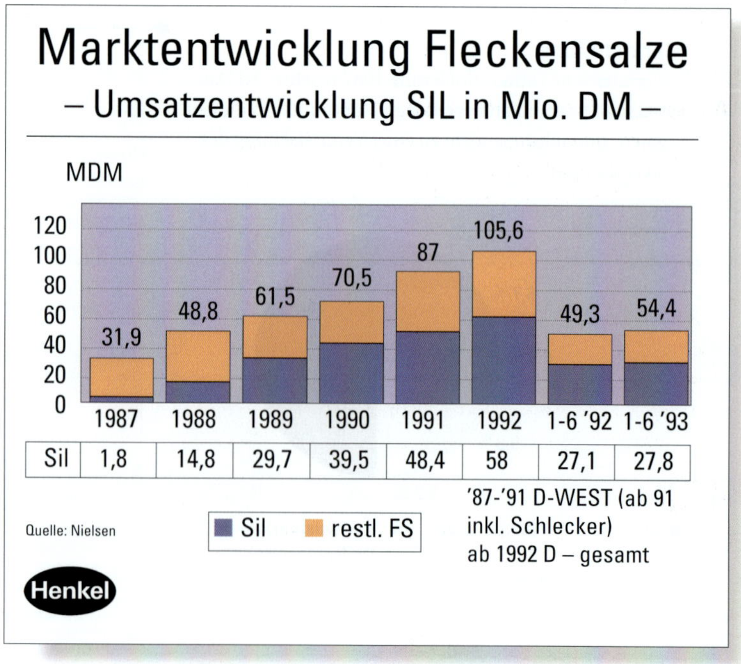

b

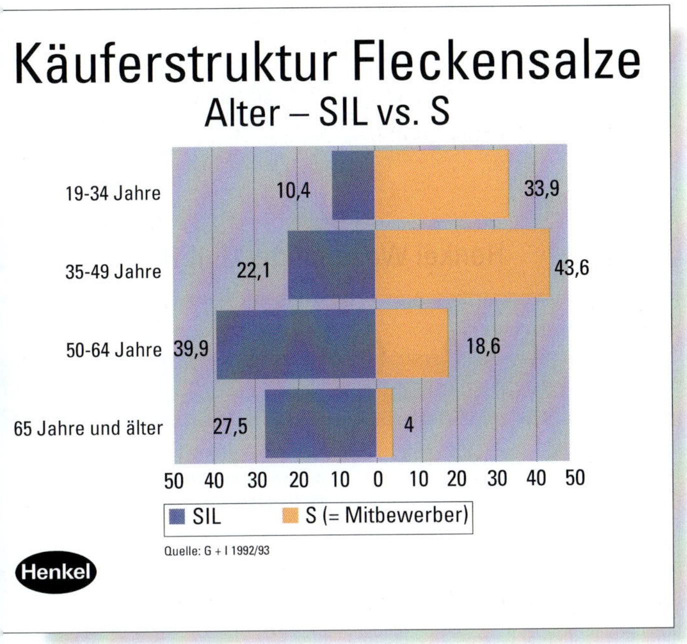

Faktoren, die das Fleckenaufkommen in der Wäsche

begünstigen

- anhaltender Trend, auf die Vorwäsche zu verzichten
- Trend zu niedrigeren Waschtemperaturen
- neue Waschmaschinentechnik
  - weniger Zeit
  - weniger Wasser
- Umweltargumente
  - geringere Dosiermengen
  - höhere Beladung der Waschmaschinen

einschränken

- generell weiter verbesserte Universalwaschmittel (UWM)
- wachsender Anteil von Kompakt-UWM, die subjektiv bzw. durch Überdosierung leistungsstärker sind
- neue, fleckenabweisende Textilien
- zunehmender Einsatz von Dosiersystemen in der Waschmaschine

Henkel

d

Allgemeine Verbrauchertrends

- Wandel im Wäscheberg
  Der Anteil der Buntwäsche ist in den letzten Jahren stark gestiegen und liegt bereits bei 62 % aller Wäschen.
- Fleckenaufkommen ist langfristig konstant
  In nahezu jeder zweiten Wäsche kommen Flecken vor, wobei Buntwäsche ebenso verschmutzt ist wie Weißwäsche.
- Vorwäsche verliert immer mehr an Bedeutung
  In 85 % aller Fälle wird nur die Hauptwäsche durchgeführt.

Henkel

e

Eine Marktstudie auswerten

Herr Maler hat von der Marktforschungsabteilung die Daten über den Fleckensalzmarkt zusammenstellen lassen (siehe Grafiken und Dokumente a–e).

6
Marktdaten erläutern

6.1 Worum geht es in den Grafiken a–c?

Grafik	
a:	…
b:	…
c:	…

- *gibt Auskunft über … / darüber, …*
- *macht deutlich, …*
- *zeigt / stellt dar, …*
- *enthält Informationen über …*

6.2 Treffen die folgenden Aussagen zu?

	Ja	Nein
1. Der Markt für Fleckensalze zeigt weiterhin ein starkes Wachstum.	☐	☐
2. Der Marktanteil von *SIL* ist leicht rückläufig im Vergleich zu den Vorjahren.	☐	☐
3. Der Abstand zum stärksten Wettbewerber beträgt zurzeit gut 40 % (Marktanteil).	☐	☐
4. Die Käuferstruktur von *SIL* unterscheidet sich kaum von der des Mitbewerbers.	☐	☐
5. Die Käuferstruktur von *SIL* stellt einen Wettbewerbsvorteil dar.	☐	☐

Erläutern Sie Ihre Antworten.

6.3 Welche Bedeutung haben die Untersuchungen d und e für den Fleckensalz-Markt? Welche Prognosen für zukünftige Marktentwicklungen ergeben sich daraus?

- *Einerseits ..., andererseits ...*
- *Durch ...*
- *Dadurch, dass ...*

6.4 Welche der insgesamt verfügbaren Informationen über die Marktsituation von Fleckensalzen erscheinen günstig, welche erscheinen weniger günstig für *SIL*? Diskutieren Sie im Kurs.

- *die Tatsache, dass …*
- *der Umstand, dass …*

Über eine Produktinnovation entscheiden

Die Auswertung der Marktstudie und die Erörterung geeigneter Maßnahmen sind Gegenstand einer Abteilungsbesprechung, zu der der Produktmanager einlädt.

7
Eine Produktidee bewerten

Bei der Besprechung soll u. a. der Vorschlag zu einer Produktinnovation zur Diskussion gestellt werden.

Produktidee

SIL COLOR ist das erste Fleckensalz speziell für die Buntwäsche.
Es entfernt Flecken ebenso zuverlässig wie SIL – ohne die Farben anzugreifen.

Henkel

Henkel Waschmittel GmbH

7.1 Welche der Argumente (a–p) sprechen für oder gegen die Produktidee?
Notieren Sie (a–p).

- sprechen dafür: ____________
- sprechen dagegen: ____________

Argumente für und gegen die Produktidee

a) hohes Marktwachstum
b) relativ geringe Werbeintensität
c) differenzierende Positionierung schwierig
d) aus Umweltgründen betrachten viele Verbraucher ein solches Produkt eher als überflüssig
e) zahlreiche Faktoren, die zukünftiges Marktwachstum begünstigen: hoher Problemdruck «Flecken» bei den Verwendern, Waschtemperaturen sinken, Unterdosierung, Verzicht auf Vorwäsche
f) relativ kleiner Markt
g) Wettbewerber mit hoher Kompetenz im Bereich «Fleckenentfernung und Farbschonung»
h) hohe Gewinnaussichten
i) *SIL* ist bereits dominanter Marktführer
j) Gefahr der Diskriminierung der eigenen Universalwaschmittel (insbesondere von *PERSIL* und des bisherigen *SIL*)
k) Zunahme der Buntwäsche am Gesamtwäschevolumen
l) keine internationalen Wettbewerber
m) *SIL* verfügt noch über relativ hohe Markenbekanntheit
n) schneller Distributionsaufbau möglich
o) technische Realisierbarkeit unsicher
p) Kapazitäten/Anlagen vorhanden

Erläutern Sie die Argumente.
z. B.: Es ist mit einem hohen Marktwachstum zu rechnen, denn der Anteil der Buntwäsche …

7.2 Formulieren Sie mögliche Stellungnahmen zu dieser Produktidee.
Berücksichtigen Sie dabei Gegenargumente, die Sie überzeugend finden.

- *Es ist richtig, dass …, aber …*
- *… zwar …, aber …*
- *Es trifft zu, dass …, doch …*

z. B.: Es handelt sich ***zwar*** *um einen kleinen Markt,* ***aber*** *er verspricht ein hohes Marktwachstum.*
…

8
Vorschläge und Maßnahmen erörtern

Auf der Tagesordnung der Abteilungsbesprechung stehen die folgenden Punkte:

1. *SIL*: neue Marktdaten (Herr G.)
2. Käuferstruktur, Verbrauchertrends (Frau N.)
3. Handlungsbedarf, Zielsetzungen
4. Maßnahmen:
   - Produktidee *SIL COLOR* (Frau K.)
   - weitere Vorschläge zu Maßnahmen
5. Wertung:
   - Kostenaufwand
   - Zeitaufwand
   - Erfolgschancen
   - zusätzlicher Klärungsbedarf

8.1 Bereiten Sie anhand der Ihnen bekannten Informationen die Besprechung vor.
Übernehmen Sie verschiedene Rollen (siehe z. B. gelbe Karten auf der folgenden Seite).

Notieren Sie wichtige Informationen, Argumente und Vorschläge für die Besprechung.

8.2 Führen Sie die Besprechung.
Verwenden Sie dabei die «Metaplan-Technik» (Ideen und Vorschläge werden auf Karten notiert und für alle sichtbar angeheftet).

Werten Sie die Vorschläge zu Maßnahmen im Hinblick auf ihre Erfolgschancen.
Erstellen Sie dann eine entsprechende Rangordnung.

*Der **Produktmanager, Herr M.,** formuliert die Besprechungsziele, benennt den zeitlichen Rahmen und leitet die Besprechung. Abschließend bittet er, den Verlauf und die Ergebnisse der Besprechung zu bewerten.*

***Frau N.** stellt die Informationen zur Verkäuferstruktur und zu Verbrauchertrends zusammenfassend dar. ...*

***Frau K.** erläutert die Produktidee SIL COLOR und führt entsprechende Argumente an. ...*

***Frau/Herr** ... schlägt andere Maßnahmen vor und ...*

***Herr G.** war mit der Auswertung der Marktdaten betraut. Er erläutert die Ergebnisse. ...*

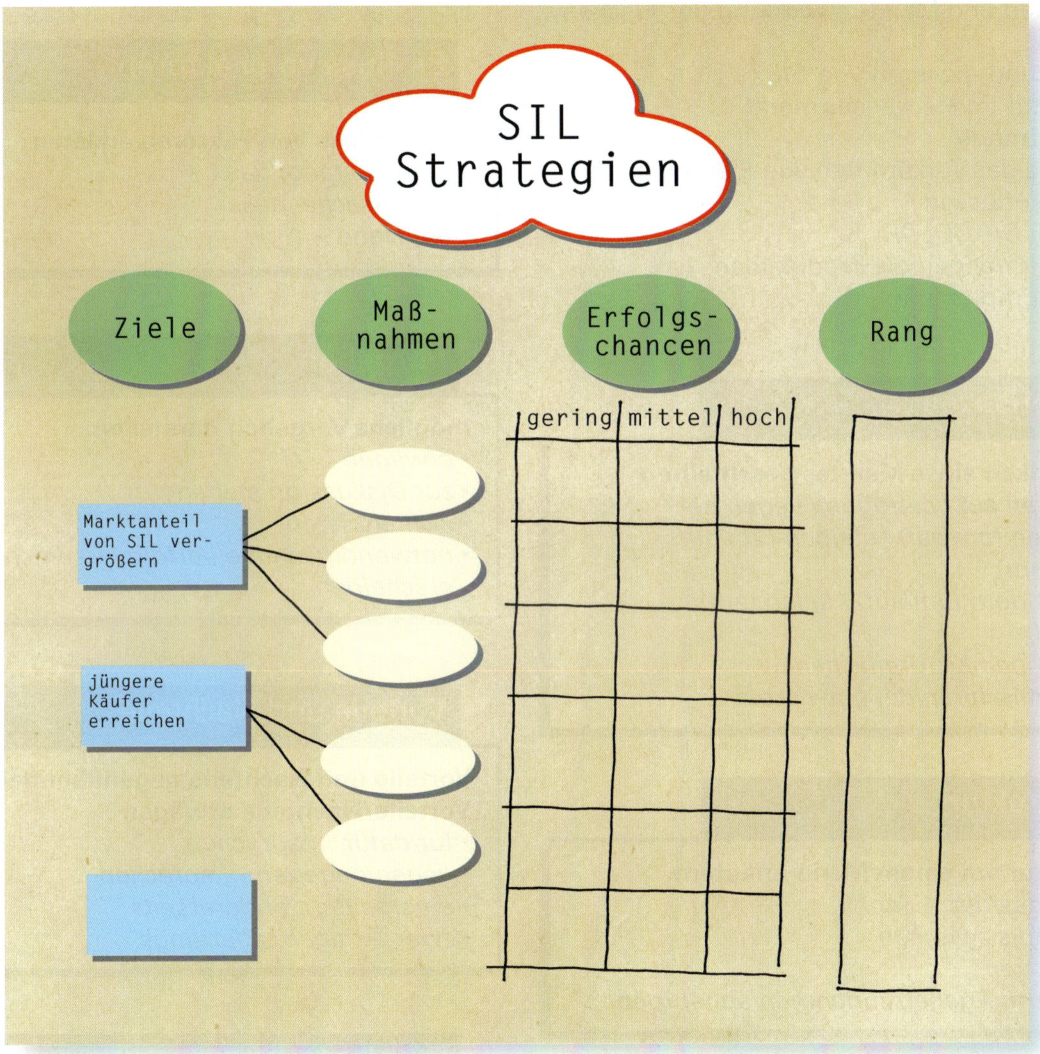

.3 Einigen Sie sich darauf, welche Vorschläge weiterverfolgt werden sollten, wenn ...
) die Marktlage eine sehr kurzfristige Reaktion erfordert.
) die Kosten insgesamt niedrig gehalten werden müssen.
) die Marktprognosen langfristige und aufwendige Investitionen sinnvoll erscheinen lassen.

8.4 Bestimmen Sie Prioritäten für das weitere Vorgehen.
Welche zusätzlichen Informationen sind zu beschaffen?
Welche Fragen sind zu klären?

8.5 Präsentieren Sie die wichtigsten Ergebnisse Ihres Gesprächs.

Schriftliche Kommunikation

9
Eine Produktinnovation empfehlen

Verwenden Sie die Ihnen bekannten Informationen und verfassen Sie in der Rolle des Produktmanagers für die Geschäftsführung einen zusammenfassenden Kurzbericht zum *SIL COLOR* Projekt.

- Marktvolumen und Marktentwicklung des Fleckensalzmarktes
- Marktanteil und -position von *SIL*
- Käuferstruktur im Fleckensalzmarkt
- Verbrauchertrends
- Faktoren, die das Vorkommen von Flecken in der Wäsche beeinflussen
- Produktidee: *SIL COLOR*
- Argumente für/gegen die Produktidee
- Ihre eigene Empfehlung

Charakteristiken

Charakteristiken eines Marktes beschreiben
- *sich belaufen auf / betragen / liegen bei*
- *sich erhöhen (um/auf) / steigen (um/auf) / wachsen (um)*
- *sich vermindern (um/auf) / fallen (auf) / sinken (auf)*
- *sich verdoppeln/verdreifachen/...*
- *sich (dynamisch/rapide) entwickeln*

Käuferstruktur

Käuferstruktur auf einem Markt erläutern
- *der Anteil des/der ... (an)*
- *das Verhältnis zwischen*
- *im Vergleich zu ...*
- *wachsen/zurückgehen/zunehmen/abnehmen*

Verbrauchertrends

Verbrauchertrends beschreiben
- *(sich) beobachten/feststellen (lassen)*
- *Umfragen/Untersuchungen ergeben/zeigen/ bestätigen/widerlegen, dass ...*
- *(auch) zu berücksichtigen / zu beachten sein*

Einfluss von Faktoren

den Einfluss von Faktoren erklären
- *der Umstand, dass*
- *die Tatsache, dass*
- *der Trend*

Vorgehen

mögliche Vorgehen darstellen
- *erwägen*
- *zur Diskussion stehen*
- *sich anbieten*
- *notwendig/sinnvoll/erfolgversprechend erscheinen*

Vorteile und Nachteile

Vorteile und Nachteile gegenüberstellen / Vorteile/Nachteile erwägen
- *für/dafür ... sprechen*
- *gegen/dagegen ... sprechen*
- *einerseits ... andererseits*
- *zwar ..., aber / allerdings*

Empfehlungen

Empfehlungen formulieren
- *sich ergeben aus / sich daraus ergeben*
- *folglich/deshalb*
- *für sinnvoll/erfolgversprechend/notwendig halten*
- *empfehlen/befürworten/vorschlagen*

16 Unternehmenspraxis

Ein neues Produkt entwickeln

«… ich sehe da kein Problem.»

15 Unternehmenspraxis

Sie trainieren:

- ▶ Hintergründe und Ziele einer Produktentwicklung erläutern
- ▶ das Leistungsprofil eines Produkts beschreiben
- ▶ **schriftliche Kommunikation:**
  - • Gesprächsergebnisse festhalten (Verlaufsprotokoll)
- ▶ ein Gesprächsprotokoll auswerten

- ▶ eine Packungsgestaltung auswählen
- ▶ den Ablauf einer Produkteinführung darstellen
- ▶ Prüfschritte zur Qualitätssicherung erläutern
- ▶ eine Projektpräsentation (Produkteinführung) vorbereiten und durchführen

Eine Produktinnovation koordinieren

Herr Maler, der Produktmanager, führt mit Herrn Homann, dem Leiter der Abteilung Anwendungstechnik, ein erstes Gespräch über das geplante neue Produkt. Die Abteilung Anwendungstechnik ist für die Entwicklung der neuen Rezeptur zuständig.

1 Hintergründe und Ziele einer Produktentwicklung erläutern

1.1 Herr Homann hat vor dem Gespräch ein Briefing zur Produktidee *SIL COLOR* bekommen. Erläutern Sie Informationen, die ein solches Produktbriefing u. a. enthält.

Produkt-Briefing
DIN/ISO 9001, Abschnitt 4.4.3: Designvorgaben

Briefing des Produktmanagements an die Anwendungstechnik Henkel

Anmerkung:
Dieses Formular soll für das Briefing aller Produkte des Unternehmensbereichs Waschmittel/Reinigungsmittel verwendet werden. Dementsprechend sind nicht alle der aufgeführten Punkte für das jeweilige Produkt relevant.

Kennzeichnung für nicht zutreffende Punkte: ---

I. Briefingvorgaben:

1. Marketingspezifische Vorgaben

1.1 Name/Arbeitstitel: Sil Color

1.2 Produktgruppe: Fleckensalz

1.3 Registriernummer: (wird von Prod.-Entw. vergeben) FWM 1

1.4 Projekt-Kurzbeschreibung:
Das erste Fleckensalz speziell für die Buntwäsche

1.5 Projekt-Begründung:
(mit Angabe der Marktziele, Marktanteile)

- Fleckensalzmarkt wächst weiter (Nielsen: Umsatz 1993: ca. 120 MDM)
- Buntwäsche bildet mit Abstand den größten Anteil am Wäscheberg (62 %)*
- Buntwäsche ist ebenso verschmutzt wie Weißwäsche*
- Sil wird in 50 % der Wäschen ausschließlich für Weißwäsche und in weiteren 20 % der Wäschen für weißes Waschgut mit bunten Applikationen verwendet und hat somit ein großes ungenutztes Potenzial im Anwendungsbereich „Buntwäsche"*.

* Quelle: GfK Wäscheprotokoll

Produkt-Briefing
DIN/ISO 9001, Abschnitt 4.4.3: Designvorgaben

Formblatt WEQ 01 – Revision 02/11.11.1993
Seite 2 von 11 zu Reg.-Nr.: ....

1.6 Projekt-Länder: (Lead-Country unterstreichen) Deutschland

1.7 Positionierung Wettbewerb

Produkt	Hauptaussage
Dr. Beckmann	Für fleckenlose Wäsche und strahlende Farben
Heitmann Fleckensalz	Für Weißwäsche und farbechte Buntwäsche
Skip	Die umweltorientierte Baukastenkomponente

1.8 Copy-Strategie: – siehe Anlage 2 –
(gemäß Triangel Trias)

1.9 Spezifische Auslobung:
(z. B. mit Plantaren, umweltverträglich, halbe Dosierung, verbesserte Reinigungsleistung, pH-neutral etc.)
Das Fleckensalz für alles Bunte
– Mit Farbschutzformel –

1.10 Kostenrahmen – Produktentwicklung
(in Abstimmung mit Prod.-Entw.) 200 TDM

1.11 Kostenrahmen – Rezeptur:
(DM/100 kg lose Ware, ohne Parfüm) 195,18 (Sil TP + 10 %)

1.12 Kostenrahmen – Parfüm:
(DM/100 kg lose Ware mit Parfüm) 197,27 (Parfümbetrag analog Sil TP)

1.13 Kostenrahmen – Verpackung:
(wenn vom derzeitigen Stand verschieden)

analog TP

1.14 Zeitrahmen
- Produktentwicklung
(in Abstimmung mit Prod.-Entw.)
- Produktrealisierung

1.15 Beabsichtigte Marketingtests

2. Produktspezifische Vorgaben:
2.1 Leistungsprofil:
(z. B. Fett-, Eiweiß-, Pigmententfernung, Weißgrad, Vergrauungsschutz, Glanz …)
2.2 Anwendungsverfahren:

3. Verpackungsspezifische Vorgaben:

4. Zustimmung Marketing:

II. Projektabstimmung

Prod.-Entw. = Produkt-Entwicklung
TP = Trockenpulver
MDM = Millionen DM
TDM = Tausend DM

1.2 Herr Maler fasst zu Beginn des Gesprächs die wichtigsten Punkte noch einmal kurz zusammen:

- die Rolle von *SIL* auf dem Markt für Fleckensalze
- Entwicklungen und Tendenzen in diesem Markt
- die neue Produktidee *SIL COLOR*
- Ziele, die mit dem neuen Produkt angestrebt werden
- Leistungen, die das neue Produkt erbringen soll
- Auftrag für die Abteilung Anwendungstechnik

Übernehmen Sie die Rolle von Herrn Mahler und formulieren Sie entsprechend.

z. B.: «Sie wissen natürlich, dass SIL auf dem Fleckensalzmarkt Marktführer ist.»

«…»

auf Vorwissen des Gesprächspartners Bezug nehmen

- *«Wie Sie sicher wissen, …»*
- *«Sie wissen/kennen natürlich …»*
- *«Sicher ist es nicht neu für Sie, …»*
- *«Wie Sie aus den Unterlagen entnehmen konnten, …»*
- *«Wie Sie gesehen haben, …»*
- *«Es ist Ihnen vielleicht auch aufgefallen, …»*

zur Zusammenarbeit einladen

- *«Die Frage an Sie wäre, …»*
- *«Was wir von Ihnen erwarten, …»*
- *«Unsere Anfrage bei Ihnen ist jetzt folgende: …»*
- *«Was wir jetzt von Ihnen wissen müssen, ist …»*

1.3 Hören Sie das Gespräch (Teil 1).
Was sagt Herr Maler zu den folgenden Punkten?
Notieren Sie Stichworte.
Erläutern Sie.

CD 2: 11

a) Ziel des Gesprächs: …
b) Hintergründe des Projekts: …
c) Ausgangspunkt der Überlegungen: …
d) grundsätzliche Idee: …

1.4 Wie stellt sich die Eignung von Fleckensalzen aus der Sicht des Herstellers und der Verwender dar?
Notieren Sie:

++ = besonders geeignet
+ = auch geeignet
- = nicht geeignet
-- = schädlich

Eignung von Fleckensalzen		
	für Weißwäsche	für Buntwäsche
n der Werbung des Herstellers		
nach Meinung der meisten Verbraucher		

1.5 Erklären Sie das Marketingproblem:
z. B.

- ***Eigentlich** ist Fleckensalz auch für …*
  ***Allerdings** …*
- *… **nämlich** …*

Homann: Dann wäre das Problem doch schon vom Tisch.

1.6 Welchen Vorschlag macht Herr Homann?

1.7 Welche Argumente verwendet Herr Maler in seiner Antwort auf diesen Vorschlag? Geben Sie seine Antwort zusammenfassend wieder.

Eignung von *SIL* für Buntwäsche – Hinweis auf der Packung – tatsächliches Verbraucherverhalten – Verpackungsgestaltung – getrenntes Produktangebot – Vergleich mit Color-Universalwaschmitteln – spezielle Formel und spezielles Packungsangebot – Ziel eines getrennten Produktangebots – …

- *Es ist richtig, dass …*
- *De facto wissen wir aber, …*
- *Das heißt, …*
- *Denken Sie an …*

Das Produktbriefing, das Herr Homann zur Vorbereitung des Gesprächs erhielt, beschreibt das Leistungsprofil von *SIL COLOR*.

2
Das Leistungsprofil eines Produkts beschreiben

2.1 Erläutern Sie die Anforderungen an das neue Produkt.

- *soll gleich sein wie …*
- *soll besser sein als …*
- *kann geringer sein als …*
- *ist für … bestimmt.*
- *soll als … angeboten werden.*

z. B.
Die Farbschonung soll besser sein als die von SIL.
…

2.2 Zu welchen Punkten lassen sich bei den beiden Abteilungsleitern übereinstimmende, zu welchen möglicherweise unterschiedliche Vorstellungen erwarten? Notieren Sie entsprechend:
+++ = besonders wichtig
++ = wichtig
+ = weniger wichtig
Erläutern Sie dann.

- *Dem … wird insbesondere an … / daran gelegen sein (, …)*
- *… wird (weniger) an … / daran interessiert sein (, …)*
- *… hat sicher größeres/geringeres Interesse an … / daran (, …)*
- *… wird sicher dem/der … größeres/geringeres Gewicht beimessen.*
- *Beide sind gleichermaßen an … / daran interessiert (, …)*

- Herr Maler (PM):
z. B.
Dem Produktmanager wird insbesondere daran gelegen sein, …
…
- Herr Homann (AWT):
…

Produkt-Briefing
DIN/ISO 9001, Abschnitt 4.4.3: Designvorgaben

Formblatt WEQ 01 – Revision 02/05.11.1993
Seite 4 von 11 zu Reg.-Nr.: ....

2. Produktspezifische Vorgaben

2.1 Leistungsprofil – an Buntwäsche –
(z. B.: Fett-, Eiweiß-, Pigmententfernung, Weißgrad, Vergrauungsschutz, Glanz, Pflegeaspekte z. B. für Faser, Farbe, Oberfläche, Hygiene-, Ökoauslobung, Hautverträglichkeit, Temperaturbereich, Reichweite, Schaumentwicklung)

nach Prioritäten

Angestrebtes Leistungsprofil	Vergleichsprodukt	Im Vergleich > = <
Farbschonung	Sil TP	>
Bleichleistung	Sil TP	″
Fett-/Pigmententfernung	Sil TP	≥
Eiweißentfernung	Sil TP	≥
Gesamtbeurteilung Fleckentfernung	Sil TP	=

2.2 Anwendungsverfahren
Maschineneinsatz: X
Handanwendung:
Sonstiges:

2.3 Anwendungsmerkmale
(z. B.: Temperaturbereich, Schaumverhalten etc.)

bedingt durch Textilarten Einsatztemperatur ″ 60 °C

2.4 Erscheinungsform
Flüssigkeit:
Pulver: X
Paste:
Extrudat:
Spray:
Sonstige:

	PM	AWT
• Festlegung eines begrenzten Zeitrahmens für die Entwicklung	___	___
• Festlegung eines begrenzten Kostenrahmens	___	___
• Einhaltung des Zeit- und Kostenrahmens	___	___
• Zusicherung eines befriedigenden Ergebnisses	___	___
• Erreichung eines befriedigenden Endergebnisses	___	___
• Glaubwürdigkeit des neuen Produkts für den Verbraucher	___	___
• wissenschaftliche Absicherung der neu zu entwickelnden chemischen Rezeptur	___	___
• Markterfolg des neu entwickelten Produkts	___	___

PM = Produktmanagement
AWT = Anwendungstechnik

2.3 Hören Sie das Gespräch (Teil 2).

CD 2: 12

Wie bewerten Sie das Zwischenergebnis des Gesprächs?

Beide Gesprächspartner ...
- haben sehr unterschiedliche Vorstellungen. ☐
- sind sich weitgehend einig. ☐

2.4 Welche Klärungen gibt es zu den folgenden Fragen? Kreuzen Sie zutreffende Aussagen an.

1. Der Grundnutzen des Produkts ...
a) soll auf jeden Fall die Fleckenentfernung bleiben. ☐
b) soll die Farbschonung werden. ☐
2. Die Bezeichnung «Fleckensalz» ...
a) soll unbedingt beibehalten werden. ☐
b) könnte aufgegeben werden. ☐
3. Die Bleichkomponente ...
a) soll ein wesentlicher Bestandteil des Produkts bleiben. ☐
b) ist verzichtbar. ☐
c) soll stärker in der Werbung hervorgehoben werden. ☐
d) soll weniger deutlich auf der Verpackung erscheinen. ☐
4. Das neue Produkt ...
a) soll eine zusätzliche Farbkomponente enthalten. ☐
b) könnte eine zusätzliche Farbkomponente enthalten. ☐

Erläutern Sie.

- *Es besteht Einverständnis darüber, ...*
- *Beide Gesprächspartner stimmen darin überein, ...*
- *Herr ... bestätigt, ...*

2.5 Wie schätzt Herr Homann die technische Realisierbarkeit ein? Welche Beschreibung trifft zu?

a) Er sieht keine besonderen Schwierigkeiten. ☐
b) Er schlägt sofort mehrere Lösungswege vor. ☐
c) Er hält eine befriedigende Lösung durchaus für möglich, will allerdings noch keine feste Zusage geben. ☐
d) Er schließt eine Lösung zwar nicht aus, macht sie jedoch von aufwendigen Waschversuchen abhängig. ☐
e) Er macht deutlich, dass er nicht an eine befriedigende Lösung glaubt. ☐

2.6 Lesen Sie die Transkriptauszüge.
Markieren Sie Anforderungen an das Produkt, die sich im Hinblick auf die Verwender ergeben. Formulieren Sie sie.

Homann: ... kriegen wir da nicht Probleme mit der Glaubwürdigkeit? Kann's nicht sein, dass wir grundsätzlich die Verbraucher gar nicht erreichen ...?

Maler: ... Von der Produktkategorie Fleckensalze erwarten die Verbraucher eine zufrieden stellende Fleckentfernung. Insofern haben Sie natürlich Recht ...

M: ... Diese neue Kategorie soll, wie gesagt, den Leuten das Vorurteil nehmen, dass Fleckensalze nicht für Buntwäsche geeignet wären. ...

H: ... Da müssen wir auch aufpassen, dass wir, wenn wir so ein Produkt auf den Markt bringen, dass wir ... ich sag mal ... uns da nicht selbst eine Messlatte anlegen, der wir nicht gerecht werden können. Und Sie wissen selbst, bei den Color-Waschmitteln gab's auch gewisse Reklamationsfälle, weil wir da viel versprochen haben, in der Werbung. Da waren wir sehr unglücklich darüber.

M: Wichtig für den Verbraucher ist insgesamt, was rauskommt, und da muss natürlich – ich sag mal, in fünfundneunzig Prozent der Fälle – der Fleck weg sein. ...

- *... darf auf keinen Fall ...*
- *... muss unbedingt ... gewährleisten.*
- *... sollte natürlich ...*

Herr Maler benötigt für seine Planung möglichst verbindliche Termine von Herrn Homann.

3
Fristen und Termine absprechen

3.1 Die nächste Planungsphase beinhaltet verschiedene Aktionen (a–d), die aufeinander abgestimmt werden müssen.

Aktionen in der nächsten Planungsphase

a) Lagertest (dabei wird geprüft, ob die Mischung von Inhaltskomponenten der Rezeptur chemisch stabil ist und über längere Zeit gelagert werden kann)
b) Durchführung von Basisversuchen, um eine geeignete chemische Formel zu finden
c) Durchführung eines Home-Use-Tests (HUT-Test des neuen Produkts in ca. 300 ausgewählten Haushalten)
d) definitive Festlegung der chemischen Formel

Wer ist für welche Aktionen zuständig? Notieren Sie (a–d).

Dafür ist ...

- das Produktmanagement zuständig: ______
- die Anwendungstechnik zuständig: ______

3.2 Erläutern Sie die zeitliche Abfolge dieser Aktionen:
z. B.
Zuerst müssen ... werden.
Dann ...

3.3 Herr Maler kann die Frage der Terminplanung u. a. mit einer der hier genannten Erklärungen einleiten.

Einleitungen

a) *«Ich freue mich, dass Sie jetzt schon mehrere Wege aufgezeigt haben: ...»*
b) *«Wir haben ja jetzt die Lösungen praktisch schon definiert: ...»*
c) *«Sie haben ja eben selbst erklärt, dass Sie da keine großen Probleme sehen, ...»*
d) *«Ich sehe natürlich, dass dies eine große Herausforderung für Sie darstellt: ...»*
e) *«Sie werden hier sicher schnell zu konkreten Ergebnissen kommen: ...»*
f) *«Ich schlage vor, dass wir jetzt endlich mal zur Sache kommen: ...»*
g) *«Es handelt sich ja nur um die Änderung eines schon bestehenden Produkts: ...»*
h) *«Sie wissen ja, dass die Geschäftsführung diesem Produkt Priorität eingeräumt hat: ...»*

Welche Erklärungen bewirken beim Gesprächspartner möglicherweise eine der folgenden Reaktionen? Notieren Sie (a–h).

- Er fühlt sich unter Druck gesetzt. ______
- Er ärgert sich. ______
- Er hat das Gefühl, dass seine Leistung anerkannt wird. ______
- Er hat den Eindruck, manipuliert zu werden. ______
- Er fühlt sich nicht ernst genommen. ______

Warum? Erläutern Sie.

3.4 Herr Maler geht davon aus, dass die Entwicklung der gewünschten Rezeptur drei bis vier Wochen dauern wird.
Ihm liegt an einer Vereinbarung, die ...
a) dieses Terminziel festschreibt
b) die gute Arbeitsbeziehung zu Herrn Homann nicht beeinträchtigt.

Termine festlegen

- *«Können Sie mir in drei Wochen brauchbare Ergebnisse vorlegen?»*
- *«Wir würden gern in drei bis vier Wochen mit unseren Testserien beginnen: Hätten Sie eine ungefähre Vorstellung, wie lange Sie für die Entwicklung brauchen?»*
- *«Sehen Sie eine Möglichkeit, uns in zirka drei Wochen erste brauchbare Ergebnisse zu liefern?»*
- *«Wir beginnen in drei Wochen mit unserem (HUT-)Test. Welche verbindlichen Zusagen können Sie mir bezüglich der Termine machen?»*
- *«Wir brauchen in spätestens drei Wochen ein konkretes Ergebnis. Länger werden Sie doch sicher nicht brauchen, nicht wahr?»*
- *«Wir haben den Start unserer (HUT-)Testserien in drei bis vier Wochen geplant: Denken Sie, dass wir diesen Termin einhalten können?»*
- *«Welchen Zeitrahmen würden Sie für diesen Auftrag ansetzen?»*

Welche Formulierung(en) würden Sie ...
- verwenden?
- nicht verwenden?

Erläutern Sie Ihre Antworten.

Zeitdruck aufseiten des PMs
- Wettbewerber
- Marktentwicklung
- Priorität des Projekts für die Geschäftsführung
- Termine für HUT-Tests schon fest eingeplant
- für die Produktentwicklung angesetzte Dauer muss sich an Erfahrungswerten orientieren

Zeitbedarf aufseiten der AWT
- Auslastung der Abteilung
- Ausfall von Mitarbeitern
- Umorganisation der Abteilung
- Schwierigkeit des Auftrags
- späte Auftragserteilung
- andere Projekte mit Priorität

3.5 Verschiedene Gründe können die Terminvereinbarung erschweren.
Formulieren Sie entsprechende Erklärungen und jeweils mögliche Entgegnungen der anderen Seite.
z. B.
PM: «Einer unserer Hauptwettbewerber ist dabei, ein ähnliches Produkt auf den Markt zu bringen. …»
AWT: «Ich verstehe natürlich Ihr Problem, aber wie Sie sicher wissen, ist unsere Abteilung zurzeit …»

CD 2: 13

3.6 Hören Sie das Gespräch (Teil 3).

Tragen Sie die Daten, die festgehalten werden, in das Planungsschema ein. Erklären Sie die Planung.

Zeitpunkt des Gesprächs	•																												
B. Basisversuche																													
D. Ergebnisse																													
A. Lagertest																													
C. HUT (Test)																													
Wochen		**1**	**2**	**3**	**4**	**5**	**6**	**7**	**8**	**9**	**10**	**11**	**12**	**13**	**14**	**15**	**16**	**17**	**18**	**19**	**20**	**21**	**22**	**23**	**24**	**25**	**26**	**27**	**28**

3.7 Herr Homann möchte sich nicht auf eine definitive Zusage festlegen. Erläutern Sie seine Argumente:

- Er will erst mal «breit rangehen»: …
- Er bittet darum, nicht zu viel in die ersten Ergebnisse «reinzuinterpretieren»: …
- Er möchte nicht «festgenagelt» werden: …
- Er weist darauf hin, dass …: …

4
Ein Gespräch bewerten

4.1 Der Abschluss eines Gesprächs kann unterschiedliche «Botschaften» für den/die Gesprächspartner enthalten.
Nennen Sie mögliche «Botschaften» der abschließenden Formulierungen (1–7) Herrn Malers.

Formulierung	mögliche «Botschaften»
1 *«O.k., dann würde ich… »*	*z. B.: «Was jetzt hier gesagt wurde, ist natürlich verbindlich!»*
2	*«…»*

Maler:
(1) O. k. Dann würde ich diese Ergebnisse noch mal ganz kurz in einem Protokoll zusammenfassen …
(2) … wenn Sie damit einverstanden sind, und Ihnen dann noch mal zuschicken …
(3) … denn ich habe dann ja auch noch Gespräche mit den anderen Abteilungen, wie mit dem Vertrieb und dem Verkauf.
(4) Voraussetzung ist eine einwandfreie Produktqualität.
(5) Sie wissen ja – einem Verkäufer kann man nur ein einwandfreies Produkt in die Hand geben.
(6) Und von daher bin ich Ihnen sehr dankbar, dass Sie da positive Wege aufgezeigt haben.
(7) Dann kann ich Ihnen zum nächsten Meeting auch schon ein Feedback von den Abteilungen mitbringen.

4.2 Bewerten Sie den Verhandlungsstil der beiden Manager.
z. B.: Keiner/Jeder der beiden hat …

- *… macht (keine/kaum) Zugeständnisse*
- *… zeigt sich (wenig/nicht) kompromissbereit*
- *… sucht (selten) nach konstruktiven Lösungen*
- *… versucht (meistens) seine eigenen Ziele/ Forderungen durchzusetzen*
- *… zeigt (wenig) Verständnis für den Partner*

4.3 Führen Sie in den Rollen der beiden Manager diesen Teil des Gesprächs noch einmal. Verändern Sie gegebenenfalls den Verhandlungsstil auf beiden Seiten.

Schriftliche Kommunikation

5
Ein Besprechungsprotokoll führen

Im Verlaufsprotokoll einer Besprechung werden die Beiträge der Besprechungsteilnehmer chronologisch zusammenfassend wiedergegeben, so dass der Gesprächsverlauf nachvollziehbar wird.

Besprechungsprotokoll
***Datum:** ...*
Teilnehmer:
Herr Maler (PM)
Herr Homann (AWT)
***Gegenstand:** Projekt SIL-COLOR*
***Besprechungsbeginn:** 14:30*

***Herr Maler** dankt Herrn Homann für Teilnahme an Besprechung und bittet um erste Stellungnahme zum Projekt.*
***Herr Homann** bestätigt Erhalt des Briefings und gibt seiner Überraschung Ausdruck.*
***Herr Maler** ...*

5.1 Erstellen Sie das Verlaufsprotokoll der Besprechung zwischen Herrn Maler und Herrn Homann anhand des Transkripts zum ersten Gespräch.

Maler: Also, Herr Homann, erst mal vielen Dank, dass wir uns so kurzfristig zusammensetzen können. Sie haben unser Produktbriefing ja bekommen – und es geht mir jetzt einfach darum, zu hören, was Sie von der ganzen Sache so halten.
Homann: Ja, Herr Maler, ich finde es auch gut, dass wir jetzt schon drüber reden. Ich war ehrlich erst mal 'n bisschen überrascht, als dieses Briefing vor mir auf dem Tisch lag ... Ich hätte auch 'ne ganze Menge Fragen.
M: Na ja, klar. Ich will zuerst noch mal den Hintergrund erläutern zu diesem Projekt. Sie wissen ja aus der Vorlage, *SIL COLOR* soll ein Fleckensalz für die Buntwäsche werden. Das klingt zunächst mal etwas widersprüchlich, weil Fleckensalz erst einmal schlicht und einfach Flecken wegmachen soll, und in unserem Fall soll es jetzt die Farben erhalten.
Ausgangspunkt unserer Überlegungen ist die Tatsache, dass das Fleckensalzpotenzial noch überhaupt nicht ausgeschöpft zu sein scheint. Sie wissen vielleicht aus den Marktforschungsstudien das ist in dem Briefing ja auch ganz kurz erwähnt –, dass *SIL* zum überwiegenden Teil auf Weißwäsche angewendet wird. Zwei Drittel aller Verwender verwenden *SIL* auf Weißwäsche. Das hat zum Teil mit der Markenhistorie zu tun – *SIL* war früher die «Rasenbleiche» und kommt von der Weißwäsche her. Und vielleicht mit der Bezeichnung «Fleckensalz», die per se schon zum Teil wertbehaftet ist und in Angst und Schrecken versetzt – ob es auch für die Buntwäsche funktioniert.

Äußerungen wiedergeben

- *erläutert / erklärt / stellt ... dar*
- *betont / unterstreicht / hält ... fest*
- *nennt/beschreibt/definiert/begründet*
- *fragt / stellt die Frage, ob/wie ...*
- *fragt sich, ob ...*
- *ist der Meinung / der Ansicht ...*
- *vertritt den Standpunkt / die Meinung*
- *entgegnet/antwortet/erwidert*
- *bestätigt / erklärt sich einverstanden mit / stimmt ... zu*
- *spricht ... an*
- *kommt zurück auf ...*
- *ergänzt / fügt hinzu, dass ...*
- *schlägt vor, ... / macht den Vorschlag, ...*
- *bezweifelt / stellt ... in Frage*
- *wendet ein / macht den Einwand, dass ...*
- *erinnert an ... / verweist auf ... / vergleicht ... mit ...*

Der Wäscheberg setzt sich allerdings genau andersrum zusammen. Also – *SIL* wird unterproportional auf Buntwäsche angewendet und der Wäscheberg ist andererseits überproportional stark bunt. Das heißt – unsere grundsätzliche Idee: durch ein spezielles Angebot, das wir *SIL COLOR* nennen wollen, die Leute ansprechen, die das Produkt auf Buntwäsche anwenden wollen.
H: Ja, Herr Maler, also, in der Deutlichkeit ist mir das eigentlich neu. Und ich finde es auch ganz interessant. Aber – jetzt mal gleich 'ne Frage. Sie machen immer viel Kommunikation im Produktmanagement – können wir den Leuten nicht einfach klar sagen: «Jetzt benutzt es doch mal auch für die Buntwäsche»? Dann wär' das Problem doch schon vom Tisch. Zumal wir doch schon aus unseren Basisversuchen wissen, dass *SIL* nicht so schädlich ist, wie zunächst angenommen.
M: Sicher, Herr Homann. Das ist richtig. Dass das Produkt jetzt schon für die Buntwäsche geeignet ist. Wir haben jetzt schon einen Hinweis auf der Packung – «auch für die Buntwäsche geeignet». Wir wissen aber trotzdem, dass die Leute de facto das Produkt überwiegend für Weißwäsche anwenden. Das heißt: Auch wenn *SIL* objektiv schon relativ geeignet für Buntwäsche ist – das tatsächliche Verhalten der Verbraucher richtet sich nach anderen Dingen.

Beispielsweise nach der Packungsgestaltung insgesamt. Oder nach den Eigenschaften, die der Marke *SIL* insgesamt zugeordnet werden. Das heißt, die bisherige Packung schafft es nicht, dass das Produkt auch auf Buntwäsche angewendet wird. Zumindest nicht in ausreichendem Maße.
Wir brauchen also eine gesonderte Packungsgestaltung. Ein getrenntes Produktangebot. Denken Sie an die Entwicklung bei den Color-Universalwaschmitteln: Auch da, könnte man grundsätzlich sagen, sind die Universalwaschmittel auch für die Buntwäsche geeignet gewesen. Durch eine spezielle Formel und ein spezielles Packungsangebot ist es dort aber gelungen, den Verbrauchern klar zu machen, dass die Produkte auch für die Buntwäsche geeignet sind. Und mittlerweile machen diese Produkte immerhin zwanzig Prozent des Marktes aus. Das heißt, wir wollen über ein getrenntes Produktangebot natürlich mehr, ein größeres Potenzial erschließen.

	Stichwort	Formulierung für Protokoll
Maler	...	...
Homann	...	...
Maler	...	...
...		

CD 2: 12 + 13

5.2 Hören Sie den zweiten und dritten Teil des Gesprächs noch einmal. Machen Sie Notizen zu beiden Gesprächspartnern. Schreiben Sie dann ein Verlaufsprotokoll über einen weiteren Teil des Gesprächs.

Unternehmenspraxis

Kurz nach dem Gespräch der beiden Abteilungsleiter hat eine Besprechung der beiden Abteilungen in größerem Rahmen stattgefunden.

6
Ein Gesprächsprotokoll auswerten

6.1 Lesen Sie das Protokoll. Vergleichen Sie die Ergebnisse mit dem vorangegangenen Gespräch zwischen Herrn Maler und Herrn Homann.

WIM/PM Spezialwaschmittel
17.08.94
(1708. pro)

Gesprächsprotokoll vom 16.08.94

Teilnehmer:	Herren	Gerler
		Hiller
		Homann
		Maler
		Seiler
	Frau	Veit
	Frau	Wagner

Thema: Sil color

PM zeigte als Ausgangssituation den dominanten Anteil der Buntwäsche am Waschgut auf (Waschprotokoll '92), welcher von Sil nicht ausgeschöpft wird.

Ziel ist die Entwicklung eines Fleckensalzes als „line extension" zum bisherigen Sil mit überzeugender Fleckenkompetenz, bei gleichzeitiger besserer Eignung (als herkömmliche Fleckensalze) für den Buntwäscheeinsatz.
Zu differenzieren ist eine aktive Farbschonung i. S. einer Farbtonerhaltung von einer Farbinhibierung, d. h. der Vermeidung von Farbübertragung auf anderes Waschgut.
Nach Vorschlag von AWT werden dazu Basiswaschversuche durchgeführt mit folgender Rezeptur:
- Percarbonat und Perborat als Bleiche
- Verzicht auf optische Aufheller
- Einsatz von „AB10" als Farbschützer
- Veränderung der Tensidkombination

Um eine repräsentative Beurteilung der Buntwäscheeignung zu erhalten, wird nach Vorliegen der ersten positiven Waschversuchsergebnisse für „Sil color" im PSKW der Projektstatus angestrebt. Parallel dazu werden dann seitens PM die notwendigen Mafo-Tests in die Wege geleitet.

Gerler
Gerler

Protokoll
1. Datum des Gesprächs
2. Teilnehmer
3. Tagesordnungspunkt(e)
4. Gesprächsverlauf
5. Erläuterungen zum Gesprächsgegenstand
6. Gesprächsbeiträge der verschiedenen Teilnehmer
7. Gesprächsergebnisse
8. Maßnahmen, die geplant wurden
9. getroffene Entscheidungen
10. Aufgaben, die übernommen wurden
11. vereinbarte Fristen und Termine
12. Zuständigkeiten
13. Verfasser des Protokolls
14. Verteiler des Protokolls

6.2 Ein Protokoll enthält in der Regel Angaben zu den hier genannten Punkten (1–14).
Entspricht das obige Protokoll diesen Vorgaben?
Welche Angaben enthält es, welche fehlen?

6.3 Geben Sie das Protokoll mündlich wieder.
z. B.: Das Gespräch hat am 16.8.1994 stattgefunden. Anwesend waren …

6.4 Was kennzeichnet inhaltlich und sprachlich diese Form eines Gesprächsprotokolls?
Kennen Sie andere Protokollformen?
Bei welcher Gelegenheit werden sie verwendet?

i. S. = im Sinne
d. h. = das heißt
AWT = Anwendungstechnik
PM = Produktmanagement
Mafo-Tests = Marktforschungstests

Telex (Direktwahl) | Telefax (Direktwahl)

Ihre Nachricht/Zeichen | Unsere Abteilung/Zeichen: WIM/PM SWM | Telefon (Direktwahl): 7 97-20 20 | Datum: 18.10.1994

Sehr geehrter Herr Graf,

hiermit fordern wir Sie zur Abgabe eines Angebots für eine Packungsentwicklung „Sil color" auf:

Hintergrund: SIL entwickelt sich seit seiner Umpositionierung als Fleckensalz sehr positiv. Seit mehreren Jahren ist SIL dominanter Marktführer (Marktanteil > 50 %) und hat zu einem drastischen Wachstum des Fleckensalzmarktes beigetragen.

SIL ist eine Traditionsmarke des Hauses Henkel; in der Markenhistorie liegt auch ein Problembereich der Marke: Die Verwenderschaft ist überaltert und die Anwendung des Produktes erfolgt überwiegend auf Weißwäsche/heller Wäsche.

Aufgabe: Entwicklung von grafischen Konzepten für ein neuartiges Fleckensalz (Arbeitstitel: „Sil color") als „line extension" zum bestehenden SIL-Fleckensalz

Hauptzielsetzungen der Packungsentwicklung:
- Ausweitung des Anwendungsbereiches von SIL auf die Buntwäsche
- Neuverwendergewinnung/Verjüngung der Verwenderschaft
- Wahrung der Markenidentität bei gleichzeitiger Kommunikation des unterschiedlichen Anwendungsbereichs Buntwäsche

Wir bitten Sie um ein Kostenangebot für eine Packungsentwicklung – unterteilt nach Entwicklungsstufen.

Weitere Informationen, z. B. zum Markenhintergrund, zur Copy-Strategie etc., stellen wir Ihnen im Falle der Auftragserteilung zur Verfügung.

Mit freundlichen Grüßen

Maler
Produktmanager

Baumann
Produkt Assistent

Kommanditgesellschaft auf Aktien
Handelsregister:
AG Düsseldorf HRB 4724
Sitz: Düsseldorf

Aufsichtsratsvorsitzender:
Dipl.-Ing. Albrecht Woeste

Geschäftsführung: Dr. Hans-Dietrich Winkhaus (Vorsitzender), Dr. Hans-Günter Grünewald, Dr. Uwe Specht als persönlich haftende Gesellschafter; Dr. Jens Conrad, Guido De Keersmaecker, Dr. Jochen Krautter, Dr. Klaus Morwind, Dr. Roland Schulz, Dr. Wilfried Umbach

Wie lautet das Marketingproblem?

Drei alternative Verpackungskonzepte sind für SIL COLOR entwickelt worden. Für jedes dieser Verpackungsdesigns gilt es folgende Fragen zu klären (von Interesse ist eine getrennte Auswertung nach Verwendern und Nichtverwendern von Fleckensalzen sowie nach Altersgruppen):

- Kommuniziert die Packungsgestaltung klar und glaubhaft die Positionierung von SIL COLOR als Fleckensalz für alles Bunte? (Hier muss o. a. Vorurteil ausgeräumt werden!)
- Differenzieren die Packungen ausreichend zur bestehenden Packung SIL?
- Passt das SIL COLOR-Packungsrezept zur Marke SIL?
- Wie werden die Packungen bzgl. der folgenden Statements bewertet?
  - Fleckentfernung
  - Waschkraft
  - Eignung für Buntwäsche
  - Eignung für Weißwäsche
  - Umweltverträglichkeit
  - Farbschonung
  - Schonung der Gewebe/Fasern
  - Modernität
  - Aussehen/Gefallen

Henkel

Die Anwendungstechnik hat eine Rezeptur für *SIL COLOR* entwickelt, die erfolgreich getestet wurde.

Über eine Produkteinführung entscheiden

7
Eine Packungsgestaltung auswählen

7.1 Erläutern Sie die Anforderungen, an denen sich die Gestaltung der Verpackung orientieren soll.

Sie soll deutlich machen, …
Sie soll vermitteln, …
Sie soll … ansprechen.

7.2 Erfüllt der hier gezeigte Verpackungsentwurf diese Kriterien? Erläutern Sie.

8
Ablauf der Produkteinführung

Herr Maler, der Produktmanager, hat für Sie die verschiedenen Phasen der Produkteinführung noch einmal zusammenfassend dargestellt.

8.1 Hören Sie seinen Bericht. Notieren Sie Stichworte zu jeder der beschriebenen Phasen:

CD 2: 14

1. Phase:	…
2. Phase:	…
3. Phase:	…
…	…

8.2 Welche dieser Phasen haben Sie bisher bearbeitet?

Die *HENKEL AG* schreibt bei der Einführung eines neuen Produkts eine Reihe von Prüfschritten vor.

ARBOR-NORM Prüfschritte

1. Produkt-Idee bedürfnisrelevant?
2. Marktpotenzial ausreichend?
3. Ist das Produkt besser?
4. Kommuniziert die Kommunikation?

Henkel

«arbor» (lat.) = Baum (hier: Entscheidungsbaum)

ARBOR-NORM

Grundsätze

Ein Produkt darf nur dann eingeführt werden,

1. wenn es der Befriedigung eines wichtigen Verbraucherbedürfnisses dient.
2. wenn es in seiner auf ein wichtiges Verbraucherbedürfnis definierten Leistung beim Verbraucher erlebbar mindestens so gut ist wie vergleichbare Konkurrenzprodukte. In der Regel sollte unser Produkt erlebbar besser sein.
3. wenn seine Kommunikation beim Verbraucher ein Produktbild (Image) schafft, das ihm das Produkt in Bezug auf seine Bedürfnislage als bessere Lösung gegenüber vergleichbaren Konkurrenzprodukten erscheinen lässt.

Henkel

9
Prüfschritte zur Qualitätssicherung

9.1 Erläutern Sie (ausgehend von den Ihnen bekannten Informationen), welche dieser Anforderungen ...
- erfüllt sind.
- noch erfüllt werden müssen.

9.2 Welche Fehlentscheidungen sollen durch die Beachtung dieser Grundsätze zur Qualitätssicherung vermieden werden?
z. B.: Es soll vermieden werden, dass ...
- *ein Produkt auf den Markt kommt, für das ...*
- *...*

Prüfschritte für neue Produkte

	Verbraucherbedürfnisse	Produktleistung	Kommunikation	
Start	unwichtig wichtig	schlechter gleichwertig besser	gleich besser gleich besser	Risiko Gewinn
Probleme	Bedürfnisdefinition Bedürfnismessung	Produkt als Bündel von emotionalem und funktionalem Nutzen	Schaffung von Produktbildern, die als bessere Problemlösung erkannt werden	

Henkel

Die endgültige Entscheidung über die Produkteinführung liegt bei der Geschäftsführung. Herr Maler bereitet die Präsentation des Projekts vor.

10
Eine Präsentation vorbereiten

10.1 Was erscheint Ihnen wichtig für den Erfolg einer Präsentation oder eines Vortrags?
Berücksichtigen Sie u. a.:
- persönliches Auftreten des Redners
- Gliederung und Ablauf des Vortrags
- Stil und Ausdruck
- Einsatz von Medien
- Kenntnis der Zielgruppe (Zuhörer)
- ...

Sie müssen Ihre Zielgruppe gut kennen und verstehen!

EMMA

Die Buchstaben dieses Merkwortes stehen für: **E**rwartungen, **M**einungen, **M**otive und **A**nwesenheitsgrund der Teilnehmer (Zielgruppe).

- Mit welchen Erwartungen kommen die Teilnehmer? Positive? Negative? Neutrale? Keinerlei? Was erwarten sie von Ihnen? Wie interessiert sind sie?
- Welche Meinungen haben die Teilnehmer zu Ihrem Thema oder Ihrem Standpunkt? Was denken die Teilnehmer über die Sache? Was wissen sie davon? Gehen ihre Meinungen auseinander?
- Welche Motive können Sie ansprechen? Was wollen die Teilnehmer? Was sind ihre Ziele? Wie können Sie diese mit Ihrem Ziel verbinden?
- Was ist der Anlass der Anwesenheit? Kommen Sie freiwillig? Gern? Wegen Ihres Vortrags? Oder aus anderen Gründen?
- Ist das Motiv ihrer Anwesenheit für Ihre Botschaft förderlich? In welcher Stimmung sind sie?

uelle: (nach) W. Pelz, «Kompetent führen»

10.2 Die nebenstehenden Fragen sollen helfen, sich auf die jeweilige Zielgruppe einzustellen. Beantworten Sie diese Fragen im Hinblick auf die gegebene Situation (Projektpräsentation vor der Geschäftsführung).

10.3 Welche Formulierung zur Begrüßung und zum Abschluss der Präsentation würden Sie in dieser Situation verwenden?
In welchem Kontext wären die jeweils anderen Formulierungen angemessen?

Begrüßung
- *«Meine Damen und Herren, ich begrüße Sie ganz herzlich zu ...»*
- *«Guten Tag (Morgen), ...»*
- *«Meine Damen und Herren, willkommen zu ...»*
- *«Guten Tag, meine Damen und Herren. Ich freue mich, Sie heute zu ... begrüßen zu können.»*

Abschluss
- *«Vielen Dank!»*
- *«Ich danke Ihnen für Ihre Aufmerksamkeit.»*
- *«Wenn Sie keine weiteren Fragen mehr haben, möchte ich jetzt meine Ausführungen beenden.»*

10.4 Das Schema zeigt den möglichen Ablauf einer Präsentation.

Gliederung eines Vortrags

Einleitung:	Begrüßung
	Interesse wecken
Hauptteil:	Thema a
	Thema b
	Thema c
Schluss:	Kernbotschaft
	Schlusswort

Was sollte der Vortragende bei Einleitung und Schluss seines Vortrags besonders beachten?

10.5 Die Zitate illustrieren verschiedene Techniken, mit denen man das Interesse der Zuhörer wecken kann.

Beschreiben Sie für das eine oder andere Zitat einen passenden Kontext.

10.6 Mit welchen Formulierungen könnte Herr Maler bei seiner Präsentation das Interesse für sein Thema «Produktinnovation *SIL COLOR*» wecken? Machen Sie Vorschläge.

Interesse wecken

Provokation
«Qualität ist überflüssiger Schnickschnack, meine Damen und Herren! Was Kunden von uns erwarten: brauchbare und bezahlbare Produkte!»

Versprechen
«Heute werden Sie erfahren, warum Ihre bisherigen Versuche zur Umsatzsteigerung nichts gefruchtet haben!»

Geheimnis, Problem
«Meine Damen und Herren, vermutlich haben Sie sich bisher auf unseren Datenschutz verlassen. Es tut mir Leid, wenn ich Ihnen heute ein paar Illusionen rauben muss ...»

Rhetorische Frage
«Wozu machen wir eigentlich dieses Projekt? Könnten wir uns die gesamte Arbeit und die Kosten nicht sparen?»

Provozierende Behauptung
«Alles, was wir bisher zur Kundenorientierung gemacht haben, war offensichtlich sinnlos.»

Hinweis auf Probleme/Gefahren
«Statistisch gesehen müsste der nächste Flugzeugabsturz nächste Woche passieren und eine unserer Maschinen betreffen.»

Einbeziehung eines aktuellen Ereignisses
«Unsere Nationalelf hat das Spiel verloren! Wir nicht! Im Vergleich zum Wettbewerb ...»

Zitat, Sprichwort oder Aphorismus
«Ohne Fleiß kein Preis. – Trotzdem sollten wir über Konzepte zur Arbeitserleichterung nachdenken ...»

Bildliches Beispiel
«Mit den Steinen, die wir letztes Jahr verbaut haben, könnten wir einen Radweg von Köln nach Kairo pflastern!»

Rückblick oder Ausblick
«Es sind nur noch 456 Tage bis zur Eröffnung der Ausstellung.»

Quelle: (nach) H. Kellner, «Reden – Zeigen – Überzeugen»

Unternehmenspraxis

11
Eine Produkteinführung vorschlagen

11.1 Bereiten Sie Herrn Malers Präsentation vor. Gehen Sie davon aus, dass es in der Geschäftsführung auch Widerstände oder Skepsis gegenüber der geplanten Produkteinführung geben wird.

Wählen Sie eine geeignete Strategie, um eine positive Entscheidung herbeizuführen:
- Legen Sie Ablauf und Gliederung der Punkte, die Sie ansprechen wollen, fest.
  Orientieren Sie sich dabei an der Checkliste.
- Welche Aspekte werden Sie besonders herausstellen? Auf welche Fragen werden Sie sich vorbereiten? Welche Unterlagen (z. B. Folien) werden Sie bei der Präsentation einsetzen?
- …

11.2 Präsentieren Sie das Projekt vor der Geschäftsführung.
Beantworten Sie Fragen und Einwände.

Ja, das ist ein wichtiger Punkt.
Darf ich nachher auf dieses Thema / diesen Punkt zurückkommen?
Solche Überlegungen hat es auch bei uns gegeben.
Damit zeigen Sie einen wichtigen Gesichtspunkt auf. Ich darf daran erinnern / noch Folgendes ergänzen: …

Checkliste:
Was gehört in den Ablauf einer Präsentation?

1. Einleitung:
- Anrede und Begrüßung
- Vorstellung, wer spricht
- Vorstellung, worüber gesprochen wird (Thema)
- Aufmerksamkeit und Interesse für das Thema wecken (Darstellung des Problems)
- Vorschau auf Ziele, Inhalt und Ablauf der Präsentation

2. Hauptteil:
- Grundaussagen und Einzelheiten (Was war, ist, wird sein? Welchen Einfluss hat A auf B? Usw.)
- Thesen, Kernaussagen (mit Begründung, Beispielen, Vergleichen zur Unterstützung)
- Nutzen und Vorteile (Wie werden Interessen der Zuhörer berührt?)

3. Zusammenfassung:
- Rückblick auf die Ausgangslage
- Schlussfolgerungen (gegebenenfalls Wiederholung der Kernaussage)
- Gegebenenfalls Ansprache der offenen Punkte

4. Diskussion:
- Was ist noch unklar?
- Wo gibt es Differenzen, wo liegt Zustimmung vor?
- Was ist das Wichtigste, was getan werden muss?

5. Resümee:
- Schlussfolgerungen aus dem bisher Dargestellten, Gesagten
- Erinnerung an die Ziele, die erreicht werden sollen
- Gegebenenfalls noch ein besonderes Argument, das für die vorgeschlagenen Lösungen spricht
- Aufforderung zum Handeln
- Treffen von Vereinbarungen
- Ausblick: Wie geht es weiter?

Quelle: U. Müller-Schwarz/B. Weyer, «Präsentationstechnik»

Projekt

12
Präsentationen

12.1 Wählen Sie ein Thema aus Ihren beruflichen oder privaten Tätigkeits- oder Interessengebieten, das sich für eine Präsentation eignet.
Bestimmen Sie das Ziel Ihrer Präsentation, z. B.:
- Ihr eigenes Interesse an diesem Thema verständlich machen
- von der Notwendigkeit, zu handeln oder ein Projekt zu unterstützen, überzeugen
- eine Entscheidung herbeiführen
- …

12.2 Stellen Sie entsprechende Unterlagen zusammen und bereiten Sie die Präsentation vor.

12.3 Halten Sie Ihren Vortrag.
Beantworten Sie Fragen Ihrer Zuhörer.

17

Markterschließung

Hintergrund

Das Lernangebot in diesem Kapitel:

Fallbeispiel: die *MITTELDEUTSCHE ERFRISCHUNGSGETRÄNKE GmbH & Co. KG*

▶ Strategien, Instrumente und Ergebnisse einer Markterschließung beschreiben

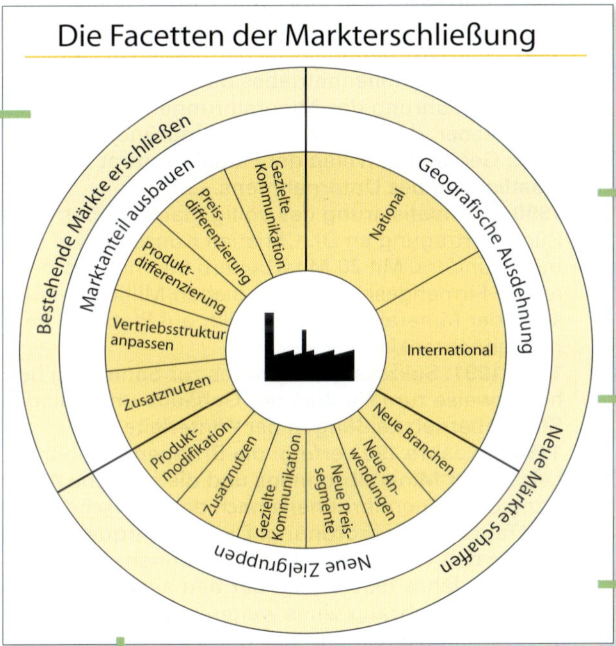

Marketingmix

▶ Instrumente des Marketingmix erläutern
▶ Ziele eines Marketingplans erläutern
▶ marketingpolitische Instrumente vergleichen und gewichten

Marktanalyse

▶ Bestandteile einer Marktanalyse darstellen
▶ Informationsquellen erläutern

Absatzförderung

▶ Instrumente zur Absatzförderung vergleichen und gewichten

Hersteller und Handel

▶ Zielsetzungen von Hersteller und Händler analysieren
▶ Interessenkonflikte beschreiben

Fallbeispiel: *Mitteldeutsche Erfrischungsgetränke GmbH & Co. KG*

www.meg-gruppe.de

Das Fallbeispiel beschreibt den Aufstieg der Unternehmensgruppe *MITTELDEUTSCHE ERFRISCHUNGSGETRÄNKE GmbH & Co. KG*. Das Unternehmen wurde nach der Wende reprivatisiert und schaffte es vom Kleinunternehmen zur Nummer eins auf dem Markt für Mineralwässer und Erfrischungsgetränke in Deutschland.

1 Unternehmensdaten auswerten

1.1 Notieren Sie Kennzahlen des Unternehmens.

	1990	2004
Marktposition		
Anzahl der Mitarbeiter		
Standorte		
Unternehmensform		

1.2 Mit welchen Ereignissen der Geschichte Deutschlands ist die Geschichte des Unternehmens eng verbunden? Warum?
Erläutern Sie entsprechende Hinweise im Text.
Was wissen Sie über diese Ereignisse?

1.3 Vor welchen Schwierigkeiten standen die Untenehmen in den «neuen Bundesländern» nach der Wende?

MITTELDEUTSCHE ERFRISCHUNGSGETRÄNKE

Die Unternehmensgruppe Mitteldeutsche Erfrischungsgetränke GmbH & Co. KG

1889: Der Unternehmensgründer Max Reitwiesner entdeckt in Leißling (Thüringen) die Köhlerquelle.
1896: Eintragung der Warenzeichen «Leisslinger Köhler» und «Thüringer Gesundbrunnen» in die Kaiserliche Patentrolle.
1907: Seit 1907 befindet sich der Betrieb in Familienbesitz. Aufbau des Familienbetriebes durch Max Reitwiesner.
bis 1972: Führung des Mineralbrunnens durch Ingeborg Reitwiesner, der Tochter des Firmengründers.
1972: Gegen den Willen der Familie kommt es zur Verstaatlichung des Unternehmens. (...)
1990: Reprivatisierung des völlig maroden Betriebes und Rückübertragung an Dr. Christian Künzer, Enkel des Firmengründers. Mit 20 Mitarbeitern beginnt das neue Kapitel der Firmengeschichte. Mit sieben Millionen Füllungen steht der Mineralwasserhersteller auf Platz 247 im Mineralbrunnenranking.
1990/1991: Sukzessive kommt es zur Sanierung beziehungsweise zum Neubau der Gebäude und Anlagen im Stammbetrieb Leißling in der Winterlaite.
1991: Im Jahre 1991 erfolgt die Brunnenneubohrung des Leisslinger Mineralbrunnens und die amtliche Anerkennung des Mineralbrunnens nach der Deutschen Mineral- und Tafelwasserverordnung. Die «Köhlerquelle Leißling» wird in den «Leisslinger Mineralbrunnen» umbenannt.
1992: Im Jahre 1992 erfolgt der Bau einer weiteren Anlage und die Bohrung eines weiteren Brunnens.
1993: Grundsteinlegung des Betriebsneubaus «Am Frauenholze» in Leißling. Nach nur drei Monaten Bauzeit erfolgt der Produktionsstart im neuen Betrieb. (...)
1998: Gründung der Mitteldeutschen Erfrischungsgetränke GmbH & Co. KG als Management Holding der Unternehmensgruppe, zu welcher auch der Leisslinger Mineralbrunnen gehört. (...)
2000-2002: Übernahme von drei weiteren Mineralbrunnenstandorten durch die Mitteldeutsche Erfrischungsgetränke GmbH & Co. KG. Im Einzelnen sind dies die Himmelsberger Mineralbrunnen GmbH in Sachsen-Anhalt, die Weser-Ems Erfrischungsgetränke GmbH in Niedersachsen und die Kirkeler Erfrischungsgetränke GmbH im Saarland.
2004: Mit zirka 1.000 Mitarbeitern und einem Absatzvolumen von über 1,4 Milliarden Litern ist die Mitteldeutsche Erfrischungsgetränke GmbH & Co. KG größter Mineralwasser- und Erfrischungsgetränkehersteller in Deutschland.

Von null auf hundert

Die ostdeutsche Leisslinger Mineralbrunnen GmbH aus Sachsen-Anhalt musste bei null beginnen. Als der Mineralbrunnen im Juni 1990 reprivatisiert wurde, befand sich der gesamte Produktionsbereich des ehemaligen Staatsbetriebes in einem desolaten Zustand und musste komplett saniert werden. Mehrere Brunnenbohrungen sowie der Bau eines modernen Abfüllbetriebes verschlangen ein Investitionsvolumen von 45 Millionen Mark. Der geschäftsführende Gesellschafter Dr. Christian Künzer wusste, dass das Unternehmen, das eigentlich noch gar keines war, zunächst auf finanziell sicherem Boden stehen musste, bevor man den vorstoßenden westdeutschen Getränkekonzernen auf dem regionalen Markt Sachsen-Anhalt etwas entgegensetzen konnte.

Das Ziel:
Nummer eins auf dem regionalen Markt zu werden.

Die Strategie:

- Einführung der Marke Leisslinger im mittleren Preissegment sowie der Discountmarke »1-2-3 frisch Mineralbrunnen«. Durch den Bezug der Marke auf den Ort Leißling und die dortigen Quellen sollte der Heimatmarkt gezielt angesprochen werden.
- Durchgängiger Markenauftritt von Leisslinger in Form des Leisslinger Logos/Schriftzugs sowohl im Handel als auch auf sämtlichen Werbeträgern vom Briefbogen bis hin zum Fuhrpark.
- Betonung des Service durch die Zusage an den Getränke-Fachgroßhandel: »Wer bis 13 Uhr bestellt, bekommt die Ware am nächsten Tag.«
- Kommunikation der Marketing-Aussage an den Endverbraucher in Form von Plakaten, Rundfunkspots und POS-Aktionen.
- Unterstützung von Partnern in den Bereichen Kultur und Sport in Form von Sponsoringverträgen.
- Werbliche Umsetzung alternativer »Nutzungsmöglichkeiten«, wie der Verwendung von Leisslinger zur Zubereitung von Säuglingsnahrung.

Das Ergebnis:
Nach vier Jahren hält Leisslinger Mineralbrunnen mittlerweile die führende Marktposition und konnte darüber hinaus das Vertriebsgebiet über die Grenzen Sachsen-Anhalts hinaus ausbauen. Für sein erfolgreiches Marketing wurde das junge Unternehmen 1993 von der Deutschen Marketing-Vereinigung e. V. ausgezeichnet.

Quelle: «Acquisa»

2
«Bei null beginnen»

Der erfolgreiche Neustart des Unternehmens wurde Beginn der neunziger Jahre in einem Artikel in *ACQUISA* kommentiert.

2.1 Lesen Sie den Artikel. Was erfahren Sie über die Ausgangssituation des Unternehmens?
Welche Probleme waren zu lösen?
Welche Ziele wurden definiert?

2.2 Die Grafik stellt verschiedene Strategien der Markterschließung dar.

Die Facetten der Markterschließung

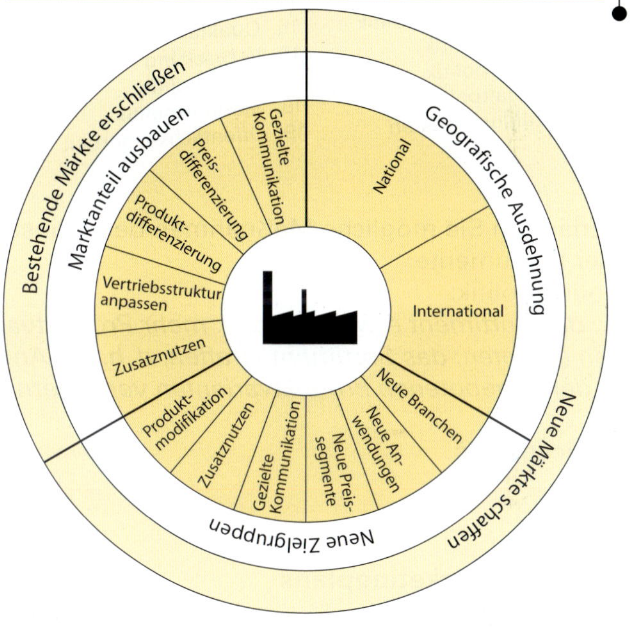

Quelle: «Acquisa»

Welche Strategien hat *LEISSLINGER* verfolgt? Erläutern Sie sie anhand der Angaben im Fallbeispiel.

2.3 Welche Ergebnisse wurden auf bestehenden und neuen Märkten erzielt?

2.4 Welche weiteren Strategien der Markterschließung können in späteren Entwicklungsstadien zum Erfolg des Unternehmens beigetragen haben?
Nennen Sie konkrete Beispiele für Umsetzungen von Strategien, die im Schema genannt werden.

- einen Zusatznutzen herausstellen:
z. B.: gesundheitsfördernde Eigenschaften des Mineralwassers untersuchen lassen und entsprechend hervorheben. …
- …

Hintergrund

Marketingmix

3
Instrumente des Marketingmix

3.1 Die Übersicht zeigt vier Instrumente des Marketingmix.

Die Instrumente des Marketingmix

Produktmix	Kontrahierungsmix
Kommunikationsmix	Distributionsmix

Welchem Mix sind die folgenden marketingpolitischen Instrumente (1–19) jeweils zuzuordnen?

1. Produktpolitik
2. Servicepolitik
3. Werbung
4. Verkaufsförderung
5. Preispolitik
6. Konditionenpolitik
7. Lagerpolitik
8. Lieferpolitik
9. Rabattpolitik
10. Zahlungsfristen
11. Kundendienst
12. Vertriebswegepolitik, Verkaufsorganisation
13. Markenpolitik
14. Garantiepolitik
15. Qualität
16. Verpackung
17. Kreditpolitik
18. Standortpolitik
19. Öffentlichkeitsarbeit

Marketingmix
Optimale Zusammensetzung der Marketinginstrumente eines Unternehmens (→ Produkt- und Programmpolitik, → Kommunikationspolitik, → Distributionspolitik, → Kontrahierungspolitik), um die Marketingziele zu erreichen.

Produkt- und Programmpolitik
… Bestimmung der Produkte, die hergestellt werden sollen, und ihrer Varianten, d. h. auch die Entscheidung, welche Produkte neu zu entwickeln und einzuführen und welche aus dem Programm zu nehmen sind.

Kommunikationspolitik
… umfasst Werbung, Verkaufsförderung, Öffentlichkeitsarbeit (Public Relations) und persönlichen Verkauf.

Distributionspolitik
Alle marketingpolitischen Maßnahmen, die die Hinführung der Produkte und Dienstleistungen zur Zielgruppe gewährleisten. … Festlegung der Absatzwege und Absatzorgane; Logistik des Vertriebs.

Kontrahierungspolitik
Marketingpolitisches Instrument. K. umfasst Preis- und Konditionenpolitik (Preisgestaltung, Rabattstaffelung usw.).

Quelle: (nach) GABLER, «Kompaktlexikon Wirtschaft»

3.2 Erläutern Sie mögliche Maßnahmen beim Einsatz dieser Instrumente:

- Produktpolitik:
z. B.: das Sortiment erweitern, d. h. mehr Produktvarianten anbieten; das Sortiment straffen, d. h. die Anzahl der angebotenen Produktvarianten verringern.
…
- Servicepolitik:
…

4
Ziele eines Marketingplans

4.1 Erläutern Sie die Ziele des Unternehmens.

4.2 Notieren Sie im Schema die jeweils passenden Maßnahmen (a–h).

4.3 Erklären Sie, wie dieses Marketingziel erreicht werden soll.
z. B.: Die Qualität des Produkts soll …

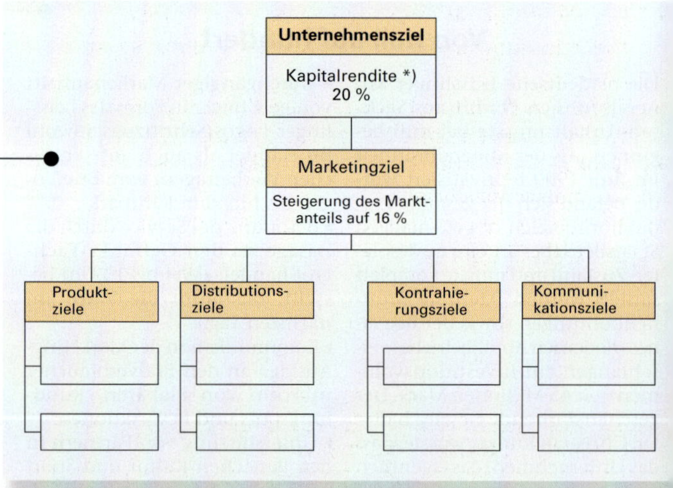

Quelle: (nach) H. Ch. Weis, «Marketing»

Kapitalrendite, Verhältnis des gesamten investierten Kapitals und des Umsatzes zum Gewinn.

Quelle: (nach) GABLER, «Wirtschaftslexikon»

a *Ausschaltung des Großhandels*

b *Image des Produkts verbessern*

c *Preiserhöhung um 8 %*

d *Qualitätsverbesserung*

e *Absatz nur über Fachhandel*

f *Bekanntheitsgrad auf 30 % erhöhen*

g *Nachlass maximal 4 %*

h *Änderung des Designs*

Hintergrund

Bedeutung einzelner Marketinginstrumente im Urteil von Industrieunternehmen

Marketinginstrumente	Rangfolge a	b
1. Produktpolitik	1	1
2. Preis- und Konditionenpolitik	2	3
3. Programmpolitik	3	5
4. Außendiensteinsatz	4	4
5. Werbung und Verkaufsförderung	5	2
6. Distribution/Vertrieb	6	6

1 = geringe Bedeutung 6 = hohe Bedeutung

Quelle: (nach) H. Ch. Weis, «Marketing»

5
Marketingpolitische Instrumente vergleichen und gewichten

Die Übersicht zeigt die Bedeutung verschiedener Marketinginstrumente für Industrieunternehmen.

5.1 Welche der beiden Rangfolgen (a, b) entspricht der Einschätzung durch Hersteller …
- von Konsumgütern?
- von Produktions- bzw. Investitionsgütern?

Erläutern Sie Ihre Antwort.

Kaufverhalten und Kaufgewohnheiten
- Die Kaufentscheidung eines Kunden wird stark durch die Werbung beeinflusst.
- Der Kunde erwartet eine persönliche Beratung.
- Das Design des Produkts spielt eine wichtige Rolle.
- Der Kunde erwartet Kundendienst- und Garantieleistungen.
- Der Verkauf des Produkts / der Dienstleistung ist stark an einen dem Kunden vertrauten Absatzweg gebunden.
- Der Kunde vergleicht vor einer Kaufentscheidung verschiedene Preisangebote.
- Der Kunde hat die Gewohnheit, das Produkt / die Dienstleistung über einen bestimmten Absatzweg zu beziehen.
- Der Verkaufsort spielt eine wichtige Rolle (z. B. Nähe zum Wohnsitz des Kunden, Anfahrtsmöglichkeit für PKW).
- Der Kunde stellt vor einer Kaufentscheidung Qualitätsvergleiche an.
- Der Kunde hat genaue Vorstellungen über die von ihm gewünschte Qualität.

5.2 Der Absatz von Waren und Dienstleistungen wird durch unterschiedliches Kaufverhalten und unterschiedliche Kaufgewohnheiten der Kunden geprägt.
Mit welchem Kaufverhalten ist bei folgenden Produkten zu rechnen?
- Automobile
- Lebensversicherungen
- Benzin
- Kaffee
- Pauschalreisen
- Medikamente
- Handys
- …

Bedeutung verschiedener Marketinginstrumente für einzelne Produkte/Leistungen

Instrumente \ Produkte/Dienstleistungen	a	b	c	d	e
Produktpolitik	4	4	5	5	3
Preispolitik	3	4	3	3	2
Werbung	5	1	4	2	4
Absatzweg	4	5	2	2	3
Persönlicher Verkauf	1	2	3	4	5
Kundendienst	-	-	4	2	3

1 = geringe Bedeutung 5 = hohe Bedeutung

Quelle: (nach) H. Ch. Weis, «Marketing»

5.3 In der Übersicht wird die Bedeutung ausgewählter Marketinginstrumente für bestimmte Produkte/Dienstleistungen (a-e) gewichtet.
Um welche Art von Produkten handelt es sich bei den folgenden Beispielen? Notieren Sie (a–e):

- Fernsehgeräte ______
- Bausparverträge ______
- Brötchen ______
- Herrenanzüge ______
- Zahnpasta ______

Erläutern Sie Ihre Antworten.
- Zahnpasta = a:

z. B.: Der Kauf von Zahnpasta wird stark durch die Werbung beeinflusst. Ein Käufer erwartet keine(n) …

5.4 Erstellen Sie eine ähnliche Wertung für andere Produkte oder Dienstleistungen.
Erläutern Sie Ihre Wertungen.

Hintergrund

Marktanalyse

6
Bestandteile einer Marktanalyse erläutern

6.1 Das Informationsprogramm nennt mögliche Bestandteile einer Marktanalyse.

Informationsprogramm für eine Marktanalyse

1. Quantitative Marktdaten	- Marktgröße - Marktwachstum - Marktanteile - Bedarfsstabilität
2. Qualitative Marktdaten	- Bedürfnisstruktur - Kaufmotive - Kaufprozesse - Informationsverhalten
3. Konkurrenzanalyse	- Umsätze/Marktanteile - Stärken und Schwächen - erkennbare Strategien - Finanzkraft
4. Kundenstruktur	- Anzahl Kunden - Kundenarten - regionale Schwerpunkte
5. Branchenstruktur	- Anzahl Anbieter - Art der Anbieter - Organisation/Verbände - Kapazitätsauslastung - Wettbewerbsmentalität
6. Distributionsstruktur	- geographisch - nach Absatzkanälen
7. Sicherheit	- Eintrittsbarrieren - Substituierbarkeit

Quelle: «Die Orientierung»

Erläutern Sie, worum es bei den einzelnen Punkten (1–7) geht.
1. Quantitative Marktdaten:
z. B.: Es geht darum, wie groß der Markt ist; wie er sich entwickelt; wie groß ...
2. Qualitative Marktdaten:
...

6.2 Lesen Sie die Fragen und Erklärungen (a-g) zum Thema «Markt». Ordnen Sie die Texte den verschiedenen Bestandteilen (1–7) einer Marktanalyse zu. Notieren Sie a–g.

	Fragen/Erklärungen
1. Quantitative Marktdaten	_______
2. Qualitative Marktdaten	_______
3. Konkurrenzanalyse	_______
4. Kundenstruktur	_______
5. Branchenstruktur	_______
6. Distributionsstruktur	_______
7. Sicherheit	_______

6.3 Beschreiben Sie den Markt für ein Ihnen bekanntes Produkt anhand der hier vorgestellten Merkmale.

Was man wissen muss, um einen Markt zu beurteilen

a

Interessant ist zunächst, wie groß der Markt eigentlich ist. Die Anzahl der Firmen im Marktsegment oder die Anzahl der Personen in der Zielgruppe – das wären typische Angaben für den theoretischen Gesamtmarkt. Man spricht dabei vom *Marktpotenzial.* Weiterhin von Interesse ist die Frage nach den Umsätzen oder Absatzmengen, die in einem bestimmten Markt jedes Jahr von allen Anbietern bewegt werden. Das wäre das *Marktvolumen.* Und wie groß ist der *Marktanteil,* das heißt unser Anteil am Marktvolumen? Wollen wir den Marktanteil steigern, müssen wir noch schneller sein als ein wachsender Markt oder standfester als die anderen Wettbewerber in einem schrumpfenden Markt. Ist der Bedarf in diesem Segment stabil oder starken Schwankungen ausgesetzt, z. B. durch Konjunktur oder Wetter?

b

Hier geht es nicht (nur) um Anzahl oder Größe der Mitbewerber. Letztere ist ohnehin relativ. Es gibt verschlafene Riesen und sehr lebendige, aggressive Klein- und Mittelbetriebe. Wo sind deren Stärken und Schwächen? Können wir etwas dagegensetzen? Wenn ja, was? Wie gehen die Mitbewerber am Markt vor? Mit Preisstrategien, mit Qualitätsstrategien oder wie sonst? Und wie können sie das finanziell durchhalten?

c

Wie hoch sind eigentlich die Eintrittsbarrieren für neue Wettbewerber in unserer Branche? Brauchen sie viel Kapital für den Einstieg? Brauchen sie spezielles Know-how? Wer in einer geschäftlich interessanten Branche mit niedrigen Eintrittsbarrieren sitzt, wird sich immer wieder auf Überraschungen durch neue Wettbewerber gefasst machen müssen.

d

Wer kämpft mit uns um das jährliche Marktvolumen? Wie viele Firmen sind das und von welcher Art und Größe sind sie? Hat die Branche eigentlich ihre Kapazität ausgeschöpft (was Spielraum in der Preispolitik bedeuten würde) oder sind freie Kapazitäten da? Versteht man sich – trotz aller Konkurrenz – sonst ganz gut oder ist die Branche gekennzeichnet durch Aggressivität, Pressepolemiken und Rechtsstreitigkeiten?

e

Diese Daten sind in einer Überflussgesellschaft fast noch wichtiger als die quantitativen Daten. Warum kaufen Menschen oder Firmen bestimmte Produkte und andere nicht? Wann kaufen sie? Wie kaufen sie? Und wie kommt ihre Entscheidung zustande?

f

Mit wie vielen denkbaren Kunden haben wir es überhaupt zu tun? Und sind das alles Großkunden oder überwiegend kleine? Wie hoch sind die Prozentanteile für jede Gruppe? Und wie ist die regionale Verteilung?

g

Wie werden die Produkte unserer Branche unter die Leute gebracht? Wie dicht und mit welchen regionalen Schwerpunkten sind unsere Absatzmittler verteilt, also z. B. die Einzelhändler? Und wie verteilt sich der Absatz beispielsweise auf Kaufhäuser, Facheinzelhandel und Discounter?

Quelle: (nach) H. G. Lettau, «Grundwissen Marketing»

Mögliche Marktdaten und Informationsquellen

Daten und Informationen, Ergebnisse der Marktforschung	*Informationsquellen (auch im Internet)*
• Allgemeine Entwicklung, Trends, Zukunftsaussichten, Bevölkerungsentwicklung, Einkommensentwicklung • Anzahl Einwohner, Haushalte, Ehepaare und andere soziodemographische und sozioökonomische Daten	• Wirtschaftspresse, Wirtschaftsteile der Zeitungen, Fachpresse, Bankbriefe, Prognosen von Behörden und Instituten • Statistische Bundes- und Landesämter
• Marktgröße und Marktwachstum, nach Menge und Wert • Größe und Entwicklung von Marktsegmenten und Zielgruppen	• Branchenzeitschriften, Verbandsstatistiken, Rundschreiben • Veröffentlichungen von Instituten
• Anzahl Geschäfte in der Branche, Größen und Verkaufsflächen, Anzahl Beschäftigte, Kennziffern aller Art und andere Daten • Distributionsdichten und Marktanteile bestimmter Firmen und Produkte	• Veröffentlichungen von Instituten, zum Beispiel von A. C. Nielsen
• Kaufkraft der Bevölkerung, Industriepotenziale, Investitionstätigkeit und Investitionsneigung • Trendaussagen zu bestimmten Branchen oder Produktgruppen	• Veröffentlichungen von Instituten, zum Beispiel der GfK (Gesellschaft für Konsumforschung)
• Prognosen über die allgemeine Entwicklung und Trends • Prognosen für bestimmte Branchen oder Produktgruppen	• Veröffentlichungen von Instituten, zum Beispiel der Prognos AG
• Zukunftsszenarien für Länder, Branchen oder Firmen	• Veröffentlichungen von Instituten, zum Beispiel des Battelle-Instituts
• Verbraucherverhalten und Verbrauchergewohnheiten • Verbraucherwünsche und Verbrauchereinstellungen	• Befragungen (Panels) der Marktforschungsinstitute • Marktforschungsberichte von Großverlagen und Fachzeitschriften
• Anzahl und Standorte von Abnehmern oder Absatzmittlern, Branchenschwerpunkte	• Branchenverzeichnisse, Adressverlage
• Stärken und Schwächen von Produkten und Konkurrenzprodukten • Stärken und Schwächen der eigenen Marktstrategie und von Konkurrenzstrategien	• Produkttests, Verpackungstests, Testmärkte, Produktprofile • Konkurrenzbeobachtung, zum Beispiel: Werbung, Prospekte, Präsentationen u. a. • Berichte des Außendienstes, Messebesuche
• Aussagen über Produktimages, Firmenimages	• von Instituten erstellte Imageanalysen

Quelle: (nach) H. G. Lettau, «Grundwissen Marketing»

7
Informationen beschaffen

7.1 Erläutern Sie den Nutzen der hier zusammengestellten Informationsquellen.

- *gibt/geben Auskunft über …*
- *gibt/geben Aufschluss über …*
- *untersuchen …*
- *bringen Informationen über/zu …*
- *berichten über …*
- *enthalten Daten über/zu …*
- *können im Hinblick auf … ausgewertet werden*
- *erlauben Rückschlüsse auf …*

7.2 Welche Informationsquellen liefern Daten für die Bestandteile (1–7) einer Marktanalyse (Aufgabe 6.1)? Nennen Sie Beispiele.
1. für quantitative Marktdaten:
z. B.: Branchenzeitschriften, Verbandsstatistiken und …
…
2. für qualitative Marktdaten:
…

7.3 Arbeiten Sie selbst im Rahmen Ihrer beruflichen Tätigkeiten mit der einen oder anderen der hier genannten Informationsquellen? Welche sind frei zugänglich? Welche müssen angefordert werden? Welche sind schwierig zu beschaffen? Berichten Sie.

Hintergrund

Absatzförderung

8
Instrumente zur Absatzförderung vergleichen und gewichten

8.1 Das Schema zeigt verschiedene Instrumente zur Absatzförderung. Notieren Sie, auf welche Instrumente die Aussagen (1–6) zutreffen.

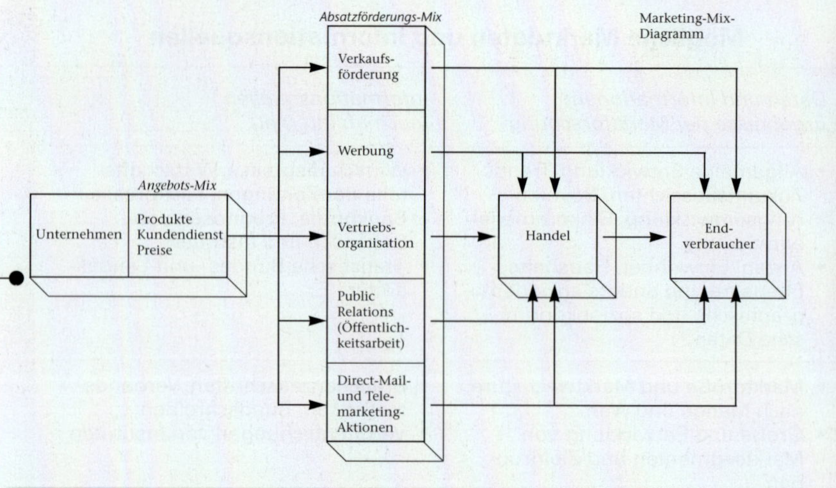

Quelle: Ph. Kotler/F. Bliemel, «Marketing Management»

- Verkaufsförderung ______
- Werbung ______
- Vertriebsorganisation ______
- Öffentlichkeitsarbeit ______
- Direct-Mail- und Telemarketing-Aktionen ______

1. soll den Endverbraucher/-verwender zum Kauf anregen
2. soll die eigene Verkaufsorganisation und den Handel zum Verkaufen anregen
3. soll ein positives Image des Unternehmens aufbauen
4. richtet sich an genau definierte Zielgruppen
5. hat meistens hohe Streuverluste
6. ist für den persönlichen Verkauf zuständig

Erläutern Sie.
z. B. Die Verkaufsförderung dient insbesondere dazu ... / hat zum Ziel ...

8.2 Welche Kommunikationsinstrumente (a–d) werden in der Übersicht beschrieben? Notieren Sie a-d in der Übersicht.

a) persönlicher Verkauf
b) Öffentlichkeitsarbeit
c) Verkaufsförderung
d) Werbung

8.3 Erläutern Sie Vorteile und Nachteile dieser Kommunikationsinstrumente.

Merkmal / Kommunikationsinstrument	Ziel (primär) (1)	Zielgruppe (2)	Kommunikationsträger (3)	Wirkungsdauer (4)	Erfolgsmessung im Hinblick auf den Absatz (5)	Streuverluste (6)	Verhältnis zum Marketingziel für Produkte (7)	Inhalt der Kommunikationsaussage (8)
______	Positive Beeinflussung des Kaufverhaltens der Zielpersonen	Genau definierte Zielgruppen, Zielpersonen, Marktsegmente usw.	Zeitungen, Zeitschriften, Fernsehen, Hörfunk, Anschlagflächen, Adressbücher	kurzfristig – mittelfristig	relativ schwierig möglich	mittelgroß	eindeutiges Teilziel	Primär auf den Nutzen von Produkten und Leistungen bezogen
______	Förderung der Verkaufsaktivitäten der eigenen Verkaufsorganisation und des Handels	Eigene Verkaufsorganisation, Handel, Konsumenten	Messen, Ausstellungen, Verkäuferschulungen, Preisausschreiben, Verkaufswettbewerbe, Produktproben, Zeitschriften, Informationsmaterial	kurzfristig	teilweise möglich	meistens gering	eindeutiges Teilziel	eindeutig auf einzelne Produkte bezogen
______	Erzielung von Verkaufsabschlüssen, Information	Potenzielle Abnehmer, Kunden, Interessenten	Eigene Außendienstorganisation, Handelsvertreter	kurzfristig	relativ leicht möglich	meistens sehr gering	eindeutiges Teilziel	auf mit dem Kauf eines Produktes verbundene Vorteile bezogen
______	Aufbau und Pflege eines in der Öffentlichkeit positiv wirkenden Images	Gesamte Öffentlichkeit oder Teilöffentlichkeit	Zeitungen, Zeitschriften, Fernsehen, Hörfunk, Veranstaltungen, Pressekonferenzen, Personen	langfristig	kaum möglich	meistens groß	oft nicht eindeutig	auf das Unternehmen bezogen

Quelle: (nach) H. Ch. Weis, «Marketing»

Duelle der Giganten

Sie fetzen sich und sie versöhnen sich wieder. Dabei wollen doch beide, Hersteller wie Händler, nur das eine: die ungeteilte Gunst des Kunden. Das Mittel zum Zweck ist die Verkaufsförderung. Das Ergebnis: ein harter Selektionskampf.

Der Handel hat ureigene Interessen. Ihn interessiert erst einmal sein Gesamtertrag. Und der hängt nicht zuletzt davon ab, wie viel Ware zu welchem Preis in welcher Zeit verkauft wird. Immer geringere Handelsspannen verschärfen die Situation am PoS. Läuft ein Sortiment nicht, wird es die nächsten Listungsgespräche kaum überstehen.

Trend: Die Werbekostenzuschüsse steigen
Laut Werbeklimastudie prognostizieren Werbeleiter den Werbekostenzuschüssen (WKZ) an den Handel im neuen Jahr ein weiteres Wachstum von drei Prozent. Im Vergleich zum Vorjahr würden sich damit die Werte um immerhin einen zusätzlichen Prozentpunkt steigern. Mit verursacht werden die höheren Ausgaben durch vom Handel gesteuerte Aktionen am PoS.

Die Hersteller klagen schon lange über das teils „brutale Vorgehen" der Händler gemäß dem Motto: Wer nicht den erwarteten WKZ zahlt, fliegt aus der Aktion raus.

Aber der Frust der Markenartikler sitzt noch tiefer. Nicht allein der Marketingchef eines norddeutschen Großunternehmens vermutet nämlich: „Die WKZ fließen nicht immer in die Verkaufsförderung, sondern dienen durchaus auch zur Aufbesserung der Margen beim Händler."

Trend: Die Preisspirale dreht sich weiter nach unten
Zum großen Frust der Hersteller bleibt der Handel großteils seiner Haltung treu, dass eine Aktion unweigerlich mit einem Niedrigpreisangebot verbunden sein müsse.

Der Effekt: Weil sich die Hersteller in die Aktionen drängen, um ihre Produkte zu promoten, kannibalisieren sie sich in den diversen Aktionen der Märkte nur selbst.

Trend: Die starken Marken setzen sich durch
Im Gerangel um die eigenen Interessen am PoS setzt sich gegenüber dem starken Handel zunehmend nur noch die starke Marke durch. Auf sie kann der Handel nicht verzichten.

...uelle: (nach) «W & V»

PoS = Point of Sale (Ort des Verkaufs)

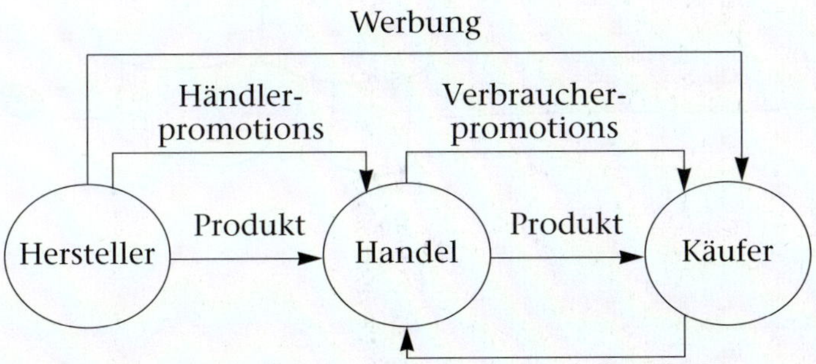

Quelle: H. Ch. Weis, «Marketing»

Hersteller und Handel

9
Zielsetzungen vergleichen

9.1 Die Übersicht stellt divergierende Ziele und Erwartungen von Herstellern und Händlern gegenüber.

	Hersteller	Händler
Distribution	- hohe Bestellmengen - i. d. R. intensive Distribution - Hervorhebung der eigenen Produkte - Hervorhebung des ganzen Sortiments - Schaffung eines hohen Markenimages - Bildung positiver Einstellungen	- schnelle Lieferung auch kleiner Mengen - gleichmäßige Platzierung - Hervorhebung ausgewählter Marken - Profilierung der eigenen Einkaufsstätte - Erhöhung der Kaufbereitschaft
Entgelt	- seriöse Preisgestaltung - einheitliche Preise - angemessene Handelsspannen	- punktuell aggressive Preise - punktuelle Preisdifferenzierung - hohe Handelsspannen
Produkt	- hohes Image von Marke und Produkt - hohe Innovationsrate - Förderung eigener Marken	- Sortimentsimage - gemäßigte Innovationsrate - Förderung von Handelsmarken
Kommunikation	- Erhöhung der Produkttreue - nationale Bekanntheit - positive Abgrenzung gegenüber anderen Marken	- Erhöhung der Händlertreue - lokale/regionale Bekanntheit - positive Abgrenzung gegenüber anderen Händlern

Quelle: J. R. Tiedtke, «Allgemeine BWL für Schule, Ausbildung und Beruf»

Erläutern Sie diese unterschiedlichen Ziele von Herstellern und Händlern.

- *... hat Interesse an ... / daran, ...*
- *... erwartet / erhofft sich in erster Linie ...*
- *Dem ... geht es um ... / darum, ...*
- *Dem ... liegt insbesondere daran, ...*

9.2 Welche Aussagen über unterschiedliche Ziele und Interessen von Hersteller und Handel finden Sie in dem Artikel aus der Zeitschrift *W & V* bestätigt?
Welche weiteren Ursachen für Interessenkonflikte werden beschrieben?

9.3 Kennen Sie aus Ihrer eigenen beruflichen Praxis Beispiele für gelungene Kooperationen oder für Interessenkonflikte zwischen Hersteller und Handel? Berichten Sie.

Hintergrund

Projekt

10
Neue Märkte erschließen

Haben Sie in einem Ihnen bekannten Unternehmen Zugang zu Informationen über Strategien, Vorgehensweisen und Ergebnisse bei der Erschließung eines neuen Marktes?

- Ausgangsbedingungen
- Ziele
- Strategien
- Instrumente
- Ergebnisse

Schreiben Sie anhand dieser Informationen ein «Fallbeispiel».

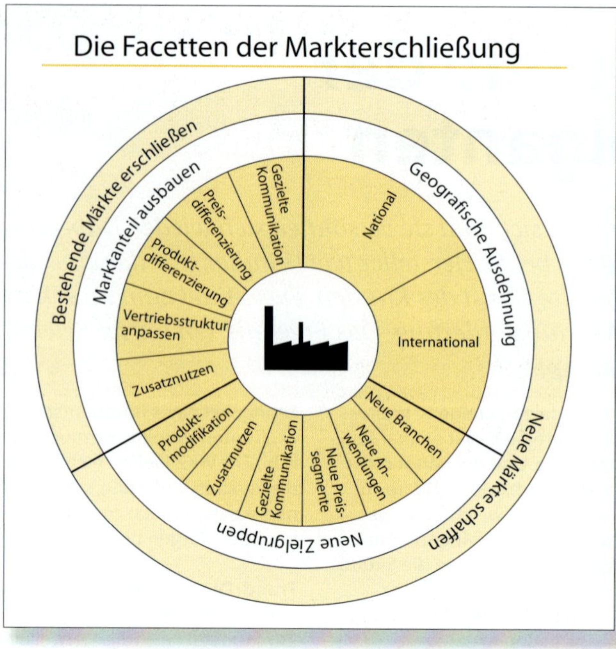

18 Unternehmenspraxis

Ein neues Produkt auf den Markt bringen

«… wollen wir neue Wege beschreiten!»

Sie trainieren:

Leistung und Nutzen von Produkten darstellen
- ▶ Bestimmungen und Produktnormen berücksichtigen
- ▶ Leistungen und Nutzen beschreiben
- ▶ Regelungen für Zertifizierungen berücksichtigen

Vertriebspartner informieren
- ▶ ein neues Produkt vorstellen

geeignete Vertriebspartner auswählen
- ▶ Informationen über Vertriebspartner auswerten
- ▶ ein Kundenprofil erstellen und auswerten
- ▶ Strategien der Kundenbearbeitung erläutern

den Fachhandel für die Zusammenarbeit gewinnen

19 Unternehmenspraxis

eine Verkaufsförderungsaktion vorbereiten

Bedingungen der Zusammenarbeit vereinbaren

Das ist 3 M.

3M Innovation

www.3M.com/de

3M Vision, Werte, Ziele

Unsere Vision

Wir möchten für unsere Kunden das innovativste Unternehmen und bevorzugter Lieferant sein.

Unsere Ziele

- Wachstum
- Produktivität
- Zufriedene Kunden
- Zufriedene Mitarbeiter
- Schutz / Pflege 3 M Image

Unsere Werte

- Wir stellen unsere Kunden durch höchste Qualität und hervorragenden Service zufrieden.
- Wir sichern unseren Investoren eine attraktive Rendite durch ein fortwährendes, qualitativ hochwertiges Wachstum.
- Wir respektieren die gesellschaftliche Umgebung und unsere Umwelt.
- Wir wollen ein Unternehmen sein, auf das die Mitarbeiter stolz sind und bei dem sie gerne arbeiten.

3M Innovation

3M weltweit

1 Unternehmenspräsentation

In seinem Unternehmensleitbild definiert *3M* Vision, Werte und Ziele des Unternehmens.

1.1 Lesen Sie die Unterlagen zur Unternehmenspräsentation von *3M*. Welche Informationen ergänzen oder belegen die im Leitbild genannten Ziele und Werte?

DVD

1.2 Sehen Sie den Unternehmensfilm «3M Innovation» an. Notieren Sie in «3M: Märkte und Produkte» (folgende Seite) die Reihenfolge, in der die zehn Produktbereiche vorgestellt werden.
Welche Informationen über das Unternehmen werden im Film besonders hervorgehoben?

1.3 Bereiten Sie auf der Grundlage der Ihnen zur Verfügung stehenden Informationen eine kurze Präsentation von *3M* vor.

Präsentieren Sie das Unternehmen.

Das Unternehmen auf einen Blick.

Weltweit	Europa, Mittlerer Osten, Afrika	Deutschland
Unsere Zentralen		
St. Paul, Minnesota, USA	Brüssel	Neuss
Unsere Präsenz		
in über 60 Ländern	in über 30 Ländern	
Fertigungsstätten		
in 29 Ländern	in 9 Ländern	**3M Gesellschaften** • 3M Deutschland GmbH • Dyneon GmbH & Co. KG • 3M Unitek GmbH • 3M ESPE AG • 3M Touch Systems GmbH • Quante Netzwerke GmbH
Entwicklungslabore in 35 Ländern		
Aktionäre ca. 124.000		
Unser Umsatz 2006		
22,9 Mrd. US $	5,7 Mrd. US $	1,9 Mrd. €
Unsere Mitarbeiter		
75.333	17.416	4428
Aufwendungen für Forschung und Entwicklung		
1,5 Mrd. US $		

Stand 31.12.2006

3M

Presse-Information

Das ist 3M

Innovationen bestimmen das Unternehmensprofil

Als mit Neil Armstrong der erste Mensch den Mond betrat, bestand ein Teil seiner Ausrüstung aus 3M-Produkten. Wer irgendwo auf der Welt ein Katalysator-Fahrzeug von Ford, VW oder Opel fährt, kann davon ausgehen, dass 3M-Material bei der Abgasreinigung eingesetzt wird. Wo Mütter oder Väter ihre Babys mit Patent-Höschenwindeln wickeln, sorgt oft ein 3M-Verschluss für die gewünschte Sicherheit. In Büro oder Verwaltung kommt niemand mehr ohne Post-it-Haftnotizen aus. Im Haushalt helfen Scotch-Brite-Produkte von 3M, Hersteller rüsten Teppichböden mit Scotchgard-Faserschutz aus und Verkehrszeichen und Nummernschilder reflektieren bei Nacht dank 3M-Scotchlite-Reflexfolien. Weltweit sind Bildschirme von Laptop-Computern aufgrund des 3M-Brightness-Enhancement-Films heller und damit leichter ablesbar. Mediziner schließlich behandeln Krankheiten mit 3M-Produkten und auch im Umweltschutz finden Technologien von 3M Anwendung.

3M hat die Vision, das innovativste Unternehmen der Welt und bevorzugter Lieferant bei seinen Kunden zu sein. Daher hat es sich zur Aufgabe gemacht, genauer hinzusehen, besser hinzuhören, offen im Dialog mit seinen Partnern zu sein. Mit dem Ziel, für die Kunden in aller Welt neue, intelligente Problemlösungen für die unterschiedlichsten Lebens- und Arbeitsbereiche zu entwickeln.

Innovations-Kultur

Grundlage für den Erfolg des Unternehmens ist eine besondere Innovations-Kultur. Fast jeder elfte der 75.000 Mitarbeiter ist in der Forschung oder Entwicklung tätig. Das Fundament des Know-hows bilden rund 30 Technologie-Plattformen. Die Forscher und Wissenschaftler können bei 3M 15 Prozent ihrer Arbeitszeit Projekten eigener Wahl widmen. Und über eine Milliarde US-Dollar werden jährlich allein für Forschung und Entwicklung aufgewendet. Dies alles sorgt dafür, dass in jedem Jahr über 500 neue 3M-Produkte auf den Markt kommen – ein Beweis der besonderen Innovationskraft des Unternehmens.

Unsere Mitarbeiter

Bei 3M haben sich Menschen zusammengefunden, die in einer Atmosphäre gegenseitigen Vertrauens mit Kreativität und Tatkraft neue Wege beschreiten, um das Leben einfacher, sicherer und angenehmer zu gestalten. Ohne dabei den Schutz unserer Lebensgrundlage – der Umwelt – aus den Augen zu verlieren.

Die Mitarbeiter handeln nach Verhaltensregeln, die Achtung gegenüber anderen Rassen, Kulturen und Religionen zum Inhalt haben. Eine Selbstverständlichkeit für ein Unternehmen, das in aller Welt zu Hause ist.

Unsere Welt

3M steht für „Minnesota Mining & Manufacturing“. Das Unternehmen wurde 1902 im US-Bundesstaat Minnesota gegründet. Der Hauptsitz befindet sich dort in St. Paul. Das Unternehmen hat Niederlassungen in über 60 Ländern. 2006 wurde weltweit ein Umsatz von fast 23 Mrd. US-Dollar erzielt. 30 amerikanische Unternehmen bestimmen den Dow-Jones-Index; der Kurs der 3M-Aktie zählt hierzu.

3M: Märkte und Produkte

Der Konzern ist weltweit in sechs Marktbereiche unterteilt, die aus insgesamt mehr als 40 Divisionen bestehen.
Das Produktspektrum umfasst rund 50.000 verschiedene Produkte für

- Automobil, Marine und Luftfahrt
- Bau und Gebäudemanagement
- Büro und Kommunikation
- Elektronik und Elektrotechnik
- Grafik und Werbung
- Heim und Freizeit
- Industrie und Handwerk
- Medizin und Gesundheit
- Personenschutz und Verkehrssicherheit
- Telekommunikation & Versorgungsbetriebe

Produkte zum Schutz von Mensch und Umwelt

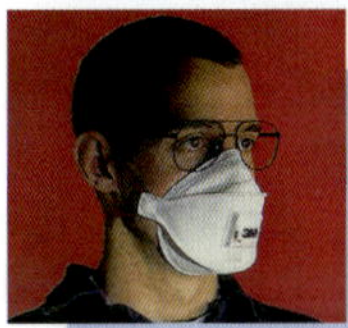
3M™ Atemschutzmasken

3M™ Doppelseitige Industrieklebebänder

3M™ Scotchlite™ Diamond Grade Reflexfolie für Verkehrsschilder

Scotch™ Klebstofffilm für Scheuerschutzbleche

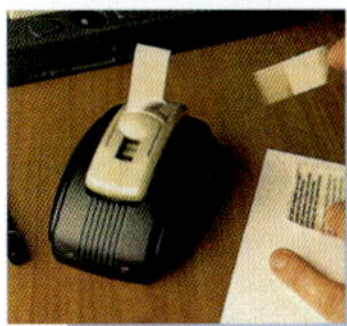
Scotch™ Tape Strips

3M™ Ergonomieprodukte

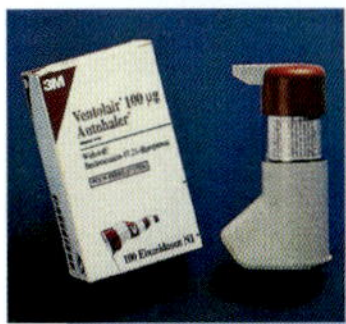
Ventolair © Autohaler

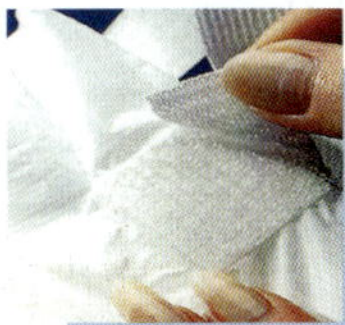
Mechanische Verschluss-Systeme für Einwegwindeln

Marktsituation Mitte der 90er-Jahre

Vor dem Siegeszug des Flachbildschirms war das Kernstück von Computer-Monitoren – wie bei alten Fernsehgeräten – die Kathodenstrahlröhre. Einer der Nachteile dieser heute veralteten Technologie ist die hohe elektromagnetische Strahlung, der insbesondere intensive Benutzer auf Dauer ausgesetzt sind. Nachdem Untersuchungen die potenziellen gesundheitlichen Risiken dieser Strahlungsbelastung bestätigt hatten, wurden die Schutz-Bestimmungen verschärft.
In diesem Kontext bereitete die ***3M Deutschland GmbH*** die Markteinführung ihres neu entwickelten **Multifunktionsfilters** vor.

Leistungen und Nutzen von Produkten darstellen

2
Bestimmungen berücksichtigen

Lesen Sie die Erklärungen zu den EU-Bestimmungen. Welche Vorschriften gelten im Hinblick auf die Strahlenbelastung durch Bildschirmgeräte?
Was kann ein Käufer/Verwender eines Bildschirmgeräts fordern?

Welche Verkaufsargumente ergeben sich aus diesen Bestimmungen für einen Bildschirm-Filter?

3
Leistung und Nutzen beschreiben

3.1 Die Multifunktionsfilter werden in verschiedenen Ausführungen angeboten.
Sehen Sie die Tabelle auf Seite 199 an und nennen Sie …
- Eigenschaften, die alle Filtertypen haben:
*z. B.: Die Filter **können** an allen Bildschirmmodellen **befestigt werden**. …*
- zusätzliche Eigenschaften bestimmter Typen:
z. B.: Beim AF 200 …

Wissenswertes über 3M-Multifunktionsfilter

Die EU-Richtlinien für Bildschirm-Arbeitsplätze

Niedrige Strahlenbelastung
DAMIT SIE NICHT ZU EINEM LEUCHTENDEN BEISPIEL WERDEN.

Ziffer 19: Abschnitt „Arbeitsumgebung"
besagt im Wortlaut:
„Die Strahlung muss – mit Ausnahme des sichtbaren Teils des elektromagnetischen Spektrums – so niedrig gehalten werden, dass sie für Sicherheit und Gesundheit unerheblich ist."

Kommentar
Geltende Vorschriften zur Einhaltung

Wenn an dieser Stelle auf den sichtbaren Teil des elektromagnetischen Spektrums abgehoben wird, so geht es in erster Linie um den Bereich der ultravioletten Strahlung, das also, was wir populärwissenschaftlich mit „Licht" bezeichnen.

Die Strahlungsintensität sollte so gering wie möglich gehalten werden.

Möglichkeiten der Überprüfung und Änderung

Obwohl die Überprüfbarkeit sonstiger Strahlungen mit komplizierten Messgeräten und -anordnungen möglich ist, kann an dieser Stelle die Empfehlung nur lauten, sich ein ausdrückliches **Negativ-Zeugnis durch den Hersteller einzuholen,** in dem die schriftliche Bestätigung erfolgt, dass die eingesetzten **Bildschirme als „strahlungsarm" klassifiziert sind.** Hierzu ist es empfehlenswert, die Typenschild-Angaben zu übernehmen, da so für den Hersteller auch z. B. Baujahr und Baureihe ersichtlich werden.

Quelle: «Im Mittelpunkt der Mensch»

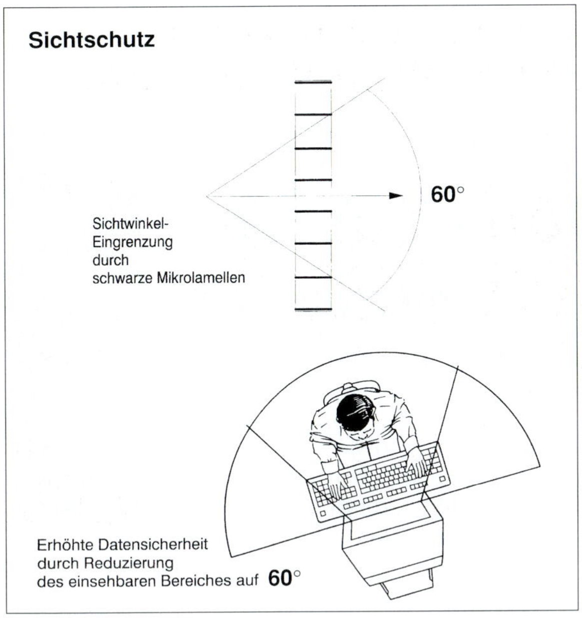

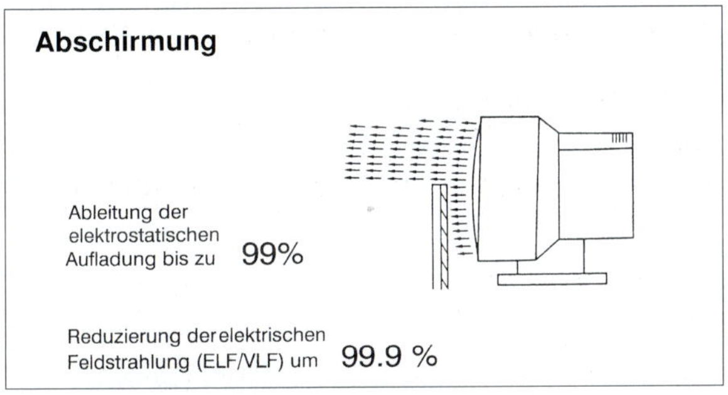

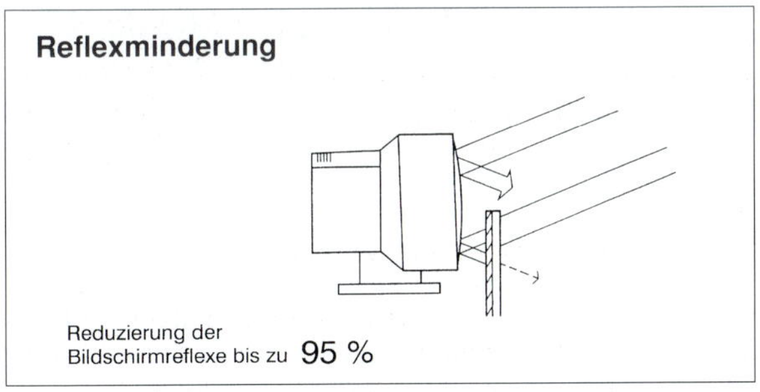

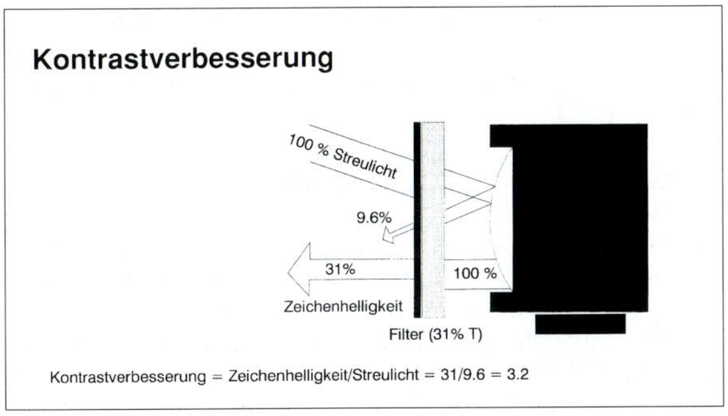

Die 3M-Multifunktionsfilter bieten:

Eigenschaft / Typ	AF 100	AF 200	PF 300	PF 400
Sichtschutz			•	•
Ableitung elektrostatischer Aufladung		•		•
Reduzierung der elektrischen Felder		•		•
Kontrastverbesserung	•	•	•	•
Reflexminderung	•	•	•	•
universelle Befestigungstechnik	•	•	•	•

3.2 Den verschiedenen Leistungen der Multifunktionsfilter entsprechen unterschiedliche Nutzeffekte:
a) die Datensicherheit erhöhen
b) die Ermüdung (der Augen beim Arbeiten am Bildschirm) verringern
c) die Gesundheit der Benutzer schützen
d) den Einsatz des Filters erleichtern
e) eine bessere Lesbarkeit der Daten gewährleisten.
Erläutern Sie jeweils Leistung und Nutzen.

- *Durch ... wird ... / kann ... werden.*
- *... trägt dazu bei, ... zu ...*
- *... erlaubt / dient dazu, ... zu ...*
- *... gewährleistet ...*

*z. B.: **Durch** den Sichtschutz **kann** die Datensicherheit erhöht **werden**. ...*

3.3 Für welche Verwendergruppen wären die verschiedenen Filtertypen von Interesse?
a) gewerbliche Verwender
b) private Verwender
c) Behörden/Institutionen

Formulieren Sie Empfehlungen für diese Zielgruppen (a–c). Berücksichtigen Sie u. a.:
- Vertraulichkeit der bearbeiteten Daten
- Dauer, Regelmäßigkeit der Arbeit am Computer
- Verantwortung für den Gesundheitsschutz der betroffenen Personen
- Art der bearbeiteten Daten und Programme

- *... ist besonders zu empfehlen für Unternehmen, in denen ... / für Mitarbeiter, die ...*
- *... ist bestimmt für ...*
- *... ist angebracht / sinnvoll in ... / für ...*

z. B.: Der Filtertyp AF 100 ist eher bestimmt für private Verwender, denn die Datensicherheit ist für diese im Allgemeinen weniger wichtig. ...

Unternehmenspraxis

4 Zertifizierungen

Der Artikel aus der Zeitschrift *ACQUISA* gibt Auskunft über die EU-Bestimmungen.

4.1 Lesen Sie den Artikel.
Welche Aussagen (1–5) stehen im Text?
Kreuzen Sie an.

Die EU-Richtlinien schreiben vor ...

1. dass Industrieprodukte auf dem europäischen Markt nur noch mit einer CE-Zertifizierung zugelassen werden. ☐
2. welche Industrieprodukte für ihre Zulassung auf dem europäischen Markt eine CE-Zertifizierung benötigen. ☐
3. welche Produkte ohne CE-Kennzeichen noch für eine Übergangszeit auf dem europäischen Markt verkauft werden dürfen. ☐
4. welche Anforderungen für die CE-Zertifizierung an ein Produkt gestellt werden. ☐
5. durch welche Verfahren zu prüfen ist, ob ein Produkt den Anforderungen entspricht. ☐

Erläutern Sie Ihre Antworten.

4.2 Die Überschrift des Artikels lautet: «Exportvorteil durch neue Produktnorm». Wann und warum kann eine einheitliche Produktnorm ein Exportvorteil sein?

4.3 Welche EU-Richtlinie betrifft Computerbildschirme?

INFO

European Committee for Standardization

www.cenorm.be

Die *CEN* fördert die Harmonisierung der technischen Normen in Europa.

CE-NORM: Das CE-Zeichen muss an allen Industrieprodukten angebracht werden, die den technischen Harmonisierungsrichtlinien der Europäischen Union nach der »Neuen Konzeption« unterliegen. Was bedeutet das für den Hersteller?

Exportvorteil durch neue Produktnorm

Von Jürgen Abrahamczik

Für die Beseitigung der Handelshemmnisse, die aus der Verschiedenheit der nationalen Produktnormen resultieren, standen der Europäischen Union prinzipiell zwei verschiedene Lösungsansätze zur Verfügung: Man hätte versuchen können, die Anforderungen vollständig zu vereinheitlichen oder aber eine Regelung treffen müssen, wonach die vorhandenen unterschiedlichen nationalen Anforderungen als gleichwertig anerkannt werden. Mit ihrer »Neuen Konzeption« der Normenharmonisierung hat die Europäische Union einen Mittelweg gewählt, der Elemente beider Lösungsansätze enthält.

Erfüllt ein Produkt die Anforderungen der Richtlinie, so erhält es eine so genannte »CE-Kennzeichnung«, die zu einer EU-weiten Marktzulassung führt (»C« und »E« sind in mehreren europäischen Sprachen die Anfangsbuchstaben für »Europäische Gemeinschaft«, zum Beispiel französisch: »Communauté Européene«). Wie Sie die Übereinstimmung Ihres Produktes mit diesen Anforderungen nachweisen können, wird ebenfalls in den Richtlinien festgelegt.

Das CE-Zeichen muss an allen Industrieprodukten angebracht werden, die den technischen Harmonisierungsrichtlinien der Europäischen Union nach der »Neuen Konzeption« unterliegen. Nur das CE-Kennzeichen bestätigt, dass das Unternehmen alle in den jeweiligen Richtlinien festgelegten technischen Bewertungsverfahren durchgeführt hat. Ohne dieses CE-Kennzeichen können die betroffenen Produkte nach Maßgabe der jeweiligen Richtlinien überhaupt nicht mehr oder nur noch für eine gewisse, zum Teil kurze, Übergangszeit in Verkehr gebracht werden.

Einige Beispiele von Produktgruppen, die das CE-Kennzeichen führen müssen

	EG-Richtlinie:
• Spielzeug	(88/378/EWG)
• Druckgeräte	(97/23/EG)
• Maschinen	(98/37/EG)
• Bauprodukte	(89/106/EWG)
• Elektrische Betriebsmittel	(2006/95/EG)
• Elektromagnetische Verträglichkeit (von Elektro- und Elektronikprodukten)	(89/336/EWG)
• Aufzüge	(95/16/EG)
• Aktive implantierbare medizinische Geräte	(90/385/EWG)
• Medizinprodukte	(93/42/EWG)
• Messgeräte	(2004/22/EG)
• Seilbahnen für den Personenverkehr	(2000/9/EG)
• Sportboote	(2003/44/EG)
• Warmwasserheizkessel	(92/42/EWG)

Quelle: (nach) «Acquisa»

3M Deutschland GmbH

Hauptverwaltung
41453 Neuss
Carl-Schurz-Straße 1

Telefon 0 21 31 / 1 40
Telefax 0 21 31 / 14 26 49
VAT-ID-Nr.: DE 120679179

3M

Neuss, im Juli 1994

Schutz am Arbeitsplatz

Heute arbeiten bereits **über 35 % der Erwerbstätigen** in Deutschland an PCs oder Terminals. Bei diesem Ausmaß ist eine ergonomische Arbeitsplatzgestaltung zum zentralen Thema geworden.

Eine Untersuchung der Bundesanstalt für Arbeitsschutz ergab, dass **60 %** der Befragten über regelmäßige **Kopfschmerzen** und **40 %** über **Augenbeschwerden** klagten. Diese Zahlen sind erheblich, da es nicht nur um die Gesundheit der einzelnen Mitarbeiter geht, sondern auch um deren Produktivität.

Die **neue EU-Richtlinie** beinhaltet deshalb Mindestvorschriften für Sicherheit und Gesundheitsschutz an Bildschirmgeräten. Wir haben uns mit dieser Problematik auseinander gesetzt und mit dem **3M-Multifunktionsfilter** ein Produkt entwickelt, das eine einfache und kostengünstige Nachrüstung der Bildschirmarbeitsplätze gemäß dieser EU-Richtlinie ermöglicht. Unter anderem bietet Ihnen die Produktlinie:

- **Kontrastverbesserung**
- **Reflexminderung**
- **Strahlenschutz**
- **Ableitung der elektrostatischen Aufladung u n d**
- **Sichtschutz vor Fremdeinblicken.**

Die Arbeit am Bildschirm wird damit in vieler Hinsicht erleichtert.

In der beigefügten Infobroschüre finden Sie nähere Details zu diesem Thema. Wenn Sie Fragen haben, helfen wir Ihnen gerne unter folgender Telefon-Nr.: 0 21 31 / 14 - 31 94.

Mit freundlichen Grüßen
3M Deutschland GmbH
Marketing Büroprodukte

Blaine Bevis

Anlage

Sitz: 41453 Neuss · Handelsregister: B 1878 Amtsgericht Neuss · Vorsitzender des Aufsichtsrates: Rainer Goldammer
Geschäftsführer: Reinhold Hiersemann, Dr.-Ing. Horst Zölzer · Managing Director: Reinhold Hiersemann

Vertriebspartner informieren

***3M* informiert seine Vertriebspartner über die geplante Markteinführung des neuen Produkts.**

5
Ein neues Produkt vorstellen

5.1 Lesen Sie das Schreiben, das *3M* an seine Vertriebspartner und Kunden verschickt hat.
Markieren Sie die wichtigsten Informationen.
Erläutern Sie die Argumentation.

5.2 Sie wollen einen Vertriebspartner (z.B. Fachhändler) ...
a) über das neue Produkt informieren
b) dazu bringen, den Multifunktionsfilter in sein Sortiment aufzunehmen
c) vom Vorteil einer Zusammenarbeit bei der Markteinführung überzeugen.
Orientieren Sie sich an den Fragen und machen Sie Vorschläge für geeignete Argumente.
Bereiten Sie das Gespräch in den Rollen der beiden Gesprächspartner vor.
Notieren Sie Stichworte zu Informationen, Argumenten und Fragen für die verschiedenen Phasen des Gesprächs.
Stellen Sie geeignete Formulierungen bereit (siehe «Kleines Lexikon Gesprächstrategien» im Anhang).

Eine Argumentation vorbereiten

- Wovon wollen Sie den anderen überzeugen?
- Welches Ergebnis wollen Sie erreichen?
- Welche Fakten, Daten und Erfahrungen sprechen für Sie?
- Wie können Sie das beweisen?
- Was ist die Meinung oder das Verhandlungsziel des anderen?
- Was könnte den anderen daran hindern, sich Ihrer Meinung anzuschließen?
- Was könnte den anderen überzeugen?
- Was könnte den anderen – auch ohne Überzeugung – dazu bringen, sich mit Ihnen zu einigen?
- Wie wollen Sie Ihre Argumente „verpacken"?
- Mit welchen Argumenten wollen Sie beginnen?
- Zu welchen Argumenten wollen Sie welche Beweise und Fakten vorbringen?

Quelle: (nach) H. Kellner, «Rhetorik: Hart verhandeln – erfolgreich argumentieren»

Neukundengewinnung: möglicher Gesprächsablauf

- Vorstellung des eigenen Unternehmens
- Analyse der Kunden-Situation
  - Bisherige Lösungen
  - Ziele des Kunden
- Präsentation der Dienstleistungen / Produkte
- Ansätze für eine Zusammenarbeit
- Nächste Schritte

Quelle: (nach) G. Breunig, «Professionell verhandeln»

5.3 Führen Sie das Gespräch mit einem Partner / einer Partnerin.

Unternehmenspraxis

Geeignete Vertriebspartner auswählen

_3M_ informiert seine Vertriebspartner über die Aktion.

6
Ein Kundenprofil erstellen und auswerten

Erfahrungen in der Zusammenarbeit mit Vertriebspartnern werden vom *3M*-Außendienst fortlaufend erfasst und ausgewertet.
Einer dieser Vertriebspartner ist die Firma *SCHRÖTER GmbH* (Fachhandel für Büroausstattung).

6.1 Erläutern Sie die Angaben, die der zuständige *3M*-Außendienst-Mitarbeiter gemeinsam mit seinem Ansprechpartner bei der Firma *SCHRÖTER* zusammengestellt hat.

z. B.
Die Firma SCHRÖTER beschäftigt … Mitarbeiter.
Sie bearbeitet Kunden im Einzugsgebiet …
Zu ihrem Kundenstamm gehören …
…

6.2 Die Attraktivität des Kunden (hier: des Vertriebspartners) und die Position von *3M* beim Kunden werden nach festgelegten Kriterien bewertet.

Erläutern Sie die Bewertungen, die für die Firma *SCHRÖTER* notiert wurden:

Bewertung	mögliche Indikatoren
• Geschäftssituation insgesamt durchschnittlich	*Die Auftrags- und Absatzlage ist zufriedenstellend. Die Zahlungsmoral ist gut. …*
• …	…

6.3 Berechnen Sie die jeweiligen Gesamtpunkt- und Prozentzahlen.

Ist die Firma als Partner für die Markteinführung des Multifunktionsfilters geeignet? Erläutern Sie.

GRUNDLAGE FÜR DEN AUSBAU UNSERER ZUSAMMENARBEIT.

3M

IHR UNTERNEHMEN:

Firma Schröter GmbH
Straße [redacted]
PLZ [redacted] Ort [redacted]
Tel. [redacted] Telex [redacted]
Niederlassungen in

Gesprächspartner:

Inhaber
Geschäftsführer Dr. Heinz Schröter
Leiter/Einkauf Frau M. Bäumler
1 2
3 4
Leiter/Verkauf Herr P. Kemlade
1 2
3 4
Leiter/Ladenverkauf
1 2
Leiter/TKD
1 2
Leiter/Werbung
1 2
Schaufensterdekoration

Anzahl der Mitarbeiter 32
Einkaufsverband Büro Aktuell
Einzugsgebiet Nordrhein-Westfalen
Anzahl der Kunden 1500
Kundenstruktur in Prozent
Industrie 60 % Sonstige Gewerbe 15 %
Behörden 25 % Privat 0 %
Anzahl der Unterhändler

Gesamtumsatz in 1993 DM 23.000.000

Bürobedarf	50	% v. Gesamtumsatz
Speichermedien	20	% v. Gesamtumsatz
Tageslichtprojektion	10	% v. Gesamtumsatz
Kopierprodukte	15	% v. Gesamtumsatz
Mikrographie	5	% v. Gesamtumsatz
Telekommunikation	-	% v. Gesamtumsatz
		% v. Gesamtumsatz
		% v. Gesamtumsatz

Hauptlieferanten
3M / [redacted]
[redacted] / 3M
3M
[redacted] / [redacted]
[redacted]

Umsatzanteil des Ladenverkaufs 0 % am Gesamtumsatz
Umsatzanteil des Unterhandelsgeschäftes 10 % am Gesamtumsatz

Einkaufsgewohnheiten:

Wer kauft was ein? Name/Funktion
Frau M. Bäumler
Produktgruppen
(alle)

IHR VERTRIEBSKONZEPT:

Verkaufsgrundsätze:

Preispolitik:
Hochpreisig ☐ ☐ ☐ ☒ ☐ Tiefpreisig
Sortimentspolitik:
Breit ☐ ☒ ☐ ☐ ☐ Tief

Produktpolitik:

Nur Markenartikel? ☒ Ja ☐ Nein
Handelsmarken –
Eigene Marke –
Vertragslieferant für:
Firma/Produkte
[redacted]
Gebietsschutz für:
NRW

Regionale Hauptwettbewerber:
G. Hanser GmbH, Düsseldorf

BEWERTUNGSKRITERIEN

3M

Attraktivität des Kunden

Kundenname **Schröter GmbH** Ort [redacted]

Noten / Kunden-Kriterien	1 sehr negativ	2 negativ	3 durch-schnittlich	4 positiv	5 sehr positiv	Werteintrag (max. Wert: 7 x 5 = 35)	Definition
Geschäftssituation insgesamt			X				= Wie ist das Investitionsklima, Auftrags- und Absatzlage? Welcher Gewinn wird erwirtschaftet, wird gewinnorientiert gehandelt, wie ist die Zahlungsmoral usw.?
Umsatzvolumen bei den relevanten Endprodukten				X			= Wie hoch ist das Umsatzvolumen, wie stark ist das Potenzial ausgeschöpft?
Geschäftsentwicklung des Kunden bei diesen Produkten				X			= Wie hat sich das Geschäft entwickelt, ist Zukunftspotenzial gegeben, wird diesbezüglich in die Zukunft investiert, sind Expansionsvorhaben absehbar usw.?
Expansionspotenzial für noch nicht geführte Produkte		X					= Besteht grundsätzlich ein Bedarf an noch nicht von unserem Unternehmen bezogenen Produkten, wie groß ist der Bedarf, kommen unsere Produkte in Frage usw.?
Preisdruck beim Kunden	X						= Gibt es einen Spielraum für Preispolitik, können wir ein rentables Preismix durchsetzen, sind Preiserhöhungen möglich usw.?
Organisation				X			= Wie ist die Bearbeitung des Kunden einzuschätzen, gibt es feste Zuständigkeiten, wird routinemäßig bestellt usw.?
Deckungsbeitrag des Kunden			X				= Wie sind unsere Ertragsaussichten einzustufen, wachsen unsere profitablen Produkte, können die profitablen Sortimente ausgedehnt werden usw.?
Summe	.... Punkte = ... % (gemessen an max. Wert 35 gleichzeitig Koordinatenwert)						

Unsere Position beim Kunden

Noten / Kunden-Kriterien	1 sehr negativ	2 negativ	3 durch-schnittlich	4 positiv	5 sehr positiv	Werteintrag (max. Wert: 6 x 5 = 30)	Definition
Umsatzanteil				X			= Wie hoch ist unser Umsatzanteil im Vergleich zu Wettbewerbern, bis zu welchem Grad haben wir mögliches Potenzial ausgeschöpft?
Umsatzentwicklung				X			= Wie hat sich unser Geschäft entwickelt (Wachstum, Stagnation, Rückgang)?
Akzeptanz im Vergleich zu Wettbewerbern			X				= Wie wird unsere Gesamtleistung im Vergleich zum Wettbewerb gesehen, wie ist unser Image einzuschätzen, wird unser Angebot als vollständig eingeschätzt usw.?
Sortimentsattraktivität für den Kunden		X					= Wie wird unser Sortiment in Breite und Tiefe eingeschätzt, gibt es Lücken, gibt es attraktivere Sortimentsteile von Wettbewerbern usw.?
Preis/Leistungs-Akzeptanz			X				= Wie wird unsere Preisstellung beurteilt, ist die Preisstellung ein ständiger Diskussionspunkt, werden Wettbewerbsangebote beispielhaft genannt usw.?
Beratung- und Serviceakzeptanz					X		= Werden unsere Beratungs- und Serviceleistungen in Anspruch genommen, existieren fachliche und persönliche Bindungen, wie wird unser Angebot beurteilt usw.?
Summe	.... Punkte = ... % (gemessen an max. Wert 30 gleichzeitig Koordinatenwert)						

7
Strategien der Kundenbearbeitung erläutern

7.1 Tragen Sie die Werte für die Firma *SCHRÖTER* (S. 203) in die Portfoliomatrix ein.

Erläutern Sie das Kundenprofil, das sich ergibt.

7.2 Welche Schlüsse wird man bei *3M* im Hinblick auf die Zusammenarbeit mit diesem Kunden/Vertriebspartner ziehen?

7.3 Erläutern Sie anhand der Bewertungskriterien (S. 203) weitere Kundengruppen:
I = Investitionskunde
K = Konsolidierungskunde
A = Abschöpfungskunde
D = Desinvestitionskunde

• Desinvestitionskunde:
z. B.: Die Auftrags- und Absatzlage ist eher schlecht, …
…

7.4 Erläutern Sie die für die verschiedenen Kundentypen vorgesehenen Strategien des Unternehmens.

PORTFOLIO-MATRIX

Darstellung von Kunden/Kundengruppen 3M

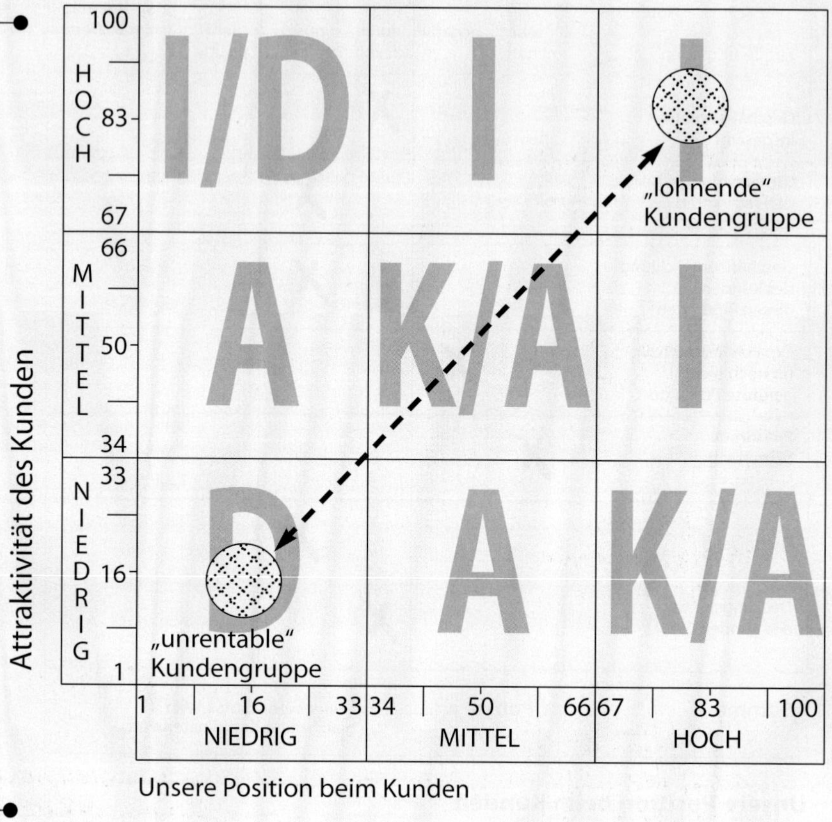

Interpretationsbeispiele:

I/D: Kundenbeziehung wird ausgebaut (I) oder man zieht sich zurück, weil der Aufwand nicht zu vertreten ist (D).

I: Kunde ist zukunftsträchtig, es lohnt sich, zu investieren.

K/A: Aufwand in Grenzen halten, Kunden gewinnträchtig stabilisieren (K) oder unter Nutzung der starken Position „holen, was zu holen ist" (A).

A: Wenig Aufwand bei besten Konditionen.

D: Rückzug vom Kunden, Bearbeitung einstellen, da sich die Anstrengungen nicht auszahlen.

Begriffe:

I = Investitionskunde
K = Konsolidierungskunde
A = Abschöpfungskunde
D = Desinvestitionskunde

Eine Verkaufsförderung planen

«Das ist 'ne faire Basis!»

19 Unternehmenspraxis

Sie trainieren:

- ein Verkaufsförderungskonzept darstellen
- Strategien bei der Neukundengewinnung erläutern und werten

- einen Besuchstermin mit einem Vertriebspartner vereinbaren
- Zielgruppen einer Verkaufsförderungsaktion festlegen
- Strategien und Maßnahmen für die Kundenbearbeitung definieren

- Ablauf der Aktion, Aufgaben- und Kostenteilung erörtern
- Termine und Fristen absprechen
- Gesprächsergebnisse zusammenfassen
- Gespräche (mit weiteren Vertriebspartnern) führen
- interkulturelle Aspekte in Geschäftsbeziehungen ansprechen
- Vorschläge für eine Verkaufsförderungsaktion entwickeln

Unternehmenspraxis

Den Fachhandel für die Zusammenarbeit gewinnen

Kundennahes und innovatives Marketing

Kundennähe hat einen sehr hohen Stellenwert in den Marketingkonzepten und findet ihren Ausdruck in vielfältigen „Plusleistungsprogrammen" zur Steigerung des Kundennutzens.
Dabei praktiziert das Unternehmen ein so genanntes „pull trough"-Marketing, d. h. alle Stufen der Wertschöpfung vom Handel und Weiterverarbeiter bis zum Endverbraucher werden in die Vermarktungskonzepte einbezogen.

3M

Die 3M-Strategie

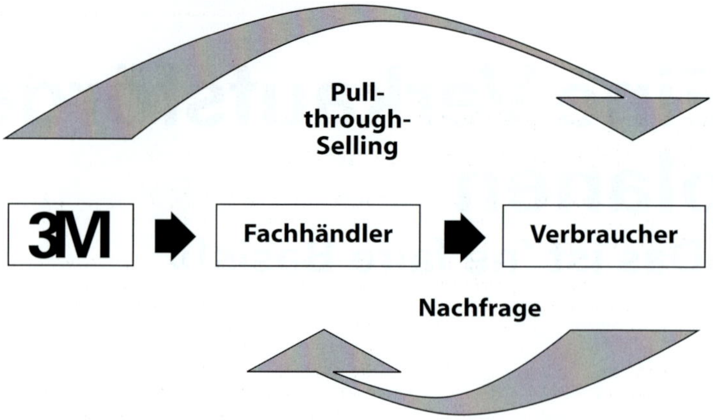

Pull-through-Selling heißt:

- Gemeinsame Identifizierung von Kunden (aus dem Großkundenbereich), die 3M-Produkte noch nicht gelistet haben
- Ausarbeitung von Kundengewinnungsplänen einschl. einer Bemusterungsstrategie
- Durchführung von Kundenbesuchen
- Kontrolle der Aktivitäten und gegebenenfalls Überarbeitung der Pläne.

Das bedeutet für Sie:

- Umsatzwachstum durch neue Kunden
- Herausstellung Ihrer Fachkompetenz
- Stärkung Ihrer Position gegenüber dem Wettbewerber
- Ausbildung Ihrer Mitarbeiter.

3M

Listung eines Produkts: Aufnahme des Produkts in das Sortiment des Händlers
Bemusterung: Ausstattung der Vertriebspartner/Kunden mit Warenproben

1
Das «Pull-through-Selling»-Konzept

1.1 Lesen Sie die Unterlagen zum Marketingkonzept von *3M*.
Welche Leistungen von *3M* haben für Vertriebspartner die folgenden Vorteile?
Notieren Sie (1–8).

Vorteile	Plusleistungen
a) hohe Sicherheit bei der Zusammenarbeit	8
b) niedrige Lagerhaltungskosten	___
c) kontinuierlicher Ausbau des Kundenstamms	___
d) gleich bleibend hohe Qualität der Produkte, die den Kunden angeboten werden	___
e) Unterstützung bei der Profilierung des Vertriebspartners als Fachgeschäft	___
f) hohe Erfolgsquoten der Verkaufsmitarbeiter des Vertriebspartners	___
g) *3M*-Verkäufer verfolgen die gleichen Ziele wie der Vertriebspartner.	___
h) Angebot innovativer Produkte mit hohem Nutzen für Verwender/Verbraucher	___

1.2 Formulieren Sie Argumente, um den Fachhandel vom Nutzen einer Zusammenarbeit mit *3M* zu überzeugen.
z. B.: «Wir bieten Ihnen hohe Sicherheit bei der Zusammenarbeit, denn das Preis-Leistungs-Verhältnis unserer Produkte ist ...»
«Wir helfen Ihnen, Ihre Lagerhaltungskosten zu senken, denn ...»
«...»

DAS ALLES SPRICHT FÜR DAS 3M-KONZEPT

1 3M Produktangebot
3M investiert 6,6 % vom Umsatz in Forschung und Entwicklung neuer Produkte.

2 3M Produktqualität
Forschung, Entwicklung und der gesamte Produktionsprozess liegen bei 3M in einer Hand.

3 3M Seminarangebot
3M-Mitarbeiter führen gemeinsam mit Ihnen Endkunden-Seminare durch.

4 3M Verkaufstraining und Marketingwissen
3M hat ein fachhandelsspezifisches Trainings- und Beratungsprogramm entwickelt.

5 3M Verkaufsunterstützung
Für Laden-, Telefon-, Katalog- und Außendienstverkauf bietet Ihnen 3M maßgeschneiderte Lösungen.

6 3M Verkaufsorganisation
3M-Verkäufer werden in erster Linie an der Wirksamkeit Ihrer Abverkaufsaktionen gemessen.

7 3M Lieferservice
3M liefert innerhalb von 3 Tagen 94 % aller Aufträge aus.

8 3M Preispolitik
3M hat ein ausgewogenes Preis-Leistungs-Verhältnis.

3M

NEUKUNDENGEWINNUNG UND ERFOLGREICHE BETREUUNG.

■ Der Kundenstamm von heute muss nicht zwangsläufig auch der von morgen sein. Darum ist die Neukundenfindung eine vorrangige Aufgabe, um das zukünftige Wachstum zu sichern. Mit Direktmarketing und Telefonmarketing stehen dem Bürofachhandel zwei der wirkungsvollsten Mittel hierfür zur Verfügung.

■ Das Potenzial für Neukunden ist groß. Entscheidend ist aber, dass Sie

- gezielt vorgehen

und für das Aufspüren und Gewinnen neuer Kunden

- die richtigen Methoden einsetzen.

Prinzipiell gehört jeder Bedarfsträger zu Ihrem Neukundenpotenzial. Legen Sie aber das Schwergewicht Ihrer Akquisitionen auf diese zwei Erfolg versprechenden Gruppen:

- Stammkunden Ihrer Mitbewerber
- neu gegründete Unternehmen.

■ Mit Ihren wichtigen Werbemitteln „Katalog", „Kunden-Zeitschrift" und Anzeigen in Tageszeitungen betreiben Sie bereits erfolgreich Neukundenfindung. Die Effektivität Ihrer Kommunikationsmaßnahmen können Sie jedoch in diesem Bereich durch Direktmarketing und Telefonmarketing optimieren.

Stammkunden Ihrer Mitbewerber in Ihrer Region können Sie aus dem entsprechenden Adressen-Material der bekannten Adressenverlage entnehmen.

Neu gegründete Unternehmen lassen sich am einfachsten und kostengünstigsten aus den Veröffentlichungen des Handelsregisters in den Pflichtblättern (große Tageszeitungen) ermitteln.

■ Nicht der Einzelumsatz, sondern der Umsatz über Jahre ist der Wertmaßstab.

Der Wert eines treuen Stammkunden wird von dem durchschnittlichen Umsatzvolumen pro Monat und der Verweildauer als Kunde bestimmt. Unterstellen wir z. B. einen Monatsumsatz von DM 400,–, so ergibt das bei einer Kundentreue von z. B. 3 Jahren einen Wert von DM 14.400,–. Ein stattlicher Betrag, der noch höher liegen kann, wenn entweder der Umsatz pro Monat wächst oder die Verweildauer länger ist.

Ein wichtiger Faktor ist das Wachstumspotenzial Ihres Kunden. Wenn es zunimmt, wächst Ihr Geschäft mit.

■ Ein Kunde ist nur dann treu, wenn er zufrieden ist. Zur Zufriedenheit gehört aber nicht nur der kostengünstige Einkauf, sondern vor allem ein guter Service.

Gute Betreuung für den Kunden des Bürofachhandels kann z. B. sein:

- Pflege des persönlichen Kontaktes
- permanente Information über neue Produkte und Techniken
- Erinnerung an fällige Nachbestellungen

3 wichtige alternative Medien stehen dafür zur Verfügung:

A) persönlicher Besuch des Verkäufers

B) Direktkontakt per Telefon

C) personalisierte Direktwerbeaussendungen.

EINE 3M-PLUSLEISTUNG 3M

1.3 *3M* unterstützt seine Vertriebspartner durch Beratung bei der Gewinnung und Betreuung von Großkunden (Unternehmen, Behörden, Verwaltungen ...).

Lesen Sie die Empfehlungen. Welche Antworten finden Sie auf die folgenden Fragen (a–f)? Erläutern Sie.

a) Warum ist die Neukundengewinnung eine vorrangige Aufgabe?
b) Wie können Neukunden ermittelt werden?
c) Welche Werbemittel und -aktionen eignen sich besonders für die Gewinnung neuer Kunden?
d) Anhand welcher Kriterien kann die Bedeutung eines (Neu-)Kunden gewertet werden?
e) Welche Zielgruppen sind bei der Suche nach neuen Kunden von besonderem Interesse?
f) Welche Mittel erlauben es, die Kundentreue zu optimieren?

1.4 Welche Mittel und Maßnahmen erscheinen Ihnen bei einer Verkaufsförderung für den neuen Multifunktionsfilter geeignet?

Mittel und Maßnahmen der Verkaufsförderung

Das geschriebene Wort
- Firmenzeitungen
- Händlerzeitungen
- Verkäufer-informationen
- Referenzen
- Werbebriefe
- Angebote
- Produktinformationen
- Gebrauchs-anweisungen
- Testergebnisse
- Prospekte
- ...

Das gesprochene Wort
- Verkäuferschulung
- Verkäufertagung
- Händlerseminare
- Aktionstrainings
- Werksbesichtigungen
- ...

Optische Mittel
- Diaserie
- Film/Videobänder
- Bildmaterial
- Plakate
- Prospekte
- technische Zeichnungen
- Dekorationsmaterial
- ...

Hilfen für Verkaufsgespräche
- Verkaufsmappen
- Argumente-Listen
- Werbemittelmappen
- Modelle/Muster
- ...

Anreize für Verkäufer
- Prämien
- Preisausschreiben
- Wettbewerbe
- immaterielle Anreize
- Gewinnspiele
- ...

Hilfen am POS (Verkaufsort)
- verkaufsfördernde Verpackung
- Verpackung mit Zusatznutzen
- Regalstopper
- Plakate
- Einkaufshilfen
- Rezepte/Verwendungshinweise
- Präsentationen
- Verkaufsständer
- Sonderangebote
- Warenproben
- ...

Unternehmenspraxis

Eine Verkaufsförderungsaktion vorbereiten

Im Rahmen der Aktionsplanung für die Einführung des neuen Multifunktionsfilters nimmt Herr Frei, Außendienstmitarbeiter der *3M GmbH*, Kontakt mit Herrn Kemlade, Leiter des Bereichs Bürobedarf bei der Firma *SCHRÖTER*, auf.

2
Einen Besuchstermin vereinbaren

2.1 Bereiten Sie diese telefonische Kontaktaufnahme in den Rollen der beiden Gesprächspartner vor.

Gesprächspunkte von Herrn Frei
- *Informationen über das neue Produkt*
- *Vorteile einer Zusammenarbeit mit 3M*
- *Vorschläge zu den Gesprächszielen (u. a. Festlegung der Zielgruppen, geplante Maßnahmen)*
- *Terminvorschläge für einen Besuch bei der Firma SCHRÖTER*

Herr Kemlade ...
- *stellt zusätzliche Fragen zum Produkt.*
- *verweist z. B. auf eine frühere Aktion, die sehr / nicht sehr erfolgreich war.*
- *ist grundsätzlich mit einer gemeinsamen Aktion einverstanden.*
- *hat möglicherweise Terminprobleme, macht Gegenvorschläge.*

2.2 Führen Sie das Telefongespräch mit einem Partner / einer Partnerin.

Herr Frei *(3M)* besucht entsprechend der telefonisch getroffenen Vereinbarung Herrn Kemlade bei Firma *SCHRÖTER*.

3
Zielgruppen einer Verkaufsförderungsaktion festlegen

CD 2: 15

3.1 Hören Sie das Gespräch (Teil 1).
Welche Vereinbarungen werden im Hinblick auf die Zielgruppen getroffen?
Kreuzen Sie an und notieren Sie entsprechend.

Zielgruppen: Auswahlkriterien

1. geographisch ☐
2. Branchen
   - Dienstleistungsgewerbe ☐
   - Schwerindustrie ☐
   - verarbeitende Betriebe ☐
   - Behörden und Verwaltungen ☐
3. Unternehmensgröße
   - nach Umsatz ☐ ______
   - nach Beschäftigtenzahl ☐ ______
   - nach Büroarbeitsplätzen ☐ ______
4. Ansprechpartner in den Firmen
   - Einkauf ☐
   - Leitung der EDV-Abteilungen ☐
   - Verwaltung ☐
   - Sicherheitsbeauftragte ☐
   - Verkauf/Marketing ☐
   - Unternehmensleitung ☐
5. angestrebte Anzahl von Kontakten ______

Sicherheitsbeauftragter, Person, die gemäß § 719 RVO in Unternehmen mit mehr als zwanzig Beschäftigten zu bestellen ist. – *Aufgaben:* den Unternehmer bei der Durchführung des Unfallschutzes zu unterstützen, u. a. sich laufend von der ordnungsgemäßen Benutzung der vorgeschriebenen Schutzvorrichtungen zu überzeugen ...

Quelle: (nach) GABLER, «Wirtschaftslexikon»

3.2 Welche Arbeitsteilung ist zwischen *3M* und der Firma *SCHRÖTER* vorgesehen?
z. B.
- *3M übernimmt ...*
- *Die Firma SCHRÖTER stellt ... zur Verfügung. ...*

3.3 Wie wichtig sind diese Ansprechpartner beim Verkauf der Multifunktionsfilter? Ergänzen Sie die Wertungen im Schema. Erläutern Sie.

MARKTBEARBEITUNG/ANSPRECHPARTNER

Ansprechpartner / Produkte	Beschaffung			Anwender				
	Einkauf	Allgem. Verw.	Organis.-Abteilung	EDV	Marketing Verkauf	Konstruktion	Sekr.	Führungskräfte
Flip-Frame™	•••	••	•	•••	•••	••	•••	•••
Comp.-Folie	•••	••	•	•••	•••	••	•••	••
PPC-Film	•••	•	•	••	•••	••	•••	•
Projektor	•••	•••	•••	••	•••	•	•	••
Multifunktionsfilter								

••• = sehr wichtig •• = wichtig • = weniger wichtig

3M

3.4 Fassen Sie die ersten Zwischenergebnisse des Gesprächs zusammen.

Schritte bei der Kundenbearbeitung

a) Verkaufsgespräch führen
b) Termin für Produktpräsentation vereinbaren
c) Kunden über Existenz und Leistung des Produkts informieren
d) Kunden zum Einsatz des Produkts beraten
e) Interesse des Kunden für das Produkt wecken
f) Kunden vom Nutzen des Produkts überzeugen
g) möglichen Bedarf des Kunden ermitteln
h) herausfinden, warum der Kunde das Produkt (noch) nicht kauft
i) das Produkt vorführen
j) Verkaufsabschluss tätigen

Kosten der verschiedenen Verkaufsmethoden (pro Kontakt)

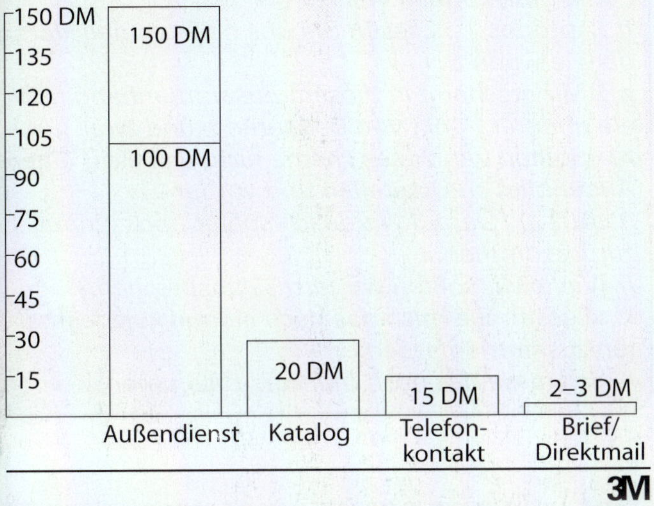

Bestandteile des Anschreibens von *3M*:

- individuelles Anschreiben
- Illustration des Multifunktionsfilters
- Erklärungen zu Funktionen und Leistungen
- Text der EU-Richtlinie
- Hinweis auf die EU-Richtlinie
- Angabe des Verkaufspreises
- Bedienungsanleitung
- Bestellcoupon für den Multifunktionsfilter
- Bestellcoupon für die EU-Richtlinie

	0–1 %	1–5 %	5–10 %
allgemeine Erfahrungswerte bei Direct Mailings:			
Ergebnisse der *3M*-Aktion bei Fachhändlern:			

- Er scheint grundsätzlich vom Nutzen der Aktion überzeugt zu sein.
- Er zweifelt am Nutzen der Aktion.
- Er macht zahlreiche Einwände.
- Er trägt eigene Ideen und Vorschläge bei.
- Er scheint wenig bereit zu sein, Eigenleistungen einzubringen.
- Er ist zu Eigenleistungen bereit.

4
Strategien für die Kundenbearbeitung definieren

4.1 Die Verkaufsförderungskampagne von *3M* sieht insgesamt drei Maßnahmen vor:
1. Mailing (als Ansatzpunkt)
2. telefonische Nachfassaktion
3. persönliche Nachbearbeitung durch den Außendienst.

Welche dieser Maßnahmen (1–3) eignen sich für die verschiedenen Schritte einer Kundenbearbeitung (a–j)? Erläutern Sie.

z. B.
- *Das Mailing ist in erster Linie dazu bestimmt, … Es soll außerdem …*
- *…*

4.2 Welches Vorgehen empfehlen Sie in den folgenden Fällen (a–f)?

Der Kunde …

a) reagiert nicht auf das Anschreiben.
b) tätigt eine Bestellung.
c) bekundet Interesse an dem Produkt.
d) fordert weitere Informationen an.
e) wünscht eine Produktpräsentation.
f) kündigt eine mögliche Bestellung zu einem späteren Zeitpunkt an.

Berücksichtigen Sie die Kosten verschiedener Verkaufsmethoden.

z. B.
Wenn der Kunde nicht auf das Anschreiben reagiert, sollte man …
…

CD 2: 16

4.3 Hören Sie das Gespräch (Teil 2).

Welche Vorschläge werden zu den Bestandteilen des Mailings gemacht? Kreuzen Sie an.

4.4 Welche Erfahrungswerte bei Direct Mailings werden genannt? Kreuzen Sie an.

4.5 Wie werten Sie die Gesprächsbeiträge von Herrn Kemlade? Kreuzen Sie an.
Erläutern Sie Ihre Antwort anhand von Beispielen aus dem Gespräch.

4.6 Stellen Sie den geplanten Ablauf zusammenfassend dar.

5
Ein Gespräch steuern

5.1 Welche der hier genannten Formulierungen (a–l) dienen dazu …
1. zu einem weiteren Gesprächspunkt überzuleiten?
2. einen schon behandelten Gesprächspunkt zu ergänzen oder zu vertiefen?
3. die Behandlung eines Gesprächspunkts zurückzustellen oder vorzuziehen?
4. (Zwischen-)Ergebnisse des Gesprächs festzuhalten?

Welche Formulierungen entsprechen eher …
- einer straffen Gesprächsführung?
- einer partnerschaftlichen Gesprächsführung?

Behandlung von Gesprächspunkten
a) «Als Erstes/Nächstes müssten wir jetzt unbedingt klären, …»
b) «Bevor wir zu diesem Punkt übergehen, wäre zu klären, …»
c) «Ich möchte/würde gern noch mal auf … zurückkommen: …»
d) «Wir kommen zu Punkt 2: Dabei geht es …»
e) «Wenn es keine weiteren Fragen zu diesem Punkt gibt, können wir …»
f) «Apropos …: Lassen Sie uns noch schnell klären ob/wie/wann …»
g) «Mir erscheint in diesem Zusammenhang noch ein anderer Punkt von Bedeutung, und zwar …»
h) «Sollten wir dieses Thema nicht vielleicht einen Augenblick zurückstellen und vorher …»
i) «Auf … / Darauf werde ich später noch einmal zurückkommen.»
j) «Vielleicht sollten wir jetzt … ansprechen.»
k) «Lassen Sie mich das noch einmal kurz festhalten/zusammenfassen: …»
l) «Ich fasse das noch mal kurz zusammen: …»

5.2 Welche Formulierungen im Gespräch haben ähnliche Funktionen?

Frei: … und wie schon erwähnt, wäre der nächste Punkt dann die Aktion für den Bildschirmfilter.
…
F: Gut. Dann halten wir mal fest: die Sicherheitsbeauftragten … Ich notiere das mal …

Kemlade: Sie sind schon einen Schritt weiter, Herr Frei – noch mal zurück: Wir haben die Zielgruppe umrissen, aber noch nicht überlegt, wo wir die Adressen herbekommen.
…
F: Na ja, klar. – Wäre bei mir der nächste Punkt gewesen. Können wir aber vorab klären. Also, ich sage jetzt einfach mal, dass …
…
F: Hab ich notiert. Gut! Ich denke, von den Branchen her genügt das.

K: Okay. Der nächste Punkt wäre dann – wie sollte denn das Mailing aussehen?
…
K: Aber sagen Sie mal … bevor wir weitermachen … dieses Mailing hier – haben Sie mit dem schon Erfahrungen gesammelt?
…
K: Ja, doch bevor wir diesen Punkt weiter vertiefen – das, was Sie als Vorschlag mitbringen, das ist an sich schon sehr aussagekräftig.

K: Ja. – Wir sollten jetzt noch kurz die Terminierung machen.
F: Das können wir, ja. Aber lassen Sie mich noch ganz kurz zusammenfassen. …
…
K: Ja, genau. Bevor wir jetzt zur Terminplanung kommen …

6
Maßnahmen zur Herbeiführung der Kaufentscheidung werten

Das Ziel der Verkaufsförderungsaktion besteht darin, eine Kaufentscheidung des Kunden herbeizuführen. Bei den Bemühungen um diese Kaufentscheidung gilt es, das Vertrauen des Kunden zu bewahren.
Er soll z. B. nicht den Eindruck gewinnen …
1. dass man ihm keine Zeit für eine überlegte Entscheidung lassen will.
2. dass ihm mögliche Nachteile des Geschäfts (z. B. versteckte Mängel des Produkts) verheimlicht werden.
3. dass er der Verlierer bei dem Geschäft sein wird.

6.1 Zu welchen der oben genannten unschönen Verkaufsmethoden (1–3) passen die Wendungen (a–f)? Notieren Sie 1, 2 oder 3.

a) jemanden «über den Tisch ziehen» ____
b) jemandem «die Pistole auf die Brust setzen» ____
c) jemanden «übers Ohr hauen» ____
d) jemanden «unter Druck setzen» ____
e) jemanden «hereinlegen» ____
f) jemanden «übervorteilen» ____

Mögliche Maßnahmen, um eine Kaufentscheidung des Kunden herbeizuführen

1. Festlegung eines Aktionssonderpreises
2. enge Begrenzung des Aktionszeitraums
3. Einräumung von zusätzlichem Rabatt bei größeren Bestellungen
4. Einräumung von zusätzlichem Rabatt bei sofortiger Bestellung
5. Zusicherung von Beratung und Service
6. Angebot zusätzlicher Kaufanreize

6.2 Welchen Eindruck können die Maßnahmen (1–6) beim Kunden möglicherweise bewirken?
z. B.: 1. Wenn ein sehr kurzer Aktionszeitraum festgelegt wird, kann er das Gefühl bekommen, dass …

Besondere Priorität für …	Herrn Frei	Herrn Kemlade
1. Zielgruppe	+	+
2. Ansprechpartner	+	
3. Inhalt des Anschreibens		+
4. Erfahrung mit Rücklaufquoten	+	
5. Verkaufspreise		+
6. Vorgehen bei Nachfassaktionen		+
7. Profilierung des Vertriebspartners		+
8. gemeinsamer Auftritt beim Kunden	+	
9. Terminplanung	+	+

6.3 Führen Sie das Gespräch in den Rollen von Herrn Kemlade und Herrn Frei noch einmal.
Beide Gesprächspartner haben dabei zum Teil unterschiedliche Vorstellungen, z. B. über …
- die Bedeutung einzelner Gesprächspunkte
- den Ablauf der geplanten Aktion
- geeignete Maßnahmen.

UND SO GEHEN WIR RAN …

Aktivität / Zuständigkeit	Fachhandel	3M
- Festlegung der zu gewinnenden Kunden	●	●
- Chancenanalyse/Potenzialerfassung	●	●
- Bemusterungsplan pro Kunde	●	●
- Produktpräsentation	●	●
- Angebot	●	
- Telefonnachbearbeitung	●	
- Auftrag / - Listung } Erfolgskontrolle	●	●

3M

Bedingungen der Zusammenarbeit vereinbaren

7
Den Ablauf der Aktion klären

7.1 Erläutern Sie Entscheidungen und Aufgaben, die vor der Durchführung einer Verkaufsförderungsaktion anstehen:
*z. B.: Der günstigste Zeitpunkt und die Dauer der Aktion **müssen** bestimmt **werden**.*
*Ein Aktionspreis **ist** …**zu**…*
…

Entscheidungen
- ❑ Bestimmung des günstigsten Zeitpunkts und der Dauer der Aktion
- ❑ Festlegung eines Aktionspreises
- ❑ Einkaufskonditionen für den Fachhändler
- ❑ Kostenaufteilung
- ❑ Definition von Bemessungsgrößen für die Erfolgskontrolle
- ❑ …

Aufgaben
- ❑ Ausarbeitung und Druck der Mails
- ❑ Adressenbeschaffung
- ❑ Versand der Mails
- ❑ Planung der telefonischen und persönlichen Nachfassaktion
- ❑ Bereitstellung der notwendigen Mitarbeiter
- ❑ Schulung der Mitarbeiter
- ❑ …

7.2 Hören Sie das Gespräch (Teil 3). Markieren Sie Entscheidungen und Aufgaben, die angesprochen werden.

CD 2: 17

7.3 Über welche Punkte besteht sofortiges Einverständnis? Kreuzen Sie an.

	sofortiges Einverständnis
1. Aktionspreis	☐
2. Gewährung von zusätzlichem Sonderrabatt	☐
3. Frist für die Gewährung des Sonderrabatts	☐
4. Einkaufskonditionen für den Fachhändler	☐
5. Zahl der freizustellenden Mitarbeiter	☐
6. Schulung der Mitarbeiter	☐
7. Zeitbedarf für die Nachfassaktion	☐
8. Kostenteilung	☐

Welche Punkte bleiben noch zu klären? Erläutern Sie.

7.4 Notieren Sie Stichworte zu Vorschlägen und Vereinbarungen der beiden Gesprächspartner:

Vorschläge	Herr Frei	Herr Kemlade	Vereinbarung
1. Aktionspreis	...	...	...
2. zusätzlicher Rabatt	...	...	...
3. Frist für Sonderrabatt	...	...	...
4. Einkaufskonditionen	...	...	...
5. freizustellende Mitarbeiter	...	...	...
6. Mitarbeiterschulung	...	...	...
7. Nachfassaktion: Zeitbedarf	...	...	...
8. Kostenteilung	...	...	...

Kemlade: ... Was halten Sie von dem Gedanken, einen Aktionspreis – den wir auch vorher abstimmen können ... damit er in die Landschaft passt ...
Frei: Ja, genau. Ich wollt auch drauf zu sprechen kommen.
...
K: Genau. – Vielleicht, ich sag mal – um die fünf Prozent Sofortrabatt? Oder ein Nettopreis, der sich auch optisch ganz gut machen würde?

F: ... Dann hat der Kunde einen Grund, bei der Nachfassaktion, warum er bestellen soll.
K: Hm, hm, find ich gut.
In der Praxis ... äh ... ich überlege gerade, wenn wir telefonieren ... – Ich stell mir grad die Situation vor. Der Angerufene hat Informationen bekommen, wir nehmen Kontakt auf ... – um ihm dann die Pistole auf die Brust zu setzen und zu sagen: Wenn du jetzt nicht gleich orderst ... – Also, ich glaube, damit machen wir die Sache wenig seriös.
F: Hm, hm ... ja ... – Haben Sie vielleicht Recht.

7.5 Lesen Sie die Transkriptauszüge.
Nennen Sie Beispiele für folgende Gesprächsbeiträge:
- einem Vorschlag zustimmen
- einen Vorschlag ergänzen
- Einwände, Bedenken gegen einen Vorschlag äußern
- Forderungen stellen
- Forderungen beantworten.

K: Ja, ich überlege gerade ... – Ja, es fehlen da noch zwei Dinge. Erster Punkt ist – wenn ich Sonderverkäufe rausgebe, dann sollten wir natürlich auch über Einkaufskonditionen für uns nachdenken. – Und dann noch der große Block der Kosten, die entstehen. Denn im Moment stellen Sie bedrucktes Papier und sich zur Verfügung ...
...
F: Ja, natürlich, darüber müssen wir sprechen. – Nur sollten wir auch mit einbeziehen, dass wir Ihnen das gesamte Adressenmaterial zur Verfügung stellen. Also – Vorschlag: Ich übernehme den Ankauf der Adressen ...

K: Ja, zu den Kosten ... Da wäre auch das Thema Einkaufskonditionen für uns ...
F: Ja, sprechen wir darüber, wenn wir den Aktionspreis festgelegt haben. Da machen wir Ihnen dann ein konkretes Angebot.
K: Gut. Das ist 'ne faire Basis, auf der wir erst mal starten können.

8
Termine und Fristen absprechen

8.1 Welche Fristen und Termine sind festzulegen?

- Beschaffung der Adressen
- Erstellung des Anschreibens
- Versand des Anschreibens
- Freistellung der Außendienstmitarbeiter
- Schulung der Außendienstmitarbeiter
- Rücklauf des Mailings
- Nachfassaktion
- Einräumung von Sonderrabatt
- Kundenbesuche
- Gesamtaktion

- *den Vorlauf für ... einplanen*
- *den Zeitpunkt für ... festlegen*
- *die Dauer des/der ... bestimmen*
- *die Frist für ... begrenzen*
- *den Zeitrahmen für ... festlegen*

Erläutern Sie.
*z. B.: Der notwendige Vorlauf für die Erstellung des Anschreibens **ist** einzu**planen. ...***

8.2 Erstellen Sie einen Terminplan für die Aktion. Notieren Sie die Maßnahmen und Fristen, die im Gespräch genannt werden. Bestimmen Sie noch fehlende Fristen und Termine und ergänzen Sie sie. Erläutern Sie die Planung.

Verkaufsförderungsaktion: Multifunktionsfilter 3M

Maßnahmen	Vorlauf	Aktionszeitraum Woche:					
		1	2	3	4	5	6
Adressenbeschaffung	———						
Erstellung des Mailings							

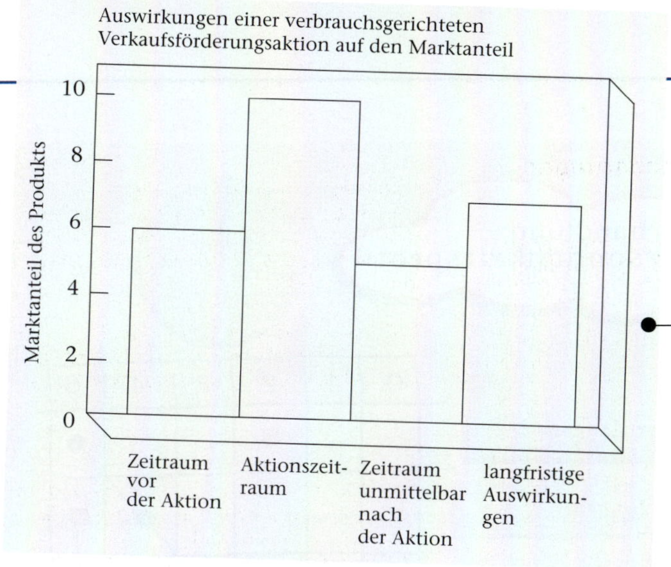

Quelle: Ph. Kotler/F. Bliemel, «Marketing Management»

9 Die Erfolgskontrolle vorbereiten

9.1 Erläutern Sie die Angaben im Schema über Ergebnisse einer Verkaufsförderungsaktion.

langfristig	kurzfristig	mittelfristig

z. B.: Während des Aktionszeitraums ...
...

9.2 Welche gemeinsamen, welche möglicherweise unterschiedlichen Ziele und Kriterien haben Hersteller und Fachhändler bei der Erfolgsmessung einer solchen Aktion?

CD 2: 18

9.3 Hören Sie das Gespräch (Teil 4).

Ergänzen Sie die im Gespräch genannten Daten und Fristen im Terminplan (S. 212). Erläutern Sie die Planung.

9.4 Bei der Diskussion über die Erfolgskontrolle werden drei Vorschläge gemacht. Beschreiben Sie den Gesprächsablauf.
z. B.
Herr Frei schlägt vor, ...
Herr Kemlade wendet ein, ...
Herr Frei greift den Vorschlag auf, aber ...
Herr Kemlade besteht darauf, ...
...

Vorschläge für Vergleichswerte

1. Durchschnittsumsatz, den *3M* in seinem eigenen Fachhandel mit diesem Produkt erzielt hat
2. Umsatz bei der Firma *SCHRÖTER* im Vergleich zum Vorjahr
3. Ergebnisse anderer unabhängiger Fachhändler, die eine ähnliche Aktion durchgeführt haben

10 Gesprächsergebnisse zusammenfassen

Herr Frei schickt am folgenden Tag eine Zusammenfassung der Gesprächsergebnisse an Herrn Kemlade mit der Bitte um Überprüfung und Stellungnahme.
Verfassen Sie das Schreiben.

11 Gespräche mit anderen Vertriebspartnern führen

Kundenstamm: große Industriebetriebe

derzeit starke Auslastung der Außendienstmitarbeiter

nicht sehr befriedigende Erfahrungen mit vergangenen Verkaufsförderungsaktionen

Produkte von Wettbewerbern (von 3M) im Sortiment

Bestimmen Sie mögliche Profile weiterer Vertriebspartner von *3M*, u. a. im Hinblick auf ...
- Kundenstamm
- Art und Dauer der Zusammenarbeit mit *3M*
- Anteil von *3M*-Produkten im Sortiment
- Kooperationsbereitschaft für eine Verkaufsförderungsaktion

Führen Sie die Gespräche.

12
Die Bedeutung kulturbedingter Faktoren berücksichtigen

Bei Geschäftspartnern aus verschiedenen Kulturkreisen kann es auf beiden Seiten unterschiedliche Vorstellungen z. B. im Hinblick auf die Angemessenheit von Verhalten, Status oder Kommunikationsstil in geschäftlichen Verhandlungen geben.

12.1 Welche Aspekte sind in Ihrem Kulturkreis besonders wichtig / weniger wichtig, um als Verhandlungspartner erfolgreich zu sein? Werten Sie jeweils von 0–5:
0 = unwichtig
5 = sehr wichtig
Ergänzen Sie gegebenenfalls weitere Aspekte.

12.2 Welches Gewicht haben diese Aspekte Ihrer Erfahrung nach für deutsche Gesprächs- bzw. Geschäftspartner?
Erstellen Sie gemeinsam eine entsprechende Wertung.

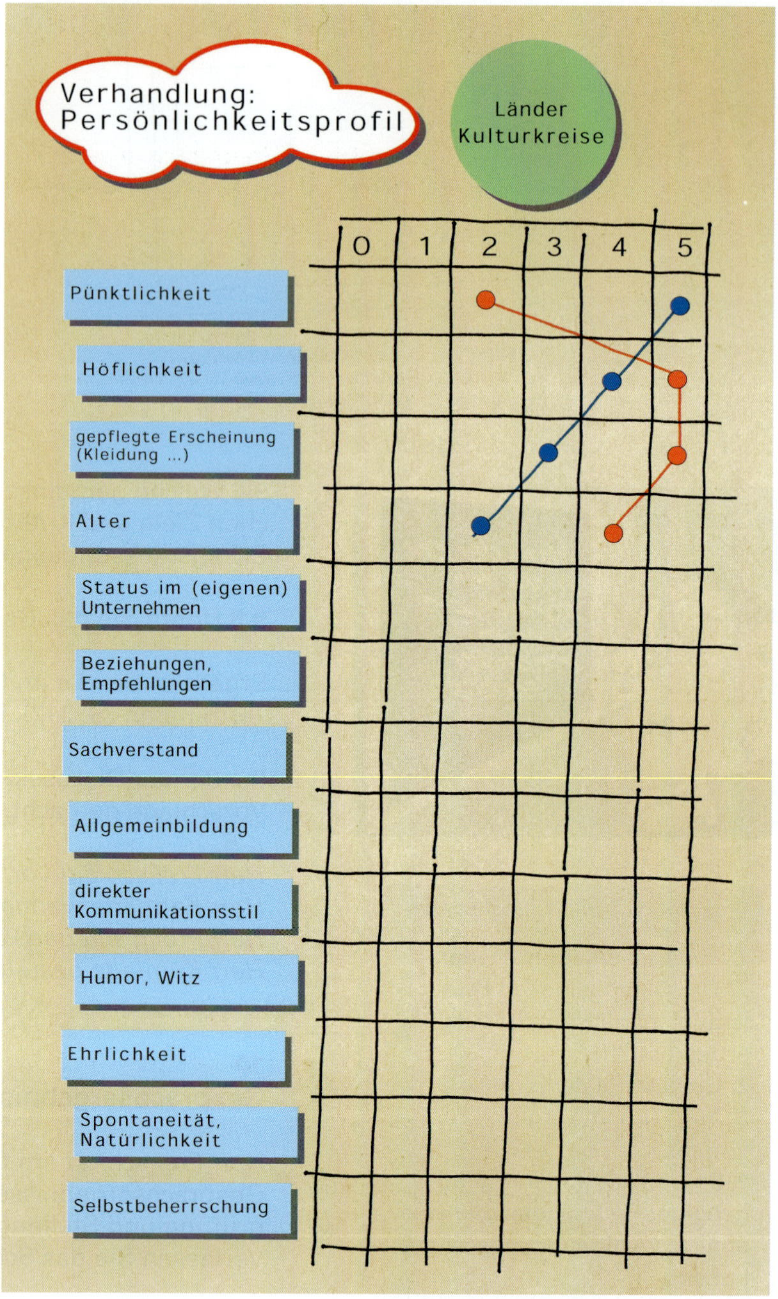

Projekt

13
Ein Konzept für eine Verkaufsförderungsaktion erstellen

Wählen Sie ein Produkt, das in Ihrer Umgebung bislang wenig bekannt war.

Planen Sie eine Verkaufsförderungsaktion für dieses Produkt. Bestimmen Sie:
- geeignete Zielgruppen und Ansprechpartner
- geeignete Instrumente und Maßnahmen
- Argumente, um Ihre Vertriebspartner vom Nutzen der Aktion zu überzeugen.

Stellen Sie Ihr Konzept vor.

Kleines Lexikon Gesprächsstrategien

Liebe Leserin, lieber Leser,

Sie möchten in Ihrem Beruf erfolgreich arbeiten? Auch in der Fremdsprache Deutsch? Sie möchten Ihre Ideen, Ihre Vorschläge, Ihre Wünsche Kollegen und Geschäftspartnern so übermitteln, dass Sie verstanden, akzeptiert und respektiert werden?

Im Unterricht können Sie trainieren, was Sie in der beruflichen Kommunikation am Arbeitsplatz erwartet:
- Sie erhalten Informationen und Sie möchten sicherstellen, dass Sie alles korrekt verstehen,
- Sie haben Rückfragen,
- Sie stimmen Ihrem Gesprächspartner zu oder Sie widersprechen ihm,
- Sie finden im Gespräch, in der Diskussion der verschiedenen Möglichkeiten, eine für alle Beteiligten akzeptable Lösung, und vieles mehr.

Dieses kleine Lexikon der Gesprächsstrategien bietet Ihnen Formulierungen, mit deren Hilfe Sie Ihre Gespräche erfolgreich so führen können, wie es in der beruflichen Situation üblich ist, sei es in der formellen Besprechung mit Ihrem Chef, sei es informell unter Kollegen.

Trainieren Sie diese Strategien in Ihrem Unterricht – wir wünschen Ihnen dabei viel Erfolg.

1 Sie möchten sich am Gespräch beteiligen

1.1 Sie bitten um das Wort:

- «Entschuldigung, ich möchte dazu gern etwas sagen: ...»
- «Darf ich dazu etwas sagen: ...»
- «Ich würde (zu diesem Punkt) gern Folgendes sagen: ...»

1.2 Sie möchten sicherstellen, dass Sie den Gesprächspartner korrekt verstanden haben:

- «Ich glaube, ich habe das nicht ganz verstanden. Würden Sie das bitte noch mal wiederholen?»
- «Ich bin nicht sicher, ob ich Sie richtig verstanden habe – würden Sie das bitte noch mal erläutern?»
- «Habe ich Sie richtig verstanden?» (Wiederholen Sie nun mit Ihren eigenen Worten, was Sie glauben verstanden zu haben.)
- «Wenn ich Sie richtig verstanden habe, meinen Sie, dass ... – Ist das korrekt?»
- «Sie sagten gerade: ... Würden Sie das bitte erläutern!»
- «Was verstehen Sie genau unter ...?»
- «Es ist mir noch nicht klar, was Sie meinen, wenn Sie sagen, dass ...»

1.3 Sie möchten nachfragen:

- «Eine Frage bitte: ...?»
- «Darf ich bitte kurz nachfragen: ...?»
- «Darf ich (direkt) dazu eine Frage stellen: ...?»
- «Eine kurze Zwischenfrage bitte: ...?»

1.4 Sie möchten einen Gesprächspartner unterbrechen:

- «Entschuldigung, darf ich Sie kurz unterbrechen – ...»
- «Entschuldigen Sie bitte, wenn ich Sie unterbreche – ...»
- «Darf ich dazu bitte etwas sagen!»
- «Darf ich ...!»
- «Darf ich da ganz kurz einhaken: ...»

1.5 Sie möchten zustimmen:

- «Das sehe ich ganz genauso!»
- «Ich teile Ihre Meinung voll und ganz.»
- «Ich bin ganz Ihrer Meinung!»
- «Ich kann dem nur voll zustimmen.»
- «Ja, genau!»

1.6 Sie möchten Zweifel anmelden

- «Ich bin nicht so ganz sicher, ob ...»
- «Ich habe da schon noch einige Zweifel: ...»
- «Einerseits ja, andererseits: ...»

1.7 Sie möchten höflich widersprechen:

- «Ich bin da gar nicht sicher – ...»
- «Tut mir Leid, aber ich sehe das doch etwas anders.»
- «Also, ich kann dem so nicht zustimmen.»
- «Ich sehe da schon ein Problem: ...»

1.8 Sie möchten massiv widersprechen:

- «Entschuldigung, aber das sehe ich ganz anders.»
- «Tut mir Leid, aber da bin ich ganz anderer Meinung.»
- «Das überzeugt mich nicht.»
- «Da muss ich Ihnen widersprechen: ...»
- «Für mich stellt sich das anders dar: ...»

1.9 Sie möchten ergänzen/differenzieren:

- «Ich würde dazu gern noch etwas ergänzen: ...»
- «Darf ich dazu Folgendes ergänzen: ...»
- «Ich möchte Folgendes hinzufügen: ...»
- «Ich denke, da müssen wir Folgendes unterscheiden: ...»
- «Ich würde das gern etwas genauer erläutern: ...»
- «Das scheint mir zu wenig differenziert.»

1.10 Sie möchten etwas besonders betonen:

- «Ich finde Folgendes ganz entscheidend: ...»
- «Ich finde diesen Punkt ganz wichtig.»
- «Es erscheint mir dabei besonders wichtig, ...»
- «Ich möchte unbedingt unterstreichen, was ... eben/vorhin gesagt hat: ...»
- «Eines möchte ich unterstreichen: ...»
- «Das Wichtigste für mich ist Folgendes: ...»
- «Ich würde gern auf einen Punkt eingehen, der mir besonders wichtig ist: ...»

1.11 Sie möchten sich auf einen Gesprächspartner / auf vorher Gesagtes beziehen:

- «Ich möchte gern noch einmal auf das zurückkommen, was Sie vorhin gesagt haben: ...»
- «Darf ich noch einmal auf ... zurückkommen: ...»
- «Ich würde gern noch mal auf etwas eingehen, was Sie vorhin gesagt haben: ...»
- «Wir haben neulich/vorhin Folgendes gesagt: ...»

1.12 Sie möchten sich korrigieren:

- «Ich möchte etwas korrigieren. Ich habe vorhin gesagt, dass ... Ich habe mich da missverständlich ausgedrückt. Ich meine Folgendes: ...»
- «Ich habe mich da vielleicht nicht klar ausgedrückt. Was ich meine, ist Folgendes: ...»
- «Ich wollte damit eigentlich Folgendes sagen: ...»
- «Ich möchte das noch einmal anders formulieren: ...»
- «Darf ich etwas richtig stellen: ...»
- «Ich glaube, ich habe da einen Fehler gemacht. Was ich eigentlich sagen wollte, ist Folgendes: ...»

1.13 Sie möchten zu einem anderen Punkt überleiten:

- «Ich möchte noch etwas anderes sagen.»
- «Ich habe noch einen ganz anderen Punkt.»
- «Ich würde gern noch einen anderen Punkt ansprechen: ...»
- «Darf ich noch auf etwas anderes kommen: ...»

1.14 Sie möchten sich auf eine Quelle beziehen:

- «Ich zitiere: ‹...›»
- «Hier, in diesem Brief vom ... steht: ‹...›»
- «Ich beziehe mich auf die Gesprächsnotiz vom ...»

1.15 Sie möchten sich gegen eine Unterbrechung wehren:

- «Darf ich das bitte erst mal zu Ende führen?»
- «Einen Augenblick bitte, darf ich das abschließen?»
- «Einen Moment bitte, ich bin gleich fertig.»
- «Gleich, bitte noch einen Moment.»
- «Geben Sie mir bitte noch ... Minuten.»

1.16 Sie sind mit dem Gesprächsverlauf nicht zufrieden und möchten einen Vorschlag zum Verfahren machen:

- «Ich glaube, so kommen wir nicht weiter. Ich schlage Folgendes vor: ...»
- «Ich meine, wir sind da in eine Sackgasse geraten. Ich hätte folgenden Vorschlag: ...»
- «Vielleicht sollten wir zunächst klären, ...»

1.17 Sie möchten einen etwas längeren Gesprächsbeitrag strukturieren:

- «Ich möchte einiges zum Thema ... sagen: ...»
- «Ich will zu ... Punkten etwas sagen: ...»
- «Ich beginne mit ...»
- «Ich komme dann zu ...»
- «Ich will etwas ausführlicher eingehen auf ...»
- «Ganz kurz behandeln will ich ...»
- «Zum Schluss will ich dann noch ...»

2 Sie moderieren ein Gespräch

2.1 Sie leiten das Gespräch ein:

- «Wir wollen uns heute mit ... befassen.»
- «Unser Thema heute ist: ...»
- «Unsere Tagesordnung: ...»
- «Gibt es weitere Vorschläge zur Tagesordnung?»
- «Wir wollen uns für heute Folgendes vornehmen: ...»
- «Ziel unseres Gespräches ist: ...»
- «Wir haben ... Stunden Zeit; ich schlage folgendes Verfahren vor: ...»

2.2 Sie erteilen das Wort:

- «Wer möchte beginnen?»
- «Frau ... / Herr ..., dann ...»
- «Jemand direkt dazu?»
- «Dürfen wir Ihre Frage einen Moment zurückstellen, wir kommen gleich darauf.»

2.3 Sie strukturieren das Gespräch:

- «Kommen wir bitte noch mal zurück zu unserer Frage: ...»
- «Ich glaube, wir verlieren uns jetzt zu sehr in Details – ich schlage vor: ...»
- «Ich denke, wir sind etwas vom Thema abgekommen; die Frage war: ...»
- «Darf ich an den Zeitplan erinnern, auf den wir uns geeinigt hatten?»
- «Ich würde jetzt gern zum nächsten Punkt kommen.»
- «Wenn es dazu jetzt keine weiteren Fragen gibt, schlage ich vor, ...»
- «Es ist jetzt ...; wir haben noch ungefähr ... Stunde(n) Zeit.»
- «Können wir dazu jetzt eine Entscheidung treffen?»
- «Wir kommen zum Schluss: ...»

2.4 Sie fassen die Ergebnisse zusammen:

- «Ich fasse die Ergebnisse unseres Gesprächs zusammen: ...»
- «Wir hatten uns für heute vorgenommen, ... – Wir haben jetzt Folgendes erreicht: ...»
- «Ich halte die Ergebnisse unseres Gesprächs fest: ...»

2.5 Sie schließen das Gespräch ab:

- «Damit sind wir am Ende. Ich denke, wir haben unsere Ziele für heute erreicht. Ich danke Ihnen für ...»
- «Ja, das wär's dann für heute. Vielen Dank.»

2.6 Sie wissen nicht, wie man etwas auf Deutsch bezeichnet oder sagt

- «Das ist so etwas Ähnliches wie ein/eine ...»
- «Das entspricht ungefähr einem/einer ...»
- «Das hat etwas mit ... zu tun.»
- «Ich kenne das deutsche Wort nicht. Auf Englisch / ... heißt das ...»

3 Sie behandeln ein Thema

3.1 Sie kündigen Ihr Thema an

- «Das Thema meiner Präsentation / meines Vortrags ist ...»
- «Ich möchte / werde das Thema ... behandeln.»
- «In meinem Beitrag geht es um ... / darum, ...»

3.2 Sie erläutern die Hintergründe

- «Wie Sie wissen, ... »
- «Sie wissen ja, dass ...»
- «Lassen Sie mich ... / Ich möchte ... / Ich werde zunächst kurz den Hintergrund / die Ausgangslage / die Gründe, ... erläutern/erörtern/erklären/darstellen.»

3.3 Sie leiten einen neuen Gesprächspunkt ein

- «Ich komme nun zu ... »
- «Ich möchte jetzt / im Folgenden ... ansprechen/darstellen/erläutern.»
- «Im ersten/zweiten/... Teil meines Vortrags/Berichts ... möchte ich nun ... behandeln/ansprechen.»
- «Mein erster/nächster/letzter Punkt ist/wäre ...»

3.4 Sie erläutern das Vorgehen

- «Wir haben festgestellt / bemerkt / herausgefunden / uns nun gefragt, ...»
- «Untersuchungen/Umfragen haben gezeigt/ergeben, dass...»
- «Wir haben deshalb ... in Auftrag gegeben / untersuchen lassen, ...»
- «Wir fanden es deshalb wichtig/sinnvoll/notwendig/interessant, ...»
- «Diese Ergebnisse/Informationen haben uns (dazu) bewogen / veranlasst, ... / davon überzeugt, dass ...»

3.5 Sie präsentieren Ergebnisse

- «Das Ergebnis dieses/dieser ... ist Folgendes: ...»
- «Was Sie jetzt hier sehen / Was ich Ihnen jetzt hier vorstelle/zeige, ist das Ergebnis dieses/dieser ...»
- «Ich möchte Ihnen nun das Ergebnis unserer ... vorstellen/präsentieren: ...»

3.6 Sie fassen noch einmal zusammen

- «Lassen Sie mich noch einmal kurz die wichtigsten Fakten/Argumente/Punkte zusammenfassen: ..."
- «Um es noch einmal zusammenzufassen: ...»
- «Kurz: ...»

3.7 Sie danken Ihren Zuhörern

- «Vielen Dank!»
- «Ich danke Ihnen für Ihre Aufmerksamkeit / für Ihr Interesse.»

3.8 Sie fordern zu Fragen/Kommentaren auf

- «Sie werden sicher Kommentare oder Fragen haben ...»
- «Selbstverständlich beantworte ich jetzt gerne Ihre Fragen ...»
- «Ich könnte mir vorstellen, dass es dazu Fragen oder Kommentare gibt ...»

3.9 Sie gehen auf Fragen ein

- «Ja, Sie haben völlig Recht / das ist ein wichtiger Punkt: ...»
- «Solche Überlegungen hat es auch bei uns gegeben: ...»
- «Diese Frage haben wir uns auch gestellt: ...»
- «Darf ich nachher auf diese Frage / diesen Punkt zurückkommen und zunächst ...»

4 Sie telefonieren

4.1 Sie melden sich am Telefon

- «Firma KOLB, Christa Mundiger. Guten Tag.»
- «KOLB KG, guten Tag, mein Name ist Christa Mundiger.»
- «Christa Mundiger, Firma KOLB / KOLB KG, Vertrieb. Guten Tag.»

4.2 Sie stellen sich am Telefon vor

- «Guten Tag. Horst Maurer, Firma SCHOLTE in Köln.
- «Guten Tag. Mein Name ist Maurer, Firma SCHOLTE in Köln.»

4.3 Sie nennen den gewünschten Gesprächspartner

- «Spreche ich mit Herrn/Frau ...?»
- «Ich hätte gern Herrn/Frau ... gesprochen.»
- «Kann/Könnte ich (bitte) mit Herrn/Frau ... sprechen?»
- «Können Sie mir (bitte) Herrn/Frau ... geben?»
- «Können Sie mich (bitte) mit Herrn/Frau ... verbinden?»

4.4 Sie fragen nach dem Anliegen des Anrufers

- «Worum geht es / handelt es sich bitte?»
- «Können Sie mir kurz sagen, worum es geht / worum es sich handelt?»
- «In welcher Angelegenheit möchten Sie mit Herrn/Frau ... sprechen?»

4.5 Sie nennen den Anlass Ihres Anrufs

- «Also, es geht um / es handelt sich um ...»
- «Ich rufe Sie wegen ... an.»
- «Ich hätte gern ... / Ich würde gern ...»
- «Ich möchte gern / noch mal auf (Ihr Angebot vom ...) zurückkommen, und zwar ...»
- «Sie haben ... / Ich habe ... / Wir haben ..., und deshalb möchte ich ...»

4.6 Sie bitten um (Wiederholung von) Angaben

- «Darf ich Sie um Ihren Namen bitten?»
- «Mit wem spreche ich bitte?»
- «Verzeihung, ich habe Ihren Namen / den Namen Ihrer Firma nicht verstanden.»
- «Könnten Sie bitte ... noch einmal wiederholen / buchstabieren?»
- «Können Sie mir bitte ... (das Datum / die Rechnungsnummer / die Referenz) nennen?»

4.7 Sie überprüfen Informationen

- «Gut, ich habe mir jetzt (Folgendes) notiert: ...»
- «Sie möchten/wollen/erwarten/wünschen also ...»
- «Es geht Ihnen (in erster Linie) um ... / darum ...»
- «Verstehe ich Sie richtig: Sie ...?»

4.8 Sie bitten um Benachrichtigung des gewünschten Gesprächspartners

- «Könnten Sie / Würden Sie bitte Herrn/Frau ... Bescheid sagen / benachrichtigen / informieren / ausrichten, dass ...?»
- «Wären Sie so freundlich, Herrn/Frau ... auszurichten, dass ...?»

4.9 Sie versprechen, etwas auszurichten

- «Ich kann Herrn/Frau ... gerne eine Nachricht hinterlassen.»
- «Ich werde Herrn/Frau ... Bescheid sagen / darum bitten, ...»
- «Ich werde Herrn/Frau ... ausrichten/informieren, dass ...»
- «Ich informiere Herrn/Frau ..., dass ...»

Quellenverzeichnis

Alle Materialien der Unternehmen und öffentlichen Einrichtungen wie Firmenlogos, Prospekte, Produktabbildungen, Selbstporträts sowie Statistiken und Auszüge aus dem Schriftverkehr etc. (teilweise leicht geändert), sofern hier nicht aufgeführt, mit freundlicher Genehmigung derselben. Ebenso die Fotos (auf S. 12, 13 u. 18) sowie die Visitenkarten (S. 16, 17) mit freundlicher Genehmigung der Betreffenden.
Umschlag innen: Karte der deutschsprachigen Länder: HFU-Kartographie GmbH, Leonberg

S. 15: Karikatur: Oliver Weiss, Cartoon-Caricature-Contor, München; «Aspekte interkultureller Kommunikationssituationen zwischen Deutschen und Chinesinnen» (Auszug aus): «Interkulturelle Wirtschaftskommunikation». Hrsg. v. Bernd-Dietrich Müller. (= Studium Deutsch als Fremdsprache – Sprachdidaktik Band 9.) München 1991, S. 305 f.
S. 17: Grafik «Leitende und ausführende Aufgaben»: Gönner, Kurt; Lind, Siegfried; Weis, Hermann: «Allgemeine Wirtschaftslehre und Spezielle Betriebswirtschaftslehre. Industriekaufmann». 5., überarbeitete Auflage, Bad Homburg vor der Höhe 1993, S. 83
S. 22: Schema zum Ausbildungssystem in Deutschland: «Gabler. Kompaktlexikon Wirtschaft». 7. Auflage, Wiesbaden 1998, S. 47
S. 24, 25: Grafik und Texte zu «Ausbildungsinhalte – Bürokaufmann/Bürokauffrau» (nach): «Informationszeitung der Berufsberatung zur Berufswahl» 2/91, S. 4 f., 9
S. 26: Karikatur: Oswald Huber, Cartoon-Caricature-Contor, München
S. 27: «Mein Vorgesetzter, meine Tätigkeit, meine Entwicklung» (nach): Arbeitsbeschreibungsbogen von Prof. Dr. O. Neuberger, Bratt-Institut für Neues Lernen. In: Koczkas, Susanne: «Betriebspsychologisches Taschenbuch». 6. Auflage, Heidelberg 1985, S. 41
S. 28: «Was ist Ihnen an Ihrem Arbeitsplatz am wichtigsten?»: «Managerseminare», 17/94, S. 79
S. 31: Fragebogen zu «Bürokaufmann/-frau»: «Materialien aus der Arbeitsmarkt- und Berufsforschung». Hrsg. v. Institut für Arbeitsmarkt- und Berufsforschung der Bundesanstalt für Arbeit. Nr. 1/91, S. 30 f; Karikatur (aus): Vollmer, a. a. O., S. 11
S. 32: Karikatur: Peter Kaczmarek, Cartoon-Caricature-Contor, München
S. 35: Grafik «Wichtige Kennzahlentypen für die Unternehmen» (nach): «Gablers Magazin» 2/99, S. 10
S. 40, 41: Wörterbuchauszüge «Betriebsstoff», «Werkstoff»: «Gabler. Kleines Lexikon Wirtschaft. 2200 Wirtschaftsbegriffe nachschlagen – verstehen – anwenden». 5., überarbeitete und erweiterte Auflage, Wiesbaden 1991, S. 33, 310; Karikatur (Ausschnitt): Erik Liebermann, Cartoon-Caricature-Contor, München; Betriebsorganigramm zu «Großhandel»: Berufsinformationskarte Wkl 620 der Bundesanstalt für Arbeit; «Organisationsplan eines Industriebetriebs: Gönner, Kurt; Lind, Siegfried: «Unsere Wirtschaft. Volks- und Betriebswirtschaftslehre mit Schriftverkehr und Organisationslehre». 11., erweiterte Auflage, Bad Homburg vor der Höhe 1987, S. 248; Organigramm «Kaufmännische Leitung» (Ausschnitt): Berufsinformationskarte 1709 der Bundesanstalt für Arbeit
S. 42: Grafik «Unternehmensformen»: Zahlenbilder 201 310, Erich Schmidt Verlag GmbH; Tabelle «Unternehmensformen im Vergleich»: Ashauer, Günter: «Grundwissen Wirtschaft», Stuttgart 1999, S. 49
S. 43: Anzeigen aus der Existenzgründungsbörse des DIHT; Schema «Betrieb – Betriebstypen»; «Gabler. Kompaktlexikon Wirtschaft», a. a. O., S. 38
S. 44: Karikatur: Ivan Steiger, München
S. 46: Karikatur: Alfred Taubenberger, Cartoon-Caricature-Contor, München
S. 48: Wörterbuchauszug zu «Kur»: Langenscheidts Großwörterbuch «Deutsch als Fremdsprache». 2. Auflage, München 1998, S. 598
S. 50, 51: «Aufgabenfeld der Gesellschaft» (nach): Kur- und Bäderverwaltung Bad Krozingen GmbH
S. 52, 53: Grußwort des Präsidenten des Schwarzwald-Tourismusverbandes Hermann Schaufler MdL, «Jahresbericht 1996/97» des Verbandes (gekürzt)
S. 55: Karikatur: Oswald Huber, Cartoon-Caricature-Contor, München
S. 58: Karikatur: Jan Tomaschoff, Cartoon-Caricature-Contor, München
S. 59: Schema «Kommunikationszentrum Messe»: Groth, Claus; Lenz, Ingo: «Die Messe als Dreh- und Angelpunkt». (= Reihe Bibliothek der Wirtschaft, Band 7.) Landsberg/Lech 1994, S. 14
S. 60: Stichwortliste «Fachgeschäft ...» u. «Erlebnishandel vs. Versorgungshandel»: Lettau, Hans Georg: «Grundwissen Marketing». (= Heyne Kompaktwissen 22/218.) 8., aktualisierte Aufl., München 1989
S. 61: Grafik zu «Kosten und Informationsgehalt von Quellen»: «Handbuch Messemarketing». Hrsg. v. Karl-Heinz Strothmann u. Manfred Busche. Wiesbaden 1992, S. 473; Wörterbuchauszug «Store-Check»: «Vahlens. Großes Marketing Lexikon». Hrsg. v. Hermann Diller. München 1992, S. 1105
S. 62: «Messe- und Ausstellungstypen» u. Definitionen von Messetypen (nach): «Erfolgreiche Messebeteiligung. Made in Germany». Hrsg. v. Ausstellungs- und Messe-Ausschuss der Deutschen Wirtschaft e.V. (AUMA). Köln 1994; «Erfolgs-Adresse 2008. Messe München International» (Auszug): «Veranstaltungskalender München 2008» auf: www.messe-muenchen.de
S. 63: Messeprofil «ispo summer»: «AUMA-Messe Guide Deutschland 2007». Hrsg. v. Ausstellungs- und Messe-Ausschuss der Deutschen Wirtschaft e.V. (AUMA). Köln, S. 240
S. 64, 65: Deutschlandkarte: «Erfolgreiche Messebeteiligung»: «AUMA-Handbuch '99». Hrsg. v. Ausstellungs- und Messe-Ausschuss der Deutschen Wirtschaft e.V. (AUMA). Köln 1998, S. 7; Messeprofile: Angaben lt. AUMA; «Trumpfe des Messeplatzes Deutschland»; «Erfolgreiche Messebeteiligung», a. a. O.
S. 65 Grafiken: «Branchenkennzahlen»: http://www.auma-messen.de
S. 66: Grafik «Messebesucher in Topmanagement-Positionen»: SZ-Tabelle: Messebesucher in Topmanagement-Positionen, SZ 27.02.1996, Reed Exhibition Companies; Liste «Ausgewählte Besucherziele»: «Erfolgreiche Messebeteiligung», a. a. O., S. 25 f.
S. 67: Schema «Standortfaktoren Messe»: Groth, a. a. O., S. 44
S. 68: Messeprofil «imm cologne»: «AUMA-Messe Guide Deutschland 2007». Hrsg. v. Ausstellungs- und Messe-Ausschuss der Deutschen Wirtschaft e.V. (AUMA). Köln, S. 186; Foto: Messe Düsseldorf GmbH
S. 70: Messeprofil «viscom»: «AUMA-Messe Guide Deutschland 2007». Hrsg. v. Ausstellungs- und Messe-Ausschuss der Deutschen Wirtschaft e.V. (AUMA). Köln, S. 76; Messeprofil «drupa»: «AUMA-Messe Guide Deutschland 2007». Hrsg. v. Ausstellungs- und Messe-Ausschuss der Deutschen Wirtschaft e.V. (AUMA). Köln, S. 63
S. 71: Äußerungen von Messebesuchern: «Drupa-Report». In: «Page» 5/95, S. 108 (gekürzt); «Basis-Checkliste für Messebesucher»: «Geschäftswelt» 12/95, S. 15
S. 72: Stichwortliste «Messeplanung»: «Handbuch Messemarketing», a. a. O., S. 470
S. 74: Messekatalog «Drupa 2004». Hrsg. v. Düsseldorfer Messegesellschaft mbH – NOWEA, Düsseldorf
S. 75: Auszüge aus: Messekatalog «Drupa 95». Hrsg. v. Düsseldorfer Messegesellschaft mbH – NOWEA, Düsseldorf 1995, S. 1, 83, 158 f., 209, 431
S. 76: Karikatur: «Erfolgreiche Messebeteiligung», a. a. O., S. 27
S. 78, 79: Foto o.: Groth, a. a. O., S. 70; «Die häufigsten zehn Fehler», «... wie man sie vermeiden kann»: Wolf M. Spryß. In: «Werbung & Vertrieb Special» 45/94; «Zehn Tipps für den Messe-Profi»: «Acquisa» 4/95, S. 42
S. 80: Foto o.: Groth, a. a. O., S. 12; Gesprächsnotizformular: «Erfolgreiche Messebeteiligung», a. a. O., S. 80
S. 81: Auszug aus: Messekatalog «Drupa 95» wie S. 75; «Drupa-Timer»: ebd., S. 16f.
S. 84: Gesprächsnotizformular o. wie S. 90; Tabelle zu «Phasen eines Messegesprächs» (nach): «Handbuch Messemarketing», a. a. O., S. 353
S. 85: Auszug aus: Messekatalog «Drupa 95» wie S. 75; Foto: Groth, a. a. O., S. 63; «Entscheidungskriterien für die Lieferantenauswahl» (nach): Schörghuber, Sonja: «Export- und Geschäftsaufbau. Kleine Unternehmen ganz groß in der EU». Frankfurt 1997, S. 94

S. 88: Stichwortliste «Bezugsquellenermittlung» (nach): Schneider; Zindel: «Industriebetriebslehren». Darmstadt 1991, S. 50
S. 91: Schema «Inhalt eines Angebots» (nach): Schneider, a. a. O., S. 56
S. 92, 93: Definition «Warenschulden», «Geldschulden», zu «Lieferung» sowie Schema zu Beförderungskosten (nach): Gönner. «Allgemeine Wirtschaftslehre und Spezielle Betriebswirtschaftslehre», a. a. O., S. 356; Wörterbuchauszug «Skonto»: «Gabler. Kompaktlexikon Wirtschaft», a. a. O., S. 267
S. 94, 95:Text und Schema zu «Dokumente im Außenhandel» (nach): Informationen der Dresdner Bank: «Die Auslandsgeschäfte der Kreditinstitute». Bad Homburg vor der Höhe 1991. S. 13 f.; Schema zu «Kosten beim Übersee-Export»: ebd., S. 11; Texte a-f und darunter (nach): ebd., S. 8, 12; Wörterbuchauszug «Tratte»: «Gabler. Kompaktlexikon Wirtschaft», a. a. O., S. 281
S. 96: Schema zu Kaufvertragsstörungen u. «Rechte des Käufers oder des Verkäufers»: Schneider, a. a. O., S. 71; «Kundenorientierte Behandlung von Beschwerden» (nach): Stauss, Bernd; Seidel, Wolfgang: «Beschwerdemanagement». Hanser, München 1996, S.108, 152
S. 100: Unternehmensporträt «Kolb» (nach): «Einstieg in Auslandsmärkte. Beispiele erfolgreicher Unternehmen»: Hrsg. v. Jörg Fuß. Heidelberg 1990, S. 31 f.
S. 101: Grafik «Lebenslauf der Konjunktur»: Globus 9984
S. 105: Karikatur: Gerd Bauer, Cartoon-Caricature-Contor, München
S. 106: Schema «Inhalte eines Angebotes»: Schneider, a. a. O., S. 56
S. 107: Karikatur: Vollmer, a. a. O., S. 17
S. 108: Artikel «Keylock» (nach): Daniela Adam, Münster
S. 110: Diagramm «Bearbeitung einer Anfrage» (Ausschnitt): Probst, a. a. O., S. 144
S. 112: Diagramm «Zeiten wahrscheinlicher Erreichbarkeit verschiedener Ansprechpartner»: Harutunian, M.: «Erfolgreich telefonieren». 2. Auflage, München 1994, S. 20
S. 113: «Gegenstand von Abschlussverhandlungen»: Weis, H. Christian: «Verkaufsgesprächsführung». 1992, S. 237
S. 114: Karikatur: Jan Tomaschoff, Cartoon-Caricature-Contor, München
S. 117: Karikatur: Hasan Fazlic, Cartoon-Caricature-Contor, München; «Gesprächsorganisation: Konventionen des Diskursablaufs»: «Interkulturelle Wirtschaftskommunikation», a. a. O., S. 532
S. 119: «Kundenorientierte Behandlung von Beschwerden» wie S. 96
S. 120: Karikatur: Erik Liebermann, Cartoon-Caricature-Contor, München
S. 121: Schema «Distributionswege»: Dietmar Krafft in: «Markt» 10 (hrsg. v. Goethe-Institut)
S. 122, 123: Schema zu Absatzwege: Heinen, Edmund: «Industriebetriebslehre». 9. Auflage, Wiesbaden 1991, S. 693; Artikel «Compaq» (nach): Derschka Wirtschaftspublizistik GmbH, München
S. 124: Schema «Distributionswege» wie S. 121; Schema «Direkter Absatz vs. indirekter Absatz»: Gönner, «Allgemeine Wirtschaftslehre und Spezielle Betriebswirtschaftslehren», a. a. O., S. 548
S. 126: Definition «Der Reisende», «Der Handelsvertreter»: Gönner, Kurt; Lind, Siegfried; Weis, Hermann; Krug, Rolf: «Spezielle Betriebswirtschaftslehre – Industriekaufmann». 5. Auflage, Bad Homburg vor der Höhe 1992, S. 374 ff. (gekürzt); Schema «Handelsvertreter» und Grafik u. (nach): Gönner, «Allgemeine Wirtschaftslehre und Spezielle Betriebswirtschaftslehre», a. a. O., S. 550, 552
S. 127: «Das spricht für Handelsvertreter – das spricht für angestellte Verkäufer» (nach): «Acquisa» 11/97, S. 84; Grafik «Welche Dienstleistungen Handelsvertreter erbringen»: «Impulse» 9/98, S. 85
S. 128: Tabelle «Wie die Märkte bearbeitet werden»: «Absatzwirtschaft» 10/98, S. 58; Karikatur: Oliver Weiss, Cartoon-Caricature-Contor, München
S. 129: Text li. o.: Kotler, a. a. O., S. 597; Übersicht «Vorteile - Nachteile»: Holland, Klaus J.: «Export als Chance. Der Aufbau erfolgreicher Vertriebsstrukturen im Ausland». München 1997, S. 105, 114, 120 f. (gekürzt)
S. 130: Stärken-/Schwächenprofil von Auslandsmärkten: Holland, a. a. O., S. 48 (gekürzt); Wörterbuchauszüge «Marktpotenzial», «Absatzpotenzial»: «Gabler. Wirtschaftslexikon». Bd. 1-7, 13. Auflage, Wiesbaden 1993; Karikatur: Peter Bensch, Köln
S. 132: Die Abbildungen zeigen Kinderholzmöbel der Firma Veerkamp, Purmerend (NL), die uns hierfür ihren Prospekt freundlicherweise zur Verfügung gestellt hat.
S. 133: Karte: Geographie Verlag, München
S. 137: «Mehr Erfolg durch kundenorientiertes Schreiben»: «Wirtschaft & Weiterbildung» 2/98 (gekürzt)
S. 139: Modell einer Bankauskunft: Süchting, J.: «Finanzmanagement». 6. Aufl., Wiesbaden 1995, S. 309
S. 146, 147: «Einhaltung der EU-weiten Sicherheitsvorschriften (CE-Kennzeichnung): Schörghuber, a. s. O., S. 44 f. (gekürzt]
S. 148: Karikatur: Cornelia von Seidlein, Cartoon-Caricature-Contor, München
S. 153: Grafik Produktlebenszyklus: Kotler, Philip; Bliemel, Friedhelm W.: «Marketing-Management». 7., vollst. bearb. und für den deutschen Sprachraum erw. Auflage. Schäffer-Poeschel Verlag 1992, S. 542
S. 154, 155: «Das Unternehmen» u. «Die neue Begegnung der gigantischen Art» (nach): Rolf Diekhof. In: «W&V» 46/96; Foto: Alfred Ritter GmbH & Co. KG, Waldenbuch
S. 156: Fotos: Henkel KGaA, Düsseldorf; Meubelmakerij Bert Veerkamp, Purmerend/Njederlande; GKN Automotive AG. Lohmar; Definitionen «Konsumgüter», «Gebrauchsgüter», «Produktions- und Investitionsgüter» (nach): Weis, Hans Christian: «Marketing». 7., überarb. und erw. Auflage. Verlag Friedrich Kiehl 1930, S. 148; Tabelle «Produktcharakteristika für fünf Produktgruppen» (nach): «Vahlens. Großes Marketing Lexikon». Hrsg. v. Hermann Diller. Beck/Vahlen 1992, S. 966
S. 157: Schema «Verkaufsfördernde Faktoren eines Produktes»: Weis, «Marketing», a. a. O., S. 156; Grafik Produktlebenszyklus wie S. 153; Tabelle zu Phasen des Produktlebenszyklus (nach): Klaus Hüttel. in: «Produktpolitik». Hrsg. v. Hans Christian Weis, 2. Auflage, Verlag Friedrich Kiehl. S. 83
S. 158/159: Definitionen «Handelsmarke», «Herstellermarke». Texte a-g und «Der Markenartikel», «Ziele der Markenpolitik» mit freundlicher Genehmigung des Wilhelm Heyne Verlages, GmbH & Co. KG, München, aus: Lettau, Hans Georg: «Grundwissen Marketing». (= Heyne Kompaktwissen 22/218) 8., aktual. Auflage, Wilhelm Heyne Verlag 1989. S. 89 (geändert) u. 87 f. (geändert); Tabelle «Vergleich von Markenartikel und Handelsmarke» (nach): Hüttel. a. a. O., S. 210 f.; Grafik «Was macht den Erfolg einer Marke aus?« (nach): «Absatzwirtschaft» 10/97 (Sondernummer), S. 137; «Schlüssel zum Markterfolg» (nach): «Absatzwirtschaft», Sondernummer Okt. 97, S. 30; Karikatur: Erik Liebermann. Cartoon-Caricature-Contor, München
S. 166: «Aufgaben des Produktmanagements»: Dietmar Krafft. In: «Markt». Nr. 15. Hrsg. v. Goethe-Institut; Übersicht zu Informationen zur Marktforschung: «Allgemeine BWL für Schule. Ausbildung und Beruf. Handlungsorientierte Darstellung». Hrsg. v. Jürgen R. Tiedtke. Wiesbaden 1998, S. 535
S. 168: «Argumente für und gegen die Produktidee»: Henkel KGaA, Düsseldorf
S. 172 u. 174: «Produkt-Briefing»: Henkel KGaA, Düsseldorf
S. 175: Karikatur: Oswald Huber, Cartoon-Caricature-Contor, München
S. 178: Karikatur: Reinhold Löffler, Cartoon-Caricature-Contor, München
S. 179: Karikatur: Jules Staubet, Cartoon-Caricature-Contor, München
S. 183: Checkliste «EMMA»: Pelz, Waldemar: «Kompetent führen». Econ Verlag, Düsseldorf und München 1996, S. 159 (gekürzt); «Interesse wecken» u. «Gliederung eines Vortrags»: Kellner, Hedwig: «Reden – Zeigen – Überzeugen». Hanser, München/Wien 1998, S. 70 ff. (gekürzt) u. 66
S. 184: Checkliste «Was gehört in den Ablauf einer Präsentation?»: Müller-Schwarz, Ulli; Weyer, Bernhard; «Präsentationstechnik: Mehr Erfolg durch Visualisierurig bei Vortrag und Verkauf». Gabler 1991, S. 43; Karikatur: Erik Liebermann, Cartoon-Caricature-Contor, München
S. 185: Grafik «Die Facetten der Markterschließung»: «Acquisa» 6/94, S. 48

S. 186: Zeichnung: Walter Hanel, Cartoon-Caricature-Contor, München
S. 187: Grafik «Die Facetten der Markterschließung» wie S. 185; «Von null auf hundert»: (aus) «Auf der Suche nach neuen Märkten». Ebd., S. 47 f. (gekürzt)
S. 188. Definitionen «Marketing-mix», «Produkt- und Programm-Politik», «Kommunikationspolitik», «Distributionspolitik», «Kontrahierungspolitik»: «Gabler. Kompaktlexikon Wirtschaft», a. a. O., S. 196, 241, 162, 67, 169 (gekürzt); Schema «Unternehmensziel» (nach): Weis «Marketing», a. a. O., S. 394; Definition «Kapitalrendite»: «Gabler. Wirtschaftslexikon», a. a. O., S. 2835 (gekürzt)
S. 189: Tabellen «Bedeutung einzelner Marketinginstrumente im Urteil von Industrieunternehmen» u. «Bedeutung verschiedener Marketinginstrumente für einzelne Produkte/Leistungen» (nach): Weis «Marketing», a. a. O., S. 52
S. 190, 191; «Informationsprogramm für eine Marktanalyse»: Cuno Pümpin. In: «Die Orientierung» 76/80 (zitiert nach: Lettau, a. a. O., S. 45); Texte a-g u. Tabelle «Mögliche Marktdaten und Informationsquellen» mit freundlicher Genehmigung des Wilhelm Heyne Verlages, GmbH & Co. KG, München, aus: Lettau, Hans Georg: «Grundwissen Marketing», a. a. O., S. 45 ff. (geändert) u. 62 ff. (geändert); Karikatur: Erik Liebermann, Cartoon-Caricature-Contor, München
S. 192: «Marketing-Mix-Diagramm»; Kotler, a. a. O., S. 99; Tabelle zu Merkmalen von Kommunikationsinstrumenten: (nach) Weis «Marketing», a. a. O., S. 386 f.
S. 193: «Duelle der Giganten»: «W & V» 48/94, S. 146 ff. (gekürzt); Übersicht «Hersteller/Händler» (nach): Tiedtke, a. a. O., S. 565; Schema «Werbung»: Weis «Marketing», a. a. O., S. 373
S. 194: Grafik «Die Facetten der Markterschließung» wie S. 185; Karikatur: Erik Liebermann, Cartoon-Caricature-Contor, München
S. 196: Foto (Fahnen): Messe Düsseldorf GmbH
S. 198: «Die EU-Richtlinien für Bildschirm-Arbeitsplätze»: «Im Mittelpunkt der Mensch. Für mehr Gesundheit und Sicherheit am Bildschirm-Arbeitsplatz». Verlag König + Neurath 1994, S. 108 f.
S. 200: «Exportvorteil durch neue Produktnorm»: Jürgen Abrahamczik. In: «Acquisa» 5/94 (gekürzt)
S. 201: Checkliste «Eine Argumentation vorbereiten»; Kellner «Rhetorik», a. a. O., S. 84 f.; Checkliste «Neukundengewinnung: möglicher Gesprächsablauf» (nach): Breunig, a. a. O., S. 58
S. 207: «Mittel und Maßnahmen der Verkaufsförderung» mit freundlicher Genehmigung des Wilhelm Heyne Verlages, GmbH & Co. KG, München, aus: Lettau, Hans Georg: «Grundwissen Marketing», a. a. O., S. 149 (gekürzt)
S. 208: Definition «Sicherheitsbeauftragter»: «Gabler. Wirtschaftslexikon», a. a. O., S. 2968 (gekürzt)
S. 210: Zeichnung (aus): Vollmer, Günter; Hoberg, Gerrit: «Führen und Verantworten. Baustein 4 (Teilnehmerunterlagen) ». Klett WBS 1989, S. 7
S. 213: Grafik «Auswirkungen einer verbrauchsgerichteten Verkaufsförderungsaktion auf den Marktanteil»: Koller, a. a. O., S. 948; Zeichnung: (aus) Beelich, a. a. O., S. 25
S. 214: Karikatur: Ivan Steiger, «Frankfurter Allgemeine Zeitung»

In einigen wenigen Fällen ist es uns trotz intensiver Bemühungen nicht gelungen, die Rechteinhaber zu ermitteln. Für Hinweise, die uns helfen, die Copyright-Inhaber zu finden, wären wir dankbar.

Nachschlagen · Lernen · Verstehen

Das umfassende einsprachige Standardwörterbuch für alle, die Deutsch lernen, inklusive CD-ROM mit der vollständigen Version des e-Wörterbuches

- jetzt in der neuesten deutschen Rechschreibung
- rund 66.000 Stichwörter und Wendungen
- jedes Stichwort in Blau
- zahlreiche Info-Fenster zu deutscher Landeskunde und Grammatik
- lernergerechte, leicht verständliche Erklärungen
- ausführliche Angaben zur Grammatik und über 2.100 Extra-Hinweise zum richtigen Sprachgebrauch

Herausgegeben von
Prof. Dr. D. Götz, Prof. Dr. G. Haensch
und Prof. Dr. H. Wellmann
1312 Seiten
Hardcover incl. CD-ROM: 978-3-468-49037-8
Broschur: 978-3-468-49041-5
e-Version: 978-3-468-90939-9

CD-ROM:

- kompletter Wörterbuchinhalt
- schnelle Stichwort- und Volltextsuche
- Erkennen von Mehrwortbegriffen und Wendungen
- zahlreiche Links zu weiteren Informationen etc.

Downloads, Infos & mehr
www.langenscheidt.de

Langenscheidt
...weil Sprachen verbinden